rororo sport
Herausgegeben von Bernd Gottwald

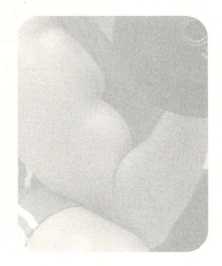

Wend-Uwe Boeckh-Behrens/Wolfgang Buskies

FITNESS-KRAFTTRAINING

Die besten Übungen und Methoden für Sport und Gesundheit

Mit Fotos von Patrick Beier

Rowohlt Taschenbuch Verlag

Wir danken der Fa. Gym 80 für die gute
Kooperation und die Überlassung eines
Teils der Übungsfotos.

Originalausgabe
Veröffentlicht im Rowohlt Taschenbuch
Verlag GmbH, Reinbek bei Hamburg,
November 2000
Copyright © 2000 by Rowohlt Taschen-
buch Verlag GmbH, Reinbek bei Hamburg
Redaktion Thorsten Krause
Fotos im Innenteil Patrick Beier
Umschlaggestaltung Büro Hamburg,
Susanne Reizlein
(Foto: ZEFA-MADISON/C. Abrahams)
Satz Syntax PostScript, QuarkXPress 4.04
Gesamtherstellung Clausen & Bosse, Leck
Printed in Germany
ISBN 3 499 19481 3

Die Schreibweise entspricht
den Regeln der neuen
Rechtschreibung.

Inhalt

1 **Ziele und Effekte des Krafttrainings 9**

1.1 Orthopädische Aspekte 11
1.1.1 Belastbarkeit des Bewegungsapparates 11
1.1.2 Wirbelsäule 11
1.1.3 Muskuläre Dysbalancen 13
1.1.4 Gelenk und Arthrose 15
1.1.5 Osteoporose 15
1.1.6 Inkontinenz 16
1.1.7 Kraft im Altersgang 17
1.2 Stoffwechsel- und Herz-Kreislauf-Aspekte 18
1.3 Körperformungsaspekte 20

2 **Methoden des Krafttrainings 21**

2.1 Grundlagen 21
2.1.1 Muskuläre Kontraktionsformen 21
2.1.2 Muskelfasertypen 24
2.2 Trainingsprinzipien 25
2.3 Belastungsnormative im Krafttraining 31
2.4 Die Kraft und ihre Trainingsmethoden 34
2.4.1 Die Struktur der Kraftfähigkeit: Maximalkraft, Schnellkraft, Kraftausdauer 34

2.4.2 Dimensionen der Kraft und ihre Trainingsmethoden 37
2.4.3 Trainingsmethoden im Überblick: die Methodenpyramide 41
2.5 Fitness-Krafttraining 43
2.5.1 Methoden des Fitness-Krafttrainings 43
2.5.2 Sanftes Krafttraining 48
2.6 Training für Fortgeschrittene und Leistungssportler (Bodybuilding-Prinzipien) 56
2.6.1 Erhöhung der Intensität der Einzelwiederholung oder des Satzes 57
2.6.2 Intensivierung des Trainings durch Serienkopplung 60
2.6.3 Intensivierung/Optimierung der Trainingseinheit bzw. eines Trainingsabschnittes 62
2.6.4 Trainingsprinzipien für Fortgeschrittene und Bodybuilder im Überblick 64
2.7 Spezielle Aspekte der Trainingssteuerung 66
2.7.1 Belastungssteuerung über Prozentangaben der Maximalkraft 66
2.7.2 Einsatz- versus Mehrsatztraining 71

3	**Warm-up, Cool-down** 73

3.1	Aerobe Ausdauerbelastung 74
3.2	Dehnprogramm 76
3.3	Aufwärmsätze 80

4	**Gefahren des Kraft-trainings aus gesundheit-licher Sicht** 81

4.1	Orthopädische Risiken 81
4.1.1	Bewegungsapparat 81
4.1.2	Muskelkater 83
4.2	Pressatmung 85
4.3	Blutdruck und Krafttraining 86
4.4	Laktatwerte und Krafttraining 88

5	**Optimierung des Kraft-trainings mit Hilfe von EMG-Messungen** 91

5.1	Das Vorgehen im Überblick 91
5.2	Grundlagen der elektromyogra-phischen Messung 92
5.3	Erstellung von Übungs-ranglisten für einzelne Muskel-gruppen 93
5.4	Optimierung der Ausführung von Kraftübungen 98
5.5	Grundsätze zur Optimierung des Krafttrainings 111
5.6	EMG-optimiertes Krafttraining versus herkömmliches Kraft-training 115

6	**Anatomisch-funktionelle Begriffserklärungen und Muskelfunktions-tabellen** 117

| 6.1 | Begriffserklärungen 117 |
| 6.2 | Muskelfunktionstabellen 118 |

7	**Bauchmuskulatur** 119

8	**Rückenmuskulatur** 151

8.1	Rückenstrecker (M. erector spinae) 151
8.2	Kapuzenmuskel (M. trapezius) und Rautenmuskeln (Mm. rhomboidei) 171
8.3	Breiter Rückenmuskel (M. latissimus dorsi) 199

9	**Hüft- und Beinmuskulatur** 217

9.1	Großer Gesäßmuskel (M. glutaeus maximus) 217
9.2	Vierköpfiger Oberschenkelmus-kel (M. quadriceps femoris) 238
9.3	Muskulatur der Ober-schenkelrückseite (Mm. ischiocrurales) 271
9.4	Schenkelanzieher (Adduktoren) 296
9.5	Schenkelabspreizer (Abduktoren) 312
9.6	Wadenmuskulatur (M. gastroc-nemius, M. soleus) 329

10	**Brust-, Schulter-, Armmuskulatur 347**		**11**	**Die Top-Übungen im Überblick 457**

10.1 Großer Brustmuskel
(M. pectoralis major) 347

10.2 Deltamuskel
(M. deltoideus) 374

10.3 Außen- und Innenrotatoren des
Schultergelenks 395

10.4 Dreiköpfiger Oberarmmuskel
(M. triceps brachii) 412

10.5 Zweiköpfiger Oberarmmuskel
(M. biceps brachii) 440

11.1 Top-Übungen mit Gerät 458

11.2 Top-Übungen ohne Gerät 464

12 **Anhang 470**

12.1 Literatur 470

12.2 Abbildungsnachweis 474

12.3 Sachwortverzeichnis 475

12.4 Die Autoren 478

Vorwort

Die große Bedeutung eines fitnessorientierten Krafttrainings für die Figurformung, die Körpergewichtskontrolle, den Muskelaufbau, die Prävention und Rehabilitation von Beschwerden des Bewegungsapparates, die Leistungsfähigkeit im Alltag und im Sport ist in Fachkreisen unbestritten und wird inzwischen auch von vielen Nichtsportlern erkannt. Die Kenntnisse über den einfachsten Weg zum Erreichen der individuellen Ziele sind jedoch keineswegs ausreichend. Das Krafttraining gibt uns noch zahlreiche Rätsel auf: Welche Übung ist die effektivste? Welche Ausführung bringt den größten Erfolg? Welche Methode ist optimal? Der bisherige Kenntnisstand beruht vor allem auf den Erfahrungen von Athleten und Trainern von Kraftsportarten (Bodybuilding, Gewichtheben, Kraftdreikampf), wissenschaftlich fundierte Aussagen liegen nur vereinzelt vor.

Dieses Buch lüftet viele Geheimnisse eines erfolgreichen Krafttrainings und gibt Trainern und Aktiven klare Hinweise und Anweisungen für ein optimales Training. Es bietet die neuesten Erkenntnisse aus einem Zentrum der Fitnessforschung in Deutschland, dem Institut für Sportwissenschaft der Universität Bayreuth. Das Buch beendet Spekulationen und Mutmaßungen über die Auswahl der optimalen Übung für eine Muskelgruppe und über die wirksamste Übungsausführung. Auf der Basis elektromyographischer Messungen (EMG)

liegen nun quantitative wissenschaftliche Erkenntnisse über die Muskelaktivierung und die Optimierung des Trainings vor. Die zahlreichen Ergebnisse der umfangreichen empirischen Untersuchungen liegen mit diesem Buch erstmals als praktische Handlungsanweisungen vor. Sie weisen einen erfolgreichen sanften Weg zur Fitness durch ein moderates Training, unterstützen aber auch die Planung und Durchführung eines harten Trainings. Darüber hinaus werden auch die Grundlagen des Krafttrainings, die neuesten Trainingsmethoden sowie die gesundheitlichen Risiken detailliert dargestellt.

Das Buch setzt neue Maßstäbe im Krafttraining und ist ein Standardwerk, dessen innovative, praxisnahe Aussagen für alle Interessierten unverzichtbar sind. Es wendet sich an alle Multiplikatoren im Sport, an Fitnesstreibende und an Sportler aller Disziplinen. Dabei werden nicht nur die Instruktoren der Fitness- und Aerobicbranche angesprochen, sondern auch die Trainer aller Sportarten sowie Sportlehrer, Übungsleiter, Studenten, Dozenten, Physiotherapeuten und Ärzte, die von diesem Buch für ihre Arbeit sehr profitieren können. Dies gilt auch für alle aktiven Sportler, die ihr Training verbessern und unmittelbar die Fortschritte des neuen «Fitness-Krafttrainings» erleben wollen. Spaß und Erfolg mit diesem Buch wünschen

Wend-Uwe Boeckh-Behrens
und Wolfgang Buskies

1 Ziele und Effekte des Krafttrainings

Die Kraft spielt als Basisfähigkeit für fast alle Sportarten eine bedeutende Rolle. Während das Krafttraining im Leistungssport seit Jahrzehnten einen festen Bestandteil des Trainingsprogramms darstellt und in den 90er Jahren auch in bisher krafttrainingsabstinenten Sportarten (z. B. Basketball und Langstreckenlauf) großen Anteil an der Leistungssteigerung besitzt, ist der Wert eines gezielten Krafttrainings im gesundheitsorientierten, präventiv ausgerichteten Sport lange Zeit nicht richtig eingeschätzt worden. Die zunehmende Automatisation und Technisierung geht in unserer Gesellschaft bei vielen Menschen mit einer Abnahme der körperlichen Aktivität und mit einer Zunahme des Körpergewichts einher. Die Auswirkungen von Bewegungsmangel begünstigen dabei nicht nur degenerative Herz-Kreislauf-Erkrankungen, sie beeinträchtigen auch unseren Bewegungsapparat. Nicht von ungefähr stellen Rückenschmerzen das häufigste orthopädische Krankheitsbild dar. Das Krafttraining bildet folglich nicht nur einen festen Bestandteil des Konditionstrainings in den meisten Sportarten zum Zwecke der Leistungsoptimierung. Es besitzt vor allem im Bereich des Gesundheits- und Fitnesstrainings zum Erhalt und zur Verbesserung der Leistungsfähigkeit sowie der Belastbarkeit des Haltungs- und Bewegungsapparates einen hohen Stellenwert. Mit der ansteigenden Zahl älterer Menschen erweitert sich die Zielgruppe für das gesundheits- und fitnessorientierte Krafttraining. Zahlreiche Studien betonen die große Bedeutung der Muskelkraft für den älteren Menschen und bestätigen die gute Krafttrainierbarkeit selbst 80–90-jähriger Menschen (Charette et al. 1991, Fiatarone et al. 1994). Ein weiteres zentrales Ziel ist für viele Trainierende die Körperformung; im Bodybuilding sind die Körpersymmetrie und die Muskelmasse entscheidende Merkmale.

Tab. 1 verdeutlicht die vielfältigen in der Literatur beschriebenen Wirkungen und Ziele eines Krafttrainings nach den übergeordneten Gesichtspunkten Prävention, Rehabilitation, Leistungssteigerung, Körperformung und Psyche. Die Effekte sind abhängig von der Regelmäßigkeit des Trainings, den Trainingszielen und den ihnen angepassten Trai-

Präventive Ziele

- Erhalt und Verbesserung der Leistungsfähigkeit und Belastbarkeit des Stütz- und Bewegungsapparates.
- Verringerung des Verletzungs- und Verschleißrisikos im Alltag und im Sport.
- Stabilisierung des passiven Bewegungsapparates – Erhöhung der Festigkeit und Belastbarkeit von Sehnen, Bändern, Knorpel und Knochen (Grimby 1994).
- Vorbeugung gegen Rückenbeschwerden, Haltungsschwächen, Osteoporose, arthrotische Veränderungen, muskuläre Dysbalancen, Beschwerden am Bewegungsapparat (Stone 1994).
- Kompensation der Kraftabnahme im Altersgang und einer erhöhten orthopädischen Belastung aufgrund einer Körpergewichtszunahme mit fortschreitendem Alter.
- Kompensation bei Sportarten mit einseitigem Training, dadurch Vorbeugung gegen Verletzungen und vorzeitige Abnutzungserscheinungen.
- Erhalt der Autonomie im Alter.
- Je nach Trainingsprogramm ggf. auch Schutzeffekte für das Herz-Kreislauf-System wie z. B. Senkung der Ruheherzfrequenz und positive Effekte auf den Blutfettspiegel (Stone et al. 1991).

Rehabilitative Ziele

- Beschleunigung der Rehabilitation nach Verletzungen oder operativen Eingriffen am Bewegungsapparat, z. B. Bandscheibenvorfällen, Knochenbrüchen, Bänderrissen.
- Verringerung bzw. Vermeidung von Beschwerden und funktionellen Einbußen bei chronisch oder latent auftretenden Beschwerden am Bewegungsapparat wie z. B. Rückenschmerzen und Kniebeschwerden (Schmidt 1988).
- Rascher Wiederaufbau der Leistungsfähigkeit nach beschwerde- und verletzungsbedingten Ruhephasen.

Leistungssteigerung

- Kraftzuwachs – eine gute Kraftfähigkeit ist eine wichtige Grundlage für die Leistungsoptimierung in den meisten Sportarten.
- Kompensation nicht speziell trainierter Muskelgruppen bei Sportarten mit einseitigen Kraftbeanspruchungen.

Körperformung

- Aufbau von Muskelmasse.
- Profilierung der Muskulatur und Körperformung / Bodyshaping.
- Verringerung des Körperfettanteils.
- Bei Untergewicht Steigerung des Körpergewichts durch Muskelzuwachs, bei Übergewicht in Kombination mit einer Ernährungsumstellung Gewichtsreduktion.

Psychische Effekte

- Steigerung von Selbstbewusstsein und Selbstwertgefühl (Brown / Harrison 1986).
- Entwicklung von Körperbewusstsein und Verbesserung der Körperwahrnehmung (Garbe 1987).
- Verbesserung der Stimmung und des Wohlbefindens (Buskies 1999).

Tab. 1: Vorteile und Ziele eines regelmäßigen Krafttrainings

ningsmethoden, dem Trainingszustand sowie der Übungsauswahl und -durchführung.

Im Folgenden sollen – vor allem unter dem präventiven und rehabilitativen Gesundheitsaspekt – einige wesentliche positive orthopädische, metabolische und kardiovaskuläre Aspekte sowie Körperformungseffekte eines Krafttrainings detaillierter dargestellt werden.

1.1 Orthopädische Aspekte

1.1.1 Belastbarkeit des Bewegungsapparates

Eine kräftige Muskulatur verbessert die Belastbarkeit des Bewegungsapparates entscheidend. Der Körper ist nicht nur im Sport, sondern auch in Alltagssituationen häufig erheblichen Belastungen ausgesetzt, die ein Mehrfaches des Körpergewichts übersteigen können. So muss beispielsweise beim Herabsteigen einer Treppenstufe das 1,5fache des Körpergewichts, beim Aussteigen aus dem Bus oder der Bahn sogar das bis zu 3,5fache des Körpergewichts von einem Bein abgefangen werden. Personen mit gut ausgebildeter Beinmuskulatur können durch ein aktives Abfangen der Körpermasse diese Belastung um rund 50 % reduzieren (Schmidtbleicher 1993). Das Beispiel zeigt, dass Alltagsbelastungen von Personen mit kräftiger Muskulatur leichter bewältigt werden, wobei die Verletzungsanfälligkeit und Schädigungsgefahr vermindert sind.

1.1.2 Wirbelsäule

Kräftige Muskeln bilden auch eine Voraussetzung für eine aufrechte Körperhaltung. Eine leistungsschwache Bauch-, Rücken-, Gesäß- und Schultermuskulatur beeinträchtigt die Funktion der Wirbelsäule und führt häufig zu Haltungsschwächen oder -schäden (Zimmermann 1988). Nach Hollmann / Hettinger (1990) weisen bereits 50–65 % aller acht- bis 18-jährigen Schülerinnen und Schüler Haltungsfehler bzw. -schwächen auf. Im Erwachsenenalter leiden in Deutschland ca. 70–80 % aller Menschen an Rückenbeschwerden (Kempf 1994). Rückenbeschwerden stellen somit das häufigste orthopädische Krankheitsbild dar. Die Wirbelsäule ist aufgrund der menschlichen Entwicklungsgeschichte vom Vierbeiner zum aufrechten Gang (Zweibeiner) zur zentralen Schwachstelle des Bewegungsapparates geworden. Durch die Aufrichtung hat die Wirbelsäule zwei Unterstützungspunkte verloren. Sie muss nun wie ein beweglicher Stab in der Senkrechten mit Hilfe der Muskulatur ausbalanciert werden. Da der Mensch sich zudem heute entgegen seiner Natur weitgehend zum Sitzwesen ohne nennenswerte körperliche Beanspruchung entwickelt hat, fehlen adäquate Reize für die stabilisierende und schützende Muskulatur der Wirbelsäule. So führt beispielsweise die permanente Beanspruchung der Wirbelsäule über den Tag ohne adäquate muskuläre Stabilisation auf Dauer zu einer Überlastung z. B. der kleinen Wirbelgelenke oder Bandscheiben und zu vorzeitigen degenerativen Veränderungen. Eine Wirbelsäule ist so gut oder so schlecht wie die sie haltende Muskulatur. Ohne Muskulatur wäre weder eine

Stabilisierung der Wirbelsäule z. B. für eine aufrechte Haltung noch eine aktive Bewegung möglich. Von entscheidender Bedeutung sind neben der Rücken-, Bauch- und Beckenmuskulatur die Muskulatur des Nackens und des Schultergürtels als Balanceelement sowie die Beinmuskulatur.

Durch ein regelmäßiges Training – vor allem Krafttraining – wird die Wirbelsäule entlastet und stabilisiert. Degenerative Prozesse der Wirbelsäule können vermindert und arthrotische Veränderungen zum Teil kompensiert werden (Bringmann 1984). Zudem kann eine physiologisch richtige Körperhaltung erreicht bzw. erhalten werden. Die Hal-

---

EFFEKTE EINES REGELMÄSSIGEN RÜCKENTRAININGS

Präventive Effekte

- Vorbeugung gegen Rückenbeschwerden.
- Vorbeugung gegen Bandscheibenvorfälle und weitere Wirbelsäulenerkrankungen.
- Vorbeugung gegen Osteoporose.
- Vorbeugung gegen altersbedingten Haltungsverfall und erhöhte Wirbelsäulenbelastung infolge altersbedingter Körpergewichtszunahme in Verbindung mit abnehmender Muskelkraft.
- Kräftigung der Muskulatur und Verbesserung der Beweglichkeit.
- Reduzierung der Wirbelsäulenbelastung bei Arbeit, Sport und Freizeit.
- Eine größere Anzahl von Sportarten kann gefahrloser durchgeführt werden (z. B. Tennis, Golf etc.).
- Zugang zu einem sportlichen Lebensstil.

Rehabilitative Effekte

- Linderung von Rückenbeschwerden bzw. Erreichen von Schmerzfreiheit.
- Reduzierung der Medikamenteneinnahme, Arztbesuche, physikalischen Behandlungen.
- Verbesserung der Lebensqualität.
- Ausgleich muskulärer Dysbalancen und Wiederherstellung eines belastungsfähigen Bewegungsapparates.
- Verbesserung des Selbstbewusstseins durch die Erweiterung von Bewegungsmöglichkeiten und Tätigkeitsbereichen.

Tab. 2: Effekte eines regelmäßigen Rückentrainings

tung besitzt darüber hinaus einen großen Einfluss auf die Atmung, welche wiederum Voraussetzung für das Funktionieren aller Stoffwechselprozesse ist und für die Gesundheit und Leistungsfähigkeit eine Rolle spielt (Schmidt 1988). Tab. 2 gibt die Ziele und Effekte eines adäquaten Krafttrainings für den Rücken wieder.

1.1.3 Muskuläre Dysbalancen

Ein gezieltes Krafttraining der geschwächten Muskulatur ist auch bei muskulären Dysbalancen zur Wiederherstellung des muskulären Gleichgewichts sinnvoll, bevor Schäden an passiven Gewebestrukturen entstehen (Israel 1994). Unter muskulären Dysbalancen versteht man verstärkte Muskelverkürzungen und/oder Muskelabschwächungen, die ein so genanntes arthromuskuläres (arthron = Gelenk) Ungleichgewicht bewirken, welches eine ungünstige Belastungsverteilung auf die Gelenkstrukturen nach sich zieht. Als Folgen können Fehlbelastungen, schmerzhafte Muskelverspannungen mit erhöhter Verletzungsgefahr (Zerrungen, Muskelfaserrisse), Überbelastungen der Sehnen, muskuläre Funktions- und Koordinationsstörungen sowie eine vorzeitige Abnutzung des Gelenkknorpels auftreten. Muskuläre Dysbalancen können somit einerseits die Belastbarkeit des Bewegungsapparates herabsetzen und andererseits die Leistungsfähigkeit beeinträchtigen. Als Ursachen für das Auftreten muskulärer Dysbalancen gelten u. a. eine mangelnde oder fehlende körperliche Beanspruchung, einseitige Belastung im Alltag oder beim Sport, Fehl- und Überbelastungen sowie eine unzureichende Regeneration, unfunktionelle Bewegungsausführungen und Verletzungen bzw. Beschwerden am Bewegungsapparat. Abb. 1 zeigt das Beziehungsgefüge zwischen muskulärer Dysbalance und Balance. Die abgeschwächte Muskulatur sollte gekräftigt, die verkürzte gedehnt werden. Neue Untersuchungen von Wiemann et al. (1998) deuten an, dass der Aspekt der Kräftigung dabei deutlich wichtiger ist als der der Dehnung.

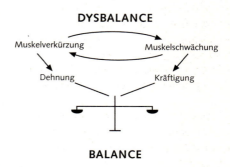

Abb. 1: Beziehung zwischen muskulärer Dysbalance und Muskelbalance

Typische Beispiele für eine muskuläre Dysbalance sind der Rundrücken bzw. der Hohlrücken (das verstärkte Hohlkreuz). Der **Rundrücken** ist gekennzeichnet durch eine verkürzte Brustmuskulatur (Dehnung) und eine abgeschwächte obere Rückenmuskulatur (Kräftigung).

Beim **Hohlrücken** liegt eine Hyperlordosierung (verstärktes Hohlkreuz) der Lendenwirbelsäule vor, die häufig mit einer Verkürzung der Hüftbeugemuskulatur (Dehnung) und des unteren Anteils des Rückenstreckers im Lendenwirbelsäulenbereich verbunden ist (Dehnung und Kräftigung, da die Muskulatur häufig auch ein geringes Kraftniveau aufweist). Darüber hinaus geht der Hohlrücken vielfach mit einer Abschwächung der Bauch- und Gesäßmuskulatur (Kräftigung) sowie der Oberschenkelrückseite einher (Abb. 2).

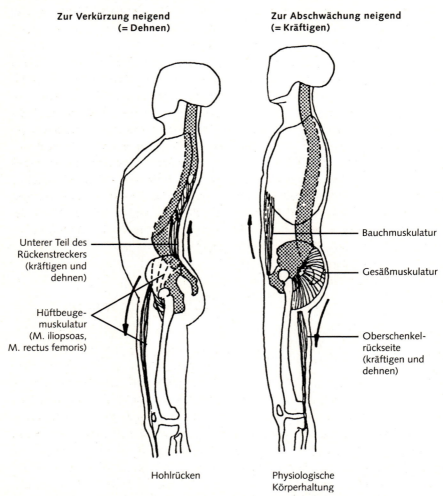

Abb. 2: Darstellung der veränderten Wirbelsäulen-Becken-Statik infolge muskulärer Dysbalancen (modifiziert nach Knebel 1987)

Merkmale der aus einem Hohlrücken resultierenden Fehlstellung sind eine vermehrt punktförmige Belastung der Bandscheibe (keine flächige Krafteinwirkung) im Bereich der Lendenwirbelsäule, veränderte Druck- und Zugbelastungen, negative Auswirkungen auf die Zwischenwirbelgelenke, häufig muskuläre Verspannungen und möglicherweise eine Überbelastung der Bänder. Als Folgen ergeben sich oftmals eine insgesamt reduzierte Belastbarkeit, Schmerzen im unteren Rücken und ischiasähnliche Beschwerden (Graff/Prager 1987).

Auch bei **Beschwerden im Kniegelenk** bei Sportlern, z. B. Chondropathia patellae (degenerative Knorpelveränderungen mit Schmerzen hinter der Kniescheibe) oder Patellasehnenspitzensyndrom (Entzündung der Patellasehne im Ansatzbereich am Schienbein), konnten oftmals muskuläre Dysbalancen als Hauptursache ausgemacht werden, wobei ein adäquates Kraft- und Dehntraining die Beschwerden deutlich verringert.

1.1.4 Gelenk und Arthrose

Die Muskulatur besitzt eine gelenkstabilisierende Funktion. So ist beispielsweise die Gelenkstabilität im muskelgeführten Schultergelenk nicht mehr gewährleistet, wenn die hierfür verantwortlichen Muskeln mangelhaft ausgeprägt sind. Nach Berthold/Thierbach (1981) treten aufgrund einer ungenü-

genden muskulären Sicherung im Schultergelenk bei einigen Sportarten wie z. B. Volleyball häufig Mikrorisse und degenerative Veränderungen der Rotatorenmanschette auf. Ein Krafttraining kräftigt nicht nur die gelenkumspannende Muskulatur, sondern führt darüber hinaus zu einer Hypertrophie des Gelenkknorpels, wodurch das Gelenk belastbarer wird (Hollmann/Hettinger 1990).

Gezielte Muskelbeanspruchungen können der Entwicklung von Arthrosen entgegenwirken und sie z. T. kompensieren oder zumindest deren klinische Konsequenzen mindern. Eine gute muskuläre Kompensation der gelenkumspannenden Muskulatur und ein regelmäßiges Training der Gelenkfunktionen reduzieren arthrotische Veränderungen deutlich und sind auch für die Verhinderung der Entstehung von Arthrosen bedeutsam (Israel 1994).

1.1.5 Osteoporose

Krafttraining wirkt nicht nur auf die Muskulatur sowie auf Sehnen und Bänder, sondern auch auf die Knochen. Im Hinblick auf die Vorbeugung und Therapie von Osteoporose besitzt das Krafttraining eine herausragende Bedeutung. Unter Osteoporose versteht man eine Stoffwechselerkrankung der Knochen, die durch eine Abnahme der Knochenmasse und eine Verschlechterung der Architektur des Knochengewebes charakterisiert ist, wodurch es zu einer Abnahme der Knochenstabilität und zu einem erhöhten Knochenbruchrisiko kommt. Betroffen sind vor allem ältere Frauen. Das Skelettsystem bzw. die einzelnen Knochen sind keine toten Strukturen, sondern unterliegen als dynamisches Gewebe ständigen Aufbau-, Abbau- und Umbauprozessen. Vor allem die Schwerkraft und die Muskelkontraktion stellen die wesentlichen mechanischen Kräfte dar, die am Knochen wirken. Besonders wichtig ist dabei die Druckbelastung, die auf den Knochen ausgeübt wird. Fehlen diese mechanischen Belastungsreize, wird Knochenmasse abgebaut. Regelmäßiges Muskeltraining wirkt aufgrund der Druck- und Zugbelastungen als funktioneller bzw. formativer Reiz auf den Knochen. Dabei kommt es zu einer vermehrten Mineralisierung des Knochens, einer Dickenzunahme der Knochenrinde und einer Verstärkung der Knochenbälkchenstruktur (Platen et al. 1995). Nach Riedel (1994) besteht ein signifikanter Zusammenhang zwischen Muskelkraft und Knochenmineralgehalt. Die Wirkung eines angemessenen Krafttrainings in jungen Jahren liegt darin, bis zum ca. 30. Lebensjahr eine möglichst große so genannte Peak Bone Mass (maximale Spitzenknochenmasse) aufzubauen. Je größer die Spitzenknochenmasse ist, desto geringer ist die Wahrscheinlichkeit, an Osteoporose zu erkranken. Ab dem 30. Lebensjahr geht es darum, die Spitzenknochenmasse möglichst lange zu erhalten, und in späteren Jahren liegt das

Ziel darin, einem beschleunigten Knochenabbau durch Kräftigung entgegenzuwirken.

Das Osteoroseproblem wird sich aufgrund der Entwicklungstendenz unserer Bevölkerungsstruktur mit einer Erhöhung des Anteils älterer Menschen in unserer Gesellschaft in Zukunft weiter verstärken. Die höhere Lebenserwartung hat zur Folge, dass immer mehr Menschen einem potentiellen Osteoporoserisiko ausgesetzt sind.

1.1.6 Inkontinenz

Auch bei der Vorbeugung und Therapie von Inkontinenz, auch «Blasenschwäche» genannt, kommt kräftigenden Übungen eine besondere Bedeutung zu. Inkontinenz ist keineswegs ein seltenes Problem, denn etwa 25–30 % aller Frauen in Deutschland leiden darunter und die Dunkelziffer ist hoch. Mit zunehmendem Alter nimmt die Häufigkeit zu, sodass ca. 65 % der über 80-jährigen Frauen betroffen sind. Inkontinenz ist einer der häufigsten Gründe für die Einweisung in ein Pflegeheim und geradezu alltäglich in Altersheimen (Debus-Thiede 1994).

Die Ursachen der weiblichen Inkontinenz liegen vor allem in einer erschlafften Beckenbodenmuskulatur und den damit verbundenen Beeinträchtigungen des Verschlussmechanismus der Blase aufgrund von Geburten, Übergewicht, Unterleibsoperationen und Entzündungen. Weitere Ursachen sind angeborene Bindegewebsschwäche und häufige oder lang anhaltende Druckbelastungen des Beckenbodens durch Pressen, chronischen Husten, Verstopfung, schweres Heben und Tragen, gebeugtes Sitzen und langes Stehen. Inkontinenz ist jedoch keineswegs ein unabwendbares Schicksal. Es stehen durchaus gute präventive und rehabilitative Behandlungsmöglichkeiten zur Verfügung. Aus dem Spektrum der vorhandenen medikamentösen, operativen, apparativen und verhaltensorientierten Therapieformen bietet ein funktionelles, kompetent angeleitetes Beckenbodentraining, das z. B. bei Stressinkontinenz in 60 – 80 % aller Fälle zu deutlichen Verbesserungen führt, eine gute Möglichkeit. Die Beckenbodenmuskulatur ist prinzipiell trainierbar wie alle anderen Muskeln auch. Die Übungen für den Beckenboden sind in der Regel kraftgymnastischer Art und bedürfen intensiver Wahrnehmungsschulung, weil die Anspannung und Entspannung der innen liegenden Beckenbodenmuskulatur von außen nicht sichtbar ist. Daher ist es ratsam, zu Trainingsbeginn einen so genannten «Beckenbodenkurs» oder «Inkontinenzkurs» zu besuchen.

Der Atmung kommt im Zusammenhang mit der Inkontinenz und dem Beckenbodentraining eine Schlüsselrolle zu. Bei der Ausatmung entsteht eine positive, entlastende Sogwirkung auf den Beckenboden, beim Einatmen wird der Druck dagegen erhöht. Bei allen Kraftübungen und schweren Alltagsbelastun-

gen sollte deshalb der Beckenboden durch Betonung der Ausatmung (bewusst mit «fff …») entlastet werden. Pressatmung oder Einatmung in der Anstrengungsphase muss vermieden werden, weil hiermit ggf. sogar die Inkontinenzproblematik verstärkt wird (vgl. Kap. 4 *Gefahren des Krafttrainings aus gesundheitlicher Sicht*).

1.1.7 Kraft im Altersgang

Dem Krafttraining wird im gesamten Altersgang eine wichtige gesundheits- und leistungsstabilisierende Bedeutung zugeschrieben, wobei die alternsphysiologischen Prozesse verzögert werden. Die Muskelmasse nimmt vom 20. – 70. Lebensjahr durchschnittlich um ca. 30 – 40 % ab (Hollmann / Hettinger 1990). Mit der Reduktion der Muskulatur geht auch ein erheblicher Kraftverlust einher, der mit zunehmendem Alter mit gravierenden Nachteilen für die Gesundheit und Lebensqualität verbunden sein kann. Rückenbeschwerden und Haltungsprobleme, Osteoporose, erhöhte Sturz- und Verletzungsgefahr aufgrund fehlender Muskelkraft zur Durchführung von Abfang- und Ausgleichsbewegungen, Einschränkung der körperlichen Leistungsfähigkeit bei Alltagsarbeiten und Verlust an Selbständigkeit, wenn alltägliche Dinge wie Treppensteigen, Haus- und Gartenarbeit, das Tragen von Lasten (z. B. Getränkekasten) Mühe bereiten, sind nur einige der

ORTHOPÄDISCHE ASPEKTE **17**

Probleme, die im Zusammenhang mit der reduzierten muskulären Leistungsfähigkeit im Alter auftreten. Krafttraining im Alter ist also nicht primär eine Frage der sportlichen Leistungsfähigkeit, sondern vor allem auch der Lebensqualität.

Mit zunehmendem Alter wird häufig auch eine Gewichtszunahme beobachtet, was eine Mehrbelastung für den Bewegungsapparat bedeutet. Die Beanspruchung sowohl des Stütz- und Bewegungsapparates als auch des Herz-Kreislauf-Systems nimmt also durch die wachsende Diskrepanz zwischen Gewichtszunahme einerseits und Muskelkraftabnahme andererseits stetig zu. Auch die Durchführung eines aus internistischer Sicht wünschenswerten Ausdauertrainings zur Prävention degenerativer Herz-Kreislauf-Erkrankungen ist ohne ein Mindestmaß an Kraft nicht möglich.

Ein regelmäßig durchgeführtes Krafttraining verhindert einerseits bis ins hohe Alter die Kraftverluste, andererseits können durch ein gezieltes Krafttraining nach jahrelanger körperlicher Inaktivität z. B. bei sitzenden Tätigkeiten ohne sportlichen Ausgleich noch erhebliche Kraftzuwächse erreicht werden. Die Leistungsfähigkeit der Muskulatur wird nicht primär durch das Alter, sondern durch die Qualität und Quantität der Beanspruchung bestimmt. Ehrsam/Zahner (1996) vertreten die Auffassung, dass ca. 50 % des Kraftverlustes nicht mit dem Alter und entsprechenden morphologischen und physiologischen Veränderungen zu tun haben, sondern auf die oft jahrelange körperliche Inaktivität zurückzuführen sind. Bei der Kraft gilt wie bei den anderen motorischen Fähigkeiten auch, dass sie in allen Altersstufen trainierbar und ein Einstieg mit einem individuell angepassten Programm immer möglich ist. Allerdings ist vor allem bei Neueinsteigern oder bei einer Wiederaufnahme der «Bewegungs- und Sportkarriere» eine internistische und orthopädische «Bestandsaufnahme» angezeigt.

1.2 Stoffwechsel- und Herz-Kreislauf-Aspekte

Noch bis vor wenigen Jahren galten Krafttrainingsformen in der internistisch geprägten Sportmedizin als wenig gesundheitsfördernd, doch mittlerweile wird auch die kardioprotektive Wirkung eines funktionsfähigen Skelettmuskelsystems immer mehr anerkannt. Die Muskulatur umfasst ca. 40 % der Gesamtkörpermasse und ist somit das größte Stoffwechselorgan des menschlichen Körpers. Verschiedene Autoren weisen darauf hin, dass es durch Krafttraining möglich ist, günstige Veränderungen im **Blutfettspiegel** hervorzurufen (Fleck 1994, Tucker 1994). Dabei wird in der Regel der gesundheitlich positive HDL-Cholesterinanteil erhöht und der negative LDL-Cholesterinanteil verringert. Vermutlich beeinflussen vor allem umfangsbetonte Krafttrainingsformen den Fettstoffwechsel positiv, wobei Belastungsintensitäten von 30–60 % und hohe Wiederholungszahlen gewählt werden sollten (Kindermann 1991).

Die Verbesserung der **Glukosetoleranz**, eine Senkung des Insulinbedarfs und eine günstige Beeinflussung einer diabetischen Stoffwechsellage können ebenfalls durch Krafttraining erreicht werden (Garbe 1987, Kindermann 1977).

Von verschiedenen Autoren konnten nach einem Krafttraining wünschenswerte Stoffwechseleffekte wie eine Abnahme des Plasmainsulinspiegels, eine erhöhte Insulinsensitivität (Miller et al. 1994) bzw. eine erhöhte Glukosetoleranz registriert werden (Craig et al. 1989).

In der Literatur unterschiedlich beantwortet wird die Frage nach dem Einfluss eines Krafttrainings auf die Ausdauerleistungsfähigkeit, den Blutdruck und die Herzfrequenz. Tab. 3 gibt einen Überblick über den Stand der Literatur.

Parameter	Training mehrerer Sätze mit mindestens 8–12 Wiederholungen	Training mehrerer Sätze mit höchstens 5 Wiederholungen	Ausdauertraining
In Ruhe			
Herzfrequenz	↓/↔	↔	↓
Systolischer Blutdruck	↓/↔	↔	↓/↔
Diastolischer Blutdruck	↓/↔	↔	↓/↔
Schlagvolumen (absolut)	↑/↔	↔	↑
Bei Belastung			
Herzfrequenz	↓	↔	↓
Systolischer Blutdruck	↓/↔	?	↓/↔
Diastolischer Blutdruck	↓/↔	?	↓/↔
Schlagvolumen	↑/↔	?	↑↑
Blutfett / Leistung			
Gesamtcholesterin	↓/↔	↔	↓/↔
LDL-Cholesterin	↓/↔	↔	↓/↔
HDL-Cholesterin	↑/↔	↔	↑/↔
Aerobe Leistungsfähigkeit	↑/↔	↔	↑↑
Anaerobe Leistungsfähigkeit	↑↑	↑↑	↓/↔
Körperfett	↓	↔	↓

Tab. 3: Auswirkungen eines Kraft- bzw. Ausdauertrainings auf verschiedene kardiale und metabolische Parameter, die aerobe und anaerobe Leistungsfähigkeit sowie den Körperfettanteil (↑ = Erhöhung, ↑↑ = starke Erhöhung, ↓ = Verringerung, ↔ = keine Veränderung, modifiziert nach Stone et al. 1991)

1.3 Körperformungsaspekte

Untersuchungen in Fitness-Studios haben gezeigt, dass der Aspekt der Körperformung ein zentrales Motiv des Trainings sowohl für Frauen als auch für Männer im Krafttraining darstellt (Brehm/Eberhardt 1995). Männer wollen einen muskulöseren, athletischeren Körper entwickeln, Frauen erhoffen sich durch das Training eine Körpergewichts- und Fettreduktion sowie insgesamt einen optisch strafferen Körper. Bei Bodybuildern geht es um den Aufbau einer großen Muskelmasse unter Berücksichtigung der Körpersymmetrie bei geringem Fettgehalt.

Eine nennenswerte Körpergewichtsreduktion wurde bei Studien im Krafttraining ohne eine qualitative und/oder quantitative Ernährungsumstellung selten beobachtet, wobei jedoch kaum übergewichtige Personen getestet wurden. Hier sind aufgrund des erhöhten Energieumsatzes durchaus gewichtsreduzierende Effekte denkbar. In jedem Fall sind infolge eines Krafttrainings erhebliche «kosmetische» Effekte zu erzielen. So wird in zahlreichen Untersuchungen auf die Möglichkeit des Fettabbaus und der Muskelmassenzunahme durch ein Krafttraining hingewiesen (Überblick in Buskies 1999), womit Figurformungseffekte verbunden sind. Bei einem sanften Krafttraining (vgl. Abschn. 2.5.2 *Sanftes Krafttraining*) konn-

ten wir neben einer starken Zunahme der Kraft und einer Reduktion des Körperfettanteils interessanterweise eine Abnahme des Körperumfangs bei Frauen an Brust, Taille, Oberarm und Oberschenkel nachweisen. Befürchtungen von weiblichen Trainierenden, ein Krafttraining würde zu unerwünschten Umfangszunahmen führen, sind bei den meisten Frauen daher unbegründet. Durch ein adäquates Training ist bei vielen Trainierenden eher das Gegenteil zu erwarten. Männer wiesen hingegen mit Ausnahme der Taille an den entsprechenden Messstellen Zuwächse auf.

Da sich mit dem Krafttraining das äußere Erscheinungsbild von Menschen beeinflussen lässt, dürften hiermit nicht nur physische, sondern auch positive psychische Effekte verbunden sein. Körperformungsaspekte können dann für die psychische Gesundheit eine wesentliche Rolle spielen, wenn sich beispielsweise die Unzufriedenheit mit dem eigenen Körper in einem geringeren Selbstwertgefühl und Selbstbewusstsein äußert. Durch Krafttraining kann es zu einer Steigerung des Selbstbewusstseins und des Selbstkonzeptes kommen (Brown/Harrison 1986).

2 Methoden des Krafttrainings

2.1 Grundlagen

> **Kraft** ist die Fähigkeit des neuromuskulären Systems, Widerstände zu überwinden (dynamisch konzentrisch), ihnen entgegenzuwirken (dynamisch exzentrisch) oder sie zu halten (statisch bzw. isometrisch).

2.1.1 Muskuläre Kontraktionsformen

Aus der Definition wird ersichtlich, dass zwischen einer dynamischen (Bewegungsarbeit) und einer statischen (Haltearbeit) Kontraktionsform der Muskulatur unterschieden wird. Die dynamische Arbeitsweise lässt sich weiter in konzentrische, exzentrische und exzen-

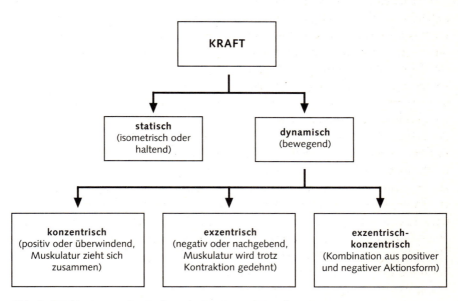

Abb. 3: Strukturierung der Kraft nach den Kontraktionsformen

trisch-konzentrische Kontraktionsformen untergliedern.

Die **dynamisch konzentrische Kontraktionsform** wird auch als positiv oder überwindend bezeichnet. Dabei verläuft die Bewegung entsprechend der Funktion des Muskels, da die aufgebrachte Kraft des Muskels größer ist als der gegebene Widerstand. Beim Bizepscurl mit der Kurzhantel wird beispielsweise der Ellbogen gebeugt (die Hantel angehoben), wenn die aufgebrachte Kraft größer ist als die Last der Hantel.

Die **dynamisch exzentrische Kontraktionsform** wird auch als negativ oder nachgebend bezeichnet. In diesem Fall ist die von außen angreifende Kraft (also der Widerstand, z. B. die Hantel) größer als die Kontraktionskraft, mit der der Muskel arbeitet. Beim Beispiel des Bizepscurls wäre dies das kontrollierte Senken der Hantel bei der Ellbogenstreckung.

Einen besonderen Fall einer negativen Beanspruchung stellt das Bodybuildingprinzip der «Negatives» dar. Hier wird eine Last gewählt, die oberhalb der Maximalkraft liegt. In der konzentrischen Phase wird durch Hilfe die Bewegung ermöglicht und in der exzentrischen Phase wird die Bewegung ohne Hilfe durchgeführt. Wenn z. B. ein Hantelgewicht beim Bizepscurl gewählt wird, das konzentrisch willkürlich (willentlich) nicht überwunden werden kann (da es oberhalb der Maximalkraft liegt), kann die freie Hand in der konzentrischen Phase der Bewegung mithelfen. Die exzentrische Phase wird dann ohne Hand-

unterstützung durchgeführt, sodass in dieser Phase bei Überlastgewichten die Intensität über 100 % liegt. Dies ist möglich, da neben der willentlich maximalen Kontraktion (100 %) in der exzentrischen Phase zusätzlich eine reflektorische Aktivierung von Muskelfasern (Dehnungsreflex) erfolgt und darüber hinaus passive Elastizitätskräfte wirken, sodass der willkürlich erreichbare Maximalkraftwert erhöht wird. Im Bereich der Armstrecker liegt der Zuwachs beispielsweise bei ca. 25–40 %, für die Beinstrecker bei ca. 10–25 % (Güllich / Schmidtbleicher 1999). Die exzentrische Phase einer Bewegung trägt stark zum Masse- und Kraftzuwachs bei. Einerseits können schwerere Gewichte bewältigt werden, was eine stärkere Beanspruchung des Muskels nach sich zieht. Andererseits werden für das gleiche Gewicht in der negativen Phase weniger Muskelfasern herangezogen, die beteiligten Faser dadurch jedoch stärker beansprucht (Johnston 1999). Dies ist auch der Grund, warum die Muskelkatergefahr bei exzentrischen Kontraktionsformen größer ist als bei konzentrischen (vgl. Abschn. 4.1.2 *Muskelkater*).

Beim Krafttraining werden dynamisch konzentrische und dynamisch exzentrische Kontraktionsformen meistens miteinander kombiniert. So ist beispielsweise das Herabziehen der Zugstange beim Latissimus-Ziehen konzentrisch, das Nachlassen der Zugstange exzentrisch (vgl. exzentrisch-konzentrische Kontraktionsformen). Es gibt allerdings auch Kraftmaschinen, bei denen ausschließlich konzentrisch trainiert wird. Dies ist der Fall, wenn die Maschinen so konstruiert sind, dass Agonist und Antagonist immer im Wechsel trainiert werden, also z. B. Druckbewegung gegen Widerstand weg vom Körper und dann Zugbewegung gegen Widerstand an den Körper heran.

Bei **exzentrisch-konzentrischen Kontraktionsformen** (Dehnungs-Verkürzungs-Zyklus) arbeitet die Muskulatur innerhalb einer Kontraktion zunächst exzentrisch (d. h., sie wird trotz Anspannung gedehnt) und anschließend konzentrisch (d. h., sie zieht sich zusammen). Diese Kraftleistungen können mit kurzen Dehnungs-Verkürzungs-Zyklen (Zeit < ca. 200 msec = Reaktivkraft) und langen Dehnungs-Verkürzungs-Zyklen (Zeit > ca. 200 msec) erbracht werden (Güllich / Schmidtbleicher 1999). Ein typisches Beispiel für einen kurzen Dehnungs-Verkürzungs-Zyklus sind der Absprung beim Weitsprung oder der Sprintschritt. Beim Bodenkontakt wird hierbei aufgrund der einwirkenden Schwerkraft beispielsweise die Oberschenkelvorderseite bzw. die Wadenmuskulatur zuerst gedehnt (exzentrisch) und anschließend in der Streckbewegung des Beines verkürzt (konzentrisch). Ein Beispiel für einen langen Dehnungs-Verkürzungs-Zyklus stellt das Bankdrücken in der Serie dar. Beim Absenken des Gewichts wird die Arbeitsmuskulatur zunächst gedehnt (exzentrisch) und anschließend beim Ausstoßen des Gewichts verkürzt (konzentrisch). Der kurze Dehnungs-Ver-

kürzungs-Zyklus im Krafttraining wird im fitnessorientierten Krafttraining vermieden, um Belastungsspitzen auszuschließen; deshalb handelt es sich hier fast ausschließlich um lange Dehnungs-Verkürzungs-Zyklen.

Neben der willkürlichen neuronalen Aktivierung werden im Dehnungs-Verkürzungs-Zyklus in der exzentrischen Phase auch Elastizitätskräfte der Sehnen und Muskeln sowie eine zusätzlich aufgeschaltete neuronale Aktivierung der Muskulatur aufgrund des Dehnungsreflexes wirksam, wobei diese Faktoren bei kurzen Dehnungs-Verkürzungs-Zyklen eine wesentlich größere Bedeutung besitzen.

Zu den **elastischen Kräften** tragen vor allem die Sehnen (über die der Muskel am Knochen ansetzt), Bindegewebsanteile im Muskel selbst sowie die kontraktilen Teile in der Muskelfaser bei. Wenn diese Strukturen in der exzentrischen Phase einer Bewegung gedehnt werden, sind sie bestrebt, sich wieder auf ihre ursprüngliche Länge zusammenzuziehen (durch die Dehnung wird elastisches Energiepotential gespeichert). In der sich anschließenden konzentrischen Phase wird die elastische Energie in Form von Bewegungsenergie umgesetzt, wodurch sich der Kraftimpuls vergrößert.

Der gleichfalls in der exzentrischen Phase aktivierte **Dehnungsreflex** (Muskelspindelreflex) lässt sich folgendermaßen erklären (vgl. Abb. 4): Das Zentralnervensystem kontrolliert u. a. unsere Muskeltätigkeit und unsere Ko-

GRUNDLAGEN 23

ordination. Für die Dehnung sind insbesondere die Reflexmechanismen von Rückenmark und Muskulatur von Bedeutung. Ein Muskel besteht aus zahlreichen Muskelfasern. Zwischen den Muskelfasern liegen die Muskelspindeln, die die aktuelle Muskellänge registrieren (Längen- bzw. Dehnungsrezeptoren) und den jeweiligen Zustand der Muskulatur an das Rückenmark (ein Teil des zentralen Nervensystems) melden. Sie erfassen sowohl die Geschwindigkeit als auch das Ausmaß der Muskeldehnung. Ihre Aktivierung löst reflektorisch über das Rückenmark eine Kontraktion des gedehnten Muskels aus. Je schneller und intensiver die Dehnung bis zu einem Optimalwert erfolgt, desto stärker werden die Muskelspindeln gereizt, desto kräftiger fällt die schützende reflektorische Kontraktion des Muskels aus. Die Aktivierung des Dehnungsreflexes in der exzentrischen Phase trägt erheblich zur Steigerung der Leistung in der konzentrischen Phase bei. Dieser Effekt dürfte jedoch im Fitness-Krafttraining aufgrund der kontrollierten, langsamen Bewegungsausführung nur eine untergeordnete Rolle spielen.

2.1.2 Muskelfasertypen

Von großer Bedeutung für die Kraftentwicklung ist die Muskelfaserverteilung. Die Muskulatur ist aus verschiedenen Typen von Muskelfasern zusammengesetzt. Grob lassen sich so genannte Slow-Twich(ST)-Fasern und Fast-Twich(FT)-Fasern unterscheiden. Die ST-Fasern werden auch als langsame oder rote Fasern bezeichnet, die FT-Fasern als schnelle bzw. weiße Fasern.

Das Verhältnis von ST-Fasern zu FT-Fasern im jeweiligen Muskel ist weitgehend genetisch festgelegt. Es lässt sich durch Krafttraining vermutlich nicht nennenswert verändern, wohl aber der prozentuale Flächenanteil der schnellen und langsamen Fasern. Je höher der Anteil an schnellen Muskelfasern bzw. an schneller Muskelquerschnittsfläche ist, desto größer sind die Maximalkraft und Schnellkraft und desto schneller wird der Sportler bei einem hypertrophieorientierten Training Muskelmasse aufbauen.

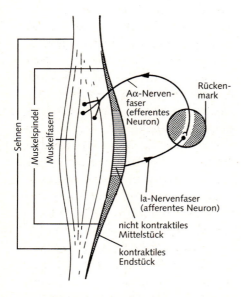

Abb. 4: Der Muskelspindelreflex (modifiziert nach Knebel 1987)

Slow-Twich-Faser	Fast-Twich-Faser
• Dünner	• Dicker
• Geringere Kontraktionsgeschwindigkeit	• Schnellere Kontraktionsgeschwindigkeit
• Ermüdungsresistenter	• Schneller ermüdbar
• Positiv für Ausdauer	• Positiv für Kraft und Schnelligkeit

2.2 Trainingsprinzipien

Die Verwirklichung der mit einem Krafttraining verbundenen Ziele ist vor allem von den individuellen genetischen Voraussetzungen und in hohem Maße von einem angemessenen Training abhängig. Im Folgenden werden die wichtigsten Trainingsprinzipien (richtungweisende, praktisch orientierte Grundsätze) in Bezug auf das Krafttraining dargestellt, die die trainingsmethodischen Richtlinien festlegen. Hierzu gehören:

• Prinzip der biologischen Anpassung (Superkompensation)
• Prinzip der optimalen Relation von Belastung und Erholung
• Prinzip der progressiven Belastungssteigerung
• Prinzip der Belastungsvariation
• Prinzip der Regelmäßigkeit des Trainings
• Prinzip der Individualisierung

Prinzip der biologischen Anpassung (Superkompensation)
Die Fähigkeit zur Adaptation (Anpassung) stellt beim Menschen ein Grundphänomen des Überlebens dar. Der Organismus reagiert auf körperliche Belastungen (z. B. Krafttraining) mit biologischen Anpassungsvorgängen. Die Anpassung an einen Belastungsreiz erfolgt dabei sehr gezielt, d. h., auf eine spezielle Art der Belastung reagiert der Organismus auch mit einer speziellen Anpassungsreaktion. Wird beispielsweise die Übung Bizepscurl nach der Hypertrophiemethode trainiert, so zeigen sich die Anpassungserscheinungen (Muskelzuwachs) in der Muskelgruppe, die bei dieser Übung hauptsächlich beteiligt ist, also dem Bizeps.

Bei völlig untrainierten Personen führt auch ein Krafttraining mit geringen Belastungen, z. B. von 25 % der Maximalkraft, zu erheblichen Leistungssteigerungen (Eisele et al. 1995). Je besser der Trainingszustand ist und je näher die individuelle Leistungsgrenze rückt (jenseits dieser Grenze ist trotz erhöhtem Trainingsaufwand keine nennenswerte Leistungssteigerung möglich), desto höher müssen der Belastungsumfang und

TRAININGSPRINZIPIEN   25

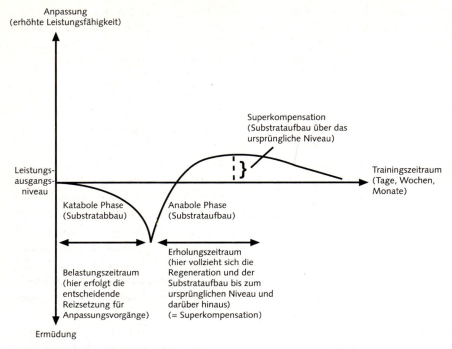

Abb. 5: Modell der Superkompensation

die Belastungsintensität gewählt werden. Mit zunehmendem Leistungszuwachs erfolgt die Leistungssteigerung in immer kleineren Schritten trotz steigender Trainingsbelastung.

Abb. 5 zeigt das Modell einer idealisierten Leistungssteigerung nach dem Prinzip der Superkompensation. Jede überschwellige Kraftbelastung löst in den beanspruchten Strukturen, z. B. Muskulatur, Sehnen, Bänder, Knochen usw., eine Anpassungsreaktion aus, die in einer Verstärkung der von dem Reiz betroffenen Strukturen besteht. Die belasteten Strukturen sind somit gegen eine erneute gleiche Beanspruchung besser gewappnet. Es stellt sich quasi als «Schutzmaßnahme» des Organismus ein höheres Struktur- und Funktionsniveau ein, z. B. eine Zunahme der Masse und der Kraft des Muskels beim Muskelaufbautraining.

Der Anpassungsvorgang für die Hypertrophie beim Krafttraining ist allerdings noch nicht vollständig aufgeklärt. Es wird angenommen, dass es aufgrund überschwelliger Muskelbeanspruchungen zu Mikrotraumen (kleinste Verletzungen) im Bereich der strukturellen Eiweiße in der Muskelfaser kommt. Dies veranlasst bestimmte Zellen (so genannte Satellitenzellen) am Rande der Muskelfaser dazu, die geschädigte Muskelfaser zu ersetzen bzw. sich mit ihr zu verschmelzen, was eine Zunahme der kontraktilen Masse zur Folge hat (Güllich/Schmidtbleicher 1999).

Das Prinzip der Superkompensation ist als ein Denkmodell zu verstehen, das verdeutlicht, wie Anpassungsprozesse im konditionellen Bereich ablaufen könnten. Neuronale Adaptationen bleiben hierbei unbeachtet. Es ist zu berücksichtigen, dass die Adaptationen infolge eines Trainings sehr individuell sind und von vielen Faktoren wie z. B. Alter, Geschlecht, Trainingszustand und genetischen Voraussetzungen abhängen. Bei Trainingsanfängern lassen sich die Steigerungen durch Training relativ leicht auch über einen kurzen Trainingszeitraum dokumentieren. Bei gut trainierten Personen hingegen dauern sie Wochen, Monate oder Jahre. Auch sind die Anpassungsvorgänge nicht unendlich fortsetzbar. Es liegt der Schluss nahe, dass die Anpassungskapazität des Organismus eine individuelle genetische Grenze hat. In der Tat wird im Krafttraining häufig beobachtet, dass nach mehrjährigem Training einer Übung (z. B. Bankdrücken) trotz Variation des Trainings und Beachtung der Trainingsprinzipien kaum noch Verbesserungen der Maximalkraftleistung erreicht werden. Der Sportler hat also, bezogen auf diese Übung (Muskelgruppe), seine individuellen Anpassungskapazität weitgehend ausgereizt. Die Trainingspraxis zeigt allerdings auch, dass z. B. durch die Umsetzung von immer neuen Erkenntnissen aus der Trainingslehre, durch Übungsvariationen mit neuen Geräten oder eine verbesserte, gezieltere Ernährung immer wieder kleine Steigerungen möglich sind.

Prinzip der optimalen Relation von Belastung und Erholung

Im Krafttraining ist die Gestaltung von Belastung und Erholung im Wesentlichen von der individuellen Leistungsfähigkeit (Trainingszustand, Trainingsalter, Belastbarkeit) und von der Trainingsdurchführung abhängig. Der Wirkungszusammenhang von Belastung und Erholung spielt sowohl während der Trainingseinheit als auch zwischen verschiedenen Trainingseinheiten eine Rolle.

In der Literatur sind keine Untersuchungen mit größeren Probandenkollektiven über die angemessene Pausendauer zwischen den Sätzen und Übungen zu finden (Ausnahme reaktives Krafttraining). Je nach Trainingsmethode haben sich in der Praxis Pausenzeiten zwischen einer Minute und sechs Minuten herauskristallisiert, wobei die Pausenlänge in der Regel vom Trainierenden nach dem subjektiven Belastungsempfinden gestaltet wird, d. h., die neue Serie oder Übung wird normalerweise dann begonnen, wenn der Trainierende das Gefühl hat, dass es jetzt sinnvoll ist, das Training fortzusetzen. Bei einem Kraft-Circuittraining bzw. bei statischen Übungen mit relativ kurzer Haltedauer (z. B. sechs bis acht Sekunden) kann die Pause, je nach Trainingsziel, auch durchaus kürzer als eine Minute sein. Es ist zeitsparend, eine Kombination von zwei bis drei Übungen mit unterschiedlicher muskulärer Beanspruchung (z. B. Arm- und Beinübungen) abwechselnd durchzuführen, da hierbei zwischen den Übungen nur kleine Pausen (z. B. eine Minute) notwendig sind. Bis wieder die erste Übung an der Reihe ist, liegt dann für die entsprechende Muskelgruppe eine Pause von drei bis fünf Minuten vor.

Auch bei der zeitlichen Verteilung der Trainingseinheiten müssen die notwendigen Regenerationszeiten berücksichtigt werden. Die Pausenlänge ist im Wesentlichen von der Trainingsintensität und vom Trainingsumfang abhängig und unterliegt großen individuellen Unterschieden. Bei ein- bzw. zweimaligem Training pro Woche reicht die Regenerationszeit von drei bis sieben Tagen zwischen den Trainingseinheiten aus. Bei dreimal wöchentlichem Training (z. B. montags, mittwochs, freitags) kann bei sehr intensiver Beanspruchung der gleichen Muskelgruppen die Regenerationsphase von zwei Tagen im Einzelfall bei längeren Trainingsperioden schon zu kurz sein. Zur Vermeidung eines Übertrainings (hierbei verringert sich die Leistungsfähigkeit bzw. sie stagniert trotz hohen Trainingsaufwands) durch starke Belastungsreize in nicht erholtem Zustand, bietet sich ab einer Trainingshäufigkeit von drei- bis viermal pro Woche ein Training nach dem Split-System an (vgl. Abschn. 2.6.3 *Intensivierung/ Optimierung der Trainingseinheit bzw. eines Trainingsabschnittes*).

Maßnahmen zur Beschleunigung der Regeneration: In der Regenerationszeit erhält der Organismus die Gelegenheit, sich den Belastungsreizen anzupassen. Die funktionellen Umbauten im Organismus, die dann die Basis für eine Leistungssteigerung darstellen, gehen zum größten Teil nicht während der Trainingsphase, sondern in der Regenerationsphase vor sich. Die Regenerationsvorgänge können durch zahlreiche Maßnahmen unterstützt bzw. beschleunigt werden. Hierzu zählen sowohl sportpraktische Maßnahmen wie sie z. B. in der Cool-down-Phase nach dem Krafttraining absolviert werden (z. B. Ausfahren auf dem Fahrradergometer sowie Dehnübungen; vgl. Kap. 3 *Warmup, Cool-down*), physiotherapeutische bzw. passive Maßnahmen (Massage, Sauna, heißes Bad) sowie ernährungsphysiologische Maßnahmen (ausreichende Zufuhr von Flüssigkeit, Vitaminen, Elektrolyten, Kohlehydraten und Eiweiß, kein Alkohol- und Nikotinkonsum nach dem Training).

Prinzip der progressiven Belastungssteigerung

Da im Verlauf eines Krafttrainings in der Regel die Kraft zunimmt, sollten auch die gewählten Widerstände (Gewichte) in Abhängigkeit vom Trainingsziel und der individuellen Belastbarkeit dem neuen Leistungsniveau angepasst werden. Die Steigerung der Belastung kann kontinuierlich oder sprunghaft erfolgen. Die kontinuierliche Form der Belastungserhöhung findet vor allem im gesundheitsorientierten Fitnesstraining seine Anwendung, z. B. durch die kontinuierliche Steigerung des Trainingsgewichtes in kleinen Schritten mit zunehmender Leistungsverbesserung. Dies ist sinnvoll, damit es nicht zu Überlastungen des Bewegungsapparates kommt, denn die unterschiedlichen Strukturen des Bewegungsapparates weisen unterschiedliche Adaptationsgeschwindigkeiten an ein Krafttraining auf. Das Binde- und Stützgewebe passt sich wesentlich langsamer an erhöhte Belastungen an als das Muskelgewebe (Zimmermann 1989). Im Leistungssport erfolgt die Steigerung der Belastung zeitweise auch sprunghaft, d. h., die Beanspruchung (z. B. die Belastungsintensität) wird deutlich erhöht, um den Muskel zu «schocken». Die Belastungssprünge dürfen die Belastbarkeit jedoch nicht übersteigen.

Prinzip der Belastungsvariation
Gleich bleibende Trainingsanforderungen belasten mit der Zeit den Organismus immer weniger, und ihre leistungssteigernde Wirkung verringert sich. Bei unverändertem Krafttraining ohne Trainingsvariationen passt sich die Muskulatur nach einigen Wochen an die Trainingsbelastung an, es kommt trotz Trainings zu keiner weiteren nennenswerten Kraftsteigerung mehr. Besteht das primäre Ziel des Krafttrainings im Erhalt der bestehenden Muskelmasse und des Kraftniveaus, wie es häufig im Gesundheits- und Fitnesstraining nach einigen Jahren kontinuierlichen Trai-

nings der Fall ist, so ist die Variation des Trainings nicht unbedingt erforderlich, es sei denn, die Trainingsmotivation ist bei dem Standard-Trainingsprogramm nicht mehr gegeben. Sollen weitere Kraftsteigerungen erzielt werden, so muss der Muskel spätestens alle drei Monate neu «irritiert» werden. In der Regel sollte eine systematische Steigerung der Trainingsbelastung erfolgen. Dies kann wie folgt geschehen:

* Erhöhung der Trainingseinheiten pro Woche
* Erhöhung der Übungsanzahl
* Erhöhung der Belastungsintensität
* Steigerung der Serienzahl pro Übung (z. B. beim Anfänger von ein bis zwei Sätzen auf drei Sätze nach vier bis fünf Trainingswochen)
* Veränderung der Wiederholungszahl in der Serie
* Veränderung der Übungsauswahl, der Ausgangsstellung oder Übungsdurchführung, Wahl der Top-Übung für die jeweilige Muskelgruppe
* Veränderung der Bewegungsgeschwindigkeit (z. B. anstatt eines mittleren ein langsames Bewegungstempo wählen)
* Bei mehreren Trainingseinheiten pro Woche Wechsel zwischen intensivem und weniger intensivem Training (Periodisierung)
* Anwendung von Fortgeschrittenen- und Bodybuildingprinzipien

In der Regel erfolgt eine Belastungsvariation, wenn sich der Organismus der aktuellen Trainingsbelastung angepasst hat. Hierbei ist zu berücksichtigen, dass beispielsweise eine enge Abhängigkeit von Belastungsintensität und Belastungsumfang besteht. Die Steigerung des Belastungsumfangs bei geringerer Intensität führt in der Regel zu einer erhöhten Belastungsverträglichkeit mit hohem Festigkeitsgrad, die als notwendige Basis für eine effektive Steigerung der Belastungsintensität angesehen werden kann. Bei hoher Intensität und geringem Umfang wird ein schneller, aber weniger stabiler Leistungszuwachs erreicht.

Prinzip der Regelmäßigkeit des Trainings

Ein regelmäßiges Training (möglichst lebenslang) ist notwendig, um das vorhandene Kraftniveau zu halten bzw. zu verbessern und um von den positiven Effekten eines Krafttrainings zu profitieren. Leistungsstagnation bzw. Leistungsverschlechterungen treten auf bei

- Trainingsunterbrechungen
- zu langen Pausen zwischen den Trainingseinheiten (z. B. Training nur alle zwei Wochen)
- unregelmäßigem Training
- gleichförmigem Training (vgl. Prinzip der Belastungsvariation)
- Training mit unterschwelliger bzw. zu geringer Belastungsintensität für ein gegebenes Leistungsniveau

Prinzip der Individualisierung

Eine effektive, aber gefahrlose individuelle Gestaltung des Krafttrainings verlangt das Erkennen und Beachten der individuellen Besonderheiten. Das Training richtet sich hierbei nach folgenden Faktoren:

- Individuelle Trainingsziele, Wünsche, Bedürfnisse (z. B. Verbesserung der Leistungsfähigkeit, Fettreduktion, Körperformung, Muskelzuwachs usw.)
- Individuelle Belastungsverträglichkeit (dies gilt sowohl für den orthopädischen Bereich – z. B. Auswahl wirbelsäulenschonender Übungen bei Rückenbeschwerden – als auch für den internistischen Bereich – z. B. Vermeidung von Pressatmung bzw. hohen Blutdruckwerten bei Älteren bzw. Herz-Kreislauf-gefährdeten Personen; vgl. Kap. 4 *Gefahren des Krafttrainings aus gesundheitlicher Sicht*)
- Biologisches Alter, z. B. unterschiedliche Belastungsdosierung, Übungsauswahl etc. in Abhängigkeit vom Alter – Kinder / Jugendliche / Erwachsene / Ältere
- Trainingsalter, Trainingsvorerfahrungen, Trainingszustand
- Psychische Komponenten, z. B. Trainingsmotivation, Leistungsbereitschaft
- Geschlecht, z. B. Beckenbodenproblematik, Menstruation bei Frauen
- Genetische Voraussetzungen; bei der gleichen Person sprechen z. B. manche Muskelgruppen auf ein Krafttraining sehr gut an, andere Muskeln bei gleichem Trainingsaufwand hingegen weniger gut.

2.3 Belastungsnormative im Krafttraining

Die Belastungsnormative sind die Beschreibungsgrößen der Trainingsbelastungen und damit der Trainingsmethoden. Mit ihrer Hilfe wird bestimmt, wie intensiv, wie umfassend, wie lange, mit welchen Pausen und wie oft Trainingsinhalte realisiert werden. Die wichtigsten Belastungsnormative für das Krafttraining sind die Belastungsintensität und Belastungsdauer, der Belastungsumfang sowie die Belastungsdichte und die Trainingshäufigkeit. Eine Variation dieser Größen führt zu verschiedenen Trainingsmethoden, mit denen unterschiedliche Ziele, z. B. eine Vergrößerung der Muskelmasse (Hypertrophie) oder eine Verbesserung der Kraftausdauer, erreicht werden können.

Belastungsintensität

> Die **Belastungsintensität** (Trainingsintensität) wird durch den Anstrengungsgrad bei einer Übung bestimmt.

Als Beschreibungsgröße der Belastungsintensität im Krafttraining dient in der Regel die Last in Kilogramm bzw. der Krafteinsatz in Prozent im Verhältnis zur konzentrischen bzw. isometrischen Maximalkraft. Die maximale Intensität (100 %) bedeutet die jeweilige Übungs-bestleistung in Kilogramm. Eine Steuerung der Trainingsintensität über Prozentangaben der Maximalkraft ist in der praktischen Umsetzung problematisch und für die Mehrzahl der Trainierenden praxisfern (vgl. Abschn. 2.7.1 *Belastungssteuerung über Prozentangaben der Maximalkraft*).

Da die Belastungsintensität durch den Anstrengungsgrad bzw. die Belastungsanforderung während der Übungsausführung oder in der Zeiteinheit charakterisiert wird, kann sie objektiv und subjektiv beurteilt werden. Insofern kann sowohl bei Prozentangaben im Verhältnis zur Maximalkraft (objektive Größe) als auch bei einem subjektiven Belastungsempfinden (subjektive Größe) der Begriff «Intensität» verwendet werden. Im Gegensatz zum Leistungssport stellen im Breitensport häufig subjektive Parameter die zentrale Größe bei der Steuerung der Belastungsintensität dar. Wir haben in den letzten Jahren auf der Basis der Borg-Skala (Borg 1973) eine siebenstufige Skala zur Einschätzung des subjektiven Belastungsempfindens entwickelt und ihre Anwendbarkeit und Bedeutung in zahlreichen Untersuchungen zum Ausdauer- und Krafttraining nachgewiesen.

Im nicht leistungssportlich orientierten Krafttraining und vor allem im gesundheitsorientierten Krafttraining

7-stufige Skala zur Abschätzung der subjektiven Belastung (Anstrengung)
1 = sehr leicht
2 = leicht
3 = leicht bis mittel
4 = mittel
5 = mittel bis schwer
6 = schwer
7 = sehr schwer

Tab. 4: Siebenstufige RPE-Skala (RPE = Rate of Perceived Exertion) nach Buskies / Boeckh-Behrens (1998). Der grau unterlegte Abschnitt ist der empfohlene Trainingsbereich beim sanften Krafttraining.

empfehlen wir die Kopplung einer bestimmten Wiederholungszahl (z. B. 15–25 Wiederholungen im Kraftausdauertraining oder 8–15 Wiederholungen im Muskelaufbautraining in der Serie) mit dem subjektiven Belastungsempfinden «mittel» (4) bzw. «mittel bis schwer» (5) bei weniger Trainierten oder «schwer» (6) bei Fortgeschrittenen. Für das Beispiel des Kraftausdauertrainings bedeutet dies z. B. bei Anfängern konkret, dass ein Trainingsgewicht gewählt wird (durch Ausprobieren ist dieses Gewicht leicht zu finden), wobei die individuelle Anstrengung bei ca. der 20. Wiederholung als «mittel» eingeschätzt wird. Hier wird dann die Serie beendet, obwohl noch weitere Wiederholungen möglich wären. Dadurch kann einerseits auf Maximalkrafttests mit ihren Nachteilen verzichtet werden, andererseits ist die Belastung deutlich schonender do

siert als bei einem Training bis zur letztmöglichen Wiederholung.

In eigenen sehr umfangreichen Studien (Buskies 1999) konnten wir nachweisen, dass bei einem sanften Krafttraining, bei dem die einzelne Trainingsserie ganz im Gegensatz zum Bodybuildingprinzip «no pain, no gain» deutlich vor dem Erreichen der letztmöglichen Wiederholung und somit einer sehr starken Muskelermüdung beendet wird, enorme Kraftzuwächse sowohl in der Maximalkraft als auch Kraftausdauer erzielt werden (vgl. Abschn. 2.5.2 *Sanftes Krafttraining*). Die Effekte sind dabei nicht sehr viel geringer als bei Personen, die jeden Satz bis zur völligen Muskelerschöpfung durchgeführt haben. Im Gesundheits- und Fitness-Krafttraining stehen Trainingsaufwand, Effektivität (positive Effekte) und Belastung (Risiken) bei einem Krafttraining nach dem subjektivem Belastungsempfinden «mittel» bis «schwer» (Stufen 4–6), bei dem die Einzelserie deutlich vor dem Erreichen der letztmöglichen Wiederholung abgebrochen wird, in einem erheblich günstigerem Verhältnis zueinander als bei einem Training mit Serien bis zur muskulären Ausbelastung.

Belastungsdauer

Die **Belastungsdauer** (Reizdauer) im Krafttraining gibt an, wie lange eine einzelne Kraftübung als Bewegungsreiz auf die Muskulatur wirkt.

Die Belastungsdauer bezieht sich auf die Zeitspanne einer Serie (Satz). Dauert eine Serie mit 15 Wiederholungen 30 Sekunden, so entspricht dies der Belastungsdauer.

Belastungsumfang, Trainingsumfang

> Der **Belastungsumfang** (Reizumfang) stellt die Gesamtmenge an Belastungsreizen bzw. der bewältigten Last in Kilogramm bei einer Übung dar, der Trainingsumfang die bei einer Trainingseinheit.

Im Krafttraining wird der Umfang in der Regel in Kilogramm des bewältigten Gewichtes angegeben. Werden z. B. bei der Übung Bankdrücken drei Sätze mit je 10 Wiederholungen und einem Gewicht von 50 kg durchgeführt, so ergibt sich für den Belastungsumfang bei dieser Übung folgendes Bild:

3 (Sätze) × 10 (Wiederholungen) × 50 kg = 1500 kg.

Der Trainingsumfang ergibt sich aus der Satzzahl, Wiederholungszahl und Intensität (in kg) aller Übungen in einer Trainingseinheit.

Belastungsdichte

> Die **Belastungsdichte** (Reizdichte) ergibt sich aus dem zeitlichen Verhältnis von Belastung und Erholung in einer Trainingseinheit.

Die Belastungsdichte wird im Krafttraining wesentlich durch die Pausenzeiten zwischen den Serien bestimmt. Diese sind abhängig von der individuellen Leistungs- und Erholungsfähigkeit sowie von der Belastungsintensität und der Belastungsdauer. Wissenschaftlich verwertbare Untersuchungsergebnisse zur Pausenlänge beim Krafttraining liegen mit Ausnahme des Reaktivkrafttrainings nur in Ansätzen vor. In der gängigen Trainingspraxis ist es zudem sehr selten, dass die Trainierenden ihre Serienpausen exakt nach der Zeit kontrollieren. Üblich ist viel mehr eine Pausengestaltung nach dem subjektiven Empfinden. Die Pause zwischen den Serien beträgt je nach subjektivem Empfinden in der Regel eine bis sechs Minuten, bei kurzen statischen Beanspruchungen bzw. im Circuit-Training auch weniger als eine Minute. Um in kurzer Zeit einen großen Belastungsumfang bewältigen zu können, werden in der Trainingspraxis z. T. auch zwei und mehr verschiedene Übungen, die unterschiedliche Muskelgruppen beanspruchen (z. B. Arme, Bauch, Beine, Rücken), mit sehr kurzen Pausen (z. T. sogar ohne Pause) miteinander kombiniert. Dadurch kann sich die zuerst beanspruchte Muskelgruppe bereits regenerieren, während die nächste trainiert wird. Nachdem ein Satz von jeder Übung durchgeführt wurde, beginnt dann der zweite Durchgang wieder mit der ersten Übung.

Trainingshäufigkeit

> Die **Trainingshäufigkeit** gibt die Anzahl der Trainingseinheiten pro Woche an.

Die Trainingshäufigkeit richtet sich nach der Zielsetzung und dem individuellen Trainingszustand. Während bei untrainierten Personen bereits ein einmal pro Woche durchgeführtes Training in der ersten Trainingsphase noch zu einer Leistungsverbesserung führt, reicht bei hochtrainierten Kraftsportlern ein dreimal wöchentlich durchgeführtes Training oftmals nicht einmal zum Erhalt der Leistungsfähigkeit aus.

2.4 Die Kraft und ihre Trainingsmethoden

2.4.1 Die Struktur der Kraftfähigkeit: Maximalkraft, Schnellkraft, Kraftausdauer

In der Trainingspraxis findet üblicherweise eine Unterscheidung der Kraftfähigkeiten in Maximalkraft, Schnellkraft und Kraftausdauer statt. Diese drei Kraftfähigkeiten stehen jedoch nicht unabhängig voneinander und sind nicht gleichrangig einzuordnen. Die Maximalkraft bildet die Basisfähigkeit für die Kraftausdauer sowie für die Schnellkraft mit ihren speziellen Ausprägungen Explosivkraft und Reaktivkraft. Dies bedeutet, dass das jeweilige Ausprägungsniveau der Kraftausdauer bzw. der Schnellkraft neben anderen Einflussgrößen auch von der Maximalkraft abhängig ist. Ein Training zur Steigerung der Maximalkraft geht somit in der Regel auch mit einer Verbesserung der

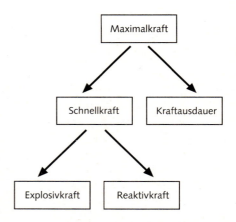

Abb. 6: Beziehungsgefüge der Kraftfähigkeiten

Schnellkraft- und Kraftausdauerleistung einher (vgl. Abb. 6).

Maximalkraft
Die Maximalkraft kann isometrisch (statisch) gegen einen überwindlichen Widerstand entwickelt werden oder –

> Die **Maximalkraft** ist die höchste Kraft, die das neuromuskuläre System bei einer maximalen willkürlichen (willentlichen) Kontraktion entfalten kann.

wie in der Trainingspraxis üblich – dynamisch konzentrisch gegen die höchste Last, die einmal bewältigt werden kann (one repetition maximum oder 1er Maximum).

Nicht speziell krafttrainierte Personen können allerdings nur ca. 70 % des in ihrer Muskulatur angelegten Kraftpotentials willkürlich realisieren. Die restlichen 30 % stehen als so genannte «autonome Reserve» für eine willkürliche Kraftbeanspruchung nicht zur Verfügung. Die Differenz zwischen der Maxi-

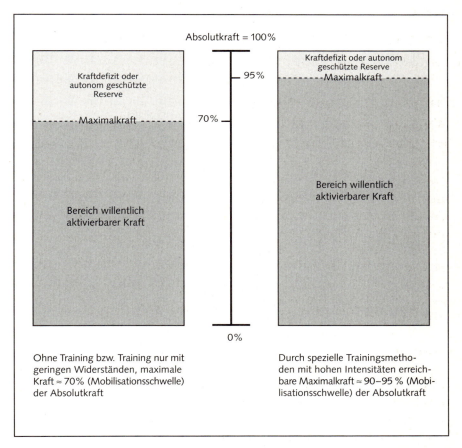

Abb. 7: Realisierbare Maximalkraft und Kraftdefizit in Abhängigkeit vom Trainingszustand

DIE KRAFT UND IHRE TRAININGSMETHODEN

malkraft und dem Wert, der bei vollständiger Aktivierung (z. B. durch Elektrostimulation) der gesamten Muskelmasse entfaltet wird (Maximalkraft plus autonome Reserve = **Absolutkraft**), bezeichnet man auch als **Kraftdefizit** (Abb. 7, S. 35).

Durch ein spezielles Training gegen annähernd maximale Widerstände kann das Kraftdefizit von 30 % bis auf ca. 5 % reduziert werden (Güllich / Schmidtbleicher 1999). Es handelt sich hierbei um ein neuromuskuläres Training (intramuskuläres Koordinationstraining), das auf eine Verbesserung des Nerv-Muskel-Zusammenspiels abzielt. Eine Änderung der energetischen oder morphologischen Struktur des Muskels ließ sich bisher nicht nachweisen. Die Maximalkraft wird dabei dadurch gesteigert, dass mehr von der bereits vorhandenen Muskelmasse willkürlich aktiviert werden kann, ein Muskelaufbau durch Einlagerung von kontraktilem Material findet nicht statt.

Neben der besseren Aktivierung der bereits vorhandenen Muskelmasse durch ein intramuskuläres Koordinationstraining kann die Maximalkraft auch über eine Vergrößerung der Muskelmasse (Hypertrophie), d. h. durch die Einlagerung der kontraktilen Proteine Aktin und Myosin in den Muskelfasern infolge eines Hypertrophietrainings vergrößert werden (vgl. Abb. 8).

Kraftausdauer

> **Kraftausdauer** ist die Fähigkeit des neuromuskulären Systems, eine möglichst hohe Impulssumme in einer gegebenen Zeit gegen höhere Lasten zu produzieren, bzw. das Vermögen, eine gegebene Kraftbelastung möglichst lange aufrechtzuerhalten (ausgedrückt als Anzahl der Wiederholungen bzw. bei statischer Beanspruchung als Haltedauer in Sekunden).

Abb. 8: Möglichkeiten zur Steigerung der Maximalkraft

Der Einfluss der Maximalkraft auf die Kraftausdauer ist umso größer, je höher der zu bewältigende Widerstand ist. Zur Abgrenzung von Kraft und Ausdauer wird in der Sportwissenschaft in der Regel erst ab einer Intensität von mindestens 30 % von Krafttraining gesprochen. Untersuchungen von Eisele et al. (1995) haben jedoch gezeigt, dass auch bei einem Training mit einer Intensität von 25 % nach acht Wochen signifikante Zunahmen bei der Maximalkraft und vor allem bei der Kraftausdauer zu erzielen sind. Es ist zu vermuten, dass je nach

Trainingszustand auch noch geringere Intensitäten bei entsprechender Wiederholungszahl zu nennenswerten Krafteffekten insbesondere bei der Kraftausdauer führen.

Schnellkraft

> **Schnellkraft** ist die Fähigkeit des neuromuskulären Systems, einen möglichst großen Kraftstoß innerhalb der verfügbaren (kurzen) Zeit zu entfalten.

Je kürzer die für einen Schnellkrafteinsatz zur Verfügung stehende Zeit ist, desto größer ist die Bedeutung eines steilen Kraftanstiegs. Die Fähigkeit, zu Beginn der Belastung einen möglichst steilen Kraftanstieg zu erzeugen, wird als **Explosivkraft** bezeichnet. Für die ersten 30 msec wird von Bührle et al. (1983) zusätzlich der Begriff **Startkraft** verwendet. Die Schnellkraft im Dehnungs-Verkürzungs-Zyklus wird **Reaktivkraft** genannt.

2.4.2 Dimensionen der Kraft und ihre Trainingsmethoden

Die Trainingsmethoden sollten sich nach dem Trainingsziel bzw. der Trainingswirkung ausrichten. Daher beschreibt Bührle (1989) in seinem dimensionsanalytischen Ansatz verschiedene Dimensionen der Kraft, wobei er unter Dimensionen abgrenzbare motorische Fähigkeiten versteht, die weitgehend unabhängig voneinander durch spezifische Trainingsmethoden entwickelt werden können. Den einzelnen Kraftfähigkeiten Maximalkraft, Kraftausdauer, Schnellkraft und Reaktivkraft (als spezielle Ausprägung der Schnellkraft im kurzen Dehnungs-Verkürzungs-Zyklus) kön-

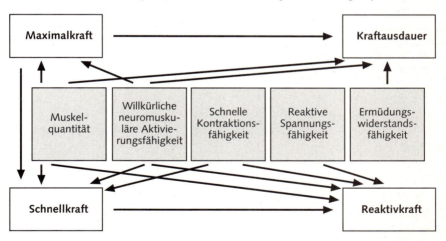

Abb. 9: Dimensionen der Kraft und ihre Zuordnung zu den einzelnen Kraftfähigkeiten

nen dabei unterschiedliche Dimensionen zugeschrieben werden. Abb. 9 verdeutlicht die unterschiedlichen Dimensionen und die Zuordnung zu den einzelnen Kraftfähigkeiten.

Im Folgenden sollen die einzelnen Dimensionen der Kraft näher erläutert werden:

Muskelquantität

Die **Muskelquantität** ist die vorhandene Muskelmasse, die durch den Muskelquerschnitt abgeschätzt wird.

Die muskuläre Krafterzeugung erfolgt durch die Bindung der kontraktilen Eiweiße Aktin und Myosin in der Muskelfaser. Eine größere Muskelmasse aufgrund der vermehrten Einlagerung von kontraktilem Material führt zu einer erhöhten Maximalkraft. Die Muskelquantität kann mit relativ aufwendigen Verfahren wie z.B. der Computer- oder Kernspintomographie exakt gemessen werden. Hierbei ist es möglich, Muskelbäuche vom subkutanen Fett und vom Skelett abzugrenzen. Die Bestimmung von Körperumfangswerten dient vor allem der Objektivierung von Körperformungseffekten, zusammen mit Körperfett- und Körpergewichtsdaten (-veränderungen) kann jedoch hierdurch auch indirekt auf eine Hypertrophie der Skelettmuskulatur geschlossen werden.

Willkürliche neuromuskuläre Aktivierungsfähigkeit

Die **willkürliche neuromuskuläre Aktivierungsfähigkeit** ist das Vermögen, gleichzeitig einen möglichst großen Teil des Muskels hochfrequent innervieren zu können bzw. ein möglichst großes Kraftpotential willkürlich zu aktivieren.

Die willkürlich neuromuskuläre Aktivierungsfähigkeit wird durch die Fähigkeiten der Rekrutierung, Frequenzierung und Synchronisation bestimmt. Unter Rekrutierung versteht man die Anzahl der eingesetzten motorischen Einheiten (motorische Nervenzelle im Rückenmark und die von ihr innervierten Muskelfasern), die Frequenzierung bezieht sich auf die Frequenz, mit der eine motorische Einheit innerviert wird. Eine hohe Synchronisation liegt vor, wenn die gleichzeitige Entladung zahlreicher motorischer Einheiten erreicht wird.

Schnelle Kontraktionsfähigkeit

Die **schnelle Kontraktionsfähigkeit** ist das Vermögen, die Kraft unabhängig vom Maximalkraftniveau möglichst schnell entwickeln zu können.

Die schnelle Kontraktionsfähigkeit wird im Wesentlichen bestimmt von der

Muskelfaserzusammensetzung (je mehr schnelle Muskelfasern, desto besser; vgl. Abschn. 2.1 *Grundlagen*) und durch die Rekrutierungsgeschwindigkeit (-abfolge) der motorischen Einheiten. Die Nervenzellen im Rückenmark und die von ihnen versorgten (innervierten) Muskelfasern werden im Kontraktionsvorgang nicht gleichzeitig, sondern entsprechend ihrer Größe nacheinander aktiviert (Henneman'sches Rekrutierungsprinzip). Zuerst werden die kleinen, ermüdungsresistenten Fasern eingesetzt (langsame Fasern), bei zunehmender Anspannungsgeschwindigkeit und steigendem Widerstand verstärkt auch die großen, schnell ermüdenden Fasern (schnelle Muskelfasern) zugeschaltet. Auch bei schnellen Kontraktionsabläufen wird diese Rekrutierungsabfolge vermutlich beibehalten, der Rekrutierungszeitraum (d.h. die Geschwindigkeit der Aktivierung der motorischen Einheiten) wird jedoch stark zusammengeschoben. Ein effektives Training der schnellen Muskelfasern ist somit sowohl von hohen Widerständen als auch von hohen Anspannungsintensitäten abhängig (Güllich / Schmidtbleicher 1999).

Reaktive Spannungsfähigkeit

Von reaktiven Kraftfähigkeiten wird dann gesprochen, wenn der Dehnungs-Verkürzungs-Zyklus sehr schnell abläuft (t < 200−250 ms; Bührle 1989, Güllich / Schmidtbleicher 1999), wie es z. B. bei Absprungbewegungen aus einem schnellen Anlauf oder beim Sprintschritt der Fall ist.

> Die **reaktive Spannungsfähigkeit** ist das Vermögen, auch bei hohen Dehnungsbelastungen in der exzentrischen Phase eines schnellen Dehnungs-Verkürzungs-Zyklus die Muskelspannung aufrechtzuerhalten und in der unmittelbar folgenden konzentrischen Phase einen hohen Kraftstoß realisieren zu können.

Die Leistungszunahme in der konzentrischen Phase des Dehnungs-Verkürzungs-Zyklus dürfte vor allem auf einer Kombination aus Effekten der Speicherung von elastischer Energie und einer Dehnungsreflexzunahme im Muskel beruhen (vgl. Abschn. 2.1 *Grundlagen*). Bei Sprüngen beispielsweise kommt noch hinzu, dass die Streckmuskulatur der Beinkette schon vor dem Bodenkontakt stark vorinnerviert und somit angespannt ist (Bührle 1989). Bei relativ langsamen «Ausholbewegungen» ist die Zeitspanne zu groß, um die genannten Effekte optimal zu nutzen. Spezielle reaktive Trainingsformen (z. B. ein Niedersprungtraining) sind für den Bewegungsapparat sehr belastend und somit primär gut trainierten Athleten und dem Leistungssport vorbehalten. Im Fitnesstraining ist ein reaktives Krafttraining in der Regel nicht sinnvoll und nicht empfehlenswert.

Ermüdungswiderstandsfähigkeit

Die Ermüdungswiderstandsfähigkeit wird bei Belastungen bis 10 Sekunden vorrangig durch neuronale Faktoren be-

> Die **Ermüdungswiderstandsfähigkeit** ist das Vermögen, eine gegebene Kraftbelastung möglichst lange aufrechtzuerhalten (Anzahl der Wiederholungen bzw. Haltedauer).

dingt, bei länger dauernden Belastungen hingegen im Wesentlichen von energetischen Prozessen (z. B. Laktatkonzentration, Pufferkapazität) bestimmt (Güllich / Schmidtbleicher 1999). Wie lange eine Kraftbeanspruchung aufrechterhalten werden kann, hängt entscheidend von der Intensität ab. Je höher die Intensität bei der Kraftausdauerbeanspruchung ist, desto größer ist der Einfluss der Maximalkraft und umgekehrt.

Es wird z. T. auch eine Dimension **Muskelqualität** vermutet, wobei allerdings bisher nicht geklärt ist, was diese Qualität auszeichnet, sodass diese Komponente in der weiteren Betrachtung nicht berücksichtigt wird. Im Bereich des Fitnesstrainings ist vor allem das Training der Dimensionen Muskelquantität und Ermüdungswiderstandsfähigkeit relevant.

Wie in Abb. 9 (S. 37) dargestellt, setzt sich jede einzelne Kraftfähigkeit, die Maximalkraft, Kraftausdauer, Schnellkraft und Reaktivkraft, aus mehreren unterschiedlichen Dimensionen zusammen. Jede Dimension wird mit einer speziellen Trainingsmethode trainiert (Abb. 10). Aufgrund dieses Zusammenhangs kann jede Kraftfähigkeit mit verschiedenen, dimensionsbezogenen Trai-

ningsmethoden trainiert werden. Wenn die Kraftfähigkeit komplett ausgebildet werden soll, müssen somit mehrere Trainingsmethoden eingesetzt werden. Da die meisten Dimensionen gleichzeitig zudem Bestandteil mehrerer Kraftfähigkeiten sind (die Dimension Muskelquantität ist z. B. Bestandteil aller Kraftfähigkeiten), führt das Training einer Dimension in den meisten Fällen zu einer Verbesserung verschiedener Kraftfähigkeiten. Aufgrund der Tatsache, dass in biologischen Systemen (z. B. Muskelsystem) eine vollständige Trennschärfe von Dimensionen nicht gegeben ist, finden auch Beeinflussungen der Dimensionen untereinander statt. So wird z. B. mit der Methode mittlerer Krafteinsätze mit hohen Wiederholungszahlen primär die Dimension Ermüdungswiderstandsfähigkeit trainiert. Zusätzlich wird aber beispielsweise bei Untrainierten in geringem Maße auch die Muskelquantität erhöht.

Die **Maximalkraft** benötigt für ein komplettes Training folglich das Training von zwei Dimensionen. Sie wird durch ein Training der Muskelquantität (Methode wiederholter submaximaler Krafteinsätze bis zur Ermüdung bzw. Erschöpfung – Hypertrophiemethode) und durch ein Training der willkürlichen neuromuskulären Aktivierungsfähigkeit (Methode explosiver maximaler Krafteinsätze – intramuskuläres Koordinationstraining bzw. neuromuskuläres Training) verbessert.

Die **Schnellkraft** wird durch ein Training der beiden Dimensionen der Ma-

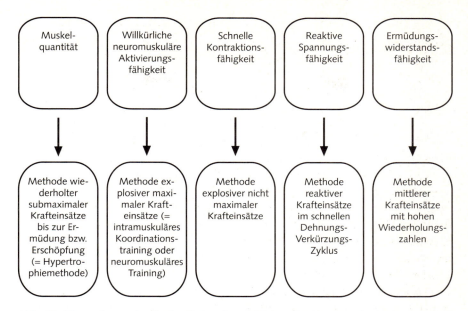

Abb. 10: Dimensionen der Kraft mit den dazugehörigen Trainingsmethoden

ximalkraft, also der Muskelquantität und der willkürlichen neuromuskulären Aktivierungsfähigkeit, und zusätzlich durch ein Training der schnellen Kontraktionsfähigkeit (Methode explosiver nicht maximaler Krafteinsätze) verbessert.

Die **Reaktivkraft** wird durch ein Training der drei Dimensionen der Schnellkraft, also der Muskelquantität, der willkürlichen neuromuskulären Aktivierungsfähigkeit sowie der schnellen Kontraktionsfähigkeit, und zusätzlich durch ein Training der reaktiven Spannungsfähigkeit (Methode reaktiver Krafteinsätze) verbessert.

Die **Kraftausdauer** wird durch ein Training der beiden Dimensionen der Maximalkraft, also der Muskelquantität und der willkürlichen neuromuskulären Aktivierungsfähigkeit, und zusätzlich durch ein Training der Ermüdungswiderstandsfähigkeit (Methode mittlerer Krafteinsätze mit hohen Wiederholungszahlen) verbessert.

2.4.3 Trainingsmethoden im Überblick – die Methodenpyramide

Abb. 11 zeigt die Zuordnung verschiedener Trainingsmethoden zu unterschiedlichen Einsatzbereichen des Sports. Die Trainingsmethoden der Pyramidenspitze (Methode reaktiver Krafteinsätze bzw. Methode explosiver maximaler Krafteinsätze) bauen dabei auf den Trainingsmethoden der Pyramidenbasis auf.

Die Trainingsgestaltung im Krafttraining richtet sich nach den Trainingszielen und den individuellen Voraussetzungen. Neueinsteiger bzw. Personen, die lange Zeit kein Krafttraining mehr durchgeführt haben, sollten zu Beginn ein zwei- bis vierwöchiges Anpassungs- oder Gewöhnungstraining absolvieren (Grundlagen für die Pyramidenbasis). Es ist durch eine sehr geringe Belastungsintensität gekennzeichnet und zur Vermeidung von Muskelkater und einer frühzeitigen Überbeanspruchung, zum Kennenlernen der Geräte, der korrekten Übungsdurchführung sowie zur Verbesserung der intermuskulären Koordination (Zusammenwirken verschiedener Muskeln in einem Bewegungsablauf) gedacht.

Um die gesundheitlichen Zielsetzungen, aber auch die Ziele Figurformung und Leistungssteigerung zu erreichen, sind vor allem das Kraftausdauer- und Muskelaufbautraining von Bedeutung. Hiermit werden einerseits genügend hohe Reize für die gewünschten Anpassungseffekte gesetzt, andererseits wird bei korrekter Durchführung eine Gefahr der Überbeanspruchung praktisch ausgeschlossen.

Im Bereich des Bodybuildings und Leistungssports bzw. des leistungsorientierten Fitnesstrainings werden in Abhängigkeit von der Sportart, der Trainingsperiode und dem individuellen Trainingszustand auch die Trainingsmethoden der Pyramidenmitte und Pyramidenspitze mit einbezogen. Die Grundlagen für diese hochintensiven Belastungen müssen vorher durch die Methoden der Pyramidenbasis geschaffen werden. Ein Training mit hohen Intensitäten wie z. B. bei der Methode der explosiven maximalen Krafteinsätze bzw. maximale Belastungen, wie sie beim Reaktivkrafttraining auftreten können (z. B. Tiefsprünge), beinhalten ein erhebliches Verletzungs- und Verschleißrisiko und sollten Personen vorbehalten bleiben, die schon über längere Zeit ein Krafttraining durchführen und somit eine gute muskuläre Grundlage aufweisen. Da ein solches Training primär Auswirkungen auf die Maximalkraft, Schnellkraft bzw. Reaktivkraft besitzt, sind diese Trainingsmethoden im gesundheitsorientierten Fitnesstraining von untergeordneter Bedeutung. Tab. 5 gibt die verschiedenen Basismethoden sowie die zugehörigen Belastungsnormative, Trainingseffekte und Einsatzgebiete im Überblick wieder.

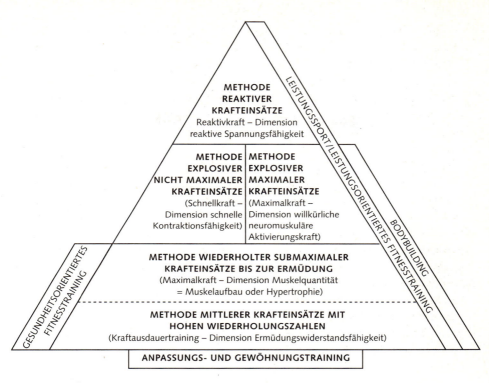

Abb. 11: Überblick über die Methoden im Krafttraining

2.5 Fitness-Krafttraining

2.5.1 Methoden des Fitness-Krafttrainings

Ein gesundheits- und fitnessorientiertes Krafttraining zielt vor allem auf die Verbesserung der Kraftausdauer und den Aufbau der Muskulatur sowie auf eine Fettreduktion und Körperformung ab. Entsprechend den gewählten Zielen können beim Fitness-Krafttraining Varianten gewählt werden, bei der die Wiederholungszahlen pro Satz bei 15–20 und mehr liegen (kraftausdauerorientiert) oder bei 8–15 Wiederholungen bei entsprechend höherem Gewicht (muskelaufbauorientiert). Bei der kraftausdauerorientierten Variante kommt es zur Fettreduktion und körperformen-

BASISMETHODEN

Bezeichnung der Trainingsmethoden		Methode mittlerer Krafteinsätze mit hohen Wiederholungszahlen	Methode wiederholter sub-maximaler Krafteinsätze bis zur Ermüdung bzw. Erschöpfung (Hypertrophiemethode)
Intensität	(%) der Kmax	65 % – 30 %	85 % – 65 %
* 1	Krafteinsatz, Bewegungstempo	Langsam bis zügig	Kontinuierlich, langsam bis zügig
Umfang	(Wh.)	20 – 50 und mehr	4 – 8 / 8 – 12 / 12 – 20
* 2	(Serien)	Je nach Leistungsniveau und Disziplin, ca. 3 – 6	Je nach Leistungsniveau, Anfänger 1 – 3, Fortgeschrittene 3 – 6, Leistungssportler bis 10
Dichte	Pausenlänge zwischen den Serien	Je nach Leistungsniveau, Disziplin, Trainingsziel und subjektivem Empfinden, ca. 1 – 5 Minuten und länger	Je nach Leistungsniveau, Trainingsziel, Übungsfolge und subjektivem Empfinden, 0,5 – 5 Minuten
Trainingshäufigkeit pro Woche		Je nach Leistungsniveau, Disziplin und Trainingsziel, 1 – 4	Je nach Leistungsniveau und Trainingsziel (48-Stunden-Regel): Anfänger 2, Fortgeschrittene 3 – 4, für spezielle Zwecke auch mehr als 4, z. B. Bodybuilding
Art der Übung, des Widerstandes (und Qualität der Übungsausführung)		Kraftmaschine, Hantel, spez. Geräte (z. B. Schwimmimitations-Kraftgerät), Zusatzgewichte, Körpergewicht	Kraftmaschine, Hantel, Zusatzgewicht (z. B. Sandsack), Körpergewicht
Voraussetzung		In der Regel gesonderte Trainingseinheit; aber auch nach anderen Trainingsinhalten möglich	In der Regel gesonderte Trainingseinheit; aber auch nach anderen Trainingsinhalten möglich
Trainingseffekte		Verbesserung: • Ermüdungswiderstandsfähigkeit bei Belastungen mit hoher Kraftkomponente (Kraftausdauer) • Körperformung • Mittlere Zunahme an Muskelmasse und Maximalkraft vor allem bei wenig Trainierten	Verbesserung: • Muskelquantität (Absolutkraft, Maximalkraft, Kraftausdauer) • Körperformung • Kein positiver Effekt auf Explosivkraft und Reaktivkraft
Einsatzgebiete		• Alle Disziplinen, die Kraftausdauerleistungen verlangen • Gesundheitsorientiertes Krafttraining, Fitness • Bodyshaping • Rehabilitation • Kompensatorisches Training, Verletzungsprophylaxe	• In allen Trainingsetappen (schwerpunktmäßig im Grundlagen- und Aufbautraining) • Kompensatorisches Training, Verletzungsprophylaxe • Bodybuilding, Bodyshaping • Gesundheitsorientiertes Krafttraining, Fitness • Rehabilitation

* 1 Präzise Angaben zur Belastungsintensität in Prozent der Maximalkraft sind problematisch (vgl. Abschn. 2.7.1 *Belastungssteuerung über Prozentangaben der Maximalkraft*)

Tab. 5: Überblick über die Basismethoden des Krafttrainings

DES KRAFTTRAININGS

Methode explosiver nicht maximaler Krafteinsätze	Methode explosiver maximaler Krafteinsätze (intramuskuläres Koordinationstraining)	Methode reaktiver Krafteinsätze im schnellen Dehnungs-Verkürzungs-Zyklus
85 % – 30 % und weniger	100 % – 85 %	In der Regel maximale Intensität
Explosiv	Explosiv	Explosiv, exzentrisch-konzentrisch
3–8 (–15)	1–3 (–7)	5–10
Je nach Leistungsniveau 3–7	Je nach Leistungsniveau ca. 3–5 (–15)	Je nach Leistungsniveau ca. 3 und mehr
Je nach Leistungsniveau und subjektivem Empfinden 2–8 Minuten	Je nach Leistungsniveau und subjektivem Empfinden, ca. 3–5 Minuten und länger	Je nach Leistungsniveau und subjektivem Empfinden bis zu 10 Minuten und länger
Je nach Leistungsniveau und Trainingsziel 1–4	Je nach Leistungsniveau und Trainingsperiode 1–3	Je nach Leistungsniveau und Trainingsperiode 1–3
Hantel, spez. Geräte, Kraftmaschine, Körpergewicht, sportartspezifische Übungen	Kraftmaschine, Hantel, spez. Geräte, Körpergewicht	Körpergewicht, ggf. leichte Zusatzlasten (z. B. Gewichtsweste)
In ausgeruhtem Zustand, nach sorgfältigem Aufwärmen	In ausgeruhtem Zustand, bei gut entwickeltem Kraftniveau, nach sorgfältigem Aufwärmen	In ausgeruhtem Zustand, bei gut entwickeltem Kraftniveau, nach sorgfältigem Aufwärmen
Verbesserung: • Schnelle Kontraktionsfähigkeit im (sportartspezifischen) Bewegungsablauf (intermuskuläre Koordination, Schnellkraft) • Umsetzung der schnellen Kontraktionsfähigkeit in den sportartspezifischen Bewegungsablauf	Verbesserung: • Schnelle Kontraktionsfähigkeit (Schnellkraft) • Willkürliche Aktivierungsfähigkeit (Intramuskuläre Koordination, Schnellkraft, Maximalkraft) • Keine oder nur geringe Zunahme an Muskelmasse	Verbesserung: • Reaktive Spannungsfähigkeit: Schneller Dehnungs-Verkürzungs-Zyklus, t < 200 ms (Reaktivkraft) • Insbesondere Sprungkraft bei reaktivem Bewegungsverhalten • Keine oder nur geringe Zunahme der Muskelmasse
• Schwerpunktmäßig am Ende der Vorbereitungs- und in der Wettkampfperiode • Alle Schnellkraftdisziplinen • Nicht im gesundheitsorientierten Fitnesstraining oder in der Rehabilitation • Kinder und Jugendliche reduzierte Intensitäten (abhängig von Trainingszustand, Alter und Übung)	• Schwerpunktmäßig am Ende der Vorbereitungs- und in der Wettkampfperiode • Verringerung des Kraftdefizits (z. B. nach Muskelhypertrophietraining) • Alle Schnellkraftdisziplinen • Nicht im gesundheitsorientierten Fitness-, Kinder- und Jugendtraining oder in der Rehabilitation	• Z. T. ganzjährig, schwerpunktmäßig am Ende der Vorbereitungs- und in der Wettkampfperiode • Alle Disziplinen, die reaktive Schnellkraftleistungen verlangen (z. B. Hochsprung, Sprint, Weitsprung, …) • Nicht im gesundheitsorientierten Fitnesstraining oder in der Rehabilitation

* 2 Präzise Angaben zum Belastungsumfang (Serien) sind problematisch (vgl. Abschn. 2.7.2 *Einsatz- versus Mehrsatztraining*)

den Effekten sowie zu einer starken Verbesserung der Kraftausdauer. Die Effekte auf die Maximalkraft und auf das Muskeldickenwachstum (Hypertrophie) sind geringer. Bei der muskelaufbauorientierten Variante steht der Aufbau der Muskelmasse bei gleichzeitiger Verbesserung der maximalen Kraftleistung und der Kraftausdauer im Vordergrund. Aufgrund der geringeren Wiederholungszahl bei der muskelaufbauorientierten Variante wird hier mit einer höheren Belastungsintensität trainiert.

Die in Tab. 6 beschriebenen Dosierungsangaben stellen die Synthese aus verschiedenen Vorschlägen in der Literatur, aus praktischem Trainerwissen und aus eigenen Untersuchungen dar, wobei allerdings die Trainingsmethoden noch nicht für alle Bereiche systematisch untersucht worden sind.

Hinweise zur Durchführung des Krafttrainings

- Im gesundheitsorientierten Fitnesstraining ist es nicht notwendig, den einzelnen Satz bis zur muskulären Erschöpfung, also bis zur maximal möglichen Wiederholungszahl durchzuführen (sanftes Krafttraining). Eigene Untersuchungen haben nachgewiesen, dass eine ausreichende Kraftentwicklung auch dann eintritt, wenn der einzelne Trainingssatz deutlich vor dem Erreichen der muskulären Ausbelastung beendet wird. Die orthopädische und kardiovaskuläre Beanspruchung sowie die Gefahr der Pressatmung hingegen sind beim *sanften*

Krafttraining deutlich verringert. Das subjektive Anstrengungsempfinden am Ende des Satzes sollte «mittel» bis «schwer», aber nicht «sehr schwer» sein (Buskies et al. 1996 und 1999, vgl. Abschn. 2.5.2 *Sanftes Krafttraining*).

- Anfänger führen ein bis drei Sätze mit 15–20 Wiederholungen bei sechs bis acht verschiedenen Übungen durch (Allround-Programm) oder einen Satz bei 12–16 verschiedenen Übungen (vgl. Abschn. 2.7.2 *Einsatz- versus Mehrsatztraining*). Fortgeschrittene absolvieren in der Regel drei bis fünf Sätze pro Übung, wobei die Wiederholungszahl je nach Trainingsziel im Bereich der kraftausdauerorientierten oder der muskelaufbauorientierten Variante des Fitness-Krafttrainings liegt.

- Die Pausenzeiten zwischen den Sätzen und einzelnen Übungen richten sich nach dem individuellen subjektiven Belastungsempfinden. Es ist zeitsparend, eine Kombination von zwei bis drei Übungen mit unterschiedlicher muskulärer Beanspruchung abwechselnd durchzuführen (z. B. Bauch- und Beinübungen), da hierbei nur minimale Pausen notwendig sind.

- Die Übungen sind in ruhigem Bewegungstempo und mit korrekter Bewegungsausführung zu absolvieren. Die Muskelspannung soll kontinuierlich während der gesamten Übung im überwindenden (konzentrischen) und nachgebenden (exzentrischen) Teil der Bewegung aufrechterhalten werden.

GESUNDHEITSORIENTIERTES FITNESS-KRAFTTRAINING

Belastungs-dosierung	Kraftausdauerorientierte Variante	Muskelaufbauorientierte Variante
Wieder-holungen/ Intensität	• Ca. 15–20 und mehr • Der Satz kann zielgruppenspezifisch bei einem subjektiven Belastungs-empfinden «mittel» bis «schwer» beendet werden*	• Ca. 6–15 • Der Satz kann zielgruppenspezifisch bei einem subjektiven Belastungs-empfinden «mittel» bis «schwer» beendet werden*
Sätze (Serien)/ Umfang	• Anfänger: ca. 1–3 • Fortgeschrittene: ca. 3–5 und mehr°	• Anfänger: ca. 2–3 (wird erst nach mehrwöchigem Training der kraftaus-dauerorientierten Variante empfohlen • Fortgeschrittene: ca. 3–5 und mehr°
Pause	• Nach subjektivem Empfinden (ca. 1–3 Minuten)	• Nach subjektivem Empfinden (ca. 0,5–5 Minuten)
Bewegungs-ausführung/ Krafteinsatz	• Technisch korrekt • Kontinuierlich, ruhig • Regelmäßige Atmung	• Technisch korrekt • Kontinuierlich, ruhig • Regelmäßige Atmung
Trainings-häufigkeit	• Mindestens 1 × pro Woche (Untrainierte) • 2–4 × pro Woche (je nach Trainings-zustand und Trainingsziel)	• Mindestens 1–2 × pro Woche (Untrainierte) • 2–4 × pro Woche (je nach Trainings-zustand und Trainingsziel)
Trainings-effekte	• Verbesserung der Kraftausdauer • Fettabbau • Körperformung • Muskelaufbau/ Zunahme der Muskelmasse (geringer) Verbesserung der Maximalkraft (geringer)	• Muskelaufbau/ Zunahme der Muskelmasse (stärker) • Verbesserung der Maximalkraft (stärker) • Körperformung • Fettabbau • Verbesserung der Kraftausdauer

* vgl. Abschn. 2.5.2 *Sanftes Krafttraining* und Abschn. 2.7.1 *Belastungssteuerung über Prozentangaben der Maximalkraft*
° vgl. Abschn. 2.7.2 *Einsatz- versus Mehrsatztraining*
Tab. 6: Belastungsdosierung im gesundheitsorientierten Fitness-Krafttraining

- Es ist wichtig, während der Übungs-ausführung regelmäßig weiter zu at-men (keine Pressatmung). Die Aus-atmung erfolgt in der konzentrischen Phase.
- Zahlreiche Übungen insbesondere zur Kräftigung der rumpfstabilisierenden Muskulatur werden in der Trainings-praxis isometrisch oder zumindest mit hohen statischen Anteilen durch-geführt. Hierbei richtet sich die Hal-tedauer nach der gewählten Belas-tungsintensität, wobei Pressatmung und Muskelverkrampfungen vermie-

den werden sollen. Ähnlich wie beim dynamischen Training kann die Serie auch hier bei einem subjektiven Belastungsempfinden «schwer» beendet werden.

- Unveränderte Trainingsbelastungen über längere Zeit dienen zwar noch der Krafterhaltung, führen aber zu keiner weiteren Leistungsverbesserung. Um eine Leistungssteigerung zu erzielen, muss die Belastung dem jeweils aktuellen Trainingszustand angepasst werden. Steigerungs- bzw. Variationsmöglichkeiten sind z. B. die Erhöhung der Trainingseinheiten bzw. der Satzzahl, ein Wechsel der Übungen oder eine Intensivierung des einzelnen Satzes durch eine höhere Belastungsintensität, mehr Wiederholungen bzw. kürzere Pausen.
- Nur mit einem regelmäßigen Training ist es möglich, gesundheitlich positive Wirkungen zu erzielen.
- Bei geringer Trainingshäufigkeit (z. B. ein- bis zweimal pro Woche) bietet sich die Durchführung eines Allround-Programms an, das alle großen Muskelgruppen des Körpers berücksichtigt.
- Es ist sinnvoll, ein Training nach Trainingsplan durchzuführen und in einem Trainingstagebuch zu dokumentieren, einerseits um eine feste Trainingsvorgabe zu haben und die Leistungsentwicklung zu dokumentieren, andererseits als Motivationshilfe.

2.5.2 Sanftes Krafttraining

Eine besondere Form des Krafttrainings, die in der Praxis schon lange von vielen Fitnesstrainierenden praktiziert wird und von uns von 1991–1999 systematisch untersucht wurde, ist das so genannte sanfte Krafttraining. Die einzelne Trainingsserie (Satz) wird hierbei nicht wie im herkömmlichen Training bis zur letztmöglichen Wiederholung (also vollständigen kurzfristigen Ermüdung des Muskels) durchgeführt, sondern deutlich vorher abgebrochen. Wir haben zum sanften Krafttraining eine Vielzahl an Untersuchungen mit über 300 Probanden durchgeführt (Buskies 1999) und als Kriterium für die Beendigung der einzelnen Serie das individuelle subjektive Belastungsempfinden eingeführt, einen Parameter, der sich zur Steuerung der Intensität im Ausdauertraining schon über Jahre bewährt hat (Weitl 1999), im Krafttraining aber bisher unberücksichtigt geblieben ist. Bei einem sanften Krafttraining geht der Trainierende in Abhängigkeit vom Trainingsziel (z. B. Muskelaufbau oder Kraftausdauer) folgendermaßen vor: Für ein Kraftausdauertraining beispielsweise wählt er durch Ausprobieren eine Gewichtsbelastung z. B. an der Beinpresse, bei der er die Belastung ab ca. der 20. Wiederholung (für ein Muskelaufbautraining ab ca. der 10.–12. Wiederholung) als «mittel» bzw. «schwer» empfindet (vgl. Abschn. 2.3 *Belastungsnormative im Krafttraining*). De facto könnte der Trainierende bei einem Training bis zur muskulären Ausbelastung also wesentlich mehr Wiederholungen mit dem entsprechenden Gewicht bewältigen. Tab. 7 zeigt, dass mit einem Training nach dem subjektiven Anstrengungsempfinden selbst bei Sportstudierenden, die ja in der Regel über einen besseren muskulären Trainingszustand verfügen als der «Normal-Freizeitsportler», nach einigen Trainingswochen enorme **Maximalkraft- und Kraftausdauerverbesserungen** erzielt werden, die nicht sehr viel geringer sind als die Zuwächse, die bei einem «harten» Krafttraining bis zur letztmöglichen Wiederholung im Satz erreicht werden. Das Trainingsprogramm wurde dabei dreimal wöchentlich über acht Wochen durchgeführt und bestand aus sechs Übungen mit je vier Sätzen und ca. 15 ± 3 Wiederholungen.

> **Sanftes Krafttraining** führt zu großen Verbesserungen in der Maximalkraft und Kraftausdauer.

Interessant ist im Zusammenhang mit einem sanften Krafttraining auch der Einfluss auf die Körperform (vgl. Kap. 1 *Ziele und Effekte des Krafttrainings*). Während Männer sowohl bei einem Training nach dem subjektiven Belastungsempfinden «mittel» als auch «schwer» nach einem Trainingszeitraum von 8 Wochen in etwa gleiche Umfangszunahmen an Brust, Oberarm und Oberschenkel verzeichneten wie bei einem Training bis zur Ausbelastung, kam es bei Frauen nach einem zehnwöchigen Training im Durchschnitt zu einer Umfangsabnahme an den genannten Körperstellen einschließlich der Taille. Die von vielen Frauen geäußerte Befürchtung, nach der ein Krafttraining zu einer nennenswerten, in der Regel unerwünschten Umfangszunahme an verschiedenen Körperstellen führe, kann zumindest für ein sanftes Krafttraining verworfen werden, bei dem die Steuerung der Serienbelastung nach dem subjektiven Belastungsempfinden «mittel» oder «schwer» erfolgt. Umgekehrt können aufgrund der Ergebnisse Befürchtungen von Männern zerstreut werden, dass der Trainingsreiz zum Aufbau von Muskelmasse generell bei Serien zu gering sei, die nicht bis zur muskulären Erschöpfung durchgeführt werden. Dies gilt zumindest in den ersten Trainingsmonaten und dann, wenn kein hohes Kraftniveau vorliegt.

Beim sanften Krafttraining kommt es – wie auch bei einem Training bis zur Ausbelastung in der Trainingsserie – zu einer deutlichen Verringerung des **Körperfettanteils**. Je höher der Körperfettgehalt zu Beginn des Trainings ist, desto größer sind die Reduktionseffekte. Neuere Untersuchungen an unserem Institut zum Energieverbrauch beim sanften Krafttraining belegen mittels Atemgasanalysen, dass der Fettstoffwechsel auch nach dem Krafttraining noch längere Zeit erhöht ist (Zapf et al. 1999).

VERÄNDERUNGEN DER MAXIMALKRAFTWERTE

| Übungen | Testgruppen | | | |
	Kontroll $\bar{x} \pm s$	Mittel $\bar{x} \pm s$	Schwer $\bar{x} \pm s$	Ausbelastung $\bar{x} \pm s$
Lat-Ziehen	−1,2% ± 5,4%	9,1% ± 4,9%	14,0% ± 6,0%	17,6% ± 6,0%
Bankdrücken	3,1% ± 7,7%	8,0% ± 9,3%	7,4% ± 6,7%	12,7% ± 6,1%
Beinpressen	0,5% ± 6,2%	9,6% ± 7,0%	12,4% ± 9,5%	12,9% ± 8,0%
Beinbeugen	3,8% ± 7,9%	11,0% ± 7,6%	21,4% ± 11,3%	22,4% ± 12,9%
Rumpfflexion	0,7% ± 5,4%	6,4% ± 7,4%	3,6% ± 5,9%*	8,5% ± 10,6%
Backextension	−0,6% ± 12,2%	8,3% ± 9,7%	8,1% ± 10,3%	11,1% ± 13,0%

VERÄNDERUNG DER KRAFTAUSDAUERWERTE

Übungen	Kontroll	Mittel	Schwer	Ausbelastung
Lat-Ziehen	1,8% ± 24,0%	64,9% ± 27,9%	60,2% ± 32,1%	65,9% ± 32,0%
Bankdrücken	6,6% ± 20,9%	55,2% ± 32,9%	64,2% ± 26,3%	64,6% ± 47,7%
Beinpressen	−2,6% ± 26,7%	57,5% ± 46,7%	73,9% ± 34,1%	91,7% ± 38,0%
Beinbeugen	−3,9% ± 19,7%	76,0% ± 49,8%	83,1% ± 43,8%	102,6% ± 35,8%
Rumpfflexion	3,4% ± 21,4%	25,3% ± 22,2%	29,1% ± 21,7%	34,9% ± 29,2%
Backextension	4,5% ± 36,8%	33,5% ± 30,5%	30,5% ± 31,6%	58,1% ± 47,9%

Tab. 7: Prozentuale Veränderungen der Maximalkraftwerte und der Kraftausdauerwerte nach einem achtwöchigen sanften Krafttraining (*signifikante Veränderungen; alle anderen Veränderungen in den Trainingsgruppen Mittel, Schwer und Ausbelastung sind sehr signifikant)

Sanftes Krafttraining führt zu einer Reduktion des Körperfettanteils bei Frauen und Männern und im Mittel zu einer Zunahme des Oberarm-, Brust- und Oberschenkelumfangs bei Männern bzw. zu einer Abnahme an allen gemessenen Körperstellen einschließlich der Taille bei Frauen.

Die in unseren Untersuchungen beobachteten Effekte eines Krafttrainings auf die Körperform, nämlich Fettabbau bei beiden Geschlechtern und eine Umfangszunahme bei Männern bzw. eine Umfangsreduktion bei Frauen, stellen im Freizeit- und Gesundheitssport erwünschte Folgen eines Krafttrainings dar.

Bedeutung des sanften Krafttrainings aus orthopädischer und physiologischer Sicht

Aus orthopädischer Sicht können Probleme beim Krafttraining vor allem durch unzureichende Aufwärmarbeit, falsche Technik, bei Vorermüdung am

Ende der Trainingsserie und hiermit verbundenen Kraft- und Koordinationsverlusten sowie aufgrund der unterschiedlichen Adaptationsgeschwindigkeiten der passiven und aktiven Strukturen des Bewegungsapparates entstehen.

Das Aufwärmen zu Beginn des Krafttrainings hat vor allem die Funktion, die Belastungsverträglichkeit zu erhöhen und Verletzungen vorzubeugen. Die Aufwärmaktivitäten sind jedoch im Krafttraining oftmals unzureichend und unspezifisch (z. B. Aufwärmen auf dem Fahrradergometer und anschließend Krafttraining für den Oberkörper; vgl. Kap. 3 *Warm-up, Cool-down*), d. h., das Krafttraining beansprucht in der Praxis oftmals Strukturen, die vorab nicht auf die Belastung vorbereitet wurden. In diesem Fall ist die orthopädische Beanspruchung und die Gefahr von strukturellen Schädigungen am Bewegungsapparat beim sanften Krafttraining gegenüber einem Training bis zur muskulären Ausbelastung im Satz deutlich geringer.

Die letzten Wiederholungen einer Serie bis zur muskulären Ausbelastung stellen auch bei niedrigen Intensitäten «Maximalbelastungen» dar, weil sie einen bereits vorermüdeten Bewegungsapparat beanspruchen. Dabei schleichen sich am Serienende häufig Technikfehler ein, wenn die eigentliche Arbeitsmuskulatur ermüdet ist, aber noch weitere Wiederholungen auf Kosten der optimalen, risikoarmen Bewegungstechnik absolviert werden (z. B. schwunghafte Übungsausführung oder die Einbeziehung von Hilfsmuskeln). Wird ein Trai-

ning weder mit maximalen Krafteinsätzen noch bis zur letztmöglichen Wiederholung in der Serie durchgeführt, so hat der Trainierende in der ganzen Serie die Möglichkeit zur Kontrolle seiner Körperhaltung, Technik und Bewegungsausführung, wodurch Überbelastungen und Verletzungen vermieden werden können.

Auch Übungen, die bei korrekter Bewegungstechnik positive Auswirkungen auf den Bewegungsapparat besitzen, beinhalten bei unfunktioneller, nicht korrekter Bewegungsausführung Gefahrenmomente. Von allen unfunktionell durchgeführten Kraftübungen geht eine Gefährdung des Stütz- und Bewegungsapparates aus. Deshalb wird die orthopädische Beanspruchung in solchen Fällen bei einem Krafttraining mit Serien bis zur muskulären Ausbelastung deutlich höher liegen als bei einem sanften Krafttraining.

> Die Belastung auf den aktiven und passiven Bewegungsapparat ist bei einem **sanften Krafttraining** deutlich reduziert.

Neben der orthopädischen Beanspruchung ist auch die **Herz-Kreislauf- und Stoffwechselbelastung** bei einem sanften Krafttraining deutlich verringert (vgl. Kap. 4 *Gefahren des Krafttrainings aus gesundheitlicher Sicht*). Abb. 12 zeigt die deutlich höheren Laktatwerte (Milchsäurewerte) bei einem Training bis zur muskulären Ausbelastung in der

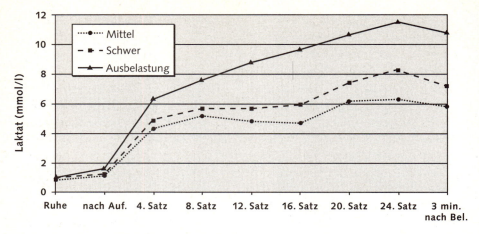

Abb. 12: Laktatverhalten bei einem Krafttraining bis zur Ausbelastung und einem sanften Krafttraining nach dem subjektiven Belastungsempfinden «mittel» bzw. «schwer»

Trainingsserie im Vergleich zu einem Training, bei dem der Trainingssatz nach einem subjektiven Belastungsempfinden «mittel» bzw. «schwer» abgebrochen wird.

Aufgrund der Vielzahl der mit hohen **Laktatwerten** diskutierten negativen Folgen kann geschlossen werden, dass ein *sanftes Krafttraining* aus gesundheitlicher Sicht deutlich günstiger ist als ein Training bis zur muskulären Ausbelastung.

Auch die **kardiale Belastung** (Blutdruck, Herzfrequenz, Produkt aus systolischem Blutdruck und Herzfrequenz) ist, wie unsere Untersuchungen zeigen (Buskies 1999), bei einem *sanften Krafttraining* deutlich verringert. Während hohe Blutdruckspitzen für gesunde junge Menschen keine Gefährdung darstellen, ist dies bei Älteren mit arteriosklerotischen Gefäßveränderungen, Personen mit Bluthochdruck (Hypertoniker) oder herzgeschädigten Personen anders. Nach Kindermann/Rost (1991) kann es bei Hypertonikern zum Beispiel zu akuten Zwischenfällen wie Hirn- und Netzhautblutungen kommen. Die höchsten Blutdruckwerte werden bei Erschöpfung oder kurz vorher erreicht. Unsere Ergebnisse zeigen, dass bei einem Training bis zur muskulären Ausbelastung die systolischen Blutdruckwerte bei den Übungen Beinpressen und Beinbeugen mit durchschnittlich 280–300 mmHg signifikant höher liegen als bei einem sanften Krafttraining. Gleiches gilt auch für das Produkt von systolischem Blutdruck und Herzfrequenz, welches im Wesentlichen den Sauerstoffbedarf des Herzmuskels bzw. die Herzarbeit bestimmt (Fleck 1994). Ein hoher O_2-Verbrauch des Herzens kann z. B. bei bestehender Koronarinsuffizienz zu einem Missverhältnis zwischen O_2-Bedarf und O_2-Versorgung führen, wodurch es zu

Herzrhythmusstörungen bzw. zu einem Angina-pectoris-Anfall, im Extremfall sogar zu einem Herzinfarkt oder zu plötzlichem Herztod kommen kann (Hollmann et al. 1983, Rost 1991). Insbesondere bei Vorliegen einer nicht entdeckten Herzkrankheit besteht ein Risiko. Um Überbeanspruchungen beim Krafttraining auszuschließen und unnötige Risiken zu vermeiden, sollte spätestens ab dem 35.–40. Lebensjahr eine eingehende internistische Untersuchung mit Belastungselektrokardiogramm durchgeführt werden. Hypertonikern und Herz-Kreislauf-Patienten ist ein Krafttraining nur in Absprache mit einem Arzt anzuraten, wobei der sanften Variante mit einem maximal mittleren subjektiven Belastungsempfinden der Vorzug zu geben ist. Es gilt jedoch zu berücksichtigen, dass auch hierbei z. T. erstaunlich hohe systolische Blutdruckwerte zu beobachten sind.

> Die Herz-Kreislauf- und Stoffwechselbelastung ist bei einem **sanften Krafttraining** deutlich verringert.

Auch die Pressatmung stellt ein potentielles Risiko im Krafttraining dar (vgl. Kap. 4 *Gefahren des Krafttrainings aus gesundheitlicher Sicht*). Bei unseren Untersuchungen konnten wir feststellen, dass sich die Probanden auch bei submaximalen Gewichten immer dann zunehmend der Pressatmung bedienten, wenn sie sich dem Erschöpfungszustand

in der jeweiligen Trainingsserie näherten.

> Die Gefahr der Pressatmung mit ihren potentiellen negativen Folgen insbesondere für Ältere und kardiovaskulär vorgeschädigte Menschen ist bei einem **sanften Krafttraining** deutlich reduziert.

Im Vergleich zu einem Training bis zur muskulären Ausbelastung in der Serie kommt es durch das sanfte Krafttraining zu einer deutlichen Minimierung möglicher Gefahren im Krafttraining. Tab. 8 gibt hierzu einen Überblick.

Im Gesundheits- und Fitnesskrafttraining geht es primär nicht darum, in möglichst kurzer Zeit maximale Trainingsadaptationen zu erreichen. Das Training sollte langfristig über Monate und Jahre – im Optimalfall lebenslang – durchgeführt werden, wobei die Trainingsbelastung immer an den individuellen Zielen und an der Belastungsverträglichkeit auszurichten ist. Unter diesem Gesichtspunkt sind die Kraftgewinne bei Serienbelastungen mit einem subjektiven Belastungsempfinden «mittel» bis «schwer» vollkommen ausreichend. Im Gegensatz zum Leistungssport besteht im gesundheitsorientierten Training das vorrangige Ziel auch nicht darin, die Leistung stetig zu steigern bzw. einen progressiven Zuwachs an Maximalkraft und/oder Kraftausdauer zu erzielen. Bei ausreichend ausgeprägten Kraftfähigkeiten kann beispielsweise das

FITNESS-KRAFTTRAINING   53

VORTEILE EINES SANFTEN KRAFTTRAININGS

Orthopädische Aspekte

- Geringere Belastung des aktiven und passiven Bewegungsapparates. Dies besitzt vor allem Bedeutung bei unzureichender Aufwärmarbeit, falscher Technik und unfunktionellen Übungen.
- Reduzierte Gefahr von Bewegungsabfälschungen, die vor allem bei zunehmender Ermüdung auftreten, und damit einhergehender möglicher Überbeanspruchung.
- Verminderte Gefahr von Muskelkater.
- Verringerte Gefahr von Überbelastungen des passiven Bewegungsapparates, weil sich das Training nicht an der maximalen muskulären Leistungsfähigkeit orientiert. Dies ist insbesondere aufgrund der unterschiedlichen Adaptationsgeschwindigkeit des aktiven und passiven Bewegungsapparates an das Krafttraining von Bedeutung.
- Reduzierte Gefahr der Begünstigung einer Inkontinenz bzw. gynäkologischer Schädigungen bei Frauen aufgrund von Pressatmung oder starker intraabdominaler Druckerhöhung.

Physiologische Aspekte

- Niedrigere Herzfrequenz- und Blutdruckwerte.
- Geringeres Produkt aus Herzfrequenz und systolischem Blutdruck und somit reduzierter Sauerstoffbedarf des Myokards.
- Eine insgesamt reduzierte Herz-Kreislauf-Belastung.
- Niedrigere Laktatwerte und Verringerung der hiermit diskutierten negativen Effekte wie z. B. Beeinträchtigung des Immunsystems und Abnahme der aeroben Leistungsfähigkeit.
- Reduzierte Ausschüttung von Stresshormonen (Katecholamine).
- Verringerte immunologische Belastung, wodurch die Gefahr der Suppression des Immunsystems reduziert wird.
- Deutlich verminderte Pressatmungsgefahr und Reduktion der hiermit verbundenen potentiellen Gefährdungsmöglichkeiten wie z. B. zerebralen Gefässrupturen oder Herzischämie.

Trainingsspezifische Aspekte

- Verkürzung der Regenerationsphasen.
- Aufgrund der reduzierten orthopädischen und physiologischen Belastungen ist ein sanftes Krafttraining für folgende Bereiche gut geeignet: Kinder- und Jugendtraining, Schulsport, Training von Älteren, Training von Personen mit orthopädischen und internistischen Beschwerden oder Erkrankungen, ein allgemeines, nicht auf den Leistungssport ausgerichtetes Training.
- Geringere psychische Belastung – Motivationserhalt bei Personen, die keine «harten» Belastungen wünschen.

Tab. 8: Vorteile eines sanften Krafttrainings versus eines Trainings bis zur muskulären Ausbelastung

Ziel des Krafttrainings im Gesundheitssport in erster Linie darin liegen, das vorhandene Kraftniveau zu erhalten. Ein Training bis zur Ausbelastung in der Serie ist dann sinnvoll, wenn es bei Gesunden darum geht, in möglichst kurzer Zeit ein Maximum an Kraftgewinn zu erzielen, was vor allem den Leistungssport bzw. das leistungsorientierte Training betrifft.

Ein sanftes Krafttraining kann bei einem Minimum an orthopädischen und internistischen Risiken erhebliche Kraftsteigerungen und wünschenswerte Körperformungseffekte sowie eine Verbesserung des Wohlbefindens bewirken, womit vielfältige positive Gesundheitseffekte erzielt werden dürften. Unter dem Aspekt des Gesundheitssports stehen Aufwand, Effektivität, Belastung und Risikokomponenten bei einem Krafttraining, dessen Einzelserie deutlich vor dem Erreichen der letztmöglichen Wiederholung abgebrochen wird, in einem erheblich günstigeren Verhältnis zueinander als bei einem Training mit Serien bis zur muskulären Ausbelastung. Letzteres ist aus trainingswissenschaftlicher Sicht aufgrund der großen Krafteffekte, die auch bei einem sanften Krafttraining auftreten, insbesondere für den Gesundheits- und Freizeitsportler unnötig und unter medizinischen Aspekten sogar eher kritisch zu bewerten. Im gesundheitsorientierten Krafttraining geht es um eine individuell angemessene Beanspruchung, welche die individuelle Belastungsverträglichkeit berücksichtigt und eine günstige Relation zwischen den positiven Trainingseffekten einerseits und der Minimierung von gesundheitlichen Risiken andererseits gewährleistet.

Das subjektive Belastungsempfinden hat sich als geeignete Steuerungsgröße zur Regulation der Belastungsintensität im gesundheitsorientierten Krafttraining erwiesen. Dabei bietet sich eine subjektiv «mittlere» Beanspruchung als Kriterium für die Beendigung der Einzelserie insbesondere bei folgenden Personengruppen an: ältere Menschen, die häufig eine reduzierte Belastungsverträglichkeit und breit gefächerte motorische und gesundheitliche Defizite aufweisen; Kinder und Jugendliche mit ihrer entwicklungsphysiologisch bedingten geringeren Belastungstoleranz; Personen, die die «Schmerzgrenze» im Sport nicht überschreiten und sich im Training nicht überwinden wollen; generell Menschen mit eingeschränkter Belastbarkeit bzw. orthopädischen und internistischen Beschwerden. Aber auch im Leistungssport sind Trainingsziele, Trainingsperioden oder Sportarten denkbar, für die sich ein sanftes Krafttraining nach dem subjektiven Belastungsempfinden anbietet. Dies gilt z. B. für ein Kompensationstraining von Muskelgruppen, die nicht unmittelbar für die Wettkampfsituation leistungslimitierend sind, die Schaffung einer erhöhten Belastungsverträglichkeit in der Vorbereitungsperiode oder Ballspiel- bzw. Racketsportarten, bei denen ein Krafttraining nicht zentral leistungsbestimmend ist.

FITNESS-KRAFTTRAINING 55

Ein Training bis zur Ausbelastung hingegen bietet sich für Leistungssportler beim Training ihrer leistungsbestimmenden Muskulatur an, bei Bodybuildern, bei Personen, die in kurzer Zeit einen möglichst hohen Kraftgewinn anstreben, sowie bei Trainierenden, die aus motivationalen Gründen ein Training bis zur Ausbelastung favorisieren. Voraussetzung ist allerdings eine adäquate orthopädische und internistische Belastungsverträglichkeit.

2.6 Training für Fortgeschrittene und Leistungssportler (Bodybuilding-Prinzipien)

Krafttrainierte mit Erfahrung führen je nach Trainingsziel zum Teil ein sehr intensives Training nach leistungssportlichen Kriterien und Prinzipien des Bodybuildings durch. Die Methodenvarianten basieren auf Erfahrungen des Leistungsbodybuildings in Anlehnung an den Nestor des amerikanischen Bodybuildings Weider (1991). Voraussetzung für ein Training nach Bodybuildingprinzipien ist ein gesundes Herz-Kreislauf-System und ein intakter, beschwerdefreier Bewegungsapparat. Eine Trainingsintensivierung durch Bodybuildingprinzipien beinhaltet aus gesundheitlicher Sicht jedoch auch Gefahrenmomente wie z. B. sehr hohe Blutdruckspitzen, Pressatmung und eine starke orthopädische Beanspruchung (vgl. Kap. 4 *Gefahren des Krafttrainings aus gesundheitlicher Sicht*). Die Ausrichtung des Trainings nach den Grundsätzen für Fortgeschrittene sollte erst nach dem Erreichen einer soliden Basis durch systematisches und regelmäßiges Training unter Berücksichtigung der allgemeinen Trainingsrichtlinien erfolgen. Anschließend können die einzelnen Fortgeschrittenenprinzipien schrittweise in das Trainingsprogramm integriert werden. Für gesundheitsorientierte Fitnesssportler ist es jedoch nicht notwendig, Bodybuildingprinzipien anzuwenden.

Die Methodenvarianten werden in drei Kategorien eingeteilt: Intensivierung der Einzelwiederholung oder des Satzes, Intensivierung des Trainings durch Serienkopplung und Intensivierung bzw. Optimierung der Trainingseinheit bzw. eines Trainingsabschnitts.

2.6.1 Erhöhung der Intensität der Einzelwiederholung oder des Satzes

Die Intensität des jeweiligen Satzes kann mittels folgender Prinzipien wahlweise oder in Kombination erhöht werden:

Last Repetition (letzte Wiederholung): Der Satz wird erst beendet, wenn der Muskel erschöpft ist, d. h., wenn keine weitere Wiederholung mehr möglich ist. Wenn der Muskel bereits müde ist, gilt der Grundsatz: «three reps more» (noch drei Wiederholungen).

Peak Contraction (Höchstkontraktion): Es erfolgt eine Intensivierung der einzelnen Wiederholung durch zusätzliche maximale isometrische (statische) Muskelspannung für zwei bis drei Sekunden am Bewegungsendpunkt (peak contraction) bzw. am Punkt der höchsten Muskelaktivierung.

Stutter Repetition (Stotterwiederholung): Hierbei wird das Gewicht innerhalb einer Wiederholung zunächst um ca. ein Drittel vom gesamten Bewegungsspielraum bewegt, dann einige Zentimeter nachgelassen, wieder ein Drittel bewegt und erneut ein wenig nachgelassen usw., bis der volle Bewegungsspielraum ausgeschöpft ist.

Cheating (abgefälschte Wiederholungen): Unter diesem Prinzip wird das Abfälschen der Bewegung (cheating = mogeln) verstanden, indem z. B. der schwierigste Punkt einer Bewegung mit Schwung überwunden wird, wenn keine korrekte Ausführung mehr möglich ist.

Burns oder Partial Reps (brennende Teilbewegungen bzw. Schmerzwiederholungen): Wenn keine korrekte Wiederholung mit ganzer Bewegungsamplitude mehr möglich ist, erfolgt eine Durchführung von Teilbewegungen in dem noch möglichen verkürzten Bewegungsbereich (Burns).

Isolation Principle (Isolationsprinzip): Das Isolationsprinzip besagt, dass der zu trainierende Muskel bei einer Übung möglichst isoliert beansprucht wird, d. h. die Hauptarbeit leistet. Der Konzentrations-Bizepscurl einarmig mit Kurzhantel stellt z. B. eine stark isolierende Bizepsübung dar.

Forced Repetition (erzwungene Wiederholungen oder Intensivwiederholung): Bei Ermüdung am Ende eines Satzes – wenn keine weitere Wiederholung mehr möglich ist – kann der Muskel noch intensiver belastet werden, indem der Widerstand durch Eigenhilfe, Partnerhilfe bzw. durch die Verwendung kleinerer Gewichte verringert wird. Das Heben des Gewichts wird gerade so viel unterstützt, dass zusätzliche Wiederholungen möglich werden, wie folgende Beispiele zeigen:

- **Forced Repetition mit Eigenhilfe**
  – Einarmiger Bizepscurl mit der Kurzhantel – der ermüdete Arm wird mit der freien Hand unterstützt, um weitere Wiederholungen zu ermöglichen (siehe Bild, S. 60).
  – Dosierte Unterstützung z. B. beim Klimmziehen (siehe Bild, S. 213) oder Stützbeugen durch den Einsatz der Beine.

- Einsatz der Schulter- und Armmuskulatur sowie des freien Beines zur Unterstützung der Einbeinkniebeuge (siehe Bild, S. 255).
- **Forced Repetition mit Partnerhilfe**
  - Der Partner hilft z. B. beim Bankdrücken, Nackendrücken oder Latissimus-Ziehen durch Zug in der Mitte der Hantelstange oder des Bügels (siehe Bilder).

- **Forced Repetition durch Verringerung der Gewichte**
  – **Stripping Principle:** Gewichtsreduktion durch Verringerung der Last, z. B. beim Bankdrücken ziehen zwei Partner gleichzeitig Gewichtsscheiben von der Langhantel ab (siehe unten).
  – **Bombing and Blitzing:** Sobald mit dem Anfangsgewicht keine Wiederholung mehr möglich ist, werden zusätzliche Wiederholungen mit leichteren Gewichten absolviert – z. B. leichtere Kurzhanteln (siehe ganz unten) oder das Stecken leichterer Gewichte an Kraftmaschinen.

Rest-Pause-Training (RPT – progressive Intervalle): Bei dieser Trainingsvariante wird ein so hohes Gewicht gewählt, dass maximal nur ein bis zwei Wiederholungen möglich sind. Nach einer kurzen Pause von 10–15 Sekunden wird das gleiche Gewicht noch einmal bewältigt. In der Regel werden vier RPT-Wiederholungen empfohlen. Da die Kraft nachlässt, muss spätestens ab der dritten RPT-Wiederholung entweder das Gewicht verringert oder eine erzwungene Wiederholung z. B. mit Partner durchgeführt werden. So können mit quasi maximalen Lasten im Satz mit kurzen Unterbrechungen ca. vier bis sechs Wiederholungen absolviert werden.

Negatives (Negativwiederholungen): Beim Absenken von Lasten (exzentrisch oder negativer Teil der Bewegung) kann der Muskel mehr Kraft entwickeln als beim Überwinden eines Widerstands (konzentrisch oder positiv). Daher kann bei negativen Wiederholungen mit Überlastgewichten trainiert werden, d. h. mit mehr als 100 % der konzentrischen Maximalkraft (vgl. Abschn. 2.1 *Grundlagen*). Im konzentrischen (positiven) Teil der Bewegung wird dabei der arbeitende Muskel durch Eigen- oder Partnerhilfe unterstützt, im exzentrischen (negativen) Teil wird die Bewegung ohne Hilfe langsam und kontrolliert durchgeführt. Negativwiederholungen können auch am Satzende durch erzwungene Wiederholungen absolviert werden, wenn ohne Hilfe keine Wiederholung mehr möglich ist. Die negative Komponente kann dabei noch verstärkt werden, indem der Partner in dieser Phase der Bewegung zusätzlich Druck auf das Gewicht ausübt (z. B. beim Bankdrücken Druck auf die Stange beim Ablassen der Hantel). Beispiele:

- Beim einarmigen Bizepscurl kann der Trainierende mit dem freien Arm das Heben der Kurzhantel unterstützen (konzentrisch), das Ablassen (exzentrisch) erfolgt ohne Unterstützung (siehe Bild).
- Beim Langhanteldrücken können ein oder zwei Partner beim Ausstoßen des Gewichts mithelfen (konzentrisch), das Absenken des Gewichts (exzentrisch) wird von dem Trainierenden allein durchgeführt (siehe Bild).

> Aufgrund unserer EMG-Analysen können folgende weitere Intensivierungsprinzipien ergänzt werden: **Teilbewegungen, mehrfache Endkontraktionen, Teilbewegungen in Dehnposition des Muskels, Verlangsamung der Ausführungsgeschwindigkeit, Kombination von Teilbewegungen und Endkontraktionen sowie isometrisches Training** (vgl. Abschn. 5.5 *Grundsätze zur Optimierung des Krafttrainings*).

2.6.2 Intensivierung des Trainings durch Serienkopplung

Super Set (Supersatz) und Flushing (Durchblutungsprinzip): Unter Supersatz wird das Training eines Muskels (Agonist) und seines Gegenspielers (Antagonist) ohne Pause verstanden, d. h., es wird zuerst ein Satz einer Übung für den Agonisten und anschließend ein Satz einer Übung für den Antagonisten durchgeführt. Ein Belastungswechsel von Muskeln mit entgegengesetzter Funktion (z. B. Beinstrecker und Beinbeuger oder Ellbogenstrecker und Ellbogenbeuger) führt zu einer intensiveren Durchblutung der trainierten Körperpartie und zu einem starken Aufpumpeffekt (Flushing). Eine besonders intensive Variante ist der doppelte Supersatz (eine Variante der Giant Sets, vgl. nächstes Prinzip), bei dem je zwei Übungen für eine Muskelgruppe im Wechsel mit zwei Übungen für den Antagonisten durchgeführt werden. So können z. B. ohne Pause in folgender Reihenfolge die Übungen Latissimus-Ziehen, Bankdrücken, Rudern und Kabelzüge über Kreuz aneinander gereiht werden.

Compound Sets, Tri Sets, Giant Sets (verbundene Sätze, Dreifachsätze, Mammutsätze): Hierbei handelt es sich um die Durchführung mehrerer Sätze für eine Muskelgruppe ohne oder mit minimalen Pausen in Folge. Es gibt für das Training einer Muskelgruppe mehrere sinnvolle Übungen, z. B. für die Brustmuskulatur die Übungen Bankdrücken, Butterfly und Kabelzüge über Kreuz. Die Übungen belasten immer den gleichen Muskel, wenn auch mit unterschiedlicher Betonung einzelner Muskelanteile. Werden zwei Übungen für eine Muskelgruppe hintereinander durchgeführt (z. B. ein Satz Bankdrücken bis zur letztmöglichen Wiederholung und direkt im Anschluss ein Satz Butterfly bis zur letztmöglichen Wiederholung), so handelt es sich um Compound Sets (Supersatz für einen Muskel), bei drei Übungen um Tri Sets und bei vier bis sechs Übungen um Giant Sets.

Interrupted Sets (Prinzip der unterbrochenen Satzfolge): Unterbrochene Satzfolgen werden meistens gegen die Monotonie im Training durchgeführt.

Zur Erhaltung der Trainingsmotivation werden Trainingsübungen für eine Muskelgruppe in das übrige Training eingestreut. So kann man z. B. 10–20 Bauchmuskelsätze in einer Trainingseinheit absolvieren, indem nach jedem Satz bzw. jedem zweiten Satz der normalen Übungen des Trainingsprogramms, z. B. Bankdrücken, Butterfly usw., ein Satz für die Bauchmuskulatur eingeschoben wird.

Pre-Exhaustion Principle (Prinzip der Vorermüdung): Beim Prinzip der Vorermüdung wird der Hauptmuskel vorher isoliert ermüdet, bevor Komplexübungen unter Beteiligung mehrerer Muskeln durchgeführt werden. Beim Bankdrücken werden z. B. neben der Brustmuskulatur der Trizeps und der vordere Deltaanteil eingesetzt, wobei die Brustmuskulatur im Rahmen dieser Übung die stärkste Muskelgruppe darstellt. Wenn der vordere Deltaanteil bzw. der Trizeps vorzeitig ermüden, muss der Satz beendet werden, obwohl die Brustmuskulatur noch nicht erschöpft wurde. In diesem Fall könnte erst die Übung Butterfly zur Vorermüdung der Brustmuskulatur durchgeführt werden, damit die Brustmuskulatur im Anschluss beim Bankdrücken aufgrund ihres vorermüdeten Zustands maximal beansprucht werden kann.

Eclectic Principle (Auswahlprinzip): Hierbei werden mehrere Sätze von verschiedenen Übungen für eine Muskelgruppe mit normaler Serienpause durchgeführt. Es beginnt mit einer Satzfolge der Übung, die den Muskel am

TRAINING FÜR FORTGESCHRITTENE UND LEISTUNGSSPORTLER **61**

meisten beansprucht (z. B. nach EMG-Rangliste). Anschließend erfolgen mehrere Sätze einer zweiten, dritten und ggf. weiteren Übung, die gleichfalls den Muskel beanspruchen, aber weniger intensiv sind. Ein Beispiel für die Brustmuskulatur könnte wie folgt aussehen:

Fünf Sätze horizontales Bankdrücken (hohe EMG-Werte), zwei Sätze Kabelzüge über Kreuz, zwei Sätze Butterfly und zwei Sätze Flys.

2.6.3 Intensivierung / Optimierung der Trainingseinheit bzw. eines Trainingsabschnittes

Priority Principle (Prioritätsprinzip): Priority Training bedeutet, dass die wichtigste Muskelgruppe zuerst trainiert wird, wenn der Organismus noch nicht ermüdet ist. Bodybuilder trainieren häufig zu Beginn der Trainingseinheit ihre «Schwachstellen», weil dann noch eine hohe Motivation und Konzentration gegeben ist.

Instinctive Principle (Instinktprinzip): Erfahrene Athleten trainieren im Wesentlichen nach Gefühl, da sie sensibel für die Signale des Körpers sind (instinctive principle, Individualisierung des Trainings). Obwohl in der Regel nach einem Trainingsplan trainiert wird, beachtet der Trainierende sein Körperempfinden und modifiziert dementsprechend sein Training (z. B. Veränderung der Reihenfolge von Trainingsübungen im Vergleich zum Trainingsplan).

Isotension Principle (Prinzip der isometrischen Muskelanspannung): Die engl. Bezeichnung bedeutet wörtlich «gleiche Spannung» und ist in diesem Zusammenhang irreführend. Bei dieser Trainingsvariante werden in den Pausen zwischen den Sätzen die Muskeln 8 – 10 Sekunden wie beim Posen intensiv isometrisch angespannt. Dieses Prinzip kann auch Inhalt einer gesonderten Trainingseinheit sein. Dabei werden 30 – 40 Wiederholungen pro Muskelgruppe mit jeweils 10 Sekunden Pause durchgeführt.

Split System Principle (Split-Prinzip): Bei mehr als drei Trainingseinheiten pro Woche mit drei Sätzen oder mehr pro Übung sollte nach dem Split-Prinzip trainiert werden. Während Anfänger in einer Trainingseinheit mit einem Umfang von 15 – 20 Sätzen alle Muskelgruppen des Körpers trainieren können, weil sie nur ein bis zwei Sätze pro Muskelgruppe absolvieren, benötigen die meisten Fortgeschrittenen mehrere Übungen und Sätze, um weitere Leistungssteigerungen zu erzielen. Da es jedoch auch für erfahrene Athleten nicht sinnvoll ist, die Trainingseinheit wesentlich länger als 90 – 120 Minuten auszudehnen und die Anzahl der Sätze deutlich über 30 zu erhöhen, bietet sich an, einen Teil der Muskulatur des Körpers in einer Trainingseinheit und den anderen Teil in einer anderen Trainingseinheit zu trainieren. Bei vier Trainingseinheiten pro Woche können z. B. zweimal primär der Oberkörper und zweimal schwerpunktmäßig die untere Extremität trainiert werden (Einfach-Splitting), bei sechs Trainingseinheiten wöchentlich je dreimal. Der Körper kann aber auch in drei Teile unterteilt werden, die jeweils im Wechsel beansprucht werden (Doppel-Splitting). Durch das Split-System kann einerseits ein größerer Umfang pro Muskelgruppe in der Trainingseinheit absolviert werden, andererseits sind längere Pausen für den Muskel bis zur nächsten Beanspruchung gegeben. Viele Bodybuilder teilen ihr Training häufig in sechs verschiedene Trainingseinheiten auf (ein Tag Ruhepause), d. h., es dauert eine Woche, bis sie wieder das gleiche Trainingsprogramm absolvieren.

Die Einteilung der Übungen erfolgt nach anatomischen und funktionsspezifischen Gesichtspunkten, die sich auch aufgrund unserer EMG-Untersuchungen ergeben haben. So beanspruchen z. B. Ruderübungen und Reverse-Flys sowohl den Latissimus als auch die Muskeln des oberen Rückens, den Bizeps und den hinteren Anteil des Deltamuskels (vgl. Doppel-Split-Programm, Montag / Donnerstag).

Progressive Loading – Overload Principle (Prinzip der fortschreitenden Belastungserhöhung – Überlastprinzip): Voraussetzung für eine Leistungssteigerung ist, dass die Belastung immer neu dem aktuellen Leistungsniveau angepasst wird, d. h., mit fortschreitendem Kraftzuwachs muss auch der Widerstand (das Gewicht) erhöht werden.

Muscle Confusion oder Variation Principle (Muskelkonfusion oder Variationsprinzip): Das Trainingsprogramm sollte spätestens alle 8 – 12 Wochen durch Veränderung z. B. von Übungsauswahl, Ausgangsstellung, Wiederholungs- und / oder Satzzahl, Bewegungstempo, Wechsel zwischen intensivem und weniger intensivem Training variiert werden, denn sonst passt sich die Muskulatur der Belastung an und ein Leistungszuwachs verlangsamt sich oder bleibt aus.

Beispiel für ein Doppel-Split-Programm
Jede große Muskelgruppe wird zweimal pro Woche trainiert

Montag / Donnerstag	Dienstag / Freitag	Mittwoch / Samstag
• Latissimus	• Bauchmuskeln	• Gesäß
• Oberer Rücken	• Brust	• Beine
• Bizeps	• Deltamuskel, vorderer und	• Unterer Rücken
• Deltamuskel, hinterer Anteil	mittlerer Anteil	
	• Trizeps	

Beispiel für ein Einfach-Split-Programm
Jede große Muskelgruppe wird zweimal pro Woche trainiert

Montag / Donnerstag	Mittwoch / Samstag
• Bauchmuskeln (intensiv)	• Bauchmuskeln (leicht)
• Beine	• Brust
• Gesäß	• Schultern
• Unterer Rücken	• Oberer Rücken
	• Oberarme

2.6.4 Trainingsprinzipien für Fortgeschrittene und Bodybuilder im Überblick

TRAININGSPRINZIPIEN/STRATEGIEN FÜR FORTGESCHRITTENE UND BODYBUILDER

Erhöhung der Intensität der Einzelwiederholung und des Satzes

Last Repetition	Jeden Satz bis zur letztmöglichen Wiederholung durchführen.
Peak Contraction (Höchstkontraktion)	Zusätzliche statische Anspannung für 2–3 Sekunden am Bewegungsende.
Stutter Repetition (Stotterwiederholung)	Anheben des Gewichts zunächst nur um ein Drittel von der möglichen Bewegung, dann ein paar Zentimeter absenken, wieder ein Drittel anheben, erneut geringfügig absenken usw.
Cheating (abgefälschte Wiederholungen)	Abfälschen der Bewegung, wenn keine korrekte Wiederholung mehr möglich ist (Schwung einsetzen, …).
Burns (brennende Teilbewegungen)	Bei Muskelerschöpfung werden weitere kleine Teilbewegungen in dem noch möglichen Bewegungsbereich durchgeführt.
Isolation Principle (Isolationsprinzip)	Der zu trainierende Muskel sollte möglichst isoliert beansprucht werden.
Forced Repetitions (erzwungene Wiederholungen)	Bei Muskelerschöpfung werden weitere Wiederholungen in der Serie durchgeführt, indem der Widerstand durch Eigenhilfe, Partnerhilfe bzw. durch die Verwendung kleinerer Gewichte verringert wird.
Rest-Pause-Training (progressive Intervalle)	Training mit sehr hohen Widerständen, wobei ca. 4 RPT-Wiederholungen mit je 10 – 15 Sekunden Pause durchgeführt werden.
Negatives (Negativwiederholungen)	Training mit Widerständen von mehr als 100 % oder zusätzlichen Wiederholungen bei Erschöpfung am Serienende, wobei die Bewegung in der konzentrischen Phase z. B. durch einen Partner unterstützt wird.
*Teilbewegungen	Verkürzung der Bewegungsamplitude auf den Bewegungsteil mit hoher Muskelaktivierung.
*Mehrfache Endkontraktionen	Mehrere Nachkontraktionen bei sehr kleinem Bewegungsausschlag in der Position des stärksten Krafteinsatzes bei Beuge- und Zugübungen.
*Teilbewegungen in Dehnstellung des Muskels	Kurze Teilbewegungen bei Druck- und Streckübungen in Dehnposition des Muskels.
*Verlangsamung der Ausführungsgeschwindigkeit	Sehr langsame Durchführung nur des Bewegungsabschnitts mit hoher Muskelaktivierung.
*Kombination mehrerer Optimierungsfaktoren	Z. B. Kombination von Teilbewegungen und Endkontraktionen oder Verlangsamung der Ausführungsgeschwindigkeit und Endkontraktionen.
Isometrisches Training vor allem mit maximaler und submaximaler Last	Z. B. Halten eines mit Hilfe eines Partners in eine vorgegebene Winkelstellung gebrachten maximalen oder submaximalen Gewichts, bis ein Halten der Last nicht mehr möglich ist.

Intensivierung des Trainings durch Serienkopplung	
Super Set (Supersatz)	Durchführung je einer Übung für einen Muskel und seinen Gegenspieler. Variation: doppelter Supersatz, also 4 Übungen ohne Pause.
Compound Sets (verbundene Sätze)	Variante des Supersatzes: 2 verschiedene Übungen nacheinander ohne Pause für den gleichen Muskel.
Tri Sets (Dreifachsätze)	3 verschiedene Übungen nacheinander ohne Pause für den gleichen Muskel.
Giant Sets (Mammutsätze)	4 – 6 verschiedene Übungen ohne Pause für den gleichen Muskel.
Interrupted Sets (unterbrochene Satzfolgen)	Sätze für eine Muskelgruppe werden in den Trainingspausen bei anderen Übungen dazwischengeschoben.
Pre-Exhaustion Principle (Prinzip der Vorermüdung)	Bei Übungen, bei denen mehrere Muskeln beteiligt sind, wird der Hauptmuskel mit einer anderen Übung vorher möglichst isoliert vorermüdet.
Eclectic Principle (Auswahlprinzip)	Mehrere Übungen mit mehreren Sätzen für eine Muskelgruppe, wobei die effektivste Übung zuerst trainiert wird.
Intensivierung/Optimierung der Trainingseinheit bzw. eines Trainingsabschnittes	
Priority Principle (Prioritätsprinzip)	Training von schwachen Körperpartien / Muskeln zu Beginn der Trainingseinheit.
Instinctive Principle (Instinktprinzip)	Training entsprechend dem Körperempfinden.
Isotension Principle (Prinzip der isometrischen Muskelanspannung)	Isometrische intensive Anspannung des Muskels über 8 – 10 Sekunden zwischen den Sätzen oder als eigene Trainingseinheit mit 30 – 40 Wiederholungen pro Muskel.
Split System Principle (Splittraining)	Der Körper wird in verschiedene Bereiche aufgeteilt, wobei in den verschiedenen Trainingseinheiten jeweils unterschiedliche Körperpartien trainiert werden.
Overload Principle (Überlastprinzip)	Die Belastung muss dem fortschreitenden Kraftzuwachs ständig angepasst werden.
Variation Principle/Muscle Confusion (Variationsprinzip/Muskelkonfusion)	Regelmäßiger Wechsel von Trainingsmethode, -intensität, -umfang, -übungen, ...

* Weitere Intensivierungsprinzipien, die sich auf der Basis unserer EMG-Analysen ergeben haben

2.7 Spezielle Aspekte der Trainingssteuerung

2.7.1 Belastungssteuerung über Prozentangaben der Maximalkraft

In der einschlägigen Literatur zum Krafttraining wird in der Regel eine Intensitätssteuerung über Prozentangaben im Verhältnis zur Maximalkraft vorgenommen. Eine auf der Basis eines Maximalkrafttests durchgeführte Trainingssteuerung birgt in der Praxis allerdings zahlreiche Probleme in sich. Dies gilt sowohl für ein leistungssportliches als insbesondere auch für ein gesundheits- und fitnessorientiertes Krafttraining.

- Eine Bestimmung der Maximalkraft ist z. B. bei Trainingsanfängern und Trainierenden mit geringer Leistungsfähigkeit bzw. bei orthopädisch oder internistisch vorgeschädigten Personen aufgrund einer reduzierten Belastungsverträglichkeit aus sportmedizinischer Sicht gar nicht erwünscht, weil gesundheitsgefährdende Begleiterscheinungen wie Pressatmung, hoher Blutdruck bzw. orthopädisch bedenkliche Belastungsspitzen auf den Stütz- und Bewegungsapparat zu vermeiden sind.
- Verschiedene Autoren (u. a. Hollmann/Hettinger 1990) verweisen auf die zentrale Bedeutung der Motivation beim Maximalkrafttest. Auch eine unzureichende Koordination bei technisch anspruchsvollen oder neuen Übungen bzw. bei Trainingsanfängern kann die Testergebnisse negativ beeinflussen. Sowohl im Falle einer schwankenden Motivation als auch bei koordinativen Problemen würde der ermittelte Maximalkraftwert (100 %) keine valide Bezugsgröße darstellen.
- Bei zahlreichen Kraftübungen mit Gerät treten häufig messtechnische Probleme auf. Einerseits bestehen mitunter Standardisierungsprobleme, andererseits bewältigen besser Trainierte häufig den gesamten Gewichtsblock, ohne ausbelastet zu sein. Bei nahezu allen Übungen ohne Gerät sowie bei isometrischen Übungen (hier ist eine spezielle Messeinrichtung notwendig, die nur selten zur Verfügung steht) kann in der Trainingspraxis aus messtechnischen Gründen die Maximalkraft gar nicht bestimmt werden. Somit ist eine Ausrichtung der Trainingsintensität nach prozentualen Vorgaben in vielen Fällen gar nicht möglich. Zudem ist bei den in der Regel verwendeten Kraftmaschinen mit Steckgewichten häufig keine Feinabstufung des Gewichts möglich, sodass die Belastungssprünge bei der Ermittlung des One Repetition Maximum (schrittweise Annäherung an die Gewichtsbelastung, mit der gerade noch

66 METHODEN DES KRAFTTRAININGS

eine korrekte Wiederholung möglich ist) beim Test z. T. sehr groß sind.

- Mit fortschreitendem Trainingszustand muss die Maximalkraft vor allem in den ersten Trainingswochen und -monaten in kurzen Abständen regelmäßig neu bestimmt werden, um die aktuelle Gewichtsbelastung zu ermitteln, die der gewünschten Intensität entspricht. Nach Schmidtbleicher (1989) müsste die Neubestimmung – zumindest bei weniger gutem Trainingszustand – sogar wöchentlich erfolgen.

> Selbst dann, wenn eine **Maximalkraftbestimmung** korrekt vorgenommen werden kann, ist sie dennoch in den meisten Fällen als Bezugsgröße zur Steuerung der Trainingsintensität wenig geeignet.

Bei der Kopplung von Wiederholungszahlen an bestimmte Belastungsintensitäten wird stillschweigend vorausgesetzt, dass einer vorgegebenen Belastungsintensität, unabhängig vom Trainingszustand und den individuellen biologischen Voraussetzungen, lediglich ein eng begrenzter Wiederholungsrahmen zugeordnet werden kann, der sich zudem bei verschiedenen Übungen mit Beanspruchung unterschiedlicher Muskelgruppen nicht verändert (z. B. mit 70 % Intensität sollten immer 10 – 12 Wiederholungen möglich sein, unabhängig vom Individuum, dem Trainingszustand, von der Muskelgruppe

oder der Übung). Umgekehrt wird davon ausgegangen, dass man von der maximal möglichen Wiederholungszahl in einer Übungsserie auf die konkrete Belastungsintensität rückschließen kann. Eigene Untersuchungen zeigen, dass die möglichen Wiederholungszahlen bei gegebenen Prozentangaben in Bezug zur Maximalkraft interindividuell und übungsabhängig erheblich schwanken können, sodass die erzielte Trainingswirkung durchaus unterschiedlich sein kann.

Aus Tab. 9 auf S. 68 ist das Maximum der realisierten Wiederholungszahlen von Sportstudierenden bei unterschiedlichen Belastungsintensitäten zwischen 50 % und 90 % bezogen auf die Maximalkraft bei den Übungen Latissimus-Ziehen, Bankdrücken, Beinpressen und Beinbeugen zu entnehmen (Buskies/ Boeckh-Behrens 1999). Die Ergebnisse verdeutlichen die riesigen Differenzen zwischen einzelnen Individuen mit in etwa gleicher Krafttrainingsvorerfahrung in der maximal möglichen Wiederholungszahl für eine gegebene prozentuale Intensität. So realisierte beispielsweise ein Proband bei einer Intensität von 70 % bei der Übung Beinpressen 13 Wiederholungen, ein anderer 61 Wiederholungen. Im ersten Fall würde es sich somit eher um ein Muskelaufbautraining, im zweiten Fall um ein Kraftausdauertraining handeln. Der gleiche Sachverhalt tritt auch bei ein und demselben Trainierenden bei unterschiedlichen Übungen auf. So war der Proband, der beim Beinpressen 61 Wiederholungen bei 70 % absolvierte, beim Bankdrücken bei gleicher Intensität nur in der Lage, 16 Wiederholungen durchzuführen. Ein Training mit fixen prozentualen Intensitätsvorgaben, welches sich an der Maximallast orientiert, kann sowohl bei verschiedenen Individuen als auch bei dem gleichen Trainierenden bei verschiedenen Übungen demnach zu einer völlig unterschiedlichen Belastungssituation führen.

Auch ein Rückschluss von der Anzahl der maximal absolvierten Wiederholungen zur gewählten Intensität in Bezug

MAXIMAL MÖGLICHE WIEDERHOLUNGSZAHLEN

Intensität (%)	Frauen			Männer		
	Durchschnitt $\overline{x} \pm s$	Maximum	Minimum	Durchschnitt $\overline{x} \pm s$	Maximum	Minimum
Latissimus-Ziehen						
90	4,7 ± 2,0	8	2	5,0 ± 2,2	8	2
80	9,0 ± 2,3	12	6	9,3 ± 2,8	14	5
70	14,5 ± 3,0	20	10	14,7 ± 3,1	20	10
60	23,0 ± 4,3	28	16	21,3 ± 5,0	31	13
50	41,4 ± 9,7	56	26	33,0 ± 3,9	40	26
Bankdrücken an der Langhantel						
90	5,7 ± 1,9	9	3	4,6 ± 2,2	7	1
80	10,6 ± 3,5	17	6	9,4 ± 3,1	18	4
70	17,7 ± 4,9	25	12	14,7 ± 2,8	20	9
60	24,9 ± 6,4	36	17	21,4 ± 3,5	26	15
50	31,6 ± 7,2	41	20	27,3 ± 3,5	32	20
Beinpressen						
90	9,1 ± 4,0	16	5	10,6 ± 7,0	23	8
80	17,5 ± 6,0	28	11	22,4 ± 12,9	46	8
70	28,0 ± 10,4	42	13	26,2 ± 14,6	61	13
60	39,2 ± 17,4	73	20	36,3 ± 17,4	74	17
50	69,1 ± 35,7	130	36	42,9 ± 19,0	82	25
Beinbeugen						
90	5,4 ± 2,9	11	2	4,8 ± 2,4	10	2
80	8,0 ± 2,6	13	4	8,8 ± 4,1	16	5
70	11,2 ± 2,6	17	8	11,0 ± 3,0	22	6
60	17,3 ± 5,8	28	12	16,4 ± 4,3	24	8
50	22,6 ± 9,6	36	14	20,8 ± 4,7	29	12

Tab. 9: Realisierte Wiederholungszahlen bei Frauen (n = 10) und Männern (n = 10) bei unterschiedlichen Belastungsintensitäten (in Prozent) bezogen auf die Maximalkraft

auf die Maximalkraft ist für den Einzelnen in der Regel nicht möglich. Die mögliche Anzahl der Wiederholungen für eine gegebene Intensität in Prozent zur Maximalkraft ist dabei von zahlreichen Faktoren wie z. B. Maximalkraftniveau, Gelenkwinkel oder gewählter Muskelgruppe abhängig (vgl. Tab. 10).

Aufgrund der erhobenen Befunde und der vielfältigen Einflussgrößen auf die maximal erreichbare Wiederholungszahl bleibt kritisch zu hinterfragen, was ein Trainierender mit der pauschalen Empfehlung anfangen soll, z. B. an der Beinpresse ein Training mit 70 % Intensität und zehn Wiederholungen durchzuführen. Die Empfehlung kann das angestrebte Trainingsziel kaum ansteuern und ist viel zu wenig individuell ausgerichtet; zusätzlich stellt sich die Problematik des Maximalkrafttests.

In unseren Untersuchungen (Buskies / Boeckh-Behrens 1999) hat sich das bestätigt, was in der Praxis durchaus schon bekannt ist, die einschlägige Literatur aber bisher nicht adäquat aufgegriffen hat. Eine Steuerung über Prozentangaben mit einer konkreten Zuordnung von Wiederholungszahlen ist aufgrund der dargestellten Schwierigkeiten praxisfern und wenig sinnvoll. Selbst wenn ein Maximalkrafttest

---

Muskulatur / Übung

- Unterschiedliche Muskeln +
- Einsatz einer großen / kleinen Muskelmasse °
- Beuger / Strecker
- Eingelenkig / mehrgelenkig
- Isolierter / komplexer Einsatz °
- Seitigkeit °

Übungsvariante

- Verschiedene Übungen für den gleichen Muskel +
- Kleiner / großer Gelenkwinkel +
- Bewegungstempo

Individuum

- Muskelfaserverteilung / genetische Voraussetzungen °
- Maximalkraftniveau +
- Geschlecht – (Ausnahme 50 % der Kmax.)
- Anthropometrische Voraussetzungen #
- Motivation #
- Koordination #

+ nachgewiesene Einflussfaktoren aufgrund der dargestellten Untersuchung
° tendenziell nachweisbare Einflussfaktoren aufgrund der dargestellten Untersuchung
– kein Einfluss aufgrund der dargestellten Untersuchung
aus der Literatur bekannt

Tab. 10: Mögliche Einflussfaktoren auf die maximal realisierbaren Wiederholungszahlen für eine gegebene prozentuale Belastungsintensität

durchführbar ist, muss in einem zweiten Schritt individuell die Wiederholungszahl für eine gegebene submaximale Belastung bei jeder Trainingsübung ermittelt werden, da diese von vielen Faktoren beeinflusst werden kann (vgl. Tab. 10). Nur so kann die geeignete Belastungsintensität für das Training in Übereinstimmung mit dem Trainingsziel festgelegt werden. Bei einer pauschalen Intensitätssteuerung über Prozentvorgaben erfolgt hingegen nur eine ungenügende Individualisierung, und auch die Zuordnung zum Trainingsziel ist unzureichend. Dies mag möglicherweise bei sehr homogenen Untersuchungsgruppen wie z. B. Kraftsportlern innerhalb einer Sportart (z. B. Gewichtheben oder Bodybuilding) anders sein.

Bei der Vorgabe von Belastungsintensitäten über vorgegebene Prozentzahlen im Verhältnis zur Maximalkraft ergibt sich – neben den bereits angesprochenen Problemen – zusätzlich eine weitere grundsätzliche Schwierigkeit. Eine Intensität von beispielsweise 60 % bedeutet in einer Serie für die arbeitende Muskulatur, dass sie nur bei den ersten Wiederholungen mit 60 % beansprucht wird. Mit zunehmender Wiederholungszahl nimmt die Intensität zu, weil die objektiv gleiche Gewichtsbelastung, die für einen ausgeruhten Muskel als Prozentanteil zur Maximalkraft bestimmt wurde, jetzt von einem vorermüdeten Muskel bewältigt werden muss. Die letztmögliche realisierbare Wiederholung in einer Serie bedeutet somit für den stark ermüdeten Muskel eine maxi-

male Beanspruchung, auch wenn es sich bei der zu bewältigenden Gewichtslast nur um 60 % der maximal möglichen Gewichtsbelastung im ausgeruhten Zustand handelt. Betrachtet man das biologische System Muskel, so bezieht sich also eine gegebene Belastungsintensität in Prozent auf einen unermüdeten Zustand und lediglich auf den Beginn einer Trainingsserie (Ausnahme 100 % Intensität – hier ist nur eine Wiederholung möglich). Im Gegensatz hierzu geht beispielsweise eine Intensitätsvorgabe, bei der die Serie bei einem gegebenen subjektiven Belastungsempfinden abgebrochen wird (vgl. Abschn. 2.5.2 *Sanftes Krafttraining*), von der subjektiv wahrgenommenen Belastung der Serie aus, die sich bei den letzten durchgeführten Wiederholungen in einem bestimmten Anstrengungsempfinden äußert.

Ein praxisnaher Weg für die Mehrzahl der Trainierenden ist eine Steuerung der Belastung über die Wiederholungszahl in der Serie (Boeckh-Behrens / Buskies 1998). Die Vorgaben könnten für ein dynamisches Krafttraining wie folgt lauten: Wähle eine Gewichtsbelastung (durch Ausprobieren), mit je nach Trainingsziel acht bis zwölf (Muskelaufbautraining) oder 20 bis 25 Wiederholungen (Kraftausdauertraining). Bei diesen Empfehlungen wird davon ausgegangen, dass die Wiederholungszahlen im Hinblick auf das Trainingsziel aussagekräftiger sind als prozentuale Intensitätsvorgaben; dies wäre letztlich bei groß angelegten Studien noch endgültig empirisch abzusichern.

2.7.2 Einsatz- versus Mehrsatztraining

In den letzten Jahren wird zunehmend die optimale Satzzahl im Krafttraining diskutiert. Dabei haben sich zwei unterschiedliche Meinungslager herauskristallisiert: die Vertreter eines Einsatztrainings (es wird nur ein Satz pro Übung bzw. Muskelgruppe durchgeführt) und die Vertreter eines Mehrsatztrainings (es werden mehrere Sätze pro Übung bzw. Muskelgruppe durchgeführt). Das Einsatztraining ist dabei kein neuer Aspekt im Krafttraining, denn Liederman hat bereits 1925 das Single-Set-Programm eingeführt (Fleck/Kraemer 1987). Die Frage, ob ein Einsatztraining ähnlich oder sogar effektiver ist als ein Mehrsatztraining, wurde vielfach empirisch untersucht, wobei zahlreiche Untersuchungen jedoch gravierende methodische Mängel aufweisen und insofern wenig aussagekräftig sind. Carpinelli/Otto (1998), Philipp (1999) sowie Schlumberger/Schmidtbleicher (1999) haben versucht, die aktuelle Literatur aufzuarbeiten und Schlussfolgerungen für die Trainingspraxis zu ziehen, wobei auch hier zwischen den Autoren nicht in allen Punkten eine einheitliche Meinung vertreten wird. Folgende Ergebnisse lassen sich unter Vorbehalt darstellen:

- Die Trainingseffekte in Bezug auf die Kraft scheinen bei Untrainierten in den ersten Trainingswochen bei einem Einsatztraining bis zur muskulären Erschöpfung ähnlich effektiv zu sein wie bei einem Mehrsatztraining. Dieses Ergebnis konnten wir auch in eigenen Untersuchungen an nicht speziell krafttrainierten Sportstudenten bestätigen. Hierbei hat sich auch gezeigt, dass der einzelne Trainingssatz nicht bis zur muskulären Erschöpfung (letztmögliche Wiederholung) durchgeführt werden muss, wie es häufig beim Einsatztraining vorgeschlagen wird. Ein Training bis zur muskulären Ausbelastung ist aus gesundheitlicher Sicht vor allem bei Trainingsanfängern wenig sinnvoll (vgl. Kap. 4 *Gefahren des Krafttrainings aus gesundheitlicher Sicht*). Der einzelne Trainingssatz kann durchaus bei einem individuellen subjektiven Belastungsempfinden «schwer» abgebrochen werden (vgl. Abschn. 2.5.2 *Sanftes Krafttraining*). Hierbei werden ähnlich gute Krafteffekte erzielt wie bei einem Einsatztraining bis zur Ausbelastung. In den einschlägigen Publikationen sowie in unserer eigenen Studie wurde in der Regel dreimal pro Woche trainiert. Anfänger trainieren aber häufig nur ein- bis zweimal pro Woche, sodass unklar ist, welche Trainingseffekte bei geringerer Trainingshäufigkeit bei einem Einsatztraining zu erwarten sind.

- Im Leistungssport bzw. bei besser Trainierten lassen sowohl die z. T. diffuse Befundlage als auch die angesprochenen methodischen Probleme zahlreicher Untersuchungen keine eindeutige wissenschaftliche Aussage zu.

- Die Effekte bei der Körperfettreduzierung dürften bei einem Einsatztraining schon aufgrund des geringeren Energieumsatzes im Training infolge des reduzierten Trainingsumfangs niedriger sein. Dies zeigt auch unsere eigene Studie.
- Der Nachteil eines Einsatztrainings könnte in einer schnelleren Stagnation bei den Anpassungserscheinungen liegen (dem ggf. durch Trainingsvariation entgegengewirkt werden könnte). Auch auf eine geringere Stabilität der erreichbaren Anpassungen bei Trainingspausen (z. B. Verletzungen, Urlaub) wird in der Literatur hingewiesen. Diese Tendenz konnte durch eigene Untersuchungen bestätigt werden.
- Der Vorteil eines Einsatztrainings liegt vor allem in der Zeitersparnis. Es besteht die Möglichkeit, in kurzer Zeit ein Allroundprogramm zu absolvieren, was sich günstig auf die Trainingsmotivation auswirken könnte.

Das häufig in Fitnessstudios durchgeführte Einsatztraining mit 12 – 16 verschiedenen Übungen ist sicherlich eine gute Trainingsmöglichkeit für Anfänger. Allerdings handelt es sich bei dieser Trainingsform (Organisationsform) de facto in der Regel eigentlich gar nicht um ein Einsatztraining. Wenn beispielsweise eine Übung im Übungsparcours das Bankdrücken ist, eine andere das Trizepsdrücken, dann werden für den M. triceps bereits zwei Sätze – wenn auch mit verschiedenen Übungen – durchgeführt.

Insgesamt lässt sich festhalten, dass für eine abschließende Aussage zur Gestaltung des Satzumfangs vor allem bei besser Trainierten und im Leistungssport noch ein erheblicher wissenschaftlicher Klärungsbedarf besteht, der sich vor allem zielgruppenorientiert nach der Leistungsfähigkeit (z. B. Untrainierte, Leistungssportler), der Sportart bzw. den Trainingszielen ausrichten muss.

3

Warm-up, Cool-down

Dem **Warm-up** im Sport werden in der Regel vier wesentliche Wirkungen zugeschrieben:
- Verbesserung der allgemeinen organischen Leistungsbereitschaft (z. B. Anstieg der Herz- und Atemtätigkeit, die mit einer stimulierenden Wirkung auf die Blutzirkulation und einer verbesserten Sauerstoffversorgung in der Arbeitsmuskulatur verbunden ist, oder ein Anstieg der Muskeltemperatur).
- Verbesserung der koordinativen Leistungsbereitschaft (z. B. Einspielen der technischen Bewegungsabläufe in der jeweiligen Disziplin).
- Optimierung der psychischen Leistungsbereitschaft (z. B. Förderung der Aufmerksamkeit und Motivation für das Training).
- Schutz vor Verletzungen.

Auch beim Krafttraining ist das Aufwärmen zur Verletzungsprophylaxe, besseren Belastungsverträglichkeit, Leistungssteigerung und Einstimmung ein wichtiger Teil jeder Trainingseinheit. Intensive Bindegewebs- und Muskelbeanspruchungen müssen vor einem Krafttraining in der Erwärmung optimal auf die Belastung vorbereitet werden. So erhöht z. B. das Einlaufen die Produktion von synovialer Flüssigkeit in den belasteten Gelenken, wodurch sich der hyaline Gelenkknorpel mit Flüssigkeit voll saugt und an Dicke zunimmt. Dadurch können die Druckbelastungen auf eine größere Auflagefläche verteilt und Belastungsspitzen im Gelenkbereich besser verkraftet werden (Weineck 1994).

Eine der Belastung angemessene **Cool-down**-Phase erleichtert die Umstellung der Organe und Funktionssysteme auf den Ruhezustand und verkürzt die Regenerationsphase (vgl. Abschn. 2.2 *Trainingsprinzipien* – Prinzip der optimalen Relation von Belastung und Erholung). So kommt es beispielsweise bei einem intensiven Krafttraining zu einer erheblichen Laktatproduktion, wobei die Werte in der Regel zwischen 10 und 20 mmol/l erreichen. Eine moderate Ausdauerbelastung als aktive Erholungsmaßnahme im Rahmen des Cooldowns beschleunigt den Laktatabbau deutlich, wobei die Zeitspanne auf ca. ein Drittel verringert werden kann (Schöner et al. 1983).

Im Krafttraining sollte die Warm-up-Phase aus drei Teilen bestehen: eine leichte Ausdauerbelastung, ein Dehn-programm für die zu trainierende Mus-kelgruppe sowie spezielle Aufwärmsätze.

Die Cool-down-Phase sollte ebenfalls eine dosierte aerobe Tätigkeit sowie ein «Ausdehnen» beinhalten.

3.1 Aerobe Ausdauerbelastung

Wird an den Anfang des Trainings eine Ausdauerbelastung zum Zwecke des Aufwärmens gestellt, so sollte darauf ge-achtet werden, dass die Muskelgruppen angesprochen werden, die anschließend im Krafttraining auch trainiert werden. So bringt Radfahren an gezielten Auf-wärmeffekten nur wenig, wenn anschlie-ßend ein Oberkörpertraining absolviert wird, da die bei beiden Aktivitäten bean-spruchten Muskelgruppen völlig unter-schiedlich sind. Im Krafttraining werden dabei Strukturen beansprucht, die vorab nicht oder nur unzureichend auf die Be-lastung vorbereitet wurden, was mit einer erhöhten Verletzungsgefahr ver-bunden sein kann. Im Falle eines Ober-körpertrainings würde sich beispielswei-se eher eine Aktivität am Drehkurbel-, Ruder- bzw. Kanuergometer oder Arm-kreisen u. Ä. anbieten.

Die Dauer der aeroben Tätigkeit beim Warm-up bzw. Cool-down sollte ca. 10–15 Minuten betragen, wobei die ersten Minuten mit sehr leichter Belas-tung begonnen werden sollten. Der Wahl der richtigen Trainingsintensität kommt eine besondere Bedeutung zu.

Der wünschenswerte Intensitätsbereich liegt beim Warm-up bzw. Cool-down nicht an der so genannten anaeroben Schwelle, sondern deutlich niedriger. Dies gilt vor allem im Rahmen eines Re-generationstrainings in der Cool-down-Phase nach einem intensiven Krafttrai-ning. Da eine Bestimmung der Laktat-werte in der Regel nicht möglich ist, können andere Steuerungskriterien wie die Herzfrequenz, das subjektive Belas-tungsempfinden und die Atmung her-angezogen werden, um die richtige Be-lastung zu finden. Tab. 11 gibt einen Überblick.

Eine Steuerung nach der **Herzfre-quenz** ist in der Regel nur bei automati-scher Herzfrequenzmessung sinnvoll, wobei viele Faktoren die Herzfrequenz beeinflussen können. Besonders zu be-rücksichtigen sind Medikamente (z. B. so genannte Betablocker). Hier gelten die oben gemachten Empfehlungen in dieser Form nicht mehr. Besonders günstig bei der Steuerung der Trainings-intensität erscheint die Kopplung der Herzfrequenz mit dem subjektiven Be-lastungsempfinden.

Steuerungs-parameter	Fahrrad	Laufband	Stepper
Herzfrequenz	170 bis 180 minus Lebensalter	180 bis 195 minus Lebensalter	175 bis 185 minus Lebensalter
Subjektives Belastungs-empfinden	leicht leicht bis mittel (mittel)	leicht leicht bis mittel	leicht leicht bis mittel (mittel)
Atmung	Nasenatmung	Nasenatmung	Nasenatmung
Lesen	Lesen	Lesen	Lesen
Grundsätze	«Training, ohne zu schnaufen»	«Training, ohne zu schnaufen»	«Training, ohne zu schnaufen»

Tab. 11: Möglichkeiten zur Steuerung der Belastungsintensität beim Warm-up und Cool-down. In der Warm-up-Phase können auch die Empfehlungen mit der höheren Intensität aus der Tabelle herangezogen werden.

Das individuelle **subjektive Belastungsempfinden** stellt eine geeignete Steuerungsgröße zur Regulierung der Belastungsintensität dar. Es ist umso besser anwendbar, je zuverlässiger die eigene Körperwahrnehmung und reale Selbsteinschätzung ist. Zur Abschätzung

7-stufige Skala zur Abschätzung der subjektiven Belastung (Anstrengung)
1 = sehr leicht
2 = leicht 3 = leicht bis mittel 4 = mittel
5 = mittel bis schwer 6 = schwer 7 = sehr schwer

Tab. 12: Siebenstufige RPE-Skala (RPE = Rate of Perceived Exertion) nach Buskies / Boeckh-Behrens 1998; der grau unterlegte Abschnitt ist der empfohlene Bereich für das Ausdauertraining beim Warm-up und Cool-down

der Belastung hat sich die siebenstufige Skala von Buskies / Boeckh-Behrens (1998) bewährt.

Eine weitere gute Möglichkeit für die Intensitätssteuerung im Warm-up und Cool-down stellt die **Nasenatmung** dar, wobei hier eher eine leichte Intensität erreicht wird (Einatmung durch die Nase, Ausatmung durch den Mund). Bei der Nasenatmung ist es nicht notwendig, während der gesamten Trainingszeit durch die Nase zu atmen. Eine Überprüfung von einigen Minuten, ob die Atmung durch die Nase möglich ist, ist ausreichend. Anschließend wird nicht mehr auf die Atmung geachtet und der gewählte Intensitätsbereich gefühlsmäßig beibehalten. In gewissen Abständen kann ohne Aufwand kontrolliert werden, ob die Belastungsintensität, z. B. die gewählte Laufgeschwindigkeit oder die eingestellte Wattzahl auf dem Fahrradergometer, noch mit der Nasenatmung

AEROBE AUSDAUERBELASTUNG 75

durchführbar ist. Ist dies nicht mehr der Fall, kann die Intensität entsprechend reduziert werden.

Auch das **Lesen** von Zeitschriften oder Büchern während des aeroben Trainings führt genauso wie der Grundsatz «**Training, ohne zu schnaufen**» zu einem moderaten, für die Warm-up- bzw. Cooldown-Phase empfehlenswerten Intensitätsbereich.

3.2 Dehnprogramm

Zusätzlich ist ein auf das Krafttraining abgestimmtes Dehnprogramm in der Warm-up- und Cool-down-Phase sinnvoll. Dehnübungen können vor dem Krafttraining, zwischen den Sätzen einer Übung bzw. zwischen den verschiedenen Übungen sowie nach dem Training durchgeführt werden.

Es gibt im Sport verschiedene Dehnmethoden, wobei bis heute empirisch an großen Probandenkollektiven nicht eindeutig nachgewiesen werden konnte, welche Methode die besten Resultate liefert. Im Folgenden werden die Dehnübungen für die Hauptmuskelgruppen in der Dauermethode vorgestellt, da sie die geringsten Anforderungen an die Körpererfahrung und sportliche Vorkenntnisse stellt. Die angegebenen Haltezeiten wurden in eigenen Untersuchungen mit Sportstudierenden anhand der subjektiven Einschätzung ermittelt.

Methode der Dauerdehnung	
Kurzbeschreibung: Einnehmen der Dehnposition, sodass eine deutliche Dehnspannung spürbar ist (Andehnen). Halten der Dehnposition, Muskulatur entspannen, Ausatmung und Atempause betonen. Wenn das Spannungsgefühl nachlässt, wird die Dehnung verstärkt und die neue Dehnposition erneut gehalten (Nachdehnen). Die Aufmerksamkeit bleibt auf dem zu dehnenden Muskel, wobei versucht wird, den Muskel während der Dehnung bewusst zu entspannen (bewusst locker lassen).	
Intensität	Je nach Trainingsziel Spannungsgefühl leicht bis sehr stark
Dauer	Nach dem subjektiven Empfinden ca. 20 Sekunden andehnen und ca. 20 Sekunden nachdehnen
Häufigkeit	Je nach Trainingsziel kann vor, während und nach dem Training gedehnt werden

Tab. 13: Methode der Dauerdehnung (Boeckh-Behrens/Buskies 1998)

Prinzipien für ein wirkungsvolles Dehntraining

- Langsames und kontrolliertes Dehnen.
- Konzentration auf die Entspannung des gedehnten Muskels – bewusst locker lassen (Lenkung der Aufmerksamkeit).
- Unterstützung der Dehnung durch Betonung von Ausatmung und Atempause (Hauptentspannungsphase).
- Dehnung über einen längeren Zeitraum aufrechterhalten (mindestens ca. 15–20 Sekunden).
- Beachtung der Mehrfachfunktionen der Muskeln: Die Ausgangsposition sollte entgegengesetzt den Muskelfunktionen bei Kontraktion sein (z. B. Flexion – Extension / Abduktion – Adduktion / Innenrotation – Außenrotation / Retroversion – Anteversion).
- Bei zweigelenkigen Muskeln Fixierung eines der beiden Gelenke in Endstellung und Dehnung über das freie Gelenk.
- Beachtung der allgemeinen Regeln des Dehnens: keine verletzten Muskeln dehnen, beide Körperseiten dehnen, regelmäßig Dehnen.

Im Folgenden werden die Dehnübungen für die Hauptmuskelgruppen vorgestellt.

HALS- UND NACKENMUSKULATUR

Kopfseitneigen	Kopfvorneigen
• Im Sitz oder Stand Kopf zur Seite neigen. • Eine Hand wird über den Kopf gelegt; so kann der Zug etwas verstärkt werden. • Schulter der zu dehnenden Seite aktiv nach unten drücken, bis die Dehnung in der seitlichen Halsmuskulatur und im Nacken spürbar wird; Dehnung ggf. durch Griff am Stuhl unterstützen. • **Variation:** Kinnspitze der zu dehnenden Seite etwas nach oben drehen.	• Im Sitz oder Stand Kopf nach vorn neigen, bis eine Dehnung in der hinteren Hals- und Nackenmuskulatur spürbar wird. • Die Dehnung kann etwas verstärkt werden, indem die Hände leichten Druck auf den Hinterkopf ausüben.

BRUSTMUSKULATUR	RÜCKENMUSKULATUR
M. pectoralis major	M. erector spinae

- Oberarm waagerecht, Unterarm und Kleinfingerkante der Hand an einen Türrahmen o. Ä. anlegen.
- Drehung des Rumpfes vom Arm weg, bis einen Dehnung in der Brustmuskulatur spürbar wird.
- Variation der Griffhöhe.

- Sitz auf einem Stuhl oder auf dem Boden.
- Oberkörper nach vorn beugen und Rücken ganz rund machen, bis eine Dehnung vor allem im unteren Rückenbereich spürbar wird.
- Ein leichter Zug der Hände an den Knöcheln kann die Dehnung verstärken.

HÜFTBEUGEMUSKULATUR

M. iliopsoas	M. rectus femoris

- Im Riesenausfallschritt den Oberkörper auf dem Oberschenkel oder daneben ablegen; Hände stützen am Boden.
- Hüfte des hinteren Beines in Richtung Boden drücken und hinteres Knie strecken, bis eine Dehnung im Hüftbereich spürbar wird.

- Seitenlage, unteres Bein möglichst maximal unter den Körper ziehen.
- Fußgelenk des zu dehnenden Beines greifen, Ferse an das Gesäß bringen und dort in Endposition fixieren.
- Hüfte des oben liegenden Beines nach vorn schieben, bis eine Dehnung in der Hüfte und an der Oberschenkelvorderseite spürbar wird.

OBERSCHENKELRÜCKSEITE
Mm. ischiocrurales

- Fuß mit der Ferse auf eine Erhöhung stellen, Fußspitze nach innen drehen und das Kniegelenk strecken.
- Beckenachse im 90°-Winkel zum gestreckten Bein.
- Becken kippen (Tendenz Hohlkreuz) und Hüftgelenk beugen, bis eine Dehnung in der Oberschenkelrückseite spürbar wird. Rücken gerade halten.

OBERSCHENKELINNENSEITE
Mm. adductores

- Aufrechter Sitz, Fersen nah an den Körper ziehen, Fußsohlen liegen gegeneinander.
- Knie fallen entspannt nach außen, wobei eine Dehnung an den Innenseiten der Oberschenkel spürbar wird.
- Verstärken der Dehnung, indem die Knie z. B. mit den Unterarmen weiter nach außen gedrückt werden.

WADENMUSKULATUR

M. gastrocnemius

M. soleus

- Stütz an einer Wand in Schrittstellung.
- Das hintere Bein ist gestreckt, die Ferse bleibt am Boden, die Fußspitze zeigt gerade nach vorn. Die Hüfte nach vorn in Richtung Wand schieben.
- Wenn keine Dehnung in der Wadenmuskulatur spürbar ist, muss der Fuß des hinteren Beines noch weiter von der Wand weggesetzt werden.

- Stütz an einer Wand in Schrittstellung.
- Das hintere Bein ist gebeugt, die Ferse bleibt am Boden.
- Das Kniegelenk des hinteren Beines stärker beugen, d. h. das Knie Richtung Fußspitze schieben, sodass eine Dehnung im Bereich der unteren Wadenmuskulatur und Achillessehne spürbar wird.

DEHNPROGRAMM

3.3 Aufwärmsätze

Den wichtigsten Teil des belastungsspezifischen Aufwärmens im Krafttraining stellen die Aufwärmsätze dar. Man versteht darunter ein bis zwei Sätze mit leichtem Gewicht und ca. 15–20 Wiederholungen der Übung, die im Anschluss trainiert wird. Liegt z. B. bei der Beinpresse das normale Trainingsgewicht bei 70 kg mit 15 Wiederholungen pro Satz, könnten z. B. je ein Aufwärmsatz mit 40 kg und 55 kg durchgeführt werden. Auf Aufwärmsätze sollte in keinem Fall verzichtet werden.

4 Gefahren des Krafttrainings aus gesundheitlicher Sicht

Aus gesundheitlicher Sicht darf sich die Wahl der Trainingsmethode nicht allein an der Effektivität orientieren. Insbesondere bei Kindern und Jugendlichen, bei älteren Menschen oder internistisch bzw. orthopädisch vorgeschädigten Personen müssen die mit einem Training verbundenen internistischen und orthopädischen Belastungen berücksichtigt werden.

4.1 Orthopädische Risiken

4.1.1 Bewegungsapparat

Wie bereits in Kap. 1 *Ziele und Effekte des Krafttrainings* angesprochen, bewirkt ein Krafttraining viele positive Effekte für den Stütz- und Bewegungsapparat. Gerade diese Strukturen sind jedoch bei unangemessener Belastungsdosierung und fehlerhafter Bewegungsausführung gefährdet. Deshalb muss das Training auf die Belastbarkeit des Trainierenden abgestimmt sein und funktionell mit optimaler Technik durchgeführt werden. Die unterschiedlichen Strukturen des Bewegungsapparates weisen unterschiedliche Adaptationsgeschwindigkeiten an ein Krafttraining auf. Das Bindeund Stützgewebe (Sehnen, Bänder, Knorpel, Gelenkkapseln, Knochen) passt sich wesentlich langsamer an erhöhte Belastungen an als das Muskelgewebe. Die Belastung sollte sich also auch an der Belastungsverträglichkeit des Stütz- und Bindegewebes orientieren und nicht – wie im Krafttraining üblich – ausschließlich an den muskulären Voraussetzungen des Trainierenden. Bei zu schneller Belastungssteigerung kann es zu Überlastungsschäden am Sehnen-Band-Apparat bzw. im Gelenkbereich kommen. Insbesondere im Anfängertraining sollte eine allmähliche Gewöhnung der Gelenke, Bänder und Sehnen an erhöhte Belastungen erfolgen. Vor allem exzentrische Muskelkontraktionen mit hohen Lasten sowie Trainingsmethoden, die zur muskulären Erschöpfung führen, stellen für Muskel- und Bindegewebe einen hohen Stressfaktor dar.

Neben hohen Gewichten birgt vor allem eine fehlerhafte Ausführung der Übungen im Krafttraining Gefahren für das Nerv-Muskel-System sowie das Knochen-Gelenk-System, wobei neben Muskel- und Bänderverletzungen auch Bandscheibendeformationen und Wirbelsäulenschäden entstehen können. Die technisch richtige Bewegungsausführung ist beim Krafttraining eine entscheidende Voraussetzung für die Vorbeugung von Verletzungen. In der Trainingspraxis zeigt sich, dass insbesondere bei den letzten Wiederholungen einer Serie, z. B. durch schwunghafte Bewegungsausführung oder die Einbeziehung von Hilfsmuskeln, noch weitere Wiederholungen auf Kosten der optimalen, risikoarmen Bewegungstechnik absolviert werden. So werden beispielsweise die letzten Wiederholungen bei der Übung Langhantel-Curls im Stand häufig mit einer Schaukelbewegung durchgeführt, die zu einer erheblichen Mehrbelastung des unteren Rückens führt. Es wird oftmals vergessen, dass die letzten Wiederholungen einer Serie bis zur muskulären Ausbelastung auch bei niedrigen Intensitäten «Maximalbelastungen» darstellen, weil sie einen bereits ermüdeten Bewegungsapparat beanspruchen. Da häufig mit zunehmender Ermüdung eine Verschlechterung der koordinativen Leistung eintritt, sollte bei ungefestigter Technik nicht bis zur Erschöpfung trainiert werden. Der Trainierende sollte bei allen Wiederholungen einer Serie seine Körperhaltung, Technik und Bewegungsausführung unter Kontrolle haben.

Ein großes Problem in der Trainingspraxis stellt die Tatsache dar, dass vielen Trainierenden die optimale, risikolose Übungsausführung gar nicht bekannt ist. So können beispielsweise eine häufig zu beobachtende zu starke Retroversion und Außenrotation der Arme bei der Durchführung der Übungen Butterfly oder Bankdrücken die Schulterinstabilität erhöhen und Schmerzen im Schultergelenk provozieren. Es besteht dabei u. a. die Gefahr einer Überdehnung von Bändern im Schultergelenksbereich. Kompensatorisch kann es auch zu Problemen in der Bizepssehne bzw. der Muskeln oder Sehnen der Schulterrotatorenmanschette kommen, da diese mit der Stabilisierung der Schulter überfordert sind (Horrigan 1996). Überlastungen können durch eine geeignete Übungsauswahl, eine korrekte Bewegungstechnik, eine individuelle Belastungsdosierung und Belastungsserien, die nicht bis zur letztmöglichen Wiederholung durchgeführt werden, weitgehend vermieden werden (vgl. Abschn. 2.5.2 *Sanftes Krafttraining*).

4.1.2 Muskelkater

Beim Muskelkater handelt es sich um kleinste Verletzungen (so genannte Mikrotraumen) in der Muskelfaser. Die betroffenen Muskeln sind (meist erst am Tag nach der Belastung) hart und steif, empfindlich bei Druck, schmerzhaft bei jedem Bewegungsversuch und nicht mehr in der Lage, die volle Kraft zu entwickeln. Der hiermit verbundene Kraftverlust kann über eine Woche andauern.

Die größte Spannung entwickelt der Muskel bei dynamisch exzentrischer Arbeit, d. h., wenn der aktive Muskel durch große äußere Kräfte gedehnt wird. Die exzentrische Kontraktion tritt beim Abbremsen von Bewegungen auf, z. B. beim Ausfallschritt im Tennis, Badminton, Squash, beim Bergabgehen oder -laufen oder während der Landung beim Hüpfen oder Springen. Bei den genannten Beispielen wird die beschleunigte Körpermasse von den Muskeln des Gesäßes und der Oberschenkelvorderseite abgebremst, die der Dehnung durch aktive Kontraktion Widerstand entgegensetzen. Die Kraft der einzelnen Muskelfaser ist bei exzentrischer Arbeit größer als bei konzentrischer. Somit ist es möglich, eine vergleichbare Belastung bei exzentrischer (negativer) Arbeit mit dem Einsatz von weniger Muskelfasern zu bewältigen, was zur Folge hat, dass die einzelnen Muskelfasern bei exzentrischer Kontraktion eine erhöhte Spannung aufweisen. Das Auftreten von Muskelkater auch bei vergleichsweise leichten ungewohnten Beanspruchungen beruht primär auf einer schlechten Koordination. Der Muskelfasereinsatz ist nicht wie bei geübten Bewegungen optimal koordiniert. Daher kommt es bei einigen Muskelfasern zu hohen Spannungsspitzen, was wiederum zu mechanischen Schädigungen führen kann (Böning 1987).

Im Augenblick der Belastung verspürt der Trainierende im Vergleich zu einer Zerrung oder zu einem Muskelfaserriss keinen Schmerz. Dieser tritt erst Stunden oder einen Tag später auf. Der Grund hierfür liegt darin, dass die Schmerzrezeptoren nicht in der Muskelfaser selbst, sondern außerhalb, im umliegenden Bindegewebe liegen. Die schmerzauslösenden Stoffe können die Schmerzrezeptoren somit erst nach ihrem Austritt aus der Muskelfaser rei-

---

Muskelkater tritt vor allem bei folgenden Situationen auf:

- Nach exzentrischen (negativen) Belastungen.
- Nach körperlicher Beanspruchung nach langer Pause oder erstmaliger Aufnahme eines Trainings.
- Nach ungewohnten bzw. neuen Bewegungen (Belastungen) auch bei regelmäßig Sporttreibenden.
- Nach ausgesprochen intensiven Belastungen bei bereits beherrschten Bewegungsabläufen, z. B. nach einer sprunghaften Steigerung der Belastungsintensität im Training.

ORTHOPÄDISCHE RISIKEN **83**

zen. Zudem kommt es vermutlich zu Faserschwellungen, was ebenfalls Schmerzen verursachen kann. Beide Vorgänge brauchen jedoch Zeit. Möglicherweise wird der Schmerz auch durch reflektorische Verspannung oder Kontraktur der Muskulatur verstärkt (Böning 1987). Die mechanische Zerstörung selbst setzt die Kontraktionskraft herab. Nach ca. vier bis sieben Tagen zeigt sich wieder ein normaler Befund. Der Muskelkater heilt ohne bleibende Folgen vollständig aus.

Tritt dennoch Muskelkater auf, so lässt sich der natürliche Heilungsprozess nur schwer beschleunigen. Lockerungsübungen, Wärmeanwendungen wie heiße Bäder und Sauna sowie eine leichte positive Arbeit (z. B. Radfahren bei Muskelkater im Oberschenkel oder Schwimmen im warmen Wasser) können lindernd wirken, da sich die hiermit verbundene erhöhte Durchblutung und die entsprechend verbesserte Ver- und Entsorgung des Muskels positiv auf den Reparaturvorgang auswirkt.

Der Entstehung des Muskelkaters kann durch folgende Maßnahmen vorgebeugt werden:

- Bei Aufnahme einer sportlichen Aktivität, nach längeren Trainingspausen und beim Erlernen neuer Bewegungen muss die Belastung vorsichtig gesteigert werden, d. h., es sollte ohne übertriebenen Ehrgeiz begonnen werden. Die Skelettmuskelfaser hat dadurch genügend Zeit zur Anpassung an die erhöhten Spannungen. Die Koordination verbessert sich durch Übung schnell, sodass ein Muskelkater nach zwei bis drei Trainingseinheiten bei weiterer vorsichtiger Belastungssteigerung kaum noch zu erwarten ist.
- Auch regelmäßig Sporttreibende sollten bei ungewohnten Bewegungen mit geringer Intensität beginnen und diese nach und nach steigern. Dies gilt insbesondere dann, wenn es sich um eine exzentrische Belastung handelt.
- Langsame, kontinuierliche Steigerung der Intensität (keine großen Sprünge der Belastungsintensität).
- Sorgfältiges Aufwärmen vor jeder sportlichen Aktivität.

4.2 Pressatmung

Beim Krafttraining wird häufig die Pressatmung zur höheren Kraftentfaltung genutzt, da hierbei über die Wirbelsäulen- und Thoraxstabilisierung feste Ansätze für die Muskulatur geschaffen werden. Die Pressatmung führt zu einem Anstieg des intrathorakalen Drucks durch unwillkürlich oder willkürlich behinderte Ausatmung gegen die verschlossene Glottis (Stimmritze). Kennzeichen der Pressatmung sind die fehlende Atmung (es wird quasi versucht, gegen den geschlossenen Mund bzw. die verschlossene Stimmritze auszuatmen) sowie häufig ein roter Kopf und ggf. ein sichtbarer Halsvenenstau.

Bei der Pressatmung steigt der Druck im Brust- und Bauchraum stark an, sodass der Rückfluss des Blutes aus dem Kopf-, Arm- und Beinbereich zum Herzen nicht mehr gewährleistet ist. Dadurch wird die Durchblutung des Herzmuskels selbst sowie die Menge Blut, die vom Herzen zur Versorgung des Körpers pro Zeit ausgepumpt wird (Herzzeitvolumen), deutlich reduziert (im Extremfall fast um die Hälfte, Hollmann / Hettinger 1990). Es kann zu einer mangelnden Sauerstoffversorgung z. B. des Gehirns oder des Herzmuskels kommen, was mit einer erheblichen gesundheitlichen Gefährdung verbunden sein kann (z. B. Kollapszustände, Herzrhythmusstörungen, Angina-Pectoris-Anfälle oder Gehirnblutungen; Rost 1984).

Neben den kardiovaskulären Risiken der Pressatmung gibt es noch weitere beachtenswerte Aspekte. So kann es z. B.

Beim Krafttraining tritt die Pressatmung vor allem in folgenden Situationen auf:

- Bei Maximalkraftbelastungen ist die Pressatmung unvermeidbar (d. h. auch bei allen Krafttests).
- Bei statischen Belastungen wird die Pressatmung oftmals eingesetzt, auch wenn dies aufgrund der gewählten Belastungsintensität gar nicht notwendig wäre. Möglicherweise erschwert hierbei die fehlende Bewegung die Atemführung, die bei dynamischen Belastungen erleichtert ist.
- Der Trainierende neigt auch bei submaximalen Belastungen zunehmend zur Pressatmung, wenn er sich den letzten Wiederholungen einer Serie nähert. Die Belastung trifft am Ende der Trainingsserie auf einen vorermüdeten Muskel, sodass die letzten Wiederholungen einer Serie mit geringerer Intensität, aber bis zur Erschöpfung letztlich auch maximale Belastungen darstellen.
- Auch bei mittleren Belastungen neigen viele Trainierende aus verschiedenen Gründen (z. B. fehlende Kenntnis der richtigen Atmung) zur Pressatmung.

durch Pressatmung auch zu einer negativen Belastung der Beckenbodenmuskulatur kommen. Die Ursachen der Inkontinenz liegen vor allem in einer erschlafften Beckenbodenmuskulatur. Bei Pressatmung erhöht sich der Druck der inneren Bauchorgane auf die entsprechenden Muskelgruppen, und es besteht die Gefahr, dass diese «ausleiern». Der Beckenboden der Frau muss als Ort des geringsten Widerstandes bei der Druckerhöhung im Bauchraum angesehen werden, sodass z. B. die Gefahr einer gynäkologischen Schädigung in Form einer Gebärmuttersenkung u. Ä. bei

nicht ausreichender Gewebequalität der Bänder besteht (Hettinger 1988).

Abschließend lässt sich feststellen, dass sich im Zusammenhang mit der Pressatmung beim Krafttraining verschiedene Gefahrenmomente insbesondere für ältere Menschen, Hypertoniker und Personen mit degenerativen Herz-Kreislauf-Veränderungen ergeben. Während die Pressatmung bei jüngeren Personen mit gesundem Herz-Kreislauf-System in der Regel ohne Probleme toleriert wird, ist sie bei Herz-Kreislauf-Gefährdeten und älteren Personen grundsätzlich zu vermeiden.

4.3 Blutdruck und Krafttraining

Die **systolischen Blutdruckwerte** steigen im Krafttraining nicht selten auf 300 mm Hg an, in Einzelfällen wurden sogar Blutdruckspitzen von 480 / 350 mm Hg gemessen (MacDougall et al. 1985). Die Höhe des Blutdruckanstiegs ist im Wesentlichen abhängig von der Belastungsintensität, der Belastungsdauer bzw. Wiederholungszahl in einer Serie, der Dauer der statischen Kontraktionsphase, der beanspruchten Muskelmasse und der Pressatmung. Auch Alter, Körpergewicht und Körperfettanteil sowie psychische Faktoren können Einfluss nehmen. Ferner gibt es Anzeichen dafür, dass der Krafteinsatz der Arme zu größeren Blutdrucksteigerungen führt als der Einsatz

einer vergleichbar großen Muskelgruppe der unteren Extremitäten (Haslam et al. 1988). Die höchsten Blutdruckwerte beim Krafttraining werden erreicht, wenn Wiederholungsserien im Bereich von 70 – 95 % der Maximalkraft bis zur völligen Erschöpfung durchgeführt werden. Um ein Maximum an Druck zu produzieren, ist unterhalb von 70 % die Intensität, oberhalb von 95 % die Belastungsdauer zu gering. Infolge eines Krafttrainings kommt es zu einem akuten Blutdruckanstieg. Eine chronische Erhöhung des Blutdrucks aufgrund eines kurz- bzw. längerfristigen Krafttrainings besteht jedoch nicht (Fleck 1994).

Die beim Krafttraining auftretenden hohen Blutdruckspitzen bedeuten für gesunde Gefäße keine Gefahr. Ein Problem bei kardiovaskulär labilen Personen könnte der starke Blutdruckabfall nach Belastungsende darstellen (Hill et al. 1989). Aus der Trainingspraxis ist bekannt, dass nach sehr intensiven Belastungen großer Muskelgruppen teilweise kurzfristige Schwindelgefühle auftreten, die sich vor allem dann bemerkbar machen, wenn man sich zu schnell aus der horizontalen Lage (z. B. nach den Übungen Horizontales Beinpressen oder Bankdrücken) aufrichtet.

Vor allem Personen mit Bluthochdruck (Hypertoniker) bzw. Herz-Kreislauf-Kranke sollten Beanspruchungen mit großem bzw. maximalem Krafteinsatz meiden, da diese mit Pressdruck und sehr hohen Blutdruckspitzen verbunden sind. Bei Vorliegen einer koronaren Herzerkrankung bzw. einer Herzinsuffizienz sind hohe Blutdruckspitzen vor allem deshalb zu meiden, weil sich der Sauerstoffbedarf des Herzmuskels durch den Herzfrequenz- und Blutdruckanstieg erhöht. Der myokardiale Sauerstoffbedarf wird im Wesentlichen aus dem Produkt von Herzfrequenz und systolischem Blutdruck bestimmt. Große Herzfrequenz- und Blutdruckanstiege bedeuten daher auch eine erhebliche Vergrößerung des Sauerstoffbedarfs des Herzmuskels. Dadurch kann bei bestehender Koronarinsuffizienz bzw. koronarer Herzkrankheit eine Diskrepanz zwischen Sauerstoffbedarf und Sauerstoffversorgung entstehen, wodurch Herzrhythmusstörungen bzw. ein Angina-Pectoris-Anfall, im Extremfall sogar ein Herzinfarkt ausgelöst werden können (Rost 1991). Da auch Hypertoniker und Herzpatienten ein Mindestmaß an Kraft benötigen und zudem die kardiale Überlastungsgefahr im Alltag und Sport durch eine Vergrößerung der Kraftreserven reduziert wird, sind moderate kraftbetonte Belastungsformen, die in Abhängigkeit vom Schweregrad der bestehenden Hypertonie bzw. bei Koronarpatienten dosiert eingesetzt werden können, durchaus sinnvoll (Deutsche Gesellschaft für Prävention und Rehabilitation 1994).

An dieser Stelle sei nochmals auf die Notwendigkeit einer eingehenden medizinischen Untersuchung vor Trainingsbeginn bzw. in regelmäßigen Abständen (alle zwei bis drei Jahre) hingewiesen. Da sich Freizeit- bzw. Gesundheitssportler häufig keiner oder zumindest keiner regelmäßigen internistischen Untersuchung unter Einbeziehung eines Belastungselektrokardiogramms unterziehen, besteht vor allem bei Älteren die Gefahr, dass sie von ihren degenerativen Gefäßveränderungen bzw. einer möglicherweise bestehenden Herz-Kreislauf-Gefährdung nichts wissen. So empfinden beispielsweise Hypertoniker oftmals keine Beschwerden. Deshalb geht Rost (1985) davon aus, dass kaum die Hälfte aller Blutdruckpatienten bekannt ist. Bei vielen Hypertonikern bestehen jedoch bereits Gefäßschädigungen, die bei größeren körperlichen Belastungen eine gewisse Gefährdung darstellen (Rost 1988).

4.4 Laktatwerte und Krafttraining

Jede muskuläre Arbeit erfordert Energie, die z. T. direkt in der Muskelzelle in Form primärer Energiespeicher (Adenosintriphosphat = ATP bzw. Kreatinphosphat = KrP) vorhanden ist bzw. durch verschiedene Stoffwechselwege bereitgestellt werden muss. Die Art der Energiebereitstellung im Krafttraining hängt vor allem von den Faktoren Belastungsdauer, Belastungsintensität und Größe der eingesetzten Muskelmasse ab. Die für die ersten Kontraktionen im Muskel gespeicherten energiereichen Phosphate (ATP und KrP) reichen für ca. fünf bis acht Sekunden maximaler Muskelarbeit aus (anaerob alaktazide Energiebereitstellung = ohne Sauerstoff und ohne Erhöhung von Milchsäure/Laktat). Bei länger andauernder, intensiver Belastung stellt der Organismus die

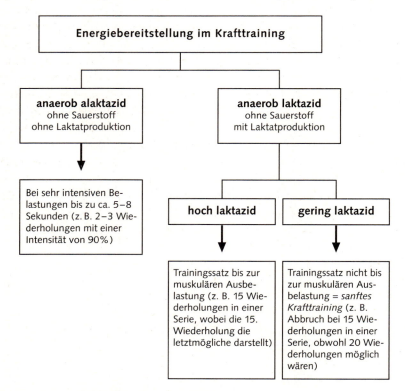

Abb. 13: Die Energiebereitstellung beim Krafttraining

Energie auf ananaerob laktazidem Weg bereit (Energiebereitstellung ohne Sauerstoff mit Milchsäureerhöhung).

Die anaerob alaktazide Energiebereitstellung findet sich in der Praxis vor allem bei Trainingsmethoden mit hohen Intensitäten und geringer Wiederholungszahl, die aufgrund der hohen orthopädischen und kardiovaskulären Belastungsspitzen sowie Pressatmungsgefahr im gesundheitsorientierten Fitnesstraining nicht angewandt werden sollen (z. B. Methode explosiver maximaler Krafteinsätze, vgl. Abschn. 2.4.2 *Dimensionen der Kraft und ihre Trainingsmethoden*). Auf die anaerob laktazide Energiebereitstellung wird vor allem bei der Methode zum Muskelaufbau (Methode wiederholter submaximaler Krafteinsätze bis zur Ermüdung) bzw. zur Verbesserung der Kraftausdauer (Methode mittlerer Krafteinsätze mit hohen Wiederholungszahlen) zurückgegriffen. Wenn die Sätze bei den genannten Methoden bis zur letztmöglichen oder annähernd letztmöglichen Wiederholung durchgeführt werden, ergeben sich sehr hohe Milchsäurewerte, die im Mittel über 11–12 mmol/l liegen und in Einzelfällen 18–19 mmol/l erreichen.

Bei einem Belastungsabbruch deutlich vor Erreichen der letztmöglichen Wiederholung steigen die Blutlaktatwerte im Durchschnitt hingegen nicht über 4–8 mmol/l an (vgl. Abschn. 2.5.2 *Sanftes Krafttraining*).

Abb. 13 zeigt den Zusammenhang zwischen unterschiedlichen Kraftbelastungen und der laktaziden Beanspruchung. Kurzfristige intensive Beanspruchungen von wenigen Sekunden, Serienbelastungen, die nicht bis zur Ermüdung durchgeführt werden, und lange Pausen zwischen den Trainingssätzen sind mit vergleichsweise geringen Laktatwerten verbunden. Länger andauernde Belastungen (ca. 30–45 Sekunden) bis zur muskulären Erschöpfung bewirken dagegen sehr hohe Laktatspiegel.

In der Literatur werden hohen Laktatwerten eine Reihe negativer Auswirkungen auf den Organismus zugeschrieben, wie z. B. Schmerzen in der Muskulatur, kurzfristige Suppression des Immunsystems, Abnahme der Ausdauerleistungsfähigkeit oder eine Steigerung des Sauerstoffverbrauchs des Herzmuskels in Verbindung mit einer erhöhten Stresshormonausschüttung.

5 Optimierung des Krafttrainings mit Hilfe von EMG-Messungen

5.1 Das Vorgehen im Überblick

Die Übungen eines fitnessorientierten Krafttrainings waren bisher selten Gegenstand wissenschaftlicher Untersuchungen. Die Auswahl der Übungen und die Ausführungshinweise basieren in den meisten Fällen auf der Erfahrung und dem Expertenwissen von Trainern und Athleten. Es liegen nur wenige gesicherte Erkenntnisse über die Effektivität unterschiedlicher Kraftübungen für eine Muskelgruppe sowie über effektoptimierende Ausführungskriterien vor. Aufgrund der Weiterentwicklung der elektromyographischen Messtechniken (Messungen der elektrischen Aktivität im Muskel) und der verbesserten Auswertungsmöglichkeiten bietet sich die Möglichkeit, die elektrische Aktivität einer Muskelgruppe bei Kraftübungen zu messen und zu vergleichen. Dadurch können sowohl Ausführungsvarianten einer Übung analysiert als auch Unterschiede in der Effektivität verschiedener Übungen für einen Muskel ermittelt werden.

Seit 1994 führen wir an der Universität Bayreuth Analysen von Kraftübungen mit Hilfe von EMG-Messungen durch. Es ist das Ziel der wissenschaftlichen Untersuchungen, Erfahrungen aus der Praxis zu bestätigen, zu präzisieren und neue, möglichst quantifizierbare Erkenntnisse zu gewinnen. Das Gesamtprojekt umfasste folgende Arbeitsschritte:

Optimierung des Krafttrainings mit Hilfe elektromyographischer Messungen

1. Erstellung von Übungsranglisten für alle wichtigen Muskelgruppen
2. Optimierung der Ausführung von Kraftübungen
3. Ermittlung der Grundsätze und Regeln, die für die Effektivität von Kraftübungen entscheidend sind
4. Überprüfung der Ergebnisse in der Praxis durch den Vergleich eines EMG-optimierten Krafttrainings mit einem herkömmlichen Training

5.2 Grundlagen der elektromyographischen Messung

So wie das Elektrokardiogramm (EKG) die elektrische Aktivität des Herzens registriert und das Elektroencephalogramm (EEG) die Hirnströme aufzeichnet, ermöglicht die Elektromyographie (EMG; myos gr. = Muskel, graphie gr. = Aufzeichnung) die Registrierung und Aufzeichnung der elektrischen Aktivität des Muskels.

Die Muskulatur als ausführendes Organ benötigt zur Kontraktion Aktivierungsbefehle des zentralen Nervensystems (Gehirn, Rückenmark); ohne Nervenimpuls ist keine Bewegung möglich. Dies wird beispielsweise bei einer Querschnittslähmung deutlich, bei der nach Durchtrennung des Rückenmarks alle Muskeln gelähmt sind, die unterhalb der Nervenverletzung liegen.

Bei der Kontraktion des Muskels stellt das EMG-Signal die elektrische Manifestation der neuromuskulären Aktivierung dar. Erst in jüngster Zeit ist es vor allem in Verbindung mit der modernen Computertechnologie gelungen, das komplizierte elektromyographische Signal exakt zu beschreiben und die Beziehungen zwischen dem EMG-Signal und den Eigenschaften des kontrahierenden Muskels aufzuklären. Die Elektromyographie stellt heute eine wertvolle Untersuchungsmethode in der Medizin und der Sportwissenschaft dar. Im sportwissenschaftlichen Anwendungsbereich kann das EMG vor allem Aussagen über die Muskelaktivierung, die Muskelkoordination und die Muskelermüdung liefern.

In unseren Untersuchungen geht es um das Verhältnis von elektromyographischem Signal und der produzierten Kraft. Unter Berücksichtigung genauer Standardisierungsvorgaben können wir dabei von folgender Faustformel ausgehen:

> **Von der** Höhe der EMG-Aktivität kann auf die **Intensität der Muskelkontraktion** und damit auf die erzeugte Muskelkraft sowie indirekt auf die Effektivität der Übung geschlossen werden.

5.3 Erstellung von Übungsranglisten für einzelne Muskelgruppen

In der Praxis des Krafttrainings werden für jede wichtige Muskelgruppe zahlreiche verschiedene Übungen durchgeführt. Der große Brustmuskel (M. pectoralis major) kann z. B. mit folgenden Übungen trainiert werden: Bankdrücken auf der Flachbank, der positiven und negativen Schrägbank, mit breitem oder engem Griff, Kabelziehen über Kreuz, fliegende Bewegungen (Flys), Überzüge (Pull-over), Stützbeugen, Liegestütz. Sind alle diese Übungen für den großen Brustmuskel und seine drei Anteile gleichermaßen effektiv und beliebig alternativ einsetzbar, oder gibt es übungsspezifische Effekte? Ist eine Übung effektiver als eine andere?

Wir gehen bei unseren Untersuchungen von der Hypothese übungsspezifischer Effekte aus, d. h., dass alle Übungen unterschiedliche Wirkungen haben und dass es effektivere und weniger effektive Übungen gibt. Das Ziel der Übungsanalysen ist die Erstellung muskelspezifischer Übungsranglisten. Die Methode der Untersuchungen beinhaltete folgende Arbeitsschritte:

(1) Auswahl der muskelgruppenspezifischen Übungen

Nach einer Auflistung aller bekannten und möglichen Übungen für das Training eines Muskels bzw. einer Muskelgruppe wurde deren Anzahl aus trainingspraktischen und untersuchungsökonomischen Gründen auf maximal 20 Übungen begrenzt. Die Anzahl sinnvoller Übungen beschränkte sich für die meisten Muskelgruppen auf eine Zahl von ca. 8 – 15 Übungen.

(2) Homogene Probandengruppe

Sowohl das Geschlecht als auch das Lebensalter, die übungsspezifische Koordination und der Trainingszustand können Einfluss auf das EMG-Signal haben. Die Untersuchungen wurden in der Regel an 10 männlichen Sportstudierenden mit einem durchschnittlichen Alter von 22 Jahren, einem geringen Unterhautfettgewebe (durchschnittlich 13 %) und Erfahrungen im fitnessorientierten Krafttraining durchgeführt.

(3) Vergleichbarkeit der Übungen

Die Vergleichbarkeit verschiedener Übungen für einen Muskel stellt das Hauptproblem von EMG-gestützten Übungsanalysen dar. Die elektrische Aktivität des Muskels und damit die Muskelspannung werden entscheidend von biomechanischen Einflussfaktoren wie dem verwendeten Gewicht und den Hebelverhältnissen (z. B. Länge des Lastarmes), der Geschwindigkeit der Übungsausführung und der Muskelermüdung beeinflusst.

Eine Standardisierung der **Intensität** wurde dadurch erreicht, dass bei jedem Probanden in Vortests die Gewichte ermittelt wurden, mit dem er bei jeder Übung maximal 12 korrekte Wiederholungen ausführen konnte. Die gewählte Intensitätsvorgabe von maximal 12 Wiederholungen entspricht einer trainingsüblichen Intensität im Fitnesskrafttraining, sodass sehr praxisnahe Testbedingungen erreicht wurden. Übungen ohne wählbare Zusatzlasten durch Kraftmaschinen oder Hantelgewichte, also Übungen mit dem eigenen Körpergewicht, statische Halteübungen mit isometrischer Muskelspannung und Übungen mit imaginärem Widerstand entziehen sich dieser Methode der Standardisierung der Intensität. Sie sind deshalb nicht direkt mit den Übungen vergleichbar, bei denen Zusatzgewichte unter standardisierten Bedingungen eingesetzt wurden. Es wurden deshalb häufig zwei Übungsranglisten erstellt: zum einen eine Rangfolge von Übungen mit wählbarer Zusatzlast und zum anderen eine Rangfolge der Übungen, die nicht diese Voraussetzungen erfüllen.

Das **Bewegungstempo** entsprach immer der im gesundheitsorientierten Training üblichen kontrollierten, langsamen bis mittleren Ausführungsgeschwindigkeit. In Einzelfällen wurde das Tempo der Übungsausführung mit Hilfe eines Metronoms standardisiert. Eine **Muskelermüdung** wurde dadurch ausgeschlossen, dass beim Messvorgang pro

Übung nur drei Wiederholungen durchgeführt wurden. Beim Übungswechsel wurden Pausen von drei Minuten Dauer eingehalten. Darüber hinaus erfolgte für die Hälfte der Probanden eine Umkehr der Übungsreihenfolge.

(4) Messung sowie Auswertung

Die Messung erfolgte mittels Oberflächenelektroden mit einem tragbaren EMG-4-Kanal-Messgerät der Firma Mega Electronics (Typ ME 3000). Für die Datenauswertung wurde die durchschnittliche EMG-Aktivität (EMG average) der drei gemessenen Übungswiederholungen verwendet.

(5) Erstellung und Interpretation EMG-gestützter Übungsranglisten

Auf der Basis der Messwerte jedes einzelnen Probanden ergaben sich zunächst individuelle Übungsranglisten. Durch die Zusammenfassung der Daten aller 10 Probanden erhalten wir eine muskelgruppenspezifische Übungsrangliste (vgl. Tab. 14).

Bei der Interpretation der Übungsranglisten sind folgende Aspekte zu berücksichtigen:

- Die Rangliste ergibt sich aus dem Mittelwert der individuellen Rangplätze ($\bar{x}$R) der 10 Probanden. Darüber hinaus werden die Standardabweichung der Rangplätze (SR) und die durchschnittliche elektrische Aktivität in µV ($\bar{x}$EMG) der 10 Probanden für jede Übung errechnet.
- Die EMG-gestützten Übungsanalysen

ermöglichen es, verschiedene Kraftübungen für einen Muskel zu vergleichen. Die Übung auf Platz 1 der Rangliste ist die Übung mit dem kleinsten durchschnittlichen Rangplatzwert ($\bar{x}$R), der höchsten durchschnittlichen EMG-Aktivität ($\bar{x}$EMG), der intensivsten Muskelkontraktion und somit die effektivste Kraftübung für diesen Muskel. Das Gegenteil gilt für die Übung auf dem letzten Platz der Rangliste.

- Die Abstände der durchschnittlichen Rangplätze ($\bar{x}$R) der Übungen sind für die Beurteilung zwischen den Übungen entscheidend. Je größer die Abstände der durchschnittlichen Rangplatzwerte und der durchschnittlichen EMG-Messwerte sind, desto stärker unterscheiden sich die Übungen bezüglich der Kontraktionsintensität und der Trainingseffektivität. Beispiel: Die Übungen auf den Rangplätzen 7−9 unterscheiden sich mit ihren durchschnittlichen Rangplätzen von 7,5−7,9 nur um 0,4 Rangplätze. Sie sind deshalb als nahezu gleichwertig anzusehen, aktivieren den unteren Anteil des Rückenstreckers (M. erector spinae, pars lumbalis) fast gleich stark und können im Training alternativ eingesetzt werden.

- Die absoluten Messwerte der einzelnen Personen können sehr unterschiedlich ausfallen und sind nicht miteinander vergleichbar. Beispiel: Proband 9 erreicht maximal 543 µV (individueller Rangplatz 1), während für Proband 4 maximal 219 µV gemessen werden. Aufgrund dieser individuellen Unterschiede der absoluten EMG-Messwerte ist für die Übungsrangliste der Mittelwert der Rangplätze ($\bar{x}$R) entscheidend und nicht der Mittelwert der elektrischen Aktivität ($\bar{x}$EMG).

- Die individuellen Übungsranglisten können in Einzelfällen z. T. erheblich von der Gesamtrangliste abweichen. Dafür können u. a. Mängel in der Standardisierung der Intensitäten der einzelnen Übungen (Vorgabe: Das gewählte Gewicht soll maximal 12 Wiederholungen ermöglichen) oder in der Koordination verantwortlich sein. Beispiel: Proband 1, dessen individuelle Rangplätze 10 und 12 weit von der Gesamttabelle (Plätze 4 und 5) abweichen.

- Die Reproduzierbarkeit der absoluten EMG-Messwerte ist nur in eingeschränktem Maße möglich, eine Reproduzierbarkeit der Rangplätze jedoch durchaus. Die Messungen bei Übungsvergleichen müssen in einem Messdurchgang, ohne zwischenzeitliches Entfernen der Messelektroden, durchgeführt werden. Dies ist notwendig, weil bereits eine geringfügige Verschiebung der Elektrodenposition auf dem Muskel zu großen Veränderungen der Messwerte führen kann. Einzelne absolute Messwerte aus unterschiedlichen Untersuchungen sind deshalb nicht vergleichbar und jede Untersuchung muss gesondert betrachtet werden.

- Oberflächenelektroden registrieren

RÜCKENSTRECKER UNTERER ANTEIL

Platz	Übung	x̄ Rang	S Rang	x̄ EMG	Pro 1		Pro 2	
1	Beinbeugen mit Abheben der Oberschenkel	1,1	0,30	394	368	1	353	1
2	Kreuzheben	2,4	0,80	288	335	3	267	2
3	Kniebeuge mit Langhantel	3,6	1,43	251	341	2	220	3
4	Beinpresse, Kniewinkel 110° – 80°	5,6	2,97	211	146	10	156	5
5	Beinpressen	6,7	2,61	192	122	12	150	7
6	Kreuzheben, Beine gestreckt	7,0	2,28	164	195	5	192	4
7	Beckenlift mit Endkontraktionen	7,5	2,33	157	169	7	137	8
8	Beinrückheben am Boden mit Endkontraktionen	7,8	2,96	159	199	4	105	13
9	Hyperextension	7,9	2,17	153	163	9	107	12
10	Beckenlift	9,8	1,83	129	172	6	122	11
11	Rumpfbeugen (Good Mornings)	10,1	2,34	118	122	12	126	10
12	Reverse-Flys der Maschine	10,6	3,26	106	125	11	129	9
13	Beinrückheben auf der Bank mit Endkontraktionen	12,0	2,05	93	168	8	73	14
14	Beinrückheben auf dem Boden mit Endkontraktionen	13,4	2,54	49	17	15	154	6
15	Adler mit Endkontraktionen	14,2	0,75	42	37	14	53	15

Tab. 14: Rangfolge ausgewählter Kraftübungen für den M. erector spinae, pars lumbalis, nach dem durchschnittlichen Rangplatz (x̄ Rang), der Standardabweichung des durchschnittlichen Rangplatzes (S Rang) und der durchschnittlichen EMG-Aktivität in µV (x̄ EMG); n=10

die elektrische Aktivität aller Muskeln, die unter dem Fixierungspunkt liegen. Eine Differenzierung des EMG-Signals und eine genaue Zuordnung von Teilwerten zu den einzelnen übereinander liegenden Muskeln ist nicht möglich. Dieser Crosstalk-Effekt ist bei der Interpretation der Daten zu berücksichtigen.

• Bei der Darstellung der in diesem Buch folgenden zahlreichen EMG-Untersuchungen wurde aus Gründen der Übersichtlichkeit auf die Auflistung der Einzelwerte verzichtet. Es

M. ERECTOR SPINAE, PARS LUMBALIS)

Pro 3		Pro 4		Pro 5		Pro 6		Pro 7		Pro 8		Pro 9		Pro 10	
418	1	214	2	495	1	310	1	492	1	469	1	543	1	278	1
297	2	219	1	359	4	241	2	277	2	312	3	354	2	214	3
224	6	152	3	284	5	210	3	235	5	315	2	303	5	221	2
185	9	129	4	361	3	118	11	251	3	257	4	336	3	167	4
201	7	112	6	393	2	123	9	216	8	158	5	334	4	109	7
183	10	90	8	161	11	154	5	185	9	141	6	179	7	164	5
259	3	113	5	164	10	146	8	222	7	106	10	113	11	145	6
247	4	96	7	258	6	108	12	232	6	118	9	115	10	109	7
227	5	83	9	224	7	148	7	240	4	122	8	131	9	82	9
191	8	81	10	188	8	122	10	165	10	86	12	92	12	74	11
131	11	60	11	152	12	157	4	118	12	89	11	140	8	80	10
116	12	12	15	92	13	150	6	37	15	140	7	216	6	39	12
59	13	57	12	172	9	102	13	148	11	36	15	72	13	39	12
57	14	15	14	45	14	60	14	67	13	38	14	21	15	17	15
41	15	23	13	28	15	39	15	64	14	43	13	64	14	25	14

werden ausschließlich der für die Bildung der Rangfolge entscheidende durchschnittliche Rangplatz ($\bar{x}$R) und die durchschnittlichen EMG-Aktivitäten ($\bar{x}$EMG) aufgeführt. Darüber hinaus beschränken wir uns in den meisten Fällen auf die Darstellung der effektivsten drei bis acht Übungen, die an der Spitze der Übungsrangfolge stehen, und verzichten auf das Auflisten der zahlreichen Übungen auf den unteren Rangplätzen ebenso wie auf die Darstellung der erfolgten Signifikanzüberprüfungen.

5.4 Optimierung der Ausführung von Kraftübungen

Die Qualität der Übungsausführung spielt vor allem im Leistungssport eine wichtige Rolle, weil dort die optimale Gestaltung aller leistungsbestimmenden Faktoren entscheidend ist. Im Fitnesstraining und im Kraftleistungssport liegt die Bedeutung der Ausführungsqualität im optimalen, zeitsparenden Erreichen der Trainingsziele. Das Ausreizen aller Intensivierungs- und Optimierungsmöglichkeiten für Einsteiger in das Krafttraining ist nicht notwendig, weil in den ersten Monaten bei regelmäßigem Training in jedem Fall gute bis sehr gute Fortschritte erreicht werden. Nach einem längeren konsequenten Training verlangsamen sich die Fortschritte und es kann zu einer Leistungsstagnation kommen. Kraftsportler der Leistungsklasse, insbesondere Bodybuilder, haben deshalb ein breites Spektrum von leistungsfördernden Trainingsvarianten entwickelt, die dieser Gefahr entgegenwirken sollen (vgl. Abschn. 2.6 *Training für Fortgeschrittene und Leistungssportler*).

Ein hypertrophieorientiertes Fitnesstraining zeichnet sich dadurch aus, dass während eines Satzes (Serie) eine möglichst hohe Spannung möglichst lange auf den Muskel einwirkt. In der Praxis hat es sich als optimaler Kompromiss zwischen der Intensität (Spannungs-

höhe) und der Spannungsdauer herausgestellt, dass Widerstände in einem hohen Intensitätsbereich etwa 20–40 Sekunden bis zur Muskelerschöpfung überwunden werden. Nun gilt es, in diesem relativ engen Bereich durch die Auswahl der effektivsten Übungen (vgl. muskelspezifische Übungsranglisten in den entsprechenden Abschnitten der Kap. 7–10) und durch die Optimierung der Ausführungsqualität den besten Trainingseffekt zu erzielen. Im Rahmen der Aufstellung muskelspezifischer Übungsranglisten haben wir bereits eine ganze Reihe effektsteigernder Faktoren gefunden.

- Das bewältigbare **Gewicht** hat sich erwartungsgemäß als der wichtigste Faktor für die Aktivierung eines Muskels erwiesen.
- Die Möglichkeit einer guten **Fixierung** des Körpers erlaubt den Einsatz größerer Kräfte und erweist sich dadurch als intensitätssteigernder Faktor.
- Die genaue Berücksichtigung der **anatomischen Funktionen** eines Muskels erhöht in der Regel seine Aktivierung.

In unseren EMG-gestützten Untersuchungen zur **Optimierung der Ausführungsqualität** von Kraftübungen haben wir folgende Faktoren untersucht:

die Vordehnung des Muskels, die Variation der Bewegungsamplitude, Teilbewegungen in Dehnstellung des Muskels, die Variation der Ausführungsgeschwindigkeit, die Wirksamkeit von Endkontraktionen und die Kombination mehrerer Optimierungsfaktoren.

Vordehnung

Die Vordehnung beim Fitnesskrafttraining darf nicht mit der im Leistungssport üblichen Vordehnung bei reaktiv explosiven Bewegungen gleichgesetzt werden, die durch die Nutzung verschiedener neuromuskulärer Faktoren eine Leistungssteigerung bewirkt. Der Begriff der Vordehnung soll hier so verstanden werden, dass die kontrolliert und langsam ausgeführte Bewegung der Kraftübung bis in die Endstellung des gedehnten Muskels durchgeführt wird.

Dies bedeutet z. B. beim Latissimus-Ziehen eine komplette Streckung der Arme und das Ausnutzen der Beweglichkeit des Schultergürtels, beim Bizeps-Curl ebenfalls eine vollständige Streckung des Ellbogengelenks und beim Beinrückheben am Hüftpendel das Vor-hoch-Führen des Oberschenkels mindestens bis zur Waagerechten. Den Einfluss der Vordehnung auf die Muskelaktivierung zeigt das Beispiel der Übung Latissimus-Ziehen (vgl. Tab. 15, S. 100).

Die Ausführungsvarianten mit Vordehnung aktivieren bei der Mehrzahl der Übungen die Muskeln schwächer und weisen somit eine geringere Effektivität auf als «normale» Übungsausführungen ohne Vordehnung. Folgende Aktivie-rungsminderungen wurden gemessen: Latissimus-Ziehen minus 17 %, Bizeps-Curl im Sitz minus 14 %, Bizeps-Curl auf der Schrägbank minus 33 %, Beinrückheben am Hüftpendel minus 23 %. Bei der Übung Bankdrücken ergab die tiefe Ausführung mit Berührung der Brust durch die Hantel, also mit Vordehnung, im Vergleich mit einer nicht tiefen Ausführung mit etwa waagerechten Oberarmen keine wesentlichen Aktivierungsunterschiede des großen Brustmuskels.

Der in den meisten Fällen ermittelte Spannungsabfall der Muskulatur bei Vordehnung kommt dadurch zustande, dass bei vielen Kraftübungen in der Endstellung der Bewegung der Widerstand zunehmend vom passiven Bewegungsapparat (Bänder, Gelenkkapsel) übernommen wird. Damit fällt die Muskelspannung zwischen den Wiederholungen stark ab, und die gemessene durchschnittliche EMG-Aktivität sinkt. Die in der Praxis häufig geäußerte Forderung nach einer Übungsausführung über die gesamte Bewegungsamplitude führt also dann zu Nachteilen, wenn zwischen den Wiederholungen in Dehnstellung der Muskulatur (Vordehnung) die Muskelspannung reduziert wird. Dies widerspricht auch dem Trainingsgrundsatz der Dauerspannung (continuous tension), der das Aufrechthalten der Muskelspannung während des gesamten Bewegungsablaufes fordert. Darüber hinaus beinhaltet die Ausführung mit Vordehnung bei zahlreichen Übungen die Gefahr der Schädigung des Band-Kapsel-Apparates der

BREITER RÜCKENMUSKEL – ÜBUNG LATISSIMUS-ZIEHEN

Rang-platz	Abbildung	Vordehnung	$\bar{x}$R	$\bar{x}$EMG	Diff. [%]
1		Lat-Ziehen ohne Vordehnung	1,0	187	0
2		Lat-Ziehen mit Vordehnung	2,0	157	–17

Tab. 15: Vergleich von zwei Varianten der Übung Latissimus-Ziehen mit **Variation der Vordehnung** nach dem durchschnittlichen Rangplatz ($\bar{x}$R) und der durchschnittlichen EMG-Aktivität in µV ($\bar{x}$EMG); n=10

belasteten Gelenke, z. B. bei den Übungen Bankdrücken, Kniebeugen, Butterfly, Flys und Überzüge.

> Eine **Übungsausführung mit Vordehnung** mindert in der Regel die Aktivierung des Muskels und reduziert die Effektivität des Trainings.

Teilbewegungen (verkürzte Bewegungsamplitude)

Bei dem kompletten Bewegungsablauf einer Kraftübung empfindet der Trainierende nicht alle Abschnitte als gleich schwer. Aufgrund der sich verändernden Hebelverhältnisse ist in einigen Phasen der Bewegungen ein reduzierter Krafteinsatz notwendig.

Bei Zug- und Beugeübungen liegt der Bewegungsabschnitt mit dem reduzierten Krafteinsatz im ersten Teil der Gelenkbeugung. Dies ist z. B. bei der Übung Latissimus-Ziehen von der gestreckten Armposition bis zur ca. 90° Armbeugung und beim Bizeps-Curl beim ersten Teil der Armbeugung so.

Bei Druck- oder Stützübungen, wie z. B. bei den Übungen Bankdrücken,

100   OPTIMIERUNG DES KRAFTTRAININGS MIT HILFE VON EMG-MESSUNGEN

Stützbeugen, Beinpressen und Kniebeuge, liegt die erleichterte Bewegungsphase in großen Gelenkwinkelstellungen, bei der Annäherung an die Gelenkstreckung.

Wenn das Ziel die Steigerung der Trainingseffektivität ist, müssen die Bewegungsabschnitte mit reduziertem Krafteinsatz vermieden werden. Im Gegensatz dazu muss sich der Trainierende auf die Bewegungssegmente mit höherer Intensität beschränken, um die Dauer der intensiven Muskelspannung zu verlängern und somit die Effektivität des Trainings zu erhöhen. Der folgende Übungsvergleich klärt den Einfluss unterschiedlicher Bewegungsamplituden bei der Übung Latissimus-Ziehen (vgl. Tab. 16).

Die Ausführungsvarianten mit verkürzter Bewegungsamplitude und ausschließlicher Nutzung des intensiveren, «schwereren» Bewegungsabschnitts (Teilbewegungen) führen grundsätzlich zu deutlichen Aktivierungsvorteilen gegenüber der Normalausführung der Bewegung mit kompletter Bewegungsamplitude, weil die Spannung zwischen den Wiederholungen nicht so stark absinkt wie bei der vollen Bewegungsamplitude. Folgende Aktivierungsvorteile der Übungsvarianten mit Teilbewegungen

BREITER RÜCKENMUSKEL – ÜBUNG LATISSIMUS-ZIEHEN

Rang-platz	Abbildung	Bewegungsamplitude	$\overline{x}$R	$\overline{x}$EMG	Diff. [%]
1		Verkürzte Bewegungs-amplitude	1,0	242	+29
2		Komplette Bewegungs-amplitude	2,0	187	0

Tab. 16: Vergleich von zwei Varianten der Übung Lat-Ziehen mit Variation der Bewegungsamplitude nach dem durchschnittlichen Rangplatz ($\overline{x}$R) und der durchschnittlichen EMG-Aktivität in µV ($\overline{x}$EMG); n=10

wurden ermittelt: Latissimus-Ziehen plus 29 % und Beinrückheben am Hüftpendel plus 39 % (aus 180°-Stellung der Hüfte in die Überstreckung; es ist nur eine kleine Bewegungsamplitude möglich).

> Eine **Übungsausführung mit Teilbewegungen** (verkürzte Bewegungsamplitude) vermeidet den Bewegungsabschnitt mit reduziertem Krafteinsatz und dadurch das Absinken der Muskelaktivität zwischen den Wiederholungen. Sie verbessert die Trainingseffektivität deutlich.

Endkontraktion

Im Bodybuilding wird versucht, einen möglichst großen Muskelzuwachs zu erzielen, indem bei jeder Übung möglichst hohe Muskelspannungen erreicht werden, die über eine möglichst lange Zeit gehalten werden. Die so genannte Peak Contraction erzielt den erwünschten Spannungsgewinn durch eine zusätzlich isometrische Anspannung im höchsten Punkt der Muskelkontraktion.

Wir verstehen hier unter Endkontraktion eine oder mehrere «Nachkontraktionen» mit sehr kleinem Bewegungsausschlag in der Position des stärksten Krafteinsatzes (maximal kontrahierter Muskel). Der Einfluss von Endkontraktionen auf die Muskelaktivierung wird durch die folgenden Vergleichsmessungen geklärt (vgl. Tab. 17, S. 103):

Endkontraktionen stellen sich als hochwirksame Formen der Übungsausführung zur Intensivierung der Muskelaktivität heraus. Die Aktivierungsvorteile durch vier Endkontraktionen liegen zwischen 16 % für den oberen Teil des geraden Bauchmuskels bei der Übung Crunch und 60 % für den breiten Rückenmuskel bei der Übung Latissimus-Ziehen. Der Aktivierungsgewinn durch die Endkontraktion stellt sich jedoch nicht bei jeder Übung in gleicher Weise ein. Bei der herkömmlichen Aus-

BREITER RÜCKENMUSKEL – ÜBUNG LATISSIMUS-ZIEHEN

Abbildung	Endkontraktion (EK)	$\bar{x}$R	$\bar{x}$EMG	Diff. [%]
	mit 4 Endkontraktionen	1,0	300	+60
	mit 1 Endkontraktion	2,0	241	+29
	ohne Endkontraktionen	3,0	187	0

GERADER BAUCHMUSKEL, OBERER ANTEIL – ÜBUNG CRUNCH

	mit 4 Endkontraktionen	1,1	884	+16
	ohne Endkontraktionen	1,9	763	0

GROSSER GESÄSSMUSKEL – ÜBUNG BEINRÜCKHEBEN AM HÜFTPENDEL

	mit 4 Endkontraktionen	1,1	172	+40
	mit 1 Endkontraktion	1,8	135	+10
	ohne Endkontraktionen	2,8	123	0

Tab. 17: Vergleich von drei Übungen mit **Variation der Endkontraktion** nach dem durchschnittlichen Rangplatz ($\bar{x}$R) und der durchschnittlichen EMG-Aktivität in µV ($\bar{x}$EMG); n=10

führung der Übung Bizeps-Curl führen vier Endkontraktionen nur zu einer geringen zusätzlichen Aktivierung des M. biceps brachii (5 %), weil sich bei stark gebeugtem Ellbogengelenk der Lastarm (Hebellänge) verkürzt und der Muskel dadurch weniger stark arbeiten muss (Bild S. 102 links). Dieser Nachteil kann durch ein Vorbeugen des Oberkörpers und ein Abspreizen des Oberschenkels und des Oberarms vermieden werden, wodurch bei maximal kontrahiertem Bizeps der Unterarm annähernd waagerecht ist und der lange Hebelarm den höchsten Krafteinsatz erfordert (Bild S. 102 rechts).

OPTIMIERUNG DER AUSFÜHRUNG VON KRAFTÜBUNGEN **103**

Bei Druck- und Streckbewegungen, z. B. bei der Übung Bankdrücken, ist der Muskel bei Streckung der Arme am stärksten verkürzt, und zusätzliche Endkontraktionen wie bei Zugübungen sind nicht möglich. In diesen Fällen kann eine zusätzliche isometrische Muskelanspannung (Peak Contraction) einen Aktivierungsgewinn erreichen. Das Bankdrücken mit isometrischer Zusatzkontraktion bei nicht ganz durchgestreckten Armen (statische Adduktionsbewegung nach innen, als ob die Hände zusammengeführt werden sollen) erzielt eine um 15 % höhere Muskelaktivierung als die Normalausführung.

> Eine **Übungsausführung mit mehrfachen Endkontraktionen** erreicht vor allem bei Zug- und Beugebewegungen eine wesentlich höhere Muskelaktivierung und ist eine sehr wirksame Variante zur Effektivierung des Trainings.

Der Vorteil von Endkontraktionen liegt in der Tatsache, dass die Muskelspannung während der mehrfachen Endkontraktionen im Punkt des höchsten Krafteinsatzes (maximale Kontraktion) länger aufrechterhalten wird. Bei einer normalen Übungsausführung dagegen wird der Punkt der höchsten Muskelaktivierung nur einmal kurzzeitig erreicht und die Aktivierungsintensität des Muskels fällt anschließend sofort wieder deutlich ab. Bei dem Einsatz von End-

kontraktionen ist die durchschnittliche Aktivierung des Muskels umso höher, je öfter endkontrahiert wird. In der Praxis haben sich Varianten mit 3–5 Endkontraktionen pro Wiederholung bewährt.

Eine Übungsausführung mit vier Endkontraktionen erlaubt im Vergleich mit der Normalausführung bei gleicher Gewichtsbelastung nur ca. 60–65 % der Anzahl an Wiederholungen. Dennoch ist die Gesamtzeit eines Satzes (Serie) in beiden Fällen annähernd gleich lang, weil eine Wiederholung mit vier Endkontraktionen längere Zeit in Anspruch nimmt als eine normale Wiederholung. Die durchschnittliche EMG-Aktivität ist jedoch bei der Übungsausführung mit Endkontraktionen wesentlich höher.

Teilbewegungen in Dehnstellung des Muskels

Bei Druck- und Streckbewegungen sind Endkontraktionen nicht sinnvoll. Die Bewegungsphase, die hier den größten Krafteinsatz erfordert, ist durch die Dehnstellung des Muskels charakterisiert. Was bei Zug- und Beugebewegungen die Endkontraktionen darstellen, sind bei Druck- und Streckbewegungen kurze Teilbewegungen in Dehnposition des Muskels. Die folgenden Vergleichsmessungen zeigen den Einfluss von Teilbewegungen in Dehnstellung auf die Muskelaktivierung. In der Übungsausführung erfolgten zunächst Teilbewegungen in Dehnposition, dann wurde ein vollständiger Bewegungsablauf angeschlossen.

GROSSER BRUSTMUSKEL, MITTLERER ANTEIL – ÜBUNG FLIEGENDE BEWEGUNGEN (FLYS)

Abbildung	Mit bzw. ohne Teil-bewegungen in Dehnposition	x̄R	x̄EMG	Diff. [%]
	mit 3 Teilbewegungen	1,1	546	+38
	komplette Bewegung ohne Teilbewegungen	1,9	395	0

GROSSER BRUSTMUSKEL, MITTLERER ANTEIL – ÜBUNG BANKDRÜCKEN MIT DER LANGHANTEL

	mit 3 Teilbewegungen	1,4	423	+5
	komplette Bewegung ohne Teilbewegungen	1,6	403	0

GROSSER GESÄSSMUSKEL – ÜBUNG BEINPRESSEN

	mit 3 Teilbewegungen	1,2	117	+16
	komplette Bewegung ohne Teilbewegungen	1,8	101	0

DREIKÖPFIGER OBERARMMUSKEL, SEITLICHER ANTEIL – ÜBUNG TRIZEPSDRÜCKEN IM LIEGEN MIT SZ-HANTEL

	mit 3 Teilbewegungen	1,0	457	+16
	komplette Bewegung ohne Teilbewegungen	2,0	393	0

ZWEIKÖPFIGER OBERARMMUSKEL, LANGER KOPF – ÜBUNG SCOTT-CURL

	mit 3 Teilbewegungen	1,0	961	+26
	komplette Bewegung ohne Teilbewegungen	2,0	765	0

Tab. 18: Vergleich von fünf Übungen **mit und ohne Teilbewegungen in Dehnstellung** nach dem durchschnittlichen Rangplatz (x̄R) und der durchschnittlichen EMG-Aktivität in µV (x̄EMG); n=10

Teilbewegungen in Dehnstellung erhöhen die Aktivierung des Muskels und erweisen sich als wirkungsvolle Variante zur Optimierung der Übungsausführung, vor allem bei Druck- und Streckbewegungen, bei denen eine Intensivierung durch Endkontraktionen nicht möglich ist. Bei einigen wenigen Beugebewegungen, wie z. B. beim Scott-Curl sind aufgrund der Ausgangsstellung und des Arbeitsweges Teilbewegungen in Dehnstellung wesentlich effektiver als Endkontraktionen. Die Teilbewegungen in Dehnposition werden hier mit nahezu waagerechten Unterarmen (optimal langer Hebelarm) durchgeführt, während bei vollständiger Beugung der Arme die Unterarme fast senkrecht stehen und der Hebelarm deshalb gegen null geht.

Der Aktivierungsvorteil von Teilbewegungen in Dehnposition wird durch die Phase der erhöhten Spannung in Dehnstellung erreicht, die im Vergleich zur normalen Bewegungsausführung verlängert ist. Der Aktivierungsgewinn dieser Ausführungsvariante variiert von Übung zu Übung und fällt insgesamt etwas geringer aus als der Vorteil durch Endkontraktionen (vgl. Tab. 18, S. 105).

> Eine **Übungsausführung mit mehrfachen Teilbewegungen in Dehnstellung** erzielt vor allem bei Druck- und Streckbewegungen eine stärkere Aktivierung des Muskels und trägt damit zur Effektivierung des Trainings bei.

Verlangsamung der Ausführungsgeschwindigkeit

Für das Muskelwachstum sind die Spannungshöhe und die Zeitdauer verantwortlich, während der die hohe Spannung auf den Muskel einwirkt. Die Spannungshöhe ist vom Gewicht abhängig und die Dauer ganz wesentlich von der Bewegungsgeschwindigkeit, mit der die Wiederholungen ausgeführt werden. In der Praxis wird die Leistungsfähigkeit häufig daran bemessen, wie viele Wiederholungen mit einem Gewicht bewältigt werden. Das Ziel, möglichst viele Wiederholungen zu schaffen, verleitet zu einer Beschleunigung der Bewegungsausführung. Dabei wird eine große Muskelspannung während jeder Wiederholung nur kurzzeitig aufrechterhalten, der Schwung genutzt und dadurch eine größere Anzahl von Wiederholungen erreicht.

Dem Fehler, mit Schwung zu arbeiten, wird dadurch begegnet, dass nahezu alle Empfehlungen eine langsame, kontinuierliche, «besonnene», mittlere, kontrollierte oder gleichmäßige Ausführungsgeschwindigkeit vorschlagen. Die Zeitangaben schwanken zwischen 4–5, 7–10 und 15–20 Sekunden für eine komplette Wiederholung, wobei in den meisten Fällen eine exakte Zeitaufteilung für die konzentrische, die statische und die exzentrische Phase angegeben wird. Insgesamt werden also langsame Ausführungsgeschwindigkeiten vorgeschlagen.

Eine Überprüfung der Ausführung mit Variation der Bewegungsgeschwindigkeit mit Hilfe der EMG-Technik erbrachte folgendes Ergebnis, exemplarisch dargestellt am Beispiel des breiten Rückenmuskels durch die Übung Latissimus-Ziehen (vgl. Tab. 19).

Die gemessenen Bewegungsgeschwindigkeiten unterscheiden sich hinsichtlich der Muskelaktivierung nur geringfügig, wobei die dargestellte Reihenfolge der Geschwindigkeiten bei unterschiedlichen Muskeln und verschiedenen Übungen gleich bleibt. Je langsamer die Bewegung ausgeführt wird, desto geringer fällt die durchschnittliche Muskelaktivierung aus.

Das Ergebnis bedeutet jedoch keinesfalls, dass eine langsame oder sehr langsame Bewegungsgeschwindigkeit generell weniger effektiv ist, als eine zügige. Bei der Betrachtung einer kompletten Wiederholung stellten wir fest, dass die längste Zeitspanne in Bewegungsabschnitten abläuft, die einen geringen Kraftaufwand erfordern und somit eine geringere Muskelaktivierung hervorrufen. Dies ist der erste Abschnitt der konzentrischen Phase, bei der Übung Lat-Ziehen der Beginn der Armbeugung bis zu einem Ellbogenwinkel

von etwa 90°, und der letzte Abschnitt der exzentrischen Bewegungsphase, beim Lat-Ziehen der Bewegungsabschnitt von der 90° Armbeugung bis zur nahezu vollständigen Armstreckung. Diesen beiden hinsichtlich der Muskelaktivierung relativ unwirksamen Bewegungsphasen, die bei einem sehr langsamen Bewegungstempo zeitlich gedehnt werden, steht die wirksame Phase mit dem größten Krafteinsatz und einer hohen Muskelaktivierung entgegen, die insgesamt eine kürzere Zeitspanne in Anspruch nimmt. Eine Verlangsamung des gesamten Bewegungsablaufes führt also zu einer überproportionalen Berücksichtigung unwirksamer Bewe-

> Eine **Reduzierung der Ausführungsgeschwindigkeit** ist dann effektivitätssteigernd, wenn nur Teilbewegungen mit verkürzter Bewegungsamplitude ausgeführt werden. Die Teilbewegungen beinhalten nur die Bewegungsphasen mit hoher Muskelspannung, während die Bewegungsabschnitte mit geringerer Muskelspannung weggelassen werden.

BREITER RÜCKENMUSKEL – ÜBUNG LATISSIMUS-ZIEHEN

Rangplatz	Ausführungsgeschwindigkeit	x̄R	x̄EMG	Diff. [%]
1	zügig	1,7	189	+1
2	normal	1,9	187	0
3	langsam	3,0	178	−5
4	sehr langsam	3,5	171	−9

Tab. 19: Vergleich von vier Varianten der Übung Lat-Ziehen mit **Variation der Ausführungsgeschwindigkeit** nach dem durchschnittlichen Rangplatz (x̄R) und der durchschnittlichen EMG-Aktivität in µV (x̄EMG); n=10

gungsabschnitte. Das Weglassen dieser wenig effektiven Bewegungsphasen, eine Beschränkung des Bewegungsablaufs auf die hochwirksamen Phasen und eine zusätzliche Verlangsamung der Bewegung führen dazu, dass die hohe Muskelspannung sehr lange auf den Muskel einwirkt. Auf diese Weise kann die empfohlene langsame Bewegungsgeschwindigkeit optimal genutzt werden.

Kombination mehrerer Optimierungsfaktoren

Einzelne der dargestellten Faktoren zur Optimierung der Übungsausführung lassen sich miteinander kombinieren, um die Effektivität des Trainings zusätzlich zu erhöhen. Eine Verknüpfung von Teilbewegungen und Endkontraktionen bei den Übungen Latissimus-Ziehen und Beinrückheben am Hüftpendel erbrachte folgende Ergebnisse (vgl. Tab. 20 und 21, S. 109):

Die Kombination von Teilbewegungen mit Endkontraktionen erweist sich als eine hervorragende Möglichkeit, die Aktivierung der Muskeln zu erhöhen. Bei einer Kopplung von Teilbewegungen mit vier Endkontraktionen wird der breite Rückenmuskel beim Latissimus-Ziehen um 75 % stärker aktiviert als bei der Normalausführung und der große Gesäßmuskel bei der Übung Beinrückheben am Hüftpendel um 61 %. Die ausgezeichneten Möglichkeiten, die durchschnittliche Muskelspannung erheblich zu erhöhen, können von Fortgeschrittenen und Leistungssportlern für eine sehr wirkungsvolle Intensivierung des Trainings genutzt werden.

> Eine **Kopplung mehrerer Faktoren zur Ausführungsoptimierung** von Kraftübungen, z. B. Teilbewegungen und Endkontraktionen, ist eine hervorragende Möglichkeit, sehr hohe Aktivierungsvorteile zu erzielen. Die Intensität und die Effektivität des Trainings lassen sich dadurch enorm steigern.

Rang-platz	Ausführungsvarianten	$\bar{x}$R	$\bar{x}$EMG	Diff. [%]
BREITER RÜCKENMUSKEL– ÜBUNG LATISSIMUS-ZIEHEN				
1	Teilbewegungen plus 4 Endkontraktionen	1,1	328	+75
2	4 Endkontraktionen	2,2	300	+60
3	Teilbewegungen plus 1 Endkontraktion	3,1	267	+43
4	1 Endkontraktion	4,1	241	+29
5	Teilbewegungen	4,4	242	+29
6	Normalausführung	5,9	187	0

Tab. 20: Vergleich von **Ausführungsvarianten** der Übung Lat-Ziehen nach dem durchschnittlichen Rangplatz ($\bar{x}$R) und der durchschnittlichen EMG-Aktivität in µV ($\bar{x}$EMG); n=10

Statisches Training

Die Mehrzahl der beschriebenen Kriterien zur Optimierung der Ausführungsqualität, die mit Hilfe von EMG-Messungen überprüft wurden, zeigen als Charakteristik eine Annäherung der Bewegung an isometrische Kontraktionen. Dies gilt für die folgenden vier Optimierungsfaktoren:

1. Teilbewegungen (verkürzte Bewegungsamplitude)
2. Reduzierung der Bewegungsgeschwindigkeit in den Bewegungsphasen mit starkem Krafteinsatz
3. Mehrfache Endkontraktionen
4. Teilbewegungen in Dehnposition des Muskels

Die Optimierungskriterien 1–3 ähneln «quasi isometrischen» Kontraktionen in der Nähe der Endstellung der Bewegung bei maximal verkürztem (kontrahiertem) Muskel. Der 4. Optimierungsfaktor nutzt die Vorteile nahezu isometrischer Kontraktionen in Dehnposition des Muskels (z. B. fliegende Bewegungen mit Kurzhanteln in Rückenlage mit ausgebreiteten Armen).

Statische Übungen mit intensiven isometrischen Kontraktionen nehmen im Rahmen der EMG-gestützten Übungsranglisten stets Spitzenplätze ein. Der Grund dafür liegt hauptsächlich in der unterschiedlichen Intensität zwischen statischen und dynamischen Übungen. Die Übungen mit isometrischer Kontraktion wurden häufig mit nahezu maximaler Intensität ausgeführt, während alle dynamischen Übungen submaximale Zusatzgewichte benutzten, die 12 Wiederholungen ermöglichten. Darüber hinaus wurden die isometrischen Kontraktionen häufig in Endstellungen der Bewegung eingesetzt, in denen der Muskel maximal verkürzt ist, bzw. bei maximal langem Hebelarm. Wenn die Höhe der Muskelspannung und ihre Dauer für das Muskelwachstum ausschlaggebend sind, müsste eine isometrische Spannung ca. 20–45 Sekunden (die Dauer eines Satzes) aufrechterhalten werden.

Rang-platz	Ausführungsvarianten	$\bar{x}$R	$\bar{x}$EMG	Diff. [%]
	GROSSER GESÄSSMUSKEL – ÜBUNG BEINRÜCKHEBEN AM HÜFTPENDEL			
1	Teilbewegungen plus 4 Endkontraktionen	2,1	199	+61
2	Teilbewegungen plus 1 Endkontraktion	2,6	175	+42
3	Teilbewegungen	2,9	171	+40
4	4 Endkontraktionen	3,0	172	+40
5	1 Endkontraktion	4,4	135	+10
6	Normalausführung	5,7	123	0

Tab. 21: Vergleich von **Ausführungsvarianten** der Übung Beinrückheben am Hüftpendel nach dem durchschnittlichen Rangplatz ($\bar{x}$R) und der durchschnittlichen EMG-Aktivität in µV ($\bar{x}$EMG); n=10

In diesem Fall würde der Satz gewissermaßen aus einer ununterbrochenen Folge von Endkontraktionen bis zur Muskelermüdung bestehen. Ein derartiges Training dürfte einen hochintensiven Trainingsreiz darstellen und sehr effektiv sein.

Aus dem Bodybuilding ist bekannt, dass isometrisches Training gute Hypertrophieeffekte bewirkt. Allerdings wird ein statisches Training selten über längere Zeiträume konsequent durchgehalten, weil die psychische Belastung sehr hoch ist und es schwierig ist, immer wieder mit maximaler Intensität gegen unüberwindliche Widerstände zu arbeiten. Ein hochintensives sportliches Training ohne jede Bewegung wird häufig zu einem Training ohne Spaß und Freude. Darüber hinaus fehlt bei einem statischen Training die dynamisch-koordinative Komponente. Deshalb empfehlen wir, die Vorteile «quasi isometrischer» und rein isometrischer Kontraktionen zu nutzen und diese durch dynamische Übungswiederholungen zu ergänzen, die gleichzeitig die notwendige psychische Entlastung bieten und die dynamisch-koordinative Komponente in ausreichendem Maße berücksichtigen. In der Praxis bietet sich an, entweder ein rein isometrisches Training mit einer Folge von Endkontraktionen durchzuführen oder eine statische bzw. annähernd statische Übungsausführung mit einer dynamischen zu kombinieren. Dabei kann eine einzelne Wiederholung z. B. aus vier fast isometrischen Endkontraktionen bestehen, an die sich ein vollständiger Bewegungsablauf oder eine Teilwiederholung anschließt. Die variablen Möglichkeiten, unterschiedliche Ausführungsvarianten von Kraftübungen zu mischen, stellen ein sehr flexibles Trainingssystem dar. Je nach Leistungsstand und Trainingsziel können entweder die isometrischen Ausführungsvarianten mit durchgängig hoher Muskelspannung oder die dynamischen Varianten mit wechselnder Muskelaktivierung betont werden.

Die größten Vorteile für die Aktivierung des Muskels bei der Ausführung von Kraftübungen werden durch eine **Annäherung der Bewegung an isometrische Kontraktionen** erzielt. Die stärkste Muskelaktivierung wird dabei mit einem statischen Training mit einer Folge von Endkontraktionen erreicht. In der Praxis ist aus Gründen der Motivation und der Koordinationsschulung eine variable Mischung aus statischen und dynamischen Ausführungsvarianten zu empfehlen.

5.5 Grundsätze zur Optimierung des Krafttrainings

Im Rahmen der Erstellung der Übungsranglisten für die wichtigen krafttrainingsrelevanten Muskeln (vgl. die Abschnitte in den Kap. 7–10) und der Überprüfung der Kriterien, die einen Beitrag zur Optimierung der Übungsausführung leisten (vgl. Abschn. 5.4 *Optimierung der Ausführung von Kraftübungen*), wurden die Kenntnisse über die Zusammenhänge zwischen den Kraftübungen und der Muskelaktivierung wesentlich verbessert. Auf der Basis der vorhandenen Daten ist es möglich, allgemeine Grundsätze und Regeln zu formulieren, deren Beachtung eine Steigerung der Aktivierung des Muskels bewirkt. Eine höhere Muskelaktivierung bedeutet eine höhere Muskelspannung, eine stärkere Kraftentwicklung und somit einen intensiveren Trainingsreiz. Einschränkend muss beachtet werden, dass eine derartige Intensivierung des Trainings eine hohe Belastung darstellt und auch subjektiv als sehr anstrengend empfunden wird. Es ist nicht für Anfänger und Gelegenheitstrainierende geeignet, die mit einem regelmäßigen, «normalen» Training bereits sehr gute Fortschritte erzielen. Fortgeschrittene und Leistungssportler mit längerer Trainingserfahrung und einem guten Leistungsniveau können dagegen von

---

Grundsätze zur optimalen Nutzung des Gewichts / Widerstands

1. Das **Gewicht** hat entscheidende Bedeutung. Je höher der Widerstand, desto stärker wird der Muskel aktiviert. Der Grundsatz der Optimierung des Gewichteinsatzes kann als übergeordnetes Prinzip angesehen werden, weil auch die Beachtung funktionell-anatomischer Gesichtspunkte und die Faktoren zur Optimierung der Übungsausführung letztlich darauf beruhen, dass ein höherer Widerstand erzeugt wird, der den Muskel zu einer stärkeren Kontraktion zwingt. Das Gewicht bzw. der Widerstand manifestiert sich in zahlreichen Erscheinungsformen.

2. **Supramaximale Widerstände** sind bei nachgebenden (negativen) Übungsausführungen möglich und erzeugen die höchsten Muskelspannungen.
   Beispiel: Übung Konzentrations-Curl exzentrisch mit 120 % Gewicht.

3. Die **Hebellänge (Lastarm)** hat großen Einfluss auf die Aktivierung des Muskels.
   Beispiel: Übung Crunch mit nach hinten gestreckten, langen Armen (langer Lastarm = stärkere Muskelspannung) oder mit nach vorn gestreckten Armen (kurzer Lastarm = geringere Muskelspannung).

4. Eine gute **Stabilisierung des Körpers** oder von Körperteilen ermöglicht die Bewältigung größerer Lasten.
   Beispiel: Mit der Übung Beinpressen an der Maschine wird der vierköpfige Oberschenkelmuskel am stärksten aktiviert, weil der Körper in der Maschine optimal fixiert ist.

diesen Optimierungsgrundsätzen sehr profitieren und ihrem Training einen wichtigen leistungsfördernden Impuls verleihen.

Die Grundsätze zur Optimierung des Krafttrainings werden in drei Kategorien eingeteilt: Grundsätze zur optimalen Nutzung des Gewichts bzw. des Widerstands, funktionell-anatomische Optimierungsfaktoren und die Optimierungsfaktoren der Übungsausführung.

Funktionell-anatomische Optimierungsfaktoren

Fast alle Muskeln erfüllen nicht nur eine, sondern mehrere Funktionen: Beugen oder Strecken, Heranziehen oder Abspreizen, Innen- oder Außenrotation, Ante- oder Retroversion. Die Beachtung möglichst aller anatomischen Funktionen und der optimalen Arbeitswinkel eines Muskels leistet einen wichtigen Beitrag zur Optimierung des Trainings.

1. Bei **eingelenkigen Muskeln** erhöht die Beachtung **aller anatomischen Funktionen** die Aktivierung des Muskels.
   Beispiel: Die Übung Kabelziehen über Kreuz mit Innenrotation vereint alle wichtigen Funktionen des großen Brustmuskels, die Adduktion und Anteversion des Armes sowie die Innenrotation.
2. Bei **mehrgelenkigen Muskeln** muss der Einfluss des Muskels auf **alle beteiligten Gelenke** berücksichtigt werden.
   Beispiel: Die Übung Beckenlift berücksichtigt alle drei Funktionen der ischiocruralen Muskulatur: Beugung des Kniegelenks (isometrische Kontraktion), Streckung des Hüftgelenks durch das Anheben des Beckens und Aufrichten des Beckens durch das maximale Beugen des Spielbeins im Hüftgelenk.

3. Der Beachtung der **Beckenposition**, Becken kippen oder Becken aufrichten, kommt bei allen «beckenrelevanten» Muskeln große Bedeutung zu. Die Beckenposition wird bei der Übungsausführung häufig vernachlässigt.
   Beispiel: Übung Beckenlift (vgl. Punkt 2 und Übungsbeschreibung auf S. 290)
4. Die Berücksichtigung der **anatomisch optimalen Arbeitswinkel** eines Muskels erhöht dessen Aktivierung.
   Beispiel: Die Übung Reverse-Flys aktiviert den mittleren Teil des Kapuzenmuskels nur dann optimal, wenn die Oberarme 90° vom Körper abgespreizt werden.

Optimierungsfaktoren der Übungsausführung

Bei der Optimierung der Ausführung von Kraftübungen für Fortgeschrittene geht es darum, eine möglichst hohe Spannung möglichst lange auf den Muskel einwirken zu lassen. Das gleichzeitige Optimieren beider Faktoren gelingt – neben der Berücksichtigung eines hohen Gewichts und der optimalen Nutzung der anatomisch-funktionellen Möglichkeiten des Muskels – vor allem durch das Vermeiden der Bewegungsabschnitte mit geringer Muskelaktivierung und die vorwiegende Nutzung der Bewegungsphasen mit hoher Muskelaktivierung. Da der Muskel bei maximaler Verkürzung am stärksten aktiviert wird, muss versucht werden, möglichst nahe an dieser «Gipfelkontraktion» zu bleiben, sie möglicherweise durch willkürliche isometrische Zusatzkontraktion zu intensivieren und diese maximale Spannung möglichst lange zu halten. Im Gegensatz zu Beugeübungen (z. B. Latissimus-Ziehen) liegen die Bewegungsabschnitte mit der stärksten Muskelaktivierung bei Streckübungen in der Dehnposition des Muskels (z. B. Bankdrücken, Beinpressen). In diesen Fällen sind Teilbewegungen in Dehnposition des Muskels der anzustrebende Optimierungsbereich. Folgende Maßnahmen führen zu einer Optimierung der Übungsausführung:

1. **Teilbewegungen** mit einer verkürzten Bewegungsamplitude vermeiden die Bewegungsabschnitte mit geringer Muskelaktivierung und nutzen ausschließlich die Bewegungsphasen mit hoher Muskelaktivierung.
   Beispiel: Die Übung Lat-Ziehen erzielt durch eine Übungsausführung, bei der die Arme nur bis 90° gestreckt werden, eine um ca. 30 % intensivere Aktivierung des breiten Rückenmuskels.

2. **Mehrfache Endkontraktionen** bewirken vor allem bei Zug- und Beugebewegungen einen enormen Anstieg der durchschnittlichen Muskelaktivierung.
   Beispiel: Der breite Rückenmuskel wird bei der Übung Lat-Ziehen durch vier Endkontraktionen um ca. 60 % stärker aktiviert als bei einer normalen Übungsausführung.

3. **Teilbewegungen in Dehnposition des Muskels** sind dann zu empfehlen, wenn Endkontraktionen nicht sinnvoll sind, z. B. bei Kniebeugeübungen oder beim Bankdrücken. Beispiel: Der große Brustmuskel wird bei der Übung fliegende Bewegungen (Flys) mit Kurzhanteln um ca. 40 % stärker aktiviert, wenn vor dem Zusammenführen der Arme drei Teilbewegungen in Dehnposition vorgeschaltet werden.

4. Eine **Verlangsamung der Ausführungsgeschwindigkeit** ist nur in Verbindung mit Teilbewegungen effektiv, weil in diesem Fall nur die Bewegungsabschnitte mit hoher Muskelspannung verlängert werden.
   Beispiel: Die Übung Lat-Ziehen mit Teilbewegungen in «Zeitlupe».

5. Die **Kombination von Teilbewegungen und Endkontraktionen** hat sich als eine sehr effektive Möglichkeit zur Steigerung der Intensität erwiesen.
   Beispiel: Die Übung Lat-Ziehen mit Teilbewegungen und vier Endkontraktionen erreicht eine um ca. 75 % höhere Aktivierung des breiten Rückenmuskels als die Normalausführung.

6. **Isometrisches Training** mit einer Folge von Endkontraktionen ist eine sehr gute Möglichkeit zur Steigerung der durchschnittlichen Muskelaktivierung. Die fehlende dynamische Koordination und die hohe psychische Belastung machen jedoch eine Koppelung mit einer kompletten dynamischen Bewegungsausführung empfehlenswert.

Intensitätssteigernde und intensitätsreduzierende Faktoren der Übungsausführung im Überblick

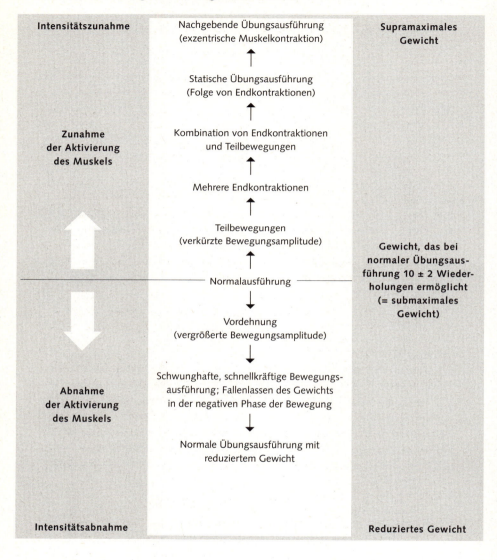

5.6 EMG-optimiertes Krafttraining versus herkömmliches Krafttraining

Zahlreiche Faktoren, die den Muskel beim Fitnesskrafttraining verstärkt aktivieren, sind in den vorangegangenen Abschnitten detailliert dargestellt worden, und ihre Wirksamkeit konnte durch empirische Untersuchungen belegt werden. Die effektivsten Übungen für die einzelnen Muskeln sind jetzt ebenso bekannt wie sehr wirksame Maßnahmen, diese Top-Übungen effektivitätssteigernd durchzuführen. Ein hohes EMG-Signal bzw. den Muskel intensiv zu aktivieren ist jedoch nur dann sinnvoll, wenn sich dies auch in einer Optimierung der Trainingseffekte ausdrückt. Es wurden deshalb in mehreren Trainingsexperimenten Vergleiche zwischen einem auf der Basis von EMG-Messungen optimierten Krafttraining und einem intensiven herkömmlichen Krafttraining durchgeführt.

In der ersten Studie wurden Faktoren zur Optimierung der Ausführungsqualität überprüft: Übungsdurchführung mit Endkontraktionen versus Durchführung ohne Endkontraktionen sowie Übungsdurchführung mit Teilbewegungen in Dehnstellung des Muskels versus Durchführung ohne Teilbewegungen. Die Frage war, ob die Ausführungsvarianten mit Endkontraktionen (Lat-Ziehen) und Teilbewegungen in Dehnstellung des Muskels (Bankdrücken und Beinpressen), die zu einer höheren Aktivierung führen, auch effektiver sind und größere Krafteffekte mit sich bringen.

An der Untersuchung nahmen 26 krafttrainierte Sportstudenten teil, die bereits mindestens über zwölf Monate ein regelmäßiges Krafttraining zweimal wöchentlich betrieben hatten. Die Kontrollgruppe bestand aus zehn Sportstudenten. Der Trainingszeitraum umfasste sechs Wochen mit wöchentlich drei Trainingseinheiten. Das Trainingsprogramm bestand aus drei Übungen mit jeweils vier Sätzen zu acht bis zwölf Wiederholungen bis zur Muskelermüdung.

ZUNAHME DER KRAFTAUSDAUERWERTE				
Gruppe	n	Bankdrücken $\overline{x} \pm s$	Beinpressen $\overline{x} \pm s$	Lat-Ziehen $\overline{x} \pm s$
Traditionell	13	31,0 ± 24,7	60,2 ± 21,6	47,8 ± 23,6
Optimiert	13	51,0 ± 35,1	123,4 ± 56,8	68,8 ± 24,2
Kontroll	10	4,5 ± 14,6	25,0 ± 17,6	5,4 ± 11,2

Tab. 21: Zunahme der Kraftausdauerwerte in Prozent ($\overline{x}$ = Mittelwert, s = Standardabweichung) bei zwei verschiedenen Trainingsgruppen und einer Kontrollgruppe nach einem sechswöchigen Krafttraining

Die traditionelle Trainingsgruppe führte die Serie bis zur letztmöglichen Wiederholung in der üblichen Bewegungsausführung durch, die optimierte Gruppe absolvierte das gleiche Training mit Endkontraktionen bei der Übung Lat-Ziehen bzw. Teilbewegungen in Dehnstellung des Muskels bei den Übungen Bankdrücken und Beinpressen.

Die Untersuchungsergebnisse zeigen, dass die optimierte Trainingsgruppe bei allen drei Übungen deutlich größere Gewinne bei der Kraftausdauer erzielt hat (vgl. Tab. 21, S. 115).

In einer zweiten Studie wurden noch weitere Aspekte untersucht: die Höhe des Widerstands und die Übungsauswahl. Als Trainingsübungen wurden hierfür der Konzentrations-Curl für den Bizeps mit supramaximalen Widerständen (sehr hohes EMG-Signal) versus submaximalen Widerständen (= hohes EMG-Signal) und für den großen Brust-muskel das horizontale Bankdrücken (hohes EMG-Signal) versus fliegende Bewegungen (Flys) mit Kurzhanteln (mittleres EMG-Signal) gewählt. Nach einem Trainingszeitraum von 15 Trainingseinheiten zeigten sich deutlich höhere Kraftgewinne in der Maximalkraft und Kraftausdauer für die Trainingsgruppe, die die Übungen mit der höheren EMG-Aktivität durchgeführt hatte, also den Bizeps-Curl mit supramaximalen Lasten bzw. das horizontale Bankdrücken.

> Unsere Untersuchungen haben gezeigt, dass die **Übungen bzw. Ausführungsvarianten mit stärkerer Aktivierung des Muskels** auch zu größeren Trainingseffekten bei der Maximalkraft und der Kraftausdauer führen.

6 Anatomisch-funktionelle Begriffserklärungen und Muskelfunktionstabellen

6.1 Begriffserklärungen

M.	Musculus – Muskel
Mm.	Musculi – mehrere Muskeln
Flexion	Beugung
Extension	Streckung
Anteversion	Vorbringen des Arms
Retroversion	Armrückführung
Abduktion	Arm oder Bein seitlich vom Körper abspreizen
Adduktion	Arm oder Bein zum Körper heranziehen
Innenrotation	Arm oder Bein dreht nach innen
Außenrotation	Arm oder Bein dreht nach außen
Supination	Handfläche zeigt nach oben («Suppe löffeln») bzw. Fußinnenrand wird angehoben
Pronation	Handaußenfläche zeigt nach oben («Brot schneiden») bzw. Fußaußenkante wird angehoben
Plantarflexion	Fuß strecken (senken) – Fußspitze zeigt nach unten
Dorsalflexion	Fuß heben
Radialabduktion	Hand Richtung Daumenseite abknicken
Ulnarabduktion	Hand Richtung Kleinfingerseite abknicken
cervical	die Halswirbelsäule betreffend
thoracal	die Brustwirbelsäule betreffend
lumbal	die Lendenwirbelsäule betreffend

Lordose	konvexe Krümmung der Hals- bzw. der Lendenwirbelsäule (Hohlkreuz)
Kyphose	konkave Krümmung der Brustwirbelsäule (runder Rücken)
statisch	isometrisch – haltend – ohne Bewegung
dynamisch	bewegend – mit Bewegung
dynamisch konzentrisch	positiv – überwindend – Muskulatur zieht sich zusammen (verkürzt sich entsprechend der Muskelfunktion)
dynamisch exzentrisch	negativ – nachgebend – Muskulatur wird trotz Kontraktion gedehnt, Muskel wird länger (Bewegung entgegen der Muskelfunktion)
Kammgriff	Supinationsgriff – Unterhandgriff – Handfläche zeigt nach oben
Ristgriff	Pronationsgriff – Oberhandgriff – Handrücken zeigt nach oben
Hammergriff	Daumen zeigt nach oben

6.2 Muskelfunktionstabellen

Ursprung und Ansatz eines Muskels legen fest, über welche Gelenke der Muskel zieht und welchen Einfluss (Funktionen) er auf diese Gelenke ausübt. Der Muskel verkürzt sich bei Kontraktion, Ursprung und Ansatz werden einander genähert (Krafttraining), und er verlängert sich bei Dehnung, wobei Ursprung und Ansatz sich voneinander entfernen (Dehntraining, Stretching). Die Funktionen des Muskels bei Kontraktion (Verkürzung) und Dehnung (Verlängerung) sind entgegengesetzt, d.h., durch «Spiegelung oder Umkehr» der Kontraktionsfunktionen erhalten wir die Dehnungsfunktionen. Die optimale Kräftigungs- bzw. Dehnübung ist folglich diejenige Übung, bei welcher die Kontraktions- bzw. die Dehnungsfunktionen vollständig und genau erfüllt werden.

Die Aufstellung von Funktionstabellen in den Abschnitten zu den einzelnen Muskeln (Kap. 7 – 10) erlaubt es, jede Übung einem Funktionscheck zu unterwerfen, d.h. zu prüfen, inwiefern sie ihre Funktionen erfüllt. Der Funktionscheck ermöglicht somit die fachliche Beurteilung jeder Kraft- und Dehnübung.

7

Bauchmuskulatur

Inhaltsübersicht

Aufgaben der Bauchmuskulatur 120
Funktionell-anatomische Grundlagen 120
Funktionstabelle 123

EMG-gestützte Übungsranglisten 125
Rangliste der Übungen für den geraden Bauchmuskel, oberer Anteil 125
Rangliste der Übungen für den geraden Bauchmuskel, unterer Anteil 128
Rangliste der Übungen für die schräge Bauchmuskulatur 131

Kommentar zu den EMG-Ranglisten 135
Gerader Bauchmuskel 135
Schräge Bauchmuskeln 135
Welche Übung ist für wen geeignet? (Zielgruppenspezifik) 136
Zusammenfassung der Ergebnisse 137
Die Top-Übungen 138

Übungen für das Training der Bauchmuskulatur 139
Wichtige Hinweise für das Training 139
Übungen für die gerade Bauchmuskulatur 143
Übungen für die schräge Bauchmuskulatur 148

Aufgaben der Bauchmuskulatur

Funktionell-anatomische Grundlagen

Die Bauchmuskulatur bedeckt die Fläche zwischen dem Brustkorb und dem oberen Beckenrand sowie die Körperseiten bis zur Lendenwirbelsäule. Sie stellt ein System von Muskeln und Sehnenplatten dar, dessen Anteile kreuzweise verspannt sind. Die Bauchmuskeln schützen die inneren Organe und bilden, zusammen mit ihren Antagonisten, den Rückenmuskeln, das muskuläre Korsett des Menschen. Sie stabilisieren und entlasten die Wirbelsäule beim Heben, Stehen, Sitzen und haben entscheidenden Einfluss auf die Haltung und die Position des Beckens und der Wirbelsäule. Die Bauchmuskeln sind auch für die äußere Erscheinung des Menschen von besonderer Bedeutung, da sie die Taillenbildung unterstützen und die gewünschte «Waschbrettoptik» erzeugen können. Das Training der im Verhältnis zur Rückenmuskulatur häufig abgeschwächten Bauchmuskulatur ist deshalb aus gesundheitlichen, sportlichen und ästhetischen Gesichtspunkten besonders wichtig.

Gerader Bauchmuskel (M. rectus abdominis)

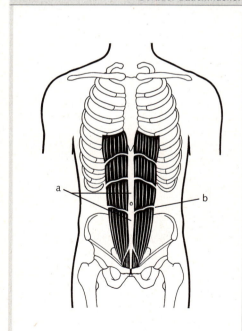

Ursprung:
- 5.–7. Rippe, Schwertfortsatz des Brustbeins (sternum)

Ansatz:
- Schambein (os pubis), Symphyse

Funktion:
- Einrollen des Rumpfes, Anheben des Rumpfes aus der Rückenlage
- Stabilisieren des Beckens, z. B. beim Anheben der Beine im Hang
- Aufrichten des Beckens, Aufheben der Lendenlordose
- Bauchpresse

Besondere Hinweise:
Ein Sehnenstreifen, die Linea alba (weiße Linie, a), teilt den flachen Muskel in der Mitte (Medianlinie) der Länge nach. 3–5 sehnige Querstreifen (intersectiones tendiniae, b) unterteilen den Muskel zusätzlich. Diese sind bei geringem Körperfett und gutem Trainingszustand als «Waschbrettmuster» gut sichtbar, was ein begehrtes optisches Ziel von Körperformungsbemühungen darstellt.

Schräger äußerer Bauchmuskel (M. obliquus externus abdominis)

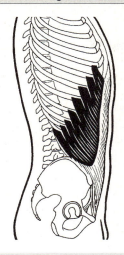

Ursprung:
- 5.–12. Rippe

Ansatz:
- Beckenkamm (crista iliaca), Rektusscheide

Funktion:
- Einrollen des Rumpfes, Anheben des Rumpfes aus der Rückenlage bei beidseitiger Kontraktion
- Aufrichten des Beckens, Aufheben der Lendenlordose bei beidseitiger Kontraktion
- Stabilisieren des Beckens
- Drehen des Rumpfes zur Gegenseite bei einseitiger Kontraktion
- Bauchpresse

Schräger innerer Bauchmuskel (M. obliquus internus abdominis)

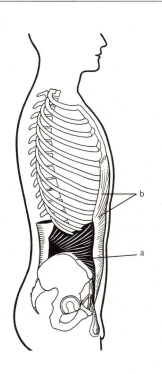

Ursprung:
- Beckenkamm (crista iliaca, a), Lumbalaponeurose

Ansatz:
- Untere Rippen, Rektusscheide (b)

Funktion:
- Einrollen des Rumpfes, Anheben des Rumpfes aus der Rückenlage bei beidseitiger Kontraktion
- Aufrichten des Beckens, Aufheben der Lendenlordose bei beidseitiger Kontraktion
- Drehung des Rumpfes zur gleichen Seite
- Seitneigung des Rumpfes
- Bauchpresse

Besondere Hinweise:
Die schrägen Bauchmuskeln unterstützen die geraden Bauchmuskeln und werden deshalb bei gerade ausgeführten Bauchmuskelübungen mittrainiert. Zusätzlich können sie den Rumpf drehen. Dabei arbeiten immer der schräge äußere Bauchmuskel der einen Seite und der schräge innere Bauchmuskel der anderen Seite zusammen.
Optisch bilden die schrägen Bauchmuskeln einen Muskelwulst seitlich über dem Beckenkamm.

Querer Bauchmuskel (M. transversus abdominis)

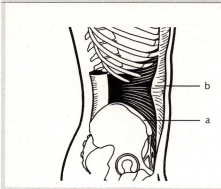

Ursprung:
- Innenseite der 6 unteren Rippen
- Lumbalaponeurose, Beckenkamm (crista iliaca, a)

Ansatz:
- Rektusscheide (b)

Funktion:
- Taillenbildung durch horizontale Verspannung der Bauchwand
- Bauchpresse

Viereckiger Lendenmuskel (M. quadratus lumborum)

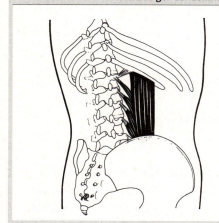

Ursprung:
- Beckenkamm (crista iliaca)

Ansatz:
- 12. Rippe, Querfortsätze des 1.–4. Lendenwirbels

- **Funktion:**
- Seitneigung des Rumpfes
- Unterstützung der Ausatmung (Senkung der 12. Rippe)

Abb. 14 a–e: Bauchmuskulatur (modifiziert nach Rohen 1998)

Der Querschnitt durch den Körper auf Höhe der Lendenwirbelsäule zeigt das Verhältnis von Bauch-, Rücken- und Hüftbeugemuskulatur. Die großen Muskelquerschnitte des Rückenstreckers (g) und des Lenden-Darmbeinmuskels (f) weisen auf die große Kraft dieser Muskeln hin und machen die Bedeutung einer leistungsfähigen Bauchmuskulatur (a, b, c, d) deutlich. Die schrägen Bauchmuskeln (b, c, d) bilden drei übereinander liegende Schichten (vgl. Abb. 15).

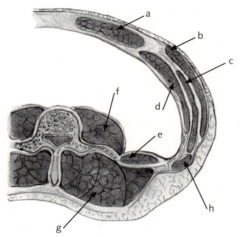

a) Gerader Bauchmuskel (M. rectus abdominis)
b) Äußerer schräger Bauchmuskel (M. obliquus externus abdominis)
c) Innerer schräger Bauchmuskel (M. obliquus internus abdominis)
d) Querer Bauchmuskel (M. transversus abdominis)
e) Viereckiger Lendenmuskel (M. quadratus lumborum)
f) Lenden-Darmbeinmuskel (M. iliopsoas)
g) Rückenstrecker (M. erector spinae)
h) Breiter Rückenstrecker (M. latissimus dorsi)

Abb. 15: Querschnitt durch den Körper (Wirhed 1984)

Funktionstabelle
Die Funktionstabelle zeigt, welchen Einfluss (Funktionen) der Muskel bei Kraft- und Dehntraining auf die beteiligten Gelenke ausübt. Die Tabelle ermöglicht darüber hinaus die Ableitung der optimalen Kraft- und Dehnübung und eine fachliche Beurteilung (Funktionscheck) jeder Übung (vgl. Abschn. 6.2 *Muskelfunktionstabellen*).

Die folgende Funktionstabelle der Bauchmuskulatur stellt den Einfluss der Bauchmuskulatur auf die Bewegungen der Brustwirbelsäule (BWS) und der Lendenwirbelsäule (LWS) dar, berücksichtigt ihren Einfluss auf die Beckenposition und mündet in die optimale Kräftigungs- und Dehnübung.

BAUCHMUSKULATUR (MM. ABDOMINI)

Gelenk/ Körperteil	Kräftigung	Dehnung
Brustwirbelsäule (BWS) Rumpf	• Einrollen • Anheben, Nach-vorn- Beugen • Drehen • Seitwärtsneigen • Ausatmung unterstützen	• (Über-)Strecken • Zurückneigen • Drehen zur Gegenseite • Seitwärtsneigen zur Gegen- seite • Einatmung unterstützen
Lendenwirbelsäule (LWS) Unterer Rücken	• LWS-Lordose aufheben (Kyphose)	• LWS-Lordose (Hohlkreuz)
Becken	• Aufrichten • Stabilisieren (z. B. beim Anheben der Beine) • Anheben (z. B. bei der Übung Reverse Crunch)	• Kippen
Bauch	• Bauchpresse	• Entspannen
Muskel/ Muskelanteil	**Optimale Kräftigungsübung**	**Optimale Dehnübung**
Bauchmuskulatur	 • Kopf, Schultern anheben, Rumpf einrollen, Becken auf- gerichtet, ausatmen • Hüftwinkel bleibt unverän- dert; die LWS-Lordose ist auf- gehoben, das Becken aufge- richtet	 • LWS-Lordose, Becken gekippt • Bauchmuskeln sind ent- spannt Diskussionswürdige Übung wegen Hohlkreuzbildung; die Übung wird jedoch im Yoga als «Kobra» praktiziert.

Tab. 22: Funktionstabelle für die Bauchmuskulatur und Ableitung der optimalen Kräftigungs- und Dehnübung

EMG-gestützte Übungsranglisten

Die EMG-gestützten Übungsanalysen ermöglichen es, verschiedene Kraftübungen für einen Muskel zu vergleichen und eine Übungsrangliste zu erstellen. Das vollständige Untersuchungsdesign ist in Abschn. 5.3 *Übungsranglisten für einzelne Muskelgruppen* dargestellt.

Es werden drei Übungsranglisten erstellt. Die erste enthält Übungen für das Training des oberen Anteils des geraden Bauchmuskels, die zweite ist dem unteren Anteil des geraden Bauchmuskels gewidmet und die dritte der schrägen Bauchmuskulatur. Die Ranglisten enthalten ausschließlich Übungen mit dem eigenen Körpergewicht. Auf Übungen an Kraftmaschinen wurde verzichtet, weil die unterschiedlichen Maschinenkonstruktionen nicht vergleichbar sind. Die Belastungsintensität von Kraftübungen, bei denen der eigene Körper als Last benutzt wird, hängt in hohem Maße vom Gewicht des Körper und vom Trainingszustand ab. Somit ist eine Standardisierung der Übungen über ein Zusatzgewicht, das maximal 12 Wiederholungen zulässt, nicht möglich.

Rangliste der Übungen für den geraden Bauchmuskel, oberer Anteil

Rang-platz	Abbildung	Bezeichnung	$\bar{x}$ R	$\bar{x}$ EMG
1		Gerader Crunch, Arme gestreckt nach hinten	2,2	874
2		Twisted Crunch, Hände an den Ohren	3,4	699
3		Beine heben im Hang	3,5	738

Rang-platz	Abbildung	Bezeichnung	x̄R	x̄EMG
4		«Käfer»	3,5	692
5		Total Twisted Crunch, Arme gestreckt nach vorn	6,2	580
6		Gerader Crunch, Arme gestreckt nach vorn	6,3	580
7		Bodendrücker, Knie abgehoben	6,4	507
8		Twisted Crunch Arme gestreckt nach vorn	6,6	568

Rang-platz	Abbildung	Bezeichnung	$\bar{x}$ R	$\bar{x}$ EMG
9		Reverse Crunch	7,0	563
10		Rumpfseitheben	10,3	255
11		Seitlicher Unterarmstütz, einbeinig	10,9	171
12		Rumpfdrehen mit Stab	11,7	138

Tab. 23: EMG-gestützte Übungsrangliste für den geraden Bauchmuskel, oberer Anteil, nach dem durchschnittlichen Rangplatz ($\bar{x}$R) und der durchschnittlichen EMG-Aktivität in μV ($\bar{x}$EMG); n = 10

Rangliste der Übungen für den geraden Bauchmuskel, unterer Anteil

Rang-platz	Abbildung	Bezeichnung	$\bar{x}R$	$\bar{x}EMG$
1		Beineheben im Hang	2,3	611
2		«Käfer»	3,1	507
3		Gerader Crunch, Arme gestreckt nach hinten	3,1	494
4		Twisted Crunch, Hände an den Ohren	4,6	407

Rang-platz	Abbildung	Bezeichnung	x̄R	x̄EMG
5		Bodendrücker, Knie abgehoben	5,2	416
6		Gerader Crunch, Arme gestreckt nach vorn	7,0	349
7		Twisted Crunch, Arme gestreckt nach vorn	7,0	346
8		Total Twisted Crunch, Arme gestreckt nach vorn	7,3	333
9		Rumpfseitheben	7,7	300

Rang-platz	Abbildung	Bezeichnung	$\bar{x}$R	$\bar{x}$EMG
10		Reverse Crunch	8,5	276
11		Seitlicher Unterarmstütz, einbeinig	10,6	131
12		Rumpfdrehen mit Stab	11,3	83

Tab. 24: EMG-gestützte Übungsrangliste für den geraden Bauchmuskel, unterer Anteil, nach dem durchschnittlichen Rangplatz ($\bar{x}$R) und der durchschnittlichen EMG-Aktivität in μV ($\bar{x}$EMG); n = 10

Rangliste der Übungen für die schräge Bauchmuskulatur (Beispiel: Rechte Seite)

Rang-platz	Abbildung	Bezeichnung	x̄R	x̄EMG
1		Rumpfseitheben rechts	1,7	404
2		Seitlicher Unterarmstütz, Stütz auf linkem Arm	2,9	288
3		Beineheben im Hang	5,4	284
4		Total Twisted Crunch, Drehung nach links	7,1	231

Rang-platz	Abbildung	Bezeichnung	$\bar{x}$R	$\bar{x}$EMG
5		Bodendrücker, Knie abgehoben	8,0	219
6		Gerader Crunch, Arme gestreckt nach hinten	8,0	198
7		Reverse Crunch	8,2	218
8		Total Twisted Crunch, Drehung nach rechts	8,4	224
9		«Käfer», linke Hand, rechter Fuß	8,7	203

Rang-platz	Abbildung	Bezeichnung	x̄R	x̄EMG
10		Gerader Crunch, Arme gestreckt nach vorn	10,1	188
11		«Käfer», rechte Hand, linker Fuß	10,3	187
12		Twistet Crunch, Hände an den Ohren, Drehung nach links	11,0	179
13		Rumpfdrehen mit Stab, Drehung nach links	11,5	147
14		Twisted Crunch, Hände an den Ohren, Drehung nach rechts	12,0	162

Rang-platz	Abbildung	Bezeichnung	x̄R	x̄EMG
15		Twisted Crunch, Arme gestreckt schräg nach vorn, Drehung nach links	12,4	162
16		Rumpfdrehen mit Stab, Drehung nach rechts	13,2	147
17		Twisted Crunch, Arme gestreckt, schräg nach vorn, Drehung nach rechts	13,7	147
18		Seitlicher Unterarmstütz, Stütz auf rechtem Arm	17,8	65
19		Rumpfseitheben links	18,4	47

Tab. 25: EMG-gestützte Übungsrangliste für die schräge Bauchmuskulatur, rechte Seite, nach dem durchschnittlichen Rangplatz (x̄R) und der durchschnittlichen EMG-Aktivität in μV (x̄EMG); n = 10

Kommentar zu den EMG-Ranglisten

Gerader Bauchmuskel (M. rectus abdominis)

Oberer Anteil (vgl. Tab. 23): Die Übung **Gerader Crunch** mit nach hinten gestreckten Armen aktiviert den oberen Anteil des geraden Bauchmuskels am stärksten. Wenn die Arme gebeugt (Übung 2) oder gestreckt nach vorn gebracht werden (Übung 6), wird der Lastarm (Hebellänge) verkürzt. Der Muskel muss jetzt einen geringeren Widerstand überwinden, und die Muskelaktivität nimmt ab. Die Übungen **Twisted Crunch** mit den Händen am Kopf, **Beineheben im Hang** (diskussionswürdige Übung wegen des starken Einsatzes der Hüftbeuger) und «**Käfer**» erreichen ebenfalls hohe Werte. Die Übungen zum Rumpfseitheben für die seitlichen Bauchmuskeln finden sich hier erwartungsgemäß am Ende der Rangliste.

Unterer Anteil (vgl. Tab. 24): Die Übung **Beineheben im Hang** zeigt die höchsten Werte für den unteren Anteil des geraden Bauchmuskels. Das Heben der Beine erfolgt durch die Hüftbeuger (diskussionswürdige Übung), während die Bauchmuskulatur das Becken stabilisiert, aufrichtet und anhebt. Die Übungen «**Käfer**» und Gerader Crunch mit nach hinten gestreckten Armen sind ebenfalls hocheffektiv (Rangplätze 2 und 3). Die Übung Reverse Crunch, die in der Praxis häufig für den unteren Anteil durchgeführt wird, erreichte nur Rangplatz 10, weil das zu bewältigende Gewicht aufgrund des kurzen Hebelarms relativ gering ist.

Unterschiede zwischen oberem und unterem Anteil: Die Übungsrangfolgen für den oberen und unteren Anteil des geraden Bauchmuskels unterscheiden sich nur geringfügig. Wenn der Rumpf eingerollt wird, wird der obere Anteil etwas stärker aktiviert, wenn das Becken aufgerichtet und angehoben wird, der untere Anteil. Die Unterschiede sind jedoch gering. Der gerade Bauchmuskel wird immer als Ganzes erfasst; oberer und unterer Anteil kontrahieren immer gemeinsam. Grundsätzlich sind die EMG-Messwerte des oberen Anteils höher als die des unteren Anteils.

Schräge Bauchmuskeln (M. obliquus externus, M. obliquus internus, M. transversus abdominis, M. quadratus lumborum, vgl. Tab. 25)

Die beiden Halteübungen **Rumpfseitheben** und **Seitlicher Unterarmstütz** zeigen die höchsten Werte, wobei das Rumpfseitheben aufgrund des schweren Gewichts des Rumpfes mit deutlichem Abstand die höchste Muskelaktivität erfordert. Durch Variation der Armhaltung (Arme lang am Körper anliegend, vor der Brust gehalten oder gestreckt über dem Kopf) und der Auflagefläche des Rumpfes können die Hebellänge und damit das Gewicht und die Intensität verändert werden. Die Übung **Beineheben im Hang** erreicht ähnlich hohe Muskelspannungen wie die Übung Seitlicher Unterarmstütz. Die EMG-Messwerte der Übungen auf den Rangplätzen 4 bis 17 unterscheiden sich nicht wesentlich; sie liegen innerhalb eines Bereichs von nur 84 V. Die Übungen können deshalb alternativ eingesetzt werden.

Gerade oder gedreht ausgeführte Übungen? Die gerade ausgeführten Übungen (Rangplätze 3, 4, 6, 7, 10) aktivieren die schräge Bauchmuskulatur ebenso intensiv wie gedrehte Übungsvarianten (Rangplätze 4, 8, 9, 11 bis 16, 17). Dies gilt zumindest für das EMG-Summenpotential, das mit den verwendeten Oberflächenelektroden die Aktivität der drei übereinander liegenden schrägen Bauchmuskeln (M. obliquus externus, M. obliquus internus, M. transversus abdominis) erfasst.

Es lassen sich bei gedreht ausgeführten Übungen nur geringe Unterschiede der Messwerte bei Drehungen nach rechts oder links feststellen. Allerdings zeigt die rechte Seite bei Drehungen nach links durchgehend etwas höhere Werte als die schrägen Bauchmuskeln der linken Körperseite. Bei einer Rumpfdrehung nach links werden gemäß den anatomischen Funktionen vorrangig der äußere rechte und der innere linke schräge Bauchmuskel aktiviert. Möglicherweise ergibt die Kontraktion des oberflächlich liegenden äußeren schrägen Bauchmuskels ein höheres messbares Aktionspotential, wogegen das Signal des linken inneren schrägen Bauchmuskels durch den darüber liegenden nicht aktivierten äußeren schrägen Bauchmuskel abgeschwächt wird. Dies bedeutet, dass es empfehlenswert ist, Gedrehte Crunches nach beiden Seiten im Training einzusetzen.

Welche Übung ist für wen geeignet? (Zielgruppenspezifizik)

Fortgeschrittene und Personen, die in kürzester Zeit einen möglichst großen Trainingserfolg anstreben, können die hoch intensiven Übungen auf den vorderen Rangplätzen auswählen. Neben der Auswahl der Übung ist für die Intensität des Bauchmuskeltrainings vor allem die Art der Übungsausführung von Bedeutung. Eine Übungsdurchführung mit mehrfachen Endkontraktionen und maximaler Aufbäumhöhe bei aufliegender Lendenwirbelsäule (z.B. Übung Crunch) ist intensiver als Einzelwiederholungen mit geringer Aufbäumhöhe (vgl. Abschn. 5.4 *Optimierung der Ausführung von Kraftübungen*).

Folgende hochintensive Übungen setzen bereits hohe Kraftfähigkeiten voraus und sind deshalb für Anfänger oder Personen mit eingeschränkter Leistungsfähigkeit (z.B. Rehabilitation) nicht geeignet: Heben der gestreckten Beine im Hang, Gerader Crunch mit nach hinten gestreckten Armen, Rumpfseitheben mit langem Hebel, Seitlicher Unterarmstütz mit Stütz auf einem Bein. Dasselbe gilt für die koordinativ anspruchsvollen und schwierigen Übungen Total (twisted) Crunch und Reverse Crunch.

Als «**diskussionswürdige Übungen**», die nur eingeschränkt empfohlen werden können, gelten die Übungen Beinheben im Hang und Seitlicher Liegestütz einbeinig. Das Heben der Beine im Hang wird durch die Hüftbeugemuskeln (vor allem M. iliopsoas und M. rectus femoris) bewirkt. Ein Training dieser Muskeln kann die Beckenkippung und die Hohlkreuzbildung (LWS-Lordose) verstärken und somit möglicherweise Rückenbeschwerden verschlimmern. Diese Übung ist z. B. für Personen mit Rückenbeschwerden in der Regel nicht zu empfehlen. Bei der Übung Seitlicher Unterarmstütz einbeinig wird das Außenband des Kniegelenks des Stützbeines hoch belastet. Personen mit einer Außenbandschwäche sollten diese Übung vermeiden.

Übungen in verschiedenen Ausgangsstellungen: Bei allen Crunches können Schmerzen im Nackenbereich, Muskelkater in den Muskeln der Halsvorderseite und in einzelnen Fällen Beschwerden in der Lendenwirbelsäule auftreten. Wenn die zur Verfügung stehenden Maßnahmen zur Beschwerdelinderung (vgl. *Übungen für das Training der Bauchmuskulatur* Punkt 4.) keine Abhilfe schaffen, muss auf Übungen in anderen Ausgangsstellungen ausgewichen werden, z. B. Beineheben im Hang oder im Unterarmstütz (Gerät notwendig), Bodendrücker, Rumpfseitheben, Liegestütz seitlich oder Reverse Crunch.

Übungen mit geringer Effektivität: Einige Übungen haben sich für einzelne Bauchmuskeln als unwirksam oder sehr wenig effektiv erwiesen: Rumpfdrehen mit Stab ist für den geraden Bauchmuskel unwirksam und für die schrägen Bauchmuskeln auch nur wenig intensiv. Die Übungen Rumpfseitheben und Unterarmstütz seitlich sind erwartungsgemäß für die geraden Bauchmuskeln wenig effektiv und für die schrägen Bauchmuskeln der Gegenseite unwirksam.

Zusammenfassung der Ergebnisse

Gerader Bauchmuskel (M. rectus abdominis)

- Ein isoliertes Training des oberen und unteren Teils des geraden Bauchmuskels ist nicht möglich, da er immer als Ganzes erfasst wird.
- Der obere Teil des geraden Bauchmuskels wird mit Abstand am stärksten durch die Übung Gerader Crunch mit nach hinten gestreckten, langen Armen aktiviert.
- Twisted Crunch, Hände an den Ohren, Beineheben im Hang (diskussionswürdige Übung) und «Käfer» sind ebenfalls effektive Übungen, die annähernd gleich hohe Muskelspannungen erzielen und die Rangplätze 2–4 einnehmen.
- Für den unteren Teil des geraden Bauchmuskels erzeugt die Übung Beineheben im Hang (diskussionswürdige Übung) die deutlich höchsten Muskelspannungen. Der «Käfer» und der Gerade Crunch mit nach hinten gestreckten Armen erweisen sich ebenfalls als intensive Übungen und nehmen mit etwa gleichen Messwerten die Rangplätze 2 und 3 ein.
- Die Rangfolgen der Kraftübungen für den oberen und den unteren Anteil der Bauchmuskulatur unterscheiden sich nur geringfügig.

> **Schräge Bauchmuskeln (M. obliquus externus, M. obliquus internus, M. transversus abdominis, M. quadratus lumborum)**
>
> - Die statische Übung Rumpfseitheben erzeugt die weitaus höchste Muskelspannung.
> - Der Unterarmstütz seitlich ist ebenfalls eine statische Übung und nimmt mit deutlichem Abstand den zweiten Rangplatz ein, vor dem Beinheben im Hang auf Platz drei.
> - Gerade ausgeführte Übungen aktivieren überraschenderweise auch die schräge Bauchmuskulatur auf beiden Körperseiten mit trainingswirksamer Intensität – bei gedreht ausgeführten Übungen dürfte die Muskelspannung in den betroffenen schrägen Bauchmuskeln dennoch stärker sein, sodass es sinnvoll ist, sowohl gerade als auch gedrehte Bauchmuskelübungen auszuführen.

Die Top-Übungen

Bei einer Empfehlung für ein möglichst effektives Training der Bauchmuskulatur sollten sowohl die Übungen mit optimaler Komplexwirkung für die gesamte Bauchmuskulatur Berücksichtigung finden als auch die hocheffektiven Übungen für die einzelnen Bauchmuskeln.

Die besten Komplexübungen ergeben sich aus den erzielten Mess- und Rangplatzwerten für den oberen und unteren Anteil des geraden Bauchmuskels sowie der schrägen Bauchmuskeln. Die sehr intensiven Übungen können vor allem für Fortgeschrittene mit gutem Kraftniveau empfohlen werden.

Top-Übungen für das Training der Bauchmuskulatur

1

Beineheben im Hang
Die Übung erzielt insgesamt die höchsten Muskelspannungen. Aufgrund des kräftigen Einsatzes der Hüftbeugemuskulatur ist die diskussionswürdige Übung z. B. Personen mit Rückenbeschwerden nicht zu empfehlen.

2

Gerader Crunch mit nach hinten gestreckten langen Armen
Diese intensive Crunch-Variante kann durch den Einsatz eines Lordosekissens und eine leicht schräge Unterlage (Kopf nach unten) zusätzlich intensiviert werden.

3

«Käfer«
Die Übung ist eine der wenigen effektiven Bauchmuskelübungen mit viel Bewegung.

4

Rumpfseitheben
Die Intensität dieser Top-Übung für die schräge Bauchmuskulatur kann durch Variation der Armhaltung verändert werden.

Übungen für das Training der Bauchmuskulatur

Wichtige Hinweise für das Training der geraden und schrägen Bauchmuskulatur

1. Grundposition

Für die Beinhaltung gibt es bei allen Varianten des Crunch drei Grundpositionen:

Rückenlage, Beine angezogen, Hüftgelenkwinkel kleiner als 90° oder Unterschenkel auf einer Bank ablegen. Ist der Winkel bei frei gehaltenen Beinen größer als 90°, so muss das Gewicht der Beine gegen die Schwerkraft isometrisch durch die Hüftbeugemuskulatur (vor allem M. iliopsoas und M. rectus femoris) gehalten werden.	Rückenlage, Becken aufgerichtet und Beine angewinkelt, Füße mit den Fersen auf den Boden stellen. Durch das Drücken der Fersen auf den Boden bzw. eine leichte Zugbewegung mit den Fersen entsteht eine isometrische Anspannung der Muskulatur der Waden und der Oberschenkelrückseite.	Rückenlage, ein Bein überschlagen. Dies verhindert das Beugen des Hüftgelenks und das Lösen des unteren Rückens vom Boden. Auch hier kann ein Druck mit der Ferse des Stützbeines auf den Boden ausgeübt werden.

2. Variation der Intensität

Bei allen Varianten des Crunch lässt sich die Intensität durch eine Veränderung der Armposition modifizieren.

1. Arme gestreckt nach vorn

2. Arme vor der Brust gekreuzt

3. Arme gebeugt, seitlich neben dem Kopf

4. Arme gestreckt nach hinten in Verlängerung des Rumpfes

Aufgrund der Verlängerung des Hebelarmes erhöht sich die Intensität der Übungsausführung von 1 bis 4. Allerdings zeigen die EMG-Messergebnisse, dass mit der Übung Gerader Crunch mit nach vorn gestreckten Armen bereits relativ hohe Muskelspannungen erzeugt werden können; dies wird möglicherweise durch die große Aufbäumhöhe bei dieser Übungsvariante ermöglicht.

3. Variation mit Lordosekissen

Bei der Übung Crunch ist das Becken in der Ausgangsstellung bereits aufgerichtet und die Bewegungsamplitude deshalb relativ klein. Eigene Untersuchungen belegen, dass eine Vergrößerung des Bewegungsumfangs durch die Benutzung eines Lordosekissens die Intensität der Übung Crunch erhöht.

Übung Crunch	$\bar{x}R$	$\bar{x}EMG$
Mit Lordosekissen	1,2	974
Ohne Lordosekissen	1,8	844

Tab. 26: EMG-gestützter Vergleich von zwei Varianten der Übung Crunch für die gesamte Bauchmuskulatur (oberer und unterer Anteil des geraden Bauchmuskels sowie linke und rechte schräge Bauchmuskulatur) nach dem durchschnittlichen Rangplatz ($\bar{x}R$) und der Summe der durchschnittlichen EMG-Aktivitäten in μV ($\bar{x}EMG$); n = 10

4. Nackenbeschwerden während der Übungsausführung

Bei allen Varianten der Übung Crunch können Nackenbeschwerden auftreten, und bei Anfängern kann an den Tagen nach dem Training Muskelkater in der Muskulatur der Halsvorderseite spürbar werden. Folgende Hinweise können dazu beitragen, diese Beschwerden zu lindern oder zu vermeiden.

- Die Hände nicht im Nacken verschränken (gegebenenfalls zu starker Zug an der Halswirbelsäule) bzw. die Ellbogen nach hinten drücken.
- Den Blick schräg nach oben richten, nicht direkt nach vorn; bewusst die Brust anheben und den Kopf in der Verlängerung der Wirbelsäule halten.
- Eine Faust zwischen Brustbein und Kinn legen, um ein maximales Nach-vorn-Beugen des Kopfes zu vermeiden.
- Das Gewicht des Kopfes mit den Händen abstützen (Kopf schwer in die Hände fallen lassen), wobei die Ellbogen nach außen zeigen, oder den Hinterkopf leicht gegen die Hände drücken. Es ist auch möglich, den Kopf in ein zwischen den Händen gespanntes Handtuch abzulegen.
- Den Kopf auf einem Unterarm ablegen oder zwischen die lang nach hinten gestreckten Arme legen.
- Falls dennoch Beschwerden im Hals-Nacken-Bereich auftreten, können Übungen mit Heben des Beckens wie z. B. Reverse Crunch oder in anderer Ausgangsstellung wie z. B. Bodendrücker im Vierfüßlerstand (Bankstellung) gewählt werden.

5. Beschwerden im unteren Rücken während der Übungsausführung

Bei Problemen im unteren Rücken bei der Durchführung von Bauchmuskelübungen in Rückenlage trotz funktioneller Bewegungsausführung bieten sich folgende Hilfen an:

- Dehnung der unteren Rückenmuskulatur vor dem Bauchmuskeltraining.
- Sehr kleinen Hüftgelenkwinkel in den Ausgangsstellungen mit angezogenen Beinen wählen (deutlich kleiner als 80–90°).
- In der Ausgangsstellung mit angestellten Füßen am Gesäß sollten die Fersen in den Boden gedrückt werden. Vorher wird das Becken durch Anspannen der Bauch- und Gesäßmuskulatur aufgerichtet.
- Übungen mit Ausgangsstellungen wählen, bei denen der Kopf nicht vom Boden abgehoben werden muss, z. B. Übungen in anderen Ausgangsstellungen wie der Bodendrücker in der Bankstellung.

ÜBUNGEN FÜR DAS TRAINING DER BAUCHMUSKULATUR   141

6. Atmung

Die meisten Übungen des Bauchmuskeltrainings enthalten große statische Anteile, weil die Bewegungsamplitude relativ gering ist. Dabei ist es besonders wichtig, dass während der Anspannung ausgeatmet wird; Pressatmung ist unbedingt zu vermeiden. Insbesondere Frauen sollen bei der Kontraktion der Bauchmuskeln ausatmen, um den Beckenboden bei der Übungsausführung zu entlasten. Bei der Ausatmung entsteht eine positive, entlastende Sogwirkung auf den Beckenboden, beim Einatmen wird der Druck dagegen erhöht. Wenn eine Übung des Bauchmuskeltrainings mit einer isometrischen Haltephase oder mehreren Endkontraktionen ausgeführt wird, kann eine flache «hechelnde» Ausatmung ausgeführt werden.

7. «Unfunktionelle Übungen» zur Kräftigung der geraden Bauchmuskulatur

In vielen herkömmlichen Übungen zur Kräftigung der Bauchmuskulatur wie Klappmesser, Sit-ups mit fixierten Beinen oder Beineheben im Hang wird neben der beabsichtigten Wirkung der Kräftigung der Bauchmuskulatur auch eine starke Aktivierung der Hüftbeugemuskulatur (vor allem M. iliopsoas und M. rectus femoris) erzielt. Der Einsatz von Bauchmuskelübungen, bei denen gleichzeitig die Hüftbeuger stark aktiviert werden, ist aus verschiedenen Gründen nicht unproblematisch. Einerseits ermüdet die Bauchmuskulatur wesentlich rascher als die Hüftbeugemuskulatur. Dadurch kommt es im Übungsverlauf leicht zu Ausweichmustern mit einer Verstärkung der Lordose im Lendenwirbelsäulenbereich und einer starken Beanspruchung (ggf. Überbeanspruchung) der passiven Strukturen der Lendenwirbelsäule, wie z. B. Bandscheibenraum, Bänder und Wirbelbogengelenke. Andererseits neigen die Hüftbeuger ohnehin z. B. durch längeres Sitzen zur Verkürzung. Ein verstärktes Hohlkreuz (Hyperlordosierung in der Lendenwirbelsäule), wie es bei vielen Menschen anzutreffen ist, geht aber häufig mit einer Verkürzung der Hüftbeuger einher. So hat der M. iliopsoas als stärkster Hüftbeuger seinen Ursprung am unteren Teil der Wirbelsäule (12. Brustwirbel und 1.–4. Lendenwirbel) und an der Innenseite des Darmbeins. Eine Verkürzung kann die Beckenkippung und somit die Lendenlordose fördern. Bei einer ohnehin schon verstärkten Lendenlordose würde man sich durch ein Bauchmuskeltraining mit Beteiligung der Hüftbeuger möglicherweise noch stärker in ein Hohlkreuz «hineintrainieren». Deshalb werden Übungen mit Heben der Beine oder Heben des Oberkörpers mit fixierten Beinen häufig als unfunktionelle oder diskussionsbedürftige Übungen bezeichnet.

Die Hüftbeugemuskeln sind jedoch wichtige Muskeln, deren volle Funktionstüchtigkeit im Alltagsleben und im Sport notwendig ist (z. B. Sprinten, Turnen etc.). Falls die Gegenspieler der Hüftbeugemuskulatur, die Hüftgelenkstrecker (der große Gesäßmuskel sowie die Muskeln der Oberschenkelrückseite), kräftig ausgebildet und die Hüftbeuger nicht verkürzt sind, ist ein Training der Hüftbeuger durchaus akzeptabel und empfehlenswert. Die Bezeichnungen «unfunktionell» und «diskussionsbedürftig» für Übungen mit Einsatz der Hüftbeuger sind also zielgruppenspezifisch zu sehen.

- Personen mit Rückenbeschwerden (Rückenschule) und Personen mit der entsprechenden muskulären Dysbalance sollten beim Training der Bauchmuskulatur Übungen mit Einsatz der Hüftbeuger vermeiden.
- Personen mit einer ausgewogenen Hüftbeuge- und Hüftstreckmuskulatur können durchaus die sehr intensiven und effektiven Bauchmuskelübungen mit Einsatz der Hüftbeuger anwenden.

Komplette Sit-ups mit Fixierung der Füße und Zusatzgewichten haben sich als wenig sinnvoll für den geraden Bauchmuskel erwiesen, als förderlich dagegen für die schrägen Bauchmuskeln. Die Gründe für diese überraschenden Messergebnisse sind noch nicht geklärt.

Die Übungen für die Bauchmuskulatur werden aufgrund funktioneller Gesichtspunkte in zwei Gruppen eingeteilt: Übungen für die gerade Bauchmuskulatur und Übungen für die schräge Bauchmuskulatur. Jeder Übungsgruppe werden zunächst wichtige gemeinsame Aspekte vorangestellt, bevor die einzelnen Übungen detailliert beschrieben werden.

Übungen für die gerade Bauchmuskulatur

Wichtige Aspekte bei den Übungen für die gerade Bauchmuskulatur (M. rectus abdominis)

1. Alle Übungen für die geraden Bauchmuskeln aktivieren auch die schräge Bauchmuskulatur. Dies gilt vor allem für die Varianten des Geraden Crunch.
2. Eigene Messungen zeigen, dass Crunches mit Fixierung der Füße und leichten Zusatzgewichten im Gegensatz zum Beinheben in Hang oder Stütz nicht zu den hocheffektiven Bauchmuskelübungen gehören. Crunches mit Fixierung der Füße erzielen nur unwesentlich höhere Muskelspannungen als Crunches ohne Fixierung der Füße. Auch der Einsatz leichter Zusatzgewichte von 5 kg oder 10 kg auf der Brust erweist sich bei männlichen Probanden als nicht wesentlich effektiver als ohne Zusatzgewichte. Erst schwere Zusatzlasten von 15 kg oder mehr führen zu deutlich höheren Spannungen der Bauchmuskulatur.

Gerader Crunch

- Wichtigste Übung für die gesamte Bauchmuskulatur mit sehr hoher Effektivität für den oberen und unteren Teil des geraden Bauchmuskels sowie für die schräge Bauchmuskulatur.
- Rückenlage, Beine anziehen, Hüftwinkel < 90°.
- Kopf und Schultern vom Boden abheben und eine imaginäre Wand mit den Händen wegschieben; die Lendenwirbelsäule bleibt auf dem Boden. Die Bewegungsamplitude ist relativ klein, da auch beim Zurückgehen die Schultern nicht auf dem Boden abgelegt werden sollen (es sei denn, die Kraft reicht für mehrere Wiederholungen ohne Ablegen nicht aus).
- Beim Anheben des Oberkörpers ausatmen.
- Langsame, kontrollierte, ruhige Bewegung, keine schwunghafte Übungsausführung.
- Die Intensität kann durch Veränderung der Armhaltung (Variation der Hebellänge) modifiziert werden.
- Negativ-Crunches auf einer schrägen Unterlage (z. B. schräg gestelltes Step-Aerobic-Brett) mit dem Kopf nach unten haben sich in eigenen Untersuchungen für den geraden Bauchmuskel als intensiver erwiesen als horizontal ausgeführte Crunches, für die schrägen Bauchmuskeln hingegen als weniger intensiv. Der Grund für die intensivere Beanspruchung des geraden Bauchmuskels liegt möglicherweise in dem längeren Hebel im Endpunkt der Bewegung. Die geringere Aktivierung der schrägen Bauchmuskeln ist noch nicht geklärt.

Crunch am Kabelzug | Crunch an der Bauchmuskelmaschine

- Aufrechter Kniestand vor dem Kabelzug.
- Seilenden fassen und Rumpf einrollen, wobei die Hüftgelenke möglichst gestreckt bleiben.

- Die Aktivierung der Bauchmuskulatur ist abhängig von der Maschinenkonstrukion und der Qualität der Übungsausführung.
- Aufrechter Sitz in der Maschine.
- Je nach Maschinentyp sind die Füße bzw. die Oberschenkel durch ein Haltepolster fixiert; die Hände fassen die Haltegriffe.
- Der Oberkörper wird gegen den Zugwiderstand der Arme eingerollt und anschließend wieder aufgerichtet.
- Aufgrund der Fixierung der Beine wird die Hüftbeugemuskulatur immer mit aktiviert.

Reverse Crunch (Crunch mit Anheben des Beckens)

- Nur mittelintensive Beanspruchung der Bauchmuskulatur. Auch der untere Teil des geraden Bauchmuskels, für den diese Übung üblicherweise durchgeführt wird, wird nicht stärker aktiviert als beim Geraden Crunch.
- Rückenlage, die Hände liegen hinter dem Kopf.
- Die Knie werden 1–4 cm nach oben-hinten geschoben (sehr kleine Bewegungsamplitude), wobei das Becken etwas angehoben wird.
- Langsames und kontrolliertes Beckenheben nur mit der Kraft der Bauchmuskulatur; keine ruck- und schwunghafte Bewegung.
- Als Lernhilfe hat es sich bewährt, die Knie nach oben in die Handfläche eines Partners zu drücken.

Total Crunch

- Diese Übung ist eine Kombination von Geradem Crunch und Reverse Crunch mit guter Effektivität für die gesamte Bauchmuskulatur. Die Aktivierung ist aber deutlich geringer als beim Geraden Crunch.
- Das Becken wird angehoben (Reverse Crunch) und statisch gehalten – aus dieser Position wird der Oberkörper zusätzlich im Wechsel aufgerollt und wieder etwas abgesenkt (Gerader Crunch).
- Kontinuierlich weiteratmen, keine Pressatmung.
- Als Variation kann auch zunächst der Oberkörper aufgerollt und oben gehalten werden (statisch), wobei dann zusätzlich das Becken im Wechsel etwas angehoben und gesenkt wird. Die Einrollbewegung des Oberkörpers und das Anheben des Beckens können als weitere Variante auch immer gleichzeitig erfolgen.

Crunchvarianten mit Ball und Partner

Übungen für die Bauchmuskulatur mit Kleingeräten bzw. Partnerübungen lenken vom Arbeitscharakter des Krafttrainings ab, steigern die Motivation und bieten eine große Fülle von abwechslungsreichen Übungsvarianten. Die Ausgangsposition Crunch bleibt erhalten. Als Alternative zum Gymnastikball können auch Luftballons, Zeitungsbälle, Stäbe u. Ä. verwendet werden.

Ball um Oberschenkel (oder Unterschenkel) kreisen.

Ball auf den Unterschenkel ablegen und wieder abholen.

Ball mit Einrollen des Oberkörpers von den Knien zu den Füßen rollen, beim Absenken des Oberkörpers Ball zurückrollen.

Crunchvarianten mit Ball und Partner

Den Ball um das Gesäß und unter dem Kopf rollen, ohne dass die Schultern auf dem Boden abgelegt werden.	Versuchen, mit dem Ball die Fersen links bzw. rechts zu erreichen.	Die Füße schulterbreit nebeneinander aufstellen und den Ball in einer Acht um die Oberschenkel kreisen.

Der Partner zeigt mit der Hand die Richtung an, wo der Ball vom Trainierenden mit beiden Händen abgeholt und wieder übergeben werden soll. Statische Variante: versuchen, mit der verlängerten Ausatmung den Ball gegen den Partnerwiderstand wegzuschieben.	Beide Trainierenden liegen sich gegenüber. Der Ball wird mit beiden Händen übernommen, zweimal um die eigenen Oberschenkel gekreist und wieder übergeben (Variante: statisch nur Druck gegen den Ball ausüben oder dynamisch mit zwei Bällen).	Der Partner gibt leichten Druck/Zug auf die Beine und/oder die Arme. Der Trainierende hält dagegen und lässt sich nicht verschieben.

«Käfer»

- Hocheffektive Übung für die gesamte Bauchmuskulatur.
- In der Rückenlage erfolgt ein stetiger Wechsel von Beugen und Strecken von Armen und Beinen, wie ein auf dem Rücken liegender Käfer, der mit den Beinen strampelt. Dabei werden Kopf und Schultern vom Boden abgehoben.
Durch das gestreckte, «schwebend» gehaltene Bein wird auch die Hüftbeugemuskulatur aktiviert. Das gleichzeitige starke Beugen des Hüftgelenks mit dem Gegenbein stellt jedoch sicher, dass das Becken immer aufgerichtet bleibt. Der Bewegungsausschlag kann reduziert werden, indem die Beine nicht gestreckt werden. Die Aktivität der Hüftbeugemuskulatur wird durch die kürzere Hebellänge verringert.
- Motivierende Übung durch die großen Bewegungen von Armen und Beinen.
- Es können sowohl die Höhe der Rumpfaufrichtung (Intensität) als auch die Frequenz der wechselseitigen Streckung von Armen und Beinen variiert werden. Die Übung lässt sich auch im Rhythmus der Musik ausführen.

Bodendrücker

- Gute Effektivität (bei abgehobenen Knien) für die gesamte Bauchmuskulatur.
- Bankstellung, Ellbogen leicht beugen, Blick zwischen die Hände.
- Linkes Knie und rechte Hand in den Boden drücken und umgekehrt.
- Statische Übung – Vorsicht: keine Pressatmung.
- Die Übung ist vor allem Personen zu empfehlen, die bei Crunchübungen unter Hals-, Nacken- oder Rückenbeschwerden leiden; darüber hinaus ist die Übung gleichzeitig ein gutes Training der Beckenbodenmuskulatur.
- Ausführungsvarianten:

| Beide Hände und Knie in den Boden drücken. | Hände und Fußrücken so in den Boden drücken, dass sich die Knie vom Boden lösen; die Knie auf und ab bewegen. |

Variation: Füße und Hände zueinander schieben. Bei dieser hochintensiven Form werden die Bauchmuskeln am stärksten angespannt; allerdings werden auch die Hüftbeuger (M. iliopsoas und M. rectus femoris) aktiviert.

| **Beineheben im Hang** | **Beineheben im Unterarmstütz** |

- Hochintensive und sehr effektive Übung für die gesamte Bauchmuskulatur, Top-Übung für den unteren Anteil des geraden Bauchmuskels.
- Ausgangsstellung im Hang oder im Unterarmstütz (Gerät).
- Die Beine gebeugt oder teilgestreckt anheben, das Becken aufrichten und die Lendenwirbelsäule aufrollen.
- Im höchsten Punkt kleine Hebebewegungen ausführen; die Hüftgelenke bleiben gebeugt (hoher statischer Anteil). Beine nicht fallen lassen und nicht schwunghaft wieder anheben.
- Kontinuierlich weiteratmen, keine Pressatmung.
- Im Hang die Arme lang lassen, nicht mit den Armen ziehen. Das freie Hängen erfordert eine ausreichende Hand-Unterarm-Kraft und stellt für Frauen häufig ein Problem dar.
- Mit zunehmender Streckung der Kniegelenke verlängert sich der Hebelarm, und die Intensität nimmt zu. Bei Muskelermüdung können die Kniegelenke immer mehr gebeugt werden.

Übungen für die schräge Bauchmuskulatur

Wichtige Aspekte bei den Übungen für die schräge Bauchmuskulatur

1. Alle bei der geraden Bauchmuskulatur beschriebenen Varianten des Crunch (Aufbäumen des Rumpfes) lassen sich auch mit einer Drehung verbinden. Sie werden so zu gedrehten Crunchvarianten, dem so genannten Twisted Crunch. Gedrehte Crunches aktivieren immer die linke und rechte Seite der schrägen Bauchmuskulatur gleichzeitig, weil z. B. die Drehung nach links durch Anspannung des linken schrägen inneren Bauchmuskels sowie des rechten schrägen äußeren Bauchmuskels erfolgt und umgekehrt.
2. Ebenso wie gerade Crunchvarianten die schräge Bauchmuskeln trainieren, aktivieren gedrehte Varianten auch die geraden Bauchmuskeln, da auch hier Kopf und Schultern angehoben und der Rumpf eingerollt werden muss.
3. Die intensivsten Bauchmuskelübungen für die schräge Bauchmuskulatur sind nicht die Twisted Crunches, sondern die statischen Übungen in seitlicher Ausgangsstellung, Rumpfseitheben und Seitlicher Unterarmstütz.

Gedrehter Crunch (Twisted Crunch)

- Hohe Effektivität für die gerade und die schräge Bauchmuskulatur; aber dennoch deutlich geringere Effektivität als beim Geraden Crunch.
- Das Abheben der Schultern und das Aufbäumen des Rumpfes wird mit einer Drehung verbunden, z. B. linke Schulter nach rechts drehen. Nur so weit wieder zurückgehen, dass die Schultern noch vom Boden abgehoben sind (kleine Bewegungsamplitude).
- Langsame, kontrollierte, ruhige Bewegung; keine schwung- und ruckhafte Übungsausführung; beim Heben des Oberkörpers ausatmen, beim Zurücklegen einatmen.
- Der Gedrehte Crunch kann auch als Twisted Total Crunch durchgeführt werden, wobei zunächst das Becken einige Zentimeter vom Boden abgehoben und statisch gehalten wird (koordinativ anspruchsvolle Variante). Diese Übungsausführung ergibt eine etwas höhere Aktivierung der schrägen Bauchmuskulatur.

Rumpfdrehen an Kraftmaschinen

- Die Aktivierung der schrägen Bauchmuskulatur ist abhängig von der Maschinenkonstruktion und der Qualität der Übungsausführung.
- Aufrechter Sitz in der Maschine, Beine mit dem Haltepolster fixieren.
- Der Oberkörper wird fixiert und der Unterkörper gedreht. Bei anderen Maschinenkonstruktionen wird der Unterkörper fixiert und der Oberkörper gedreht.
- An allen Maschinen soll nicht schwunghaft gearbeitet werden, sondern kontrollierte, langsame Drehbewegungen mit der Kraft der Rumpfmuskulatur ausgeführt werden.

Rumpfseitheben am Gerät	Rumpfseitheben mit Partner

• Top-Übung für die schräge Bauchmuskulatur aufgrund der isometrischen Muskelspannung und des langen Lastarms des Oberkörpers. • Seitlage mit Fixation der Beine im Gerät, die Hüfte ist gestreckt, der Rumpf hängt frei über und wird in der Schwebe gehalten. • Aus der horizontalen Position wird der Rumpf leicht angehoben und der oben liegende Arm in Richtung Knie geschoben. • Die Übung kann durch die Armhaltung intensiviert werden, z. B. beide Arme vor der Brust verschränken oder über den Kopf strecken (Verlängerung des Hebelarms), bzw. durch die Veränderung der Auflagefläche des Rumpfes (Hebellänge) oder durch die Veränderung der Aufbäumhöhe. Umgekehrt kann eine Übung entsprechend erleichtert werden.	• Sehr effektive, ebenfalls statische Variante des Rumpfseithebens. • Seitlage, die Hüfte ist gestreckt, das untere Bein ist angebeugt. • Der Partner fixiert den Fuß des oberen und den Oberschenkel des unteren gebeugten Beins. • Leichtes Aufrichten des Oberkörpers bei möglichst gestrecktem Hüftgelenk. • Die Trainingsintensität kann durch die Armhaltung und die Aufbäumhöhe variiert werden.

Rumpfseitheben ohne Gerät am Boden	Seitlicher Unterarmstütz

• Sehr effektive Übung für die schräge Bauchmuskulatur, ohne dass ein Gerät oder ein Partner notwendig ist. • Seitlage, Körper gestreckt. • Beide Beine abheben und halten, dann versuchen, den Oberkörper seitlich gegen die Beine anzuheben. • Variation über die Aufbäumhöhe und eine Veränderung des Lastarms: Erleichterung durch das Beugen der Beine, Erschwerung durch das Strecken der Arme über den Kopf.	• Sehr effektive statische Übung für die schräge Bauchmuskulatur ohne Gerät und ohne Partner. • Seitlage, Heben des Körpers in den seitlichen Unterarmstütz, wobei der gesamte Rumpf und die Beine angehoben sind; der Boden wird nur vom Unterarm und den Füßen berührt. • Statische Übung (Haltearbeit) – Vorsicht: keine Pressatmung. • Eine Intensivierung der Übung erfolgt durch das Anheben des oberen Beines und die Streckung des freien Armes über den Kopf. • Beim Unterarmstütz auf einem Bein wird das Außenband des Kniegelenkes des Stützbeines hoch belastet. Personen mit einer Außenbandschwäche sollten diese Übung vermeiden oder den gesamten Unterschenkel und das Kniegelenk als Stützfläche nutzen (seitlicher Unterarm-Unterschenkel-Stütz). Dadurch verkürzt sich der Hebelarm, und die Intensität wird reduziert, was für Personen mit einer Vorschädigung oder mit geringerer Leistungsfähigkeit sinnvoll ist.

8 Rückenmuskulatur

8.1 Rückenstrecker (M. erector spinae)

Inhaltsübersicht

Aufgaben des Rückenstreckers 152
Funktionell-anatomische Grundlagen 152
Funktionstabelle für den unteren Anteil des Rückenstreckers 152

EMG-gestützte Übungsranglisten 155
Rangliste der Übungen mit Zusatzgewicht für den Rückenstrecker, unterer Anteil 156
Rangliste der Übungen mit reduziertem Zusatzgewicht für den Rückenstrecker, unterer Anteil 157
Rangliste der Übungen ohne Zusatzgewicht für den Rückenstrecker, unterer Anteil 158

Kommentar zu den EMG-Ranglisten 159
Zusatzgewicht 159
Komplexwirkung 159
Lendenlordose 160
Stabilisierung 161
Welche Übung ist für wen geeignet? (Zielgruppenspezifik) 161
Technische Ausführung der Übungen 162
Zusammenfassung der Ergebnisse 162
Die Top-Übungen 163

Übungen für das Training des Rückenstreckers, unterer Anteil 165
Beinrück- und Rumpfhebeübungen 165
Varianten von Kniebeugeübungen 170

Aufgaben des Rückenstreckers

Funktionell-anatomische Grundlagen

Der Rückenmuskulatur kommt im Hinblick auf die Stabilisation und Beweglichkeit der Wirbelsäule beim Sport und im Alltag sowie beim Haltungsaufbau eine zentrale Bedeutung zu. Sie wird aus vielen kleineren und größeren Muskeln gebildet, die in ihrer Gesamtheit als Rückenstrecker bezeichnet werden. Der Rückenstrecker verläuft vom Hinterhaupt bis zum Becken in zwei Strängen entlang der Wirbelsäule, wobei er besonders deutlich im Bereich der Lendenwirbelsäule hervorspringt. Räumlich und funktionell lassen sich ein medialer und ein lateraler Trakt unterscheiden. Dem medialen Trakt können die kurzen Muskeln zugeordnet werden, die vorwiegend einzelne Wirbel direkt verbinden, der laterale Trakt umfasst vorwiegend die längeren Muskelzüge. Eine detaillierte Darstellung von Ursprung und Ansatz entfällt hier aufgrund der Vielzahl der Einzelmuskeln.

Funktionstabelle für den unteren Anteil des Rückenstreckers

Die Funktionstabelle zeigt, welchen Einfluss (Funktion) der Muskel bei Kraft- und Dehntraining auf die beteiligten Gelenke ausübt. Die Tabelle ermöglicht darüber hinaus die Ableitung der optimalen Kraft- und Dehnübung und eine fachliche Beurteilung (Funktionscheck) jeder Übung (vgl. Abschn. 6.2 *Muskelfunktionstabellen*).

Die folgende Funktionstabelle zeigt den Einfluss des unteren Rückenstreckers (M. erector spinae, pars lumbalis) auf die Lendenwirbelsäule (LWS) und auf die Beckenposition sowie eine Kräftigungs- und Dehnübung, die jeweils alle Funktionen berücksichtigt. Der obere Anteil des Rückenstreckers wird aus

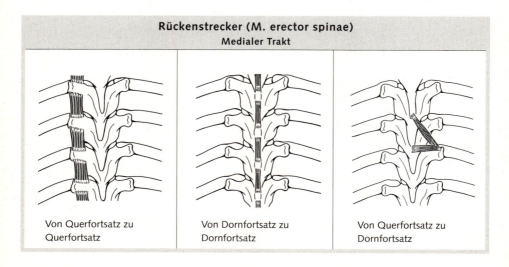

Rückenstrecker (M. erector spinae)
Medialer Trakt

| Von Querfortsatz zu Querfortsatz | Von Dornfortsatz zu Dornfortsatz | Von Querfortsatz zu Dornfortsatz |

152   RÜCKENMUSKULATUR

Rückenstrecker (M. erector spinae)
Medialer Trakt

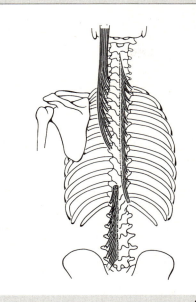

Funktion:
- Vorwiegend Halte- und Stützfunktion
- Drehbewegungen im Halsbereich

Lateraler Trakt

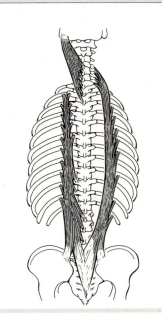

Funktion:
- Aufrichten des Rumpfes aus der Vorbeuge
- Rumpfseitneigen
- Aufrichten des Rumpfes aus der Seitneigung
- Drehung der Wirbelsäule
- Neigung des Kopfes nach hinten und Drehung

Abb. 16: Rückenstrecker, medialer und lateraler Trakt (modifiziert nach Appell / Stang-Voss 1986)

funktionellen Gründen im Abschn. 8.2 *Kapuzenmuskel und Rautenmuskeln* abgehandelt.

Der Gegenspieler (Antagonist) der unteren Rückenmuskulatur ist die Bauchmuskulatur. Die untere Rückenmuskulatur kippt das Becken und verstärkt die LWS-Lordose. Die Bauchmuskulatur richtet das Becken auf und hebt die LWS-Lordose auf. Die optimale Kräftigungsübung für die untere Rückenmuskulatur entspricht funktionell der optimalen Dehnübung der Bauchmuskulatur, und die optimale Dehnübung der unteren Rückenmuskulatur entspricht funktionell der optimalen Kräftigungsübung der Bauchmuskulatur.

UNTERER ANTEIL DES RÜCKENSTRECKERS		
Gelenk / Körperteil	**Kräftigung**	**Dehnung**
Lendenwirbelsäule (LWS) **Unterer Rücken**	• LWS-Lordose (Hohlkreuz) • Seitwärtsneigen • Stabilisieren	• LWS-Lordose aufheben (Kyphose) • Seitwärtsneigen zur Gegenseite
Becken	• Kippen • Stabilisieren	• Aufrichten
Muskel / Muskelanteil	**Optimale Kräftigungsübung**	**Optimale Dehnübung**
Unterer Anteil des Rückenstreckers	• Becken kippen • Rumpf heben und Wirbelsäule (über)strecken (LWS-Lordose)	• Kopf und Schulter nach vorn nehmen, Rumpf einrollen, ausatmen • Rückenmuskeln entspannen, die LWS-Lordose ist aufgehoben, das Becken aufgerichtet

Tab. 27: Funktionstabelle für den unteren Anteil des Rückenstreckers und Ableitung der optimalen Kräftigungs- und Dehnübung

EMG-gestützte Übungsranglisten

Die EMG-gestützten Übungsanalysen ermöglichen es, verschiedene Kraftübungen für einen Muskel zu vergleichen und eine Übungsrangliste zu erstellen. Das vollständige Untersuchungsdesign ist in Abschn. 5.3 *Übungsranglisten für einzelne Muskelgruppen* dargestellt.

Für den unteren Anteil des Rückenstreckers wurden drei Übungsranglisten aufgestellt. Die ersten beiden Ranglisten, Tab. 28 und Tab. 29, enthalten Übungen mit zusätzlicher Gewichtsbelastung durch Hanteln oder Kraftmaschinen. Die drei Übungen Kreuzheben, Kreuzheben mit gestreckten Beinen und Good Mornings werden gesondert betrachtet (vgl. Tab. 29), weil sie von dem üblichen Standardisierungsverfahren abweichen und ihre Ergebnisse nicht direkt mit den Ergebnissen anderer Übungen verglichen werden können. Um gesundheitliche Risiken bei den Probanden auszuschließen, wurde bei der Übung Kreuzheben die Zusatzlast auf das Körpergewicht der Probanden beschränkt. Bei den Übungen Kreuzheben mit gestreckten Beinen und Good Mornings wurde nur das halbe Körpergewicht verwendet. Die dritte Übungsrangliste (Tab. 30) enthält Übungen, bei denen das eigene Körpergewicht und die willkürliche individuelle Muskelanspannung den Widerstand darstellen. Die Trainingsintensitäten dürften bei Unterschieden im Körpergewicht sowie in der Erfahrung mit Krafttraining und der Motivation recht verschieden sein. Alle drei Übungsranglisten wurden mit dem gleichen Probandengut durchgeführt, sodass die Übungsranglisten dennoch direkte Vergleiche möglich machen.

Rangliste der Übungen mit Zusatzgewicht für den Rückenstrecker, unterer Anteil

Rang-platz	Abbildung	Bezeichnung	$\bar{x}R$	$\bar{x}EMG$
1		Beinrückheben kombiniert mit Beinbeugen an der Leg-Curl-Maschine*	1,0	394
2		Kniebeuge mit der Langhantel	2,2	251
3		Beinpressen	2,9	192

*Das Rückheben der gestreckten Beine an der Beinbeugemaschine ohne die Koppelung mit dem Beinbeugen erzeugt im unteren Anteil des Rückenstreckers eine etwas geringere Muskelaktivität als eine Übungsausführung mit Beinbeugen, obwohl die gestreckten Beine einen längeren Hebelarm darstellen. Der Grund für dieses Ergebnis liegt darin, dass bei gebeugten Beinen eine stärkere Lordosierung der Lendenwirbelsäule erfolgt und damit der Rückenstrecker stärker aktiviert wird.

Tab. 28: EMG-gestützte Rangliste von Übungen mit Gewichtsbelastung für den unteren Anteil des Rückenstreckers nach dem durchschnittlichen Rangplatz ($\bar{x}R$) und der durchschnittlichen EMG-Aktivität in μV ($\bar{x}EMG$); n = 10

Rangliste der Übungen mit reduziertem Zusatzgewicht
für den Rückenstrecker, unterer Anteil

Rang-platz	Abbildung	Bezeichnung	$\bar{x}$R	$\bar{x}$EMG
1		Kreuzheben (100% des Körpergewichts)	1,0	288
2		Kreuzheben mit gestreckten Beinen (50% des Körpergewichts)	2,1	164
3		Good Mornings mit der Langhantel (50% des Körpergewichts)	2,9	118

Tab. 29: EMG-gestützte Rangliste von Übungen mit reduzierter Gewichtsbelastung (um gesundheitliche Risiken zu vermeiden) für den unteren Anteil des Rückenstreckers nach dem durchschnittlichen Rangplatz ($\bar{x}$R) und der durchschnittlichen EMG-Aktivität in μV ($\bar{x}$EMG); n = 10

Rangliste der Übungen ohne Zusatzgewicht für den Rückenstrecker, unterer Anteil

Rang-platz	Abbildung	Bezeichnung	x̄R	x̄EMG
1		Beinrückheben einbeinig in Bauchlage mit Endkontraktion	2,3	159
2		Beckenlift mit Fersenzug, Kniewinkel 100°	2,4	157
3		Rumpfheben	2,4	153
4		Beckenlift ohne Fersenzug, Kniewinkel 100°	3,5	129

158   RÜCKENMUSKULATUR

Rang-platz	Abbildung	Bezeichnung	x̄R	x̄EMG
5		Beinrückheben einbeinig auf der Bank, Becken aufgerichtet, mit End-kontraktion	5,2	93
6		Beinrückheben einbeinig bis in die Waagerechte am Boden in Bankstellung, Becken aufgerichtet	5,9	49
7		Armrückheben beidarmig (Adler)	6,4	42

Tab. 30: EMG-gestützte Rangliste von Übungen ohne zusätzliche Gewichtsbelastung für den unteren Anteil des Rückenstreckers nach dem durchschnittlichen Rangplatz (x̄R) und der durchschnittlichen EMG-Aktivität in µV (x̄EMG); n = 10

Kommentar zu den EMG-Ranglisten

Zusatzgewicht

Übungen mit Zusatzgewicht sind in den meisten Fällen intensiver als Übungen mit dem Körpergewicht. Die Übungen **Beinrückheben an der Leg-Curl-Ma**schine, **Kreuzheben**, **Kniebeuge mit der Langhantel** und **Beinpressen** sind insgesamt die effektivsten Übungen.

Komplexwirkung

Die Mehrzahl der Übungen für die untere Rückenmuskulatur sind Komplexübungen, die nicht nur den unteren

RÜCKENSTRECKER 159

> Die meisten effektiven Übungen für den unteren Anteil des Rückenstreckers sind **Komplexübungen**, die gleichzeitig mehrere Muskelgruppen trainieren.

> **Die Übung Beinrückheben kombiniert mit Beinbeugen und Gewichtsbelastung** aktiviert den unteren Anteil des Rückenstreckers bei weitem am stärksten.

Rückenstrecker trainieren, sondern gleichzeitig mehrere Muskelgruppen erfassen. Alle Beinrückhebe- und Rumpfhebeübungen beanspruchen neben der unteren Rückenmuskulatur auch den großen Gesäßmuskel und die Muskeln der Oberschenkelrückseite. Mit den Übungen Kniebeuge, Kreuzheben und Beinpressen werden vor allem die Muskeln der Oberschenkelvorderseite (M. quadriceps femoris), die Gesäßmuskeln und der untere Rückenstrecker trainiert.

Lendenlordose

Die Übungen, die ein Kippen des Beckens und eine Überstreckung der Lendenwirbelsäule (verstärkte Hohlkreuzposition oder Hyperlordose) ermöglichen, erzielen die höchsten Muskelspannungen für den unteren Rücken und können als hocheffektive Trainingsübungen angesehen werden. Die Übung Beinrückheben kombiniert mit Beinbeugen und Gewichtsbelastung ist mit Abstand am intensivsten, und die Übung Beinrückheben einbeinig in Bauchlage führt die Rangliste der Übungen ohne Zusatzgewicht an (vgl. Tab. 30). Wenn durch das Zur-Brust-Ziehen eines Oberschenkels das Becken aufgerichtet und die Lendenlordose ausgeschlossen wird, können die Muskeln des unteren Rückens nicht so hohe Muskel-

spannungen erreichen. Dies zeigen die deutlich geringeren EMG-Messwerte der Übungen Beinrückheben einbeinig auf der Bank und auf dem Boden (vgl. Tab. 30, Rangplätze 5 und 6).

Übungen, bei denen die Streckung der Wirbelsäule in eine Überstreckung oder Hyperlordosierung weitergeführt wird, werden allerdings häufig als unfunktionelle Übungen bezeichnet und abgelehnt, weil ein Zusammenhang zwischen der Lordosierung der Lendenwirbelsäule und der Volkskrankheit Rückenschmerzen angenommen wird. Dieses Problem bedarf einer differenzierten Betrachtung. Rückenschmerzen sind selten auf eine einzige Ursache zurückzuführen, sondern sind häufig durch Bewegungsmangel und hiermit einhergehende muskuläre Defizite, lang andauernde sitzende Tätigkeiten, falsches Alltagsverhalten oder einseitige Belastungen und die zahlreichen Folgeerscheinungen dieses Fehlverhaltens bedingt. Unsere Wirbelsäule ist dazu geschaffen, den Bewegungsspielraum von «rund bis hohl» (Kyphose bis Lordose) abzudecken. Aus physiologischer Sicht nimmt die Intensität der Muskelaktivität mit zunehmender Streckung der Wirbelsäule bis zur vollständigen Streckung zu. Die Bedenken gegenüber einer Überstreckung der Lendenwirbelsäule bei korrekt ausgeführten Kräftigungsübungen sind zumindest bei Personen ohne Beschwerden im unteren Rücken vielfach unbegründet (vgl. S. 141). Anders liegt der Sachverhalt bei Dehnübungen mit starker Hohlkreuzbildung, bei denen keine muskuläre Stabilisierung vorliegt, sondern vorwiegend der Bandapparat der Lendenwirbelsäule durch Dehnspannungen belastet wird. Hier sollte der Grundsatz «keine Überstreckung der Lendenwirbelsäule» durchaus eingehalten und Dehnübungen in die Lendenlordose vermieden werden.

> Kraftübungen in die **Überstreckung der Lendenwirbelsäule** aktivieren den unteren Anteil des Rückenstreckers stärker als Übungen ohne verstärkte Lendenlordosierung. Eine Überstreckung der Lendenwirbelsäule ist aus gesundheitlicher Sicht nicht pauschal abzulehnen.

Für jedes gesundheitsorientierte Training gilt die Aussage: «Beschwerden dürfen weder beim Üben oder unmittelbar danach noch am nächsten Tag auftreten, und bereits vorhandene Beschwerden dürfen sich nicht verschlimmern.» Ist dies dennoch der Fall, so ist die Übungsausführung zu überprüfen, die Intensität zu verringern oder die Übung durch eine Alternativübung zu ersetzen.

Stabilisierung

Neben der Lordosierung der Lendenwirbelsäule haben die unteren Rückenmuskeln die wichtige Funktion, das Becken

> Das technisch korrekte, «rückengerechte» Heben von Gewichten unter Berücksichtigung der individuellen Leistungsfähigkeit und Belastbarkeit ist eine der wichtigsten Übungen sowohl im gesundheitsorientierten Üben (Rückenschule) als auch im leistungsorientierten Krafttraining (z. B. Kreuzheben als eine Disziplin des Kraftdreikampfs).

und die Wirbelsäule zu stabilisieren. Diese Aufgabe erfüllen sie vor allem bei den Übungen Kreuzheben, Kniebeuge, Beinpressen und Good Mornings. Da bei diesen Übungen z. T. sehr hohe Gewichte bewältigt werden können, werden auch sehr hohe Stabilisierungsspannungen benötigt. Die Übungen Kreuzheben, Kniebeuge und Beinpressen nehmen nach der durchschnittlichen EMG-Aktivität die Plätze 1, 2 und 3 (vgl. Tab. 28 und 29) ein. Sie sind deshalb als hocheffektive und hoch belastende Trainingsübungen für den unteren Rücken zu betrachten. Dieser Aspekt wird bei ihrem Einsatz häufig vernachlässigt, weil sie vorrangig als Übungen für das Training der Beinstreck- und Gesäßmuskulatur eingesetzt werden.

Welche Übung ist für wen geeignet? (Zielgruppenspezifik)

Die EMG-Übungsranglisten können in zweifacher Weise genutzt werden. Leistungssportler und Fortgeschrittene können die hochintensiven Übungen auf den ersten Plätzen der Rangliste wählen, um ihr Training möglichst intensiv und effektiv zu gestalten. Ihr Körper ist an hohe Belastungen gewöhnt und benötigt starke Trainingsreize, um weitere Anpassungserfolge zu erreichen. Anfänger und Personen mit Beschwerden am Bewegungsapparat sollten dagegen zu Beginn hochintensive Übungen mit großen Zusatzgewichten meiden und ihre Leistungs- und Belastungsfähigkeit schrittweise erhöhen, indem sie zunächst weniger intensive Übungen, z. B. ohne Zusatzgewichte (vgl. Tab. 30), auswählen. Mit zunehmender Leistungsfähigkeit können sie zu den intensiven Übungen auf den vorderen Plätzen der Übungsrangliste übergehen.

Technische Ausführung der Übungen

Die effektivsten Übungen für den unteren Rücken sind technisch anspruchsvoll, und es ist nicht einfach, sie korrekt auszuführen. Die korrekte Technik muss durch gut ausgebildete Trainer gelehrt werden, und es bedarf eines längeren Lern- und Übungsprozesses, bevor diese schwierigen Übungen auch mit höheren Gewichten risikolos bewältigt werden können. Dies gilt vor allem für die Übungen Kniebeugen mit Gewicht, alle Varianten des Kreuzhebens und Good Mornings. Technikfehler bei der Übungsausführung können beim Einsatz hoher Zusatzgewichte zu Fehlbelastungen der Lendenwirbelsäule und zu schweren Verletzungen führen (z. B. Bandscheibenvorfall). Der untere Rücken ist bei allen Hebeübungen gerade zu halten (physiologische Lordose), und ein Runden der Lendenwirbelsäule ist unbedingt zu ver-

meiden (vgl. die Beschreibung der korrekten Ausführung der Übungen für die untere Rückenmuskulatur).

Zusammenfassung der Ergebnisse

- Die meisten effektiven Übungen für den unteren Anteil des Rückenstreckers sind Komplexübungen, die zusätzlich andere Muskelgruppen trainieren.
- Die Übung Beinrückheben mit Gewichtsbelastung kombiniert mit Beinbeugen aktiviert den unteren Anteil des Rückenstreckers am stärksten.
- Kraftübungen mit einer Verstärkung der Lendenlordosierung aktivieren den unteren Anteil des Rückenstreckers stärker als Übungen ohne Überstreckung der Lendenwirbelsäule. Übungen mit gebeugten Hüftgelenken sind dabei aus gesundheitlicher Sicht günstiger, weil sie nur eine begrenzte Lendenlordosierung zulassen (vgl. Abschn. *Lendenlordose*, S. 160).
- Technisch korrektes, rückengerechtes Heben ist eine sehr effektive und wichtige Rückenübung sowohl im Gesundheits- als auch im Leistungssport.
- Alle Kniebeuge-Varianten, Kreuzheben, Beinpressen und Good Mornings, sind gleichzeitig hochintensive Stabilisierungsübungen für die Rückenmuskulatur. Die technisch korrekte Übungsausführung muss bei diesen Übungen, bei denen hohe Gewichte bewältigt werden, besonders sorgfältig erlernt und beachtet werden.

Die Top-Übungen

Die effektivsten Übungen für die Muskeln des unteren Rückens lassen sich in zwei Gruppen einteilen: Übungen, bei denen die Lordosierung der Lendenwirbelsäule konsequent Berücksichtigung findet, und Übungen, bei denen die Stabilisierung des Beckens und der Wirbelsäule im Mittelpunkt steht. Beide Übungsgruppen können jeweils durch Erhöhung der Zusatzlasten bzw. Verlängerung der Arbeitshebel intensiviert werden.

	\multicolumn{2}{c}{**Top-Übungen für den unteren Anteil des Rückenstreckers mit Lordosierung der Lendenwirbelsäule (M. erector spinae, pars lumbalis)**}
1		**Beinrückheben kombiniert mit Beinbeugen und Gewichtsbelastung an der Leg-Curl-Maschine** Diese Übung ist aufgrund des langen Hebels mit Zusatzlast und der Lordosierung der Lendenwirbelsäule die wirksamste Komplexübung für die Muskeln des unteren Rückens, des Gesäßes und der Oberschenkelrückseite.
2		**Erektoren-Crunch** (vgl. Koch 1998) Die Muskeln von Gesäß und Oberschenkelrückseite können wegen der Beugung des Hüftgelenks nicht wirksam eingesetzt werden, sodass das Strecken des Rumpfes vorwiegend vom Rückenstrecker geleistet wird.
3		**Beinrückheben einbeinig oder beidbeinig am Boden** Diese Ausführungsvariante ist eine effektive Übung ohne Gerät, die auch hervorragend für das Heimtraining geeignet ist.

RÜCKENSTRECKER   163

Top-Übungen mit Stabilisierung der Wirbelsäule und des Beckens
Diese Komplexübungen beanspruchen zusätzlich den großen Gesäßmuskel und die Oberschenkelvorderseite

1

Kreuzheben
Vorsicht, die Übung stellt bei fehlerhafter Hebetechnik mit rundem Rücken ein großes Verletzungsrisiko dar und ist deshalb nur für Geübte empfehlenswert. Bei korrekter Technik und einem der Leistungsfähigkeit angepassten Gewicht entfaltet das Kreuzheben exzellente Komplexwirkungen für den unteren Teil des Rückenstreckers, den großen Gesäßmuskel, den Quadrizeps und die Muskulatur des Schultergürtels.

2

Kniebeuge mit der Langhantel
Wie das Kreuzheben erfordert auch die Kniebeuge eine gewissenhafte Schulung, um das Verletzungsrisiko zu minimieren. Die Übung ist deshalb für die Gelegenheitstrainierenden nicht geeignet, die auch häufig vom Druckschmerz der Hantel auf die Nackenmuskulatur abgeschreckt werden. Für Trainierte ist die Kniebeuge allerdings die Kraftübung für die Muskulatur des Unterkörpers schlechthin mit ausgezeichneter Komplexwirkung auch für die Stabilisationskräfte des unteren Rückens.

3

Good Mornings
Die Übung ist der obere, leichtere Teil der Übung Kreuzheben. Die Hantel wird nur bis Kniehöhe gesenkt, wodurch die technische Ausführung wesentlich einfacher wird. Dennoch ist gewissenhaft auf eine gerade Rückenhaltung zu achten. Die Belastung kann durch unterschiedliche Beugetiefe und Gewichte gut dosiert werden. Der untere Anteil des Rückenstreckers wird effektiv trainiert.

4

Beinpressen
Das Beinpressen ist die Fitnesstrainingsübung Nr. 1 für die Beinmuskulatur, weil in sicherer Position auf der Maschine eine hohe Last bewältigt werden kann. Dabei muss die Rumpfmuskulatur erhebliche Stabilisationsarbeit leisten, und der Rückenstrecker wird gut mittrainiert.

Übungen für das Training des Rückenstreckers, unterer Anteil

Die Übungen für den unteren Rückenstrecker (M. erector spinae, pars lumbalis) werden aufgrund struktureller Merkmale in zwei Gruppen eingeteilt: Beinrück- bzw. Rumpfhebeübungen und Kniebeugeübungen. Jeder Übungsgruppe werden zunächst wichtige gemeinsame Aspekte vorangestellt, bevor die einzelnen Übungen detailliert beschrieben werden.

Beinrück- und Rumpfhebeübungen

Wichtige Aspekte bei Beinrück- und Rumpfhebeübungen

1. Alle Varianten von Beinrück- und Rumpfhebeübungen aktivieren den unteren Anteil des Rückenstreckers intensiv. Es handelt sich um Komplexübungen, die die Oberschenkelrückseite und den großen Gesäßmuskel mittrainieren.
2. Die Übung Beinrückheben an Maschinen kombiniert mit Beinbeugen ist die Top-Übung für den unteren Rückenstrecker.
3. Die starke Aktivierung des unteren Anteils des Rückenstreckers hat mehrere Gründe:
   - Die angehobenen und gebeugten Beine ermöglichen eine stärkere Lordosierung der Lendenwirbelsäule als nur das Rückheben der gestreckten Beine. Die Verstärkung der Lendenlordose ist für eine starke Muskelaktivierung entscheidend.
   - Beinrück- bzw. Rumpfhebeübungen weisen intensive, statische Bewegungsanteile auf, da häufig mit kleiner Bewegungsamplitude bzw. isometrisch trainiert wird.
   - Endkontraktionen (zusätzliche Bewegungen mit sehr kleiner Bewegungsamplitude in der Überstreckung bzw. am Bewegungsendpunkt) intensivieren die Übung zusätzlich.
4. Die Aktivierung nimmt umso mehr zu, je stärker die Bewegung in die Überstreckung des Hüftgelenks durchgeführt wird, d. h. je stärker ins Hohlkreuz gezogen wird. In der Sportpraxis wird eine Bewegungsausführung, die in ein starkes Hohlkreuz führt, häufig vermieden, da ein Zusammenhang zwischen der Hyperlordosierung der Lendenwirbelsäule und Rückenbeschwerden angenommen wird, welcher bei gesunden Personen bisher aber empirisch nicht belegt ist. Die Frage, wie stark in die Lordosierung hineintrainiert werden darf, lässt sich pauschal nicht beantworten, sondern hängt von den individuellen Voraussetzungen des Trainierenden ab. Angemessene Gewichts- oder Partnerwiderstände bei gestrecktem Hüftgelenk können eine fehlende Überstreckung im Hüftgelenk z. T. kompensieren. Eine verstärkte Lordosierung kann auch durch einbeinige Übungsausführung bei gleichzeitigem Anziehen eines Beines unter den Körper (Aufrichten des Beckens) vermieden werden, wobei allerdings die Aktivierung des unteren Anteils des Rückenstreckers etwas abnimmt.
5. Es muss auf eine gleichmäßige Atmung während des Bewegungsablaufes geachtet werden. Die Gefahr der Pressatmung ist besonders groß, da die meisten Übungen hohe statische Anteile aufweisen.
6. Im unteren Rücken kann es während der Übungsausführung leicht zu Verkrampfungen kommen. In diesem Fall oder bei Schmerzen ist die Übung zu beenden.

Beinrückheben kombiniert mit Beinbeugen an der Leg-Curl-Maschine im Liegen

- Intensivste Übung für den unteren Anteil des Rückenstreckers.
- Die Position der Fußpolster so wählen, dass sie direkt oberhalb der Ferse liegen. Das Gerät, wenn möglich, so einstellen, dass die Bewegung mit leicht gebeugten Kniegelenken begonnen werden kann, um eine Überstreckung der Kniegelenke zu vermeiden.
- Abheben der Oberschenkel von der Unterlage (Beinrückheben) und Beugen der Kniegelenke.
- Das Gewicht sollte so gewählt werden, dass es eine angemessene Belastung für die Rückenmuskulatur darstellt und sich nicht an der Kraft des großen Gesäßmuskels bzw. der Oberschenkelrückseite orientiert.
- Bei Personen mit schwacher unterer Rückenmuskulatur kann es zu Verspannungen kommen. In diesen Fällen sollte der untere Rückenstrecker zuerst mit weniger intensiven Übungsvarianten trainiert werden.
- Bei gut ausgeprägter Rückenmuskulatur ist als Variante eine Kombination mit der Übung Beinbeugen empfehlenswert, um gleichzeitig die ischiocrurale Muskulatur optimal zu trainieren. Die Knie werden dabei zusätzlich gebeugt und gestreckt, wobei die Oberschenkel die ganze Zeit angehoben bleiben.

Die folgenden **Varianten der Übung Beinrückheben** sind in den Abschnitten mit Übungen für das Training des großen Gesäßmuskels bzw. der ischiocruralen Muskulatur (vgl. Abschn. 9.1 *Großer Gesäßmuskel* und 9.3 *Muskulatur der Oberschenkelrückseite*) detailliert beschrieben.

Beinrückheben am Kabelzug

Beinrückheben an der Hüftpendelmaschine

Beinrückheben einbeinig oder beidbeinig am Boden	Beinrückheben einbeinig im Unterarmstütz

Beinrückheben einbeinig oder beidbeinig auf einer Bank	Beckenlift mit Fersenzug

Rumpfheben (Hyperextension)

- Nur mittelmäßig effektive Übung, wenn der Rumpf nur bis in die Waagerechte gehoben wird. Je mehr in die Überstreckung trainiert wird, desto stärker wird der untere Anteil des Rückenstreckers aktiviert. Aufgrund des gestreckten Hüftgelenks wird von einer maximalen Überstreckung ins extreme Hohlkreuz jedoch abgeraten, um das Risiko der Verstärkung von Rückenbeschwerden zu vermeiden.
- Der Rumpf liegt auf einer Hyperextensionsbank, die Beine sind fixiert.
- Beugung und Streckung im Hüftgelenk, wobei der Rumpf mit gekipptem Becken (Hohlkreuz) und geradem Rücken gesenkt und gehoben wird.
- Die in der Praxis häufig durchgeführte Variante, die gerundete Wirbelsäule Wirbel für Wirbel aufzurollen, kann vor allem bei langem Hebel oder Zusatzgewicht möglicherweise eine erhöhte Bandscheibenbelastung bedeuten. Eine Übungsausführung mit geradem Rücken vermeidet dieses Risiko.
- Die Intensität kann durch ein Strecken der Arme nach vorn (Verlängerung des Hebelarms) ebenso erhöht werden wie durch eine Übungsausführung mit Zusatzgewicht (z. B. eine Hantelscheibe vor der Brust).
- Eine Verringerung der Intensität wird durch eine Verkürzung der Hebellänge (das Überragen des Rumpfes wird verkürzt) erreicht. Allerdings ist dann lediglich ein statisches Halten des Rumpfes möglich, weil durch das Aufliegen des Hüftgelenks ein Beugen unmöglich ist.

Erektoren Crunch

 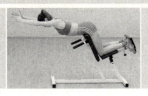

- Sehr intensive Übung für den geraden Rückenstrecker.
- Kniestand und Fußfixation im Trainingsgerät; durch die Position im Gerät ist das Hüftgelenk in gebeugter Stellung fixiert.
- Das Becken wird gekippt, die Lendenwirbelsäule möglichst stark lordosiert und der Rumpf in waagerechter Position aufgerichtet. Ein zu starkes Hohlkreuz ist aufgrund der Ausgangsstellung mit 90° gebeugtem Hüftgelenk nicht möglich. Die Bewegungsamplitude ist klein, sodass die Übung hohe statische Anteile aufweist.
- Die Kraftentfaltung erfolgt fast ausschließlich im Bereich der Rückenmuskulatur, da im Gegensatz zu der Übung Hyperextension der große Gesäßmuskel und die Oberschenkelrückseite hier wegen der Beugung im Hüftgelenk nicht wirksam eingesetzt werden können.
- Eine Ausführungsvariante besteht darin, während der Übung die statische, lordosierte Endstellung mit einer Entlastungsphase mit rundem Rücken und aufgerichtetem Becken abzuwechseln. Dieser Phase folgen wiederum die Beckenkippung und Rückenstreckung. Die Krafteinwirkung auf den gerundeten unteren Rücken mit langem Hebel oder Zusatzgewicht kann möglicherweise eine erhöhte Bandscheibenbelastung bedeuten.
- Wenn die Übung falsch ausgeführt wird, indem der Rumpf deutlich über die Waagerechte hinaus angehoben wird, verringert sich der Lastarm, und die Aktivierung des unteren Anteils des Rückenstreckers nimmt ab.
- Durch ein Strecken der Arme nach vorn (Verlängerung des Hebelarms) kann die Intensität genauso erhöht werden wie durch eine Übungsdurchführung mit Zusatzgewicht (z. B. eine Hantelscheibe vor der Brust).

Rückenstreckmaschine

- Effektive Übungsvariante.
- Aufrechter Sitz in der Maschine, die Füße stützen auf dem Fußbrett ab. Der Sitz wird so eingerichtet, dass sich die Hüftgelenke als Drehpunkt des Oberkörpers auf Höhe der Drehachse des Trainingshebels befinden.
- Der Oberkörper ist mit geradem Rücken nach vorn gebeugt, das Widerstandspolster liegt auf dem oberen Rücken.
- Rumpfmuskulatur anspannen und mit geradem Oberkörper nach hinten gegen das Widerstandspolster drücken.
- Die Abwärtsbewegung muss rechtzeitig kontrolliert abgebremst werden, um ein «Durchsacken» nach unten (vorn) zu vermeiden.

Rudern sitzend statisch

- Effektive statische Übung für den unteren Rücken.
- Es wird ein Gewicht verwendet, das nicht dynamisch bewältigt werden kann.
- Zuggriffe fassen, Rücken gerade, Rumpfmuskulatur anspannen und gegen den unüberwindlichen Widerstand anziehen.
- Die Übung kann am Kabelzug oder an Rudermaschinen durchgeführt werden.

Varianten von Kniebeugeübungen

Wichtige Aspekte bei Varianten von Kniebeugeübungen für den unteren Rückenstrecker

1. Beinpressen, Kniebeugen mit Langhantel und Kreuzheben sind wichtige Beinkraftübungen mit komplexer Wirkung vor allem für die Oberschenkelvorderseite (M. quadriceps femoris), den großen Gesäßmuskel und den unteren Anteil des Rückenstreckers.
2. Mit Ausnahme der Übung Beinpressen an Maschinen sind alle Kniebeugevarianten koordinativ schwierige Übungen, die bei technisch falscher Ausführung besonders für die Lendenwirbelsäule ein Verletzungsrisiko mit sich bringen («sich verheben»). Die detaillierten Technikhinweise und Übungsbeschreibungen finden sich im Abschn. 9.2 *Vierköpfiger Oberschenkelmuskel*.

Kniebeuge mit Langhantel | Kreuzheben

Good Mornings | Beinpressen

8.2 Kapuzenmuskel (M. trapezius) und Rautenmuskeln (Mm. rhomboidei)

Inhaltsübersicht

Aufgaben des Kapuzenmuskels und der Rautenmuskeln 172
Funktionell-anatomische Grundlagen 172
Funktionstabelle 173

EMG-gestützte Übungsranglisten 176
Rangliste der Übungen für den Kapuzenmuskel, oberer Anteil 177
Rangliste der Übungen für den Kapuzenmuskel, mittlerer Anteil 178
Rangliste der Übungen mit Zusatzgewicht für den
Kapuzenmuskel, unterer Anteil 179
Rangliste der Übungen mit eigenem Körpergewicht für den
Kapuzenmuskel, unterer Anteil 181

Kommentar zu den EMG-Ranglisten 181
Komplexübungen oder isolierende Spezialübungen? 181
Übungen für den Kapuzenmuskel, oberer Anteil 182
Übungen für den Kapuzenmuskel, mittlerer Anteil 182
Übungen für den Kapuzenmuskel, unterer Anteil 184
Zusammenfassung der Ergebnisse 186
Die Top-Übungen 187

**Übungen für das Training des Kapuzenmuskels und
der Rautenmuskeln 189**
Übungen für den Kapuzenmuskel, oberer Anteil, und
die Rautenmuskeln 190
Übungen für den Kapuzenmuskel, mittlerer Anteil, und
die Rautenmuskeln 191
Übungen für den Kapuzenmuskel, unterer Anteil 197

Aufgaben des Kapuzenmuskels und der Rautenmuskeln

Funktionell-anatomische Grundlagen

Der Kapuzenmuskel (M. trapezius) und die Rautenmuskeln (Mm. rhomboidei) gehören zur Schultergürtelmuskulatur. Der M. trapezius bedeckt den oberen Teil des Rückens. Entsprechend den unterschiedlichen Verlaufsrichtungen der Muskelfasern unterscheidet man einen oberen, absteigenden Anteil (pars descendens), einen mittleren, quer verlaufenden Anteil (pars transversa) und einen unteren, aufsteigenden Anteil (pars ascendens).

Der große und kleine Rautenmuskel (Mm. rhomboidei) liegen unter dem M. trapezius und sind von außen nicht sichtbar.

Dem quer verlaufenden Anteil des M. trapezius und den Mm. rhomboidei kommt vor allem im Hinblick auf die Körperhaltung (Haltungsaufbau) eine besondere Bedeutung zu, da sie die Schulterblätter nach hinten ziehen und ausgleichend auf eine zu starke Brustkyphose (Rundrücken) wirken.

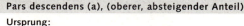

Kapuzenmuskel (M. trapezius)
Pars descendens (a), (oberer, absteigender Anteil)
Ursprung: • Halswirbel Ansatz: • Schlüsselbein (clavicula) und Schulterhöhe (acromion) Funktion: • Schultern nach oben ziehen (Elevation) • Hilft bei Drehung des Schulterblattes, um den Arm über 90° zu heben • Neigen des Kopfes zur Seite
Pars transversa (b), (mittlerer, quer verlaufender Anteil)
Ursprung: • Obere Brustwirbel Ansatz: • Schulterhöhe (acromion) Funktion: • Schultern nach hinten ziehen (Retraktion)
Pars ascendens (c), (unterer, aufsteigender Teil)
Ursprung: • 3.–12. Brustwirbel Ansatz: • Schulterblattgräte (spina scapulae) Funktion: • Schultern nach unten ziehen (Depression) • Hilft bei Drehung des Schulterblattes, um den Arm über 90° zu heben

Abb. 17: Kapuzenmuskel (modifiziert nach Rohen 1998)

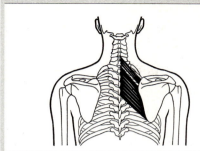

Rautenmuskeln (Mm. rhomboidei)

Ursprung:
- 6. Halswirbel bis 4. Brustwirbel

Ansatz:
- Innerer (medialer) Rand des Schulterblattes (scapula)

Funktion:
- Schultern nach hinten-oben ziehen
- Fixation des Schultergürtels

Abb. 18: Rautenmuskeln (modifiziert nach Rohen 1998)

Funktionstabelle

Die Funktionstabelle zeigt, welchen Einfluss (Funktion) der Muskel bei Kraft- und Dehntraining auf die beteiligten Gelenke ausübt. Die Tabelle ermöglicht darüber hinaus die Ableitung der optimalen Kraft- und Dehnübung und eine fachliche Beurteilung (Funktionscheck) jeder Übung (vgl. Abschn. 6.2 *Muskelfunktionstabellen*).

Die folgenden drei Funktionstabellen zeigen, dass wir einen oberen, einen mittleren und einen unteren Anteil des Kapuzenmuskels mit unterschiedlichen Verlaufsrichtungen der Muskelfasern und z. T. gegensätzlichen Funktionen unterscheiden müssen. Die jeweils optimale Kraft- und Dehnübung stellt eine konsequente Umsetzung der funktionellen Anatomie in die Trainingspraxis dar.

KAPUZENMUSKEL, OBERER, ABSTEIGENDER ANTEIL (M. TRAPEZIUS, PARS DESCENDENS)

Körperteil	Kräftigung	Dehnung
Schulter	• Hochziehen der Schultern	• Senken der Schultern
Schulterblatt	• Unterstützung der Schulterblatt-drehung durch Hochziehen der Schulterhöhe (acromion)	• Senken der Schulter
Halswirbelsäule (HWS), Kopf	• Neigen des Kopfes zur Seite	• Neigen des Kopfes zur Gegen-seite

Muskel / Muskelgruppe	Optimale Kräftigungsübung	Optimale Dehnübung
Kapuzenmuskel, oberer, absteigender Anteil	Schulterheben mit Kurzhanteln • Schultern heben	• Schulter senken, unterstützt durch Zug des Armes nach unten • Kopf zur Gegenseite neigen

Tab. 31: Funktionstabelle für den Trapezius, oberer, absteigender Anteil und Ableitung der optimalen Kräftigungs- und Dehnübung

174 RÜCKENMUSKULATUR

KAPUZENMUSKEL, MITTLERER, QUER VERLAUFENDER ANTEIL (M. TRAPEZIUS, PARS TRANSVERSA)

Körperteil	Kräftigung	Dehnung
Schulter	• Nach-hinten-Ziehen der Schultern	• Nach-vorn-Ziehen der Schultern

Muskel / Muskelgruppe	Optimale Kräftigungsübung	Optimale Dehnübung
Kapuzenmuskel, mittlerer, quer verlaufender Anteil	Reverse Flys • Winkel zwischen Oberarm und Rumpf in Endstellung 90° • Schultern nach hinten, Schulterblätter zur Wirbelsäule ziehen • «Stolz werden»	 • Oberen Rücken rund machen • Schultern nach vorn ziehen

Tab. 32: Funktionstabelle für den Trapezius, mittlerer, quer verlaufender Anteil und Ableitung der optimalen Kräftigungs- und Dehnübung

KAPUZENMUSKEL, UNTERER, AUFSTEIGENDER ANTEIL (M. TRAPEZIUS, PARS ASCENDENS)		
Körperteil	**Kräftigung**	**Dehnung**
Schulter	• Senken der Schultern, z. B. im Stütz oder im Hang	• Hochziehen der Schultern
Schulterblatt	• Unterstützung der Schulterblattdrehung durch Herabziehen der oberen Schulterblattecke, dadurch Unterstützung des Hebens des Armes vor-hoch über 90°	• Unterstützung der Schulterblattdrehung in die Gegenrichtung, dadurch Unterstützung der Senkung des erhobenen Armes
Muskel / Muskelgruppe	**Optimale Kräftigungsübung**	**Optimale Dehnübung**
Kapuzenmuskel, unterer, aufsteigender Anteil	Reverse-Flys Oberarm-Rumpf-Winkel > 90° • Arme rück-hoch heben • Oberarm außenrotieren	 • Hochziehen der Schulter • Diagonaler Zug des gesenkten Armes (Griff an der Sitzfläche) • Oberarm innenrotieren

Tab. 33: Funktionstabelle für den Trapezius, unterer, aufsteigender Anteil, und Ableitung der optimalen Kräftigungs- und Dehnübung

EMG-gestützte Übungsranglisten

Die EMG-gestützten Übungsanalysen ermöglichen es, verschiedene Kraftübungen für einen Muskel zu vergleichen und eine Übungsrangliste zu erstellen. Das vollständige Untersuchungsdesign ist in Abschn. 5.3 *Übungsrang-* *listen für einzelne Muskelgruppen* dargestellt.

Die drei Anteile des Kapuzenmuskels, oberer, absteigender Anteil (pars descendens), mittlerer, quer verlaufender Anteil (pars transversa) und unterer, aufsteigender Anteil (pars ascendens) weisen jeweils einen unterschiedlichen

176   RÜCKENMUSKULATUR

Muskelursprung, unterschiedliche Muskelfaserverläufe und folglich auch unterschiedliche Funktionen auf. Es bedarf deshalb auch unterschiedlicher Übungen, um jeden Anteil optimal zu trainieren. Daher ergeben sich verschiedene Übungsranglisten.

Rangliste der Übungen für den Kapuzenmuskel, oberer Anteil

Rang-platz	Abbildung	Bezeichnung	$\bar{x}R$	$\bar{x}EMG$
1		Schulterheben, Schulterrollen mit Kurzhanteln	1,4	585
2		Frontziehen mit Langhanteln im Stand	1,6	568
3		Kreuzheben	Messwerte nicht ermittelt; aufgrund der anatomischen Funktion des Muskels und der hohen Lasten, die bewältigt werden, ist eine hohe Effektivität der Übung wahrscheinlich.	

Tab. 34: EMG-gestützte Rangliste von Übungen für den oberen Anteil des Trapezius nach dem durchschnittlichen Rangplatz ($\bar{x}R$) und der durchschnittlichen EMG-Aktivität in µV ($\bar{x}EMG$); n = 10

Rangliste der Übungen für den Kapuzenmuskel, mittlerer Anteil

Rang-platz	Abbildung	Bezeichnung	x̄R	x̄EMG
1		Reverse-Flys an der Maschine, Oberarme innenrotiert und 90° abgespreizt	1,2	757
2		Reverse-Flys im Liegen mit Kurzhanteln, Oberarme innenrotiert und 90° abgespreizt	1,8	596

Zugübungen, ausgeführt als Reverse-Fly-Varianten, mit einer Endstellung der Zugbewegung von 90° Oberarm-Abspreizwinkel (gesonderte Messreihe)

Rang-platz	Abbildung	Bezeichnung	x̄R	x̄EMG
1		Rudern im Stand vorgebeugt mit Langhantel (Reverse-Fly-Rudern im Stand vorgebeugt)	1,6	576
2		Rudern sitzend an der Maschine, Endstellung 90°* (Reverse-Fly-Rudern sitzend)	2,0	547

Rang-platz	Abbildung	Bezeichnung	x̄R	x̄EMG
3		Lat-Ziehen, Ausgangsstellung 135°**, Endstellung 90°*, (Reverse-Fly-Lat-Ziehen)	3,1	480
4		Rudern einarmig vorgebeugt, Endstellung 90°*, (Reverse-Fly-Rudern vorgebeugt)	3,2	493

* Endstellung 90° = Winkel zwischen Oberarm und Rumpf in der Endstellung der Bewegung 90°
** Ausgangsstellung 135° = Winkel zwischen Oberarm und Rumpf in der Ausgangsstellung 135°
Tab. 35: Zwei EMG-gestützte Ranglisten von Übungen für den mittleren Anteil des Trapezius nach dem durchschnittlichen Rangplatz (x̄R) und der durchschnittlichen EMG-Aktivität in μV (x̄EMG); n = 10

Rangliste der Übungen mit Zusatzgewicht für den Kapuzenmuskel, unterer Anteil

Rang-platz	Abbildung	Bezeichnung	x̄R	x̄EMG
1		Reverse-Flys an Maschinen, Oberarme außenrotiert und 120° abgespreizt	1,7	514

KAPUZENMUSKEL UND RAUTENMUSKELN 179

Rang-platz	Abbildung	Bezeichnung	x̄R	x̄EMG
2		Arm heben vor-hoch mit Kurz-hanteln im Liegen auf der Flachbank, Oberarme außenrotiert	Die Übung aktiviert den Muskel ähnlich wie Übung 1. Die Messung erfolgte mit einem anderen Probandenkollektiv, deshalb sind die Messwerte hier nicht aufgeführt	
3		Reverse-Flys an Maschinen, Oberarme außenrotiert und 90° abgespreizt	2,2	481
4		Schultern herabziehen mit langem Arm am Lat-Zug-Gerät	3,1	396
5		Reverse-Flys mit Kurzhanteln auf der Flachbank, Oberarme innenrotiert und 90° abgespreizt	3,1	377

Tab. 36: EMG-gestützte Rangliste von Übungen mit wählbarem Zusatzgewicht für den unteren Anteil des Trapezius nach dem durchschnittlichen Rangplatz (x̄R) und der durchschnittlichen EMG-Aktivität in μV (x̄EMG); n = 10

Rangliste der Übungen mit eigenem Körpergewicht für den Kapuzenmuskel, unterer Anteil

Rang-platz	Abbildung	Bezeichnung	x̄R	x̄EMG
1		Dips	1,3	430
2		Klimmziehen	1,7	313

Tab. 37: EMG-gestützte Rangliste von Übungen mit dem Körpergewicht für den unteren aufsteigenden Anteil des Trapezius nach dem durchschnittlichen Rangplatz (x̄R) und der durchschnittlichen EMG-Aktivität in µV (x̄EMG); n = 10

Kommentar zu den EMG-Ranglisten

Komplexübungen oder isolierende Spezialübungen?

Die drei Anteile des Kapuzenmuskels werden selten isoliert trainiert, sondern beim Training anderer großer Muskelgruppen in Form von Komplexübungen mitbeansprucht. Im Rahmen von Hebeübungen, z. B. Kreuzheben, wird der obere Anteil des Trapezius mit erfasst, Varianten der Übung Rudern trainieren den mittleren Anteil, und Latissimus-Ziehen, Klimmziehen und Dips beanspruchen den unteren Anteil. Spezialübungen und spezielle Ausführungsvarianten von Komplexübungen können die einzelnen Anteile des M. trapezius jedoch zum Teil isoliert und hocheffektiv trainieren.

Schulterheben mit Kurzhanteln hat sich als die Top-Übung für den oberen Anteil des Kapuzenmuskels erwiesen, ebenso wie Langhantelrudern vorgebeugt für den mittleren Anteil und Reverse-Fly an Maschinen mit Außenrotation der über 90° gehobenen Oberarme für den unteren Anteil. Eine genaue Kenntnis der Funktionen der einzelnen Muskelanteile ermöglicht es dem Trainierenden, die entscheidenden Ausführungsdetails einer Übung zu betonen und den optimalen Erfolg aus der Übung herauszuholen.

> Jeder Anteil des Kapuzenmuskels benötigt für ein **optimales Training spezielle Übungen** und die Beachtung spezifischer Ausführungsdetails.

Übungen für den Kapuzenmuskel, oberer Anteil (vgl. Tab. 34)

Entsprechend dem Ursprung am Hinterhaupt sowie im oberen Bereich der Halswirbelsäule und dem Ansatz am Schlüsselbein ergibt sich ein absteigender Verlauf der Muskelfasern. Folglich hebt der absteigende Anteil des M. trapezius die Schultern aktiv an und verhindert bei Hebeübungen aller Art, dass die Schultern herabgezogen werden.

Die Übung **Schulterheben mit schweren Kurzhanteln** steht an erster Stelle, gefolgt von der fast gleichwertigen Übung **Langhantel-Frontziehen**. Beim Heben schwerer Lasten, z. B. bei der Übung Kreuzheben, wurden keine Messwerte erhoben. Es darf jedoch gemäß der Funktion dieses Muskelteils vermutet werden, dass diese Übung ebenfalls hocheffektiv ist.

Varianten der Übung Reverse-Flys be-

anspruchen den absteigenden Anteil des Trapezius ebenfalls, jedoch in geringerem Maß, weil das Gewicht hier nicht in Zugrichtung der Muskelfasern des absteigenden Anteils des M. trapezius wirkt.

> Der **obere Anteil des Kapuzenmuskels** wird am stärksten durch die Übungen Schulterheben mit schweren Kurzhanteln und Langhantel-Frontziehen aktiviert.

Übungen für den Kapuzenmuskel, mittlerer Anteil (vgl. Tab. 35)

Bei der Interpretation der Messdaten ist zu berücksichtigen, dass aufgrund der verwendeten EMG-Oberflächenelektroden möglicherweise elektrische Signale darunter liegender Muskeln erfasst werden (so genannte Cross-Talk-Effekte). In diesem Fall sind Einflüsse der Rautenmuskeln (Mm. rhomboidei) und der Muskeln des Rückenstreckers (M. erector spinae) möglich.

Die Funktionen des mittleren, quer verlaufenden Anteils des M. trapezius, die Schultern zurückzuziehen, werden optimal durch die Übung **Reverse-Flys mit hoher Ellbogenführung** (Winkel zwischen Oberarm und Rumpf 90°) erfüllt. Die Übung Reverse-Flys an Maschinen aktiviert den mittleren Anteil des Kapuzenmuskels am intensivsten, gefolgt von der Übung Reverse-Flys mit Kurzhanteln im Liegen auf der Flachbank.

Aus allen Ruderübungen werden Reverse-Fly-Varianten, wenn die Oberar-

182 RÜCKENMUSKULATUR

me im 90°-Winkel vom Rumpf abgespreizt werden.

Unter Berücksichtigung der beiden Faktoren, anatomische Muskelfunktionen und einwirkendes Gewicht, hat sich die Übung Rudern im Stand vorgebeugt mit der Langhantel als die effektivste erwiesen, gefolgt vom Rudern sitzend, dem einarmigen Rudern vorgebeugt mit der Kurzhantel und dem Latissimus-Ziehen mit einer Ausgangsstellung von 135° Oberarm-Rumpf-Winkel. Die Messwerte der Übung Rudern einarmig vorgebeugt mit Kurzhantel weisen eine

KAPUZENMUSKEL, MITTLERER ANTEIL – ÜBUNG RUDERN EINARMIG VORGEBEUGT MIT KURZHANTEL

Rang-platz	Abbildung	Oberarm-Rumpf-Winkel	$\bar{x}$R	$\bar{x}$EMG	Diff. [%]
1		Endstellung 90°	1,2	493	0
2		Endstellung 45°	2,0	423	−14
3		Endstellung 0°	2,8	341	−31

Tab. 38: Vergleich von drei Varianten der Übung Rudern einarmig vorgebeugt mit Kurzhantel mit **Variation des Oberarm-Rumpf-Winkels** nach dem durchschnittlichen Rangplatz ($\bar{x}$R) und der durchschnittlichen EMG-Aktivität in μV ($\bar{x}$EMG); n = 10

große Streuung auf, was darauf hinweist, dass die Übung koordinativ schwierig ist und nur geübte Sportler einen optimalen Erfolg erzielen können.

Entscheidend für ein effektives Training des mittleren Trapeziusanteils ist die hohe Ellbogenführung. Bei allen Zug- bzw. Reverse-Fly-Übungen sinkt die Aktivität des M. trapezius, pars transversa von 90° über 45° bis 0° Oberarm-Rumpf-Winkel in der Übungsendstellung. Dieser Sachverhalt wird am Beispiel der Übung Rudern einarmig vorgebeugt mit Kurzhantel verdeutlicht (vgl. Tab. 38).

Die Abnahme der Aktivität des mittleren Anteils des Kapuzenmuskels bei fallendem Ellbogen bzw. Oberarm wird auch dadurch nicht ausgeglichen, dass mit abnehmendem Oberarm-Rumpf-Winkel gleichzeitig höhere Gewichte bewältigt werden können. Die höhere Last wird vor allem durch den breiten Rückenmuskel (M. latissimus) bewältigt und nicht durch den M. trapezius. Es ist den Geräteherstellern zu empfehlen, bei Reverse-Fly-Maschinen eine Ablage für den Oberarm in einem einstellbaren Abduktionswinkel anzubringen, weil auf diese Weise die notwendige hohe Ellbogenführung gewährleistet werden kann und der Technikfehler des fallenden Oberarms vermieden werden könnte, der bei Ermüdung oder zu großem Gewicht sehr häufig auftritt.

Der mittlere Anteil des M. trapezius kooperiert bei allen Zug- und Reverse-Fly-Übungen mit dem hinteren Teil des Deltamuskels (M. deltoideus, pars spinalis). Bei beiden Muskeln erhöht sich die Muskelaktivität bei Innenrotation des Oberarmes und nimmt bei Außenrotation ab. Die effektivste Übungsausführung ergibt sich bei einem Oberarm-Rumpf-Winkel von 90° in der Endstellung der Zugbewegung bei innenrotiertem Oberarm. Die Innenrotationsstellung des Oberarmes ist bei einem breiten Ristgriff und hoher Ellbogenführung automatisch gegeben.

> Der **mittlere Anteil des Kapuzenmuskels** wird durch Varianten der Übung Reverse-Flys mit einem Oberarm-Rumpf-Winkel von 90° (Oberarme abspreizen) und Innenrotation am effektivsten trainiert.

Übungen für den Kapuzenmuskel, unterer Anteil (vgl. Tab. 36 und 37)

Bei der Interpretation der Messdaten ist zu berücksichtigen, dass das Oberflächen-EMG möglicherweise nicht nur die elektrische Aktivität des unteren Anteils des M. trapezius registriert, sondern zusätzlich Signale von dem darunter liegenden Rückenstrecker (M. erector spinae) erfasst.

Der aufsteigende Verlauf der Muskelfasern des unteren Anteils des M. trapezius bewirkt bei Kontraktion des Muskels ein Senken bzw. Herabziehen der Schultern. Bei der Ausführung der Komplexübungen Dips (Stützbeugen), Latissimus-Ziehen, Klimmziehen und Reverse-Flys kann der aufsteigende Anteil des Kapuzenmuskels besonders intensiv beansprucht werden, wenn das Rück-tief-Drücken (Dips) bzw. -Ziehen (Latissimus-Ziehen) der Schultern bei der Übungsausführung betont wird.

Die zweite Funktion des unteren An-teils des Kapuzenmuskels ist die Unterstützung der Schulterblattdrehung beim Heben des Armes über die Waagerechte. Die Top-Übung der EMG-Rangliste, **Reverse-Flys an Maschinen mit nach oben gestreckten Armen** (Oberarm-Rumpf-

Rang-platz	Abbildung	Rotation und Ober-arm-Rumpf-Winkel	Maximal-kraft [kg]	$\bar{x}$R	$\bar{x}$EMG	Diff. [%]
		KAPUZENMUSKEL, UNTERER ANTEIL **ÜBUNG REVERSE-FLYS AN MASCHINEN**				
1		110°, außenrotiert	45,5	1,3	722	0
2		90°, außenrotiert	53,3	1,9	595	−18
3		90°, innenrotiert	53,8	2,8	374	−48

Tab. 39: Vergleich von drei Varianten der Übung Reverse-Flys mit **Variation der Rotation und des Abspreizwinkels des Oberarms** nach der Maximalkraft, dem durchschnittlichen Rangplatz ($\bar{x}$R) und der durchschnittlichen EMG-Aktivität in µV ($\bar{x}$EMG); n = 10

Winkel 120°), erfüllt diese Funktion ebenso wie die Alternativübung Armheben vor-hoch mit Kurzhanteln im Liegen auf der Flachbank, die vergleichbar hohe EMG-Werte liefert.

Der **untere Anteil des Kapuzenmuskels** wird am stärksten durch die Übung Reverse-Flys an Maschinen mit einem Oberarm-Abduktionswinkel größer 90° (Oberarme über die Waagerechte anheben) und Außenrotation aktiviert.

Die hohen Muskelspannungen des unteren Anteils des M. trapezius sind umso erstaunlicher, als die Kraft abnimmt, je höher der Arm bei der Übung Reverse-Flys angehoben wird. Die deutlich höchsten Gewichte werden bei eng am Körper nach hinten gezogenen Oberarmen (Retroversion, Abduktionswinkel 0°) bzw. mit leicht abgespreizten Oberarmen (Oberarm-Rumpf-Winkel 45°) bewältigt. Dies wird durch den Einsatz des kräftigen breiten Rückenmuskels erreicht. Bei einer Übungsausführung mit 90° abgespreizten Oberarmen nimmt das zu bewältigende Gewicht bereits deutlich ab, um bei weiterem Anheben der Oberarme (z. B. Oberarm-Rumpf-Winkel 110°) weiter abzusinken. Bei der Übung Reverse-Flys mit über 90° angehobenen Oberarmen wird die höchste Muskelaktivität des unteren, aufsteigenden Anteils des Kapuzenmuskels erreicht, obwohl das geringste Trainingsgewicht bewältigt wird.

Dabei ist die Außenrotation des Oberarms deutlich wirkungsvoller als eine Innenrotation (vgl. Tab. 39).

Zusammenfassung der Ergebnisse

- Die drei Anteile des Kapuzenmuskels müssen jeweils mit speziellen Übungen trainiert werden.
- Der obere Anteil des Kapuzenmuskels wird am stärksten durch die Übungen Schulterheben mit Kurzhanteln, Langhantel-Frontziehen und Kreuzheben aktiviert.
- Die Übung Reverse-Flys mit hoher Ellbogenführung (Oberarm-Rumpf-Winkel 90°) und Innenrotation hat sich als die optimale Übung für den mittleren Anteil des Trapezius erwiesen.
- Der untere Anteil des Trapezius senkt die Schultern und unterstützt die Schulterblattdrehung beim Heben des Arms über 90°. Er wird am besten durch die Übung Reverse-Flys mit einem Abspreizen des Oberarms über 90° oder das Armheben vor-hoch mit Kurzhanteln auf der Flachbank trainiert. Dabei ist die Außenrotation deutlich wirksamer als die Innenrotation.

---

186 RÜCKENMUSKULATUR

Die Top-Übungen

Top-Übungen für den Kapuzenmuskel, oberer, absteigender Anteil (M. trapezius, pars descendens)

 1 

Schulterheben, Schulterkreisen mit Kurzhanteln
Die Übung ist hoch wirksam; es können sehr schwere Kurzhanteln eingesetzt werden, weil die Arme während der Übung nicht gebeugt sondern lediglich die Schultern gehoben werden

 2 

Frontziehen mit Langhantel
Die Übung ist nahezu ebenso effektiv wie Übung 1, da die Schultern gegen Widerstand aktiv gehoben werden

 3 

Kreuzheben
Der obere Anteil des Kapuzenmuskels muss verhindern, dass die schweren Lasten, die beim Kreuzheben bewältigt werden, die Schultern herabziehen. Die Übung ist bei korrekter Bewegungstechnik eine hervorragende Komplexübung, die zusätzlich die Muskeln der Oberschenkelvorderseite, den großen Gesäßmuskel und den unteren Anteil des Rückenstreckers stark aktiviert.

Top-Übungen für den Kapuzenmuskel, mittlerer, quer verlaufender Anteil (M. trapezius, pars transversa)

1 

Reverse-Flys an Maschinen, Oberarme innenrotiert und 90° abgespreizt
Es ist entscheidend für die Trainingseffektivität, dass die Oberarme ca. 90° abgespreizt werden und sich dieser Winkel auch bei Ermüdung des Muskels nicht verringert.

KAPUZENMUSKEL UND RAUTENMUSKELN

Top-Übungen für den Kapuzenmuskel, mittlerer, quer verlaufender Anteil
(M. trapezius, pars transversa)

2

Reverse-Flys im Liegen mit Kurzhanteln, Oberarme innenrotiert und 90° abgespreizt
Aufgrund der fehlenden Auflage der Oberarme ist es bei der Variante mit Kurzhanteln schwierig, den 90°-Winkel beim Training beizubehalten. Die Muskelaktivierung ist etwas geringer als bei Übung 1.

3

Rudern vorgebeugt im Stand mit Langhantel
Alle Ruderübungen werden zu Reverse-Fly-Varianten, wenn die Oberarme 90° vom Körper abgespreizt werden. Etwas überraschend aktiviert diese Übung neben dem unteren Anteil des Rückenstreckers den mittleren Anteil des Trapezmuskels am stärksten von allen Rudervarianten.

Top-Übungen für den Kapuzenmuskel, unterer, aufsteigender Anteil
(M. trapezius, pars ascendens)

1

Reverse-Flys an Maschinen, Oberarme außenrotiert und 120° abgespreizt
Werden die Oberarme außenrotiert und über 90° abgespreizt bzw. angehoben, wird der untere Anteil des Kapuzenmuskels am stärksten aktiviert.

2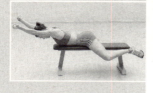

Arme vor-hoch heben mit Kurzhantel im Liegen auf der Flachbank, Oberarme außenrotiert
Die Übung entspricht Übung 1 in einer veränderten Ausgangsstellung; beide Übungen aktivieren den unteren Anteil des Kapuzenmuskels gleichermaßen hoch.

Übungen für das Training des Kapuzenmuskels und der Rautenmuskeln

Die Übungen für den Kapuzenmuskel werden aufgrund anatomisch-funktioneller Gesichtspunkte in drei Gruppen eingeteilt: Übungen für den oberen (pars descendens), den mittleren (pars transversa) und den unteren Anteil (pars ascendens). Jeder Übungsgruppe werden zunächst wichtige gemeinsame Aspekte vorangestellt, bevor die einzelnen Übungen detailliert beschrieben werden.

Da die Rautenmuskeln die Schultern nach oben und hinten ziehen, sind sie bei allen Übungen für den oberen und mittleren Trapeziusanteil beteiligt. Aufgrund der Tatsache, dass die Rautenmuskeln vom M. trapezius verdeckt werden, konnte ihre Aktivierung nicht mit dem Oberflächen-EMG bestimmt werden. Aus anatomisch-funktioneller Sicht ist es jedoch wahrscheinlich, dass die Aktivität der Rautenmuskeln mit zunehmender Beanspruchung des oberen und vor allem des mittleren Trapeziusanteils gleichfalls ansteigt. Effektive Übungen für den quer laufenden Trapeziusanteil dürften somit auch effektive Übungen für die Mm. rhomboidei sein.

Übungen für den Kapuzenmuskel, oberer Anteil

Wichtige Aspekte bei den Übungen für den oberen Anteil des Trapezius

1. Der obere Anteil des Trapezius wird immer beim Heben schwerer Lasten stark beansprucht, da er verhindert, dass die Schultern herabgezogen werden. Die größte Aktivierung erfolgt bei maximalem Hochziehen der Schultern.
2. Reverse-Fly-Varianten beanspruchen ebenfalls den oberen Anteil, aber deutlich weniger intensiv, weil der Widerstand hier nicht in Zugrichtung wirkt.

Schulterheben / Schulterrollen mit Kurzhanteln

- Top-Übung für den oberen Anteil des Trapezius.
- Etwa schulterbreiter Stand mit leicht gebeugten Knien, Rumpfmuskulatur anspannen und schwere Kurzhanteln in die Hände nehmen.
- Schultern so hoch wie möglich ziehen bzw. kreisende Bewegungen (Schulterrollen) durchführen, wobei die Schultern maximal nach oben und nach hinten gezogen werden. Die Arme bleiben lang.
- Mehrere Endkontraktionen im höchsten Punkt intensivieren die Übung erheblich.

Kreuzheben

- Diese Übung ist auch für den oberen Anteil des Trapezius sehr effektiv, wenn entsprechend hohe Gewichte gehoben werden.
- Das Kreuzheben ist detailliert im Abschn. 9.2 *Vierköpfiger Oberschenkelmuskel* dargestellt.

Frontziehen mit der Langhantel (SZ-Hantel) im Stand

- Ähnlich effektive Übung zur Kräftigung des oberen Trapeziusanteils wie das Schulterheben mit Kurzhanteln; gleichzeitig hohe Aktivierung des mittleren Anteils des Deltamuskels.
- Etwa schulterbreiter Stand mit leicht gebeugten Knien, Rumpfmuskulatur anspannen.
- Die Hantelstange mit engem Griff möglichst hoch Richtung Kinn ziehen, Schultern dabei maximal anheben. Die Ellbogen zeigen dabei nach außen und sind am Ende der Bewegung höher als die Hände.
- Die Übung kann auch am Kabelzug durchgeführt werden, wobei der Kabelzug von unten kommt.

Übungen für den Kapuzenmuskel, mittlerer Anteil

Wichtige Aspekte bei den Übungen für den mittleren Anteil des Trapezius

1. Aufgrund der Zugrichtung der Muskelfasern wird der hintere Anteil des Trapezius bei allen Reverse-Fly-Varianten an Maschinen bzw. mit Hanteln intensiv aktiviert, wobei die Schultern maximal nach hinten gezogen werden sollten.

2. Bei der Rückführbewegung der Arme ist eine hohe Ellbogenführung (Winkel zwischen Oberarm und Rumpf 90°) notwendig. Wenn der Ellbogen weitgehend am Oberkörper anliegt (Oberarm-Rumpf-Winkel 0–45°), kann zwar mehr Gewicht bewältigt werden, die Hauptarbeit wird in diesem Fall vom breiten Rückenmuskel übernommen, und die Aktivierung des mittleren Trapeziusanteils nimmt ab. Alle Ruderübungen werden zu Reverse-Fly-Varianten und zu effektiven Übungen für den mittleren Trapeziusanteil, wenn die Arme im 90°-Winkel vom Rumpf abgespreizt werden.

3. Bei innenrotierten Armen ist die Aktivierung für den mittleren Anteil des Trapezius sowie den mitaktivierten hinteren Anteil des Deltamuskels größer als bei Außenrotation. Möglicherweise können die Schultern hierbei weiter nach hinten gezogen werden.

4. Bei allen Reverse-Fly-Varianten kann die Intensität durch kleine Bewegungen im Bereich der maximal nach hinten gezogenen Schultern zusätzlich erhöht werden (Endkontraktionen).

5. Bei den Übungen für den mittleren Anteil des Trapezius werden auch immer die Rautenmuskulatur, der hintere Anteil des Deltamuskels und der gerade Rückenstrecker im Brustwirbelsäulenbereich als Stabilisationsmuskel aktiviert.

Reverse-Flys an Maschinen, Oberarme innenrotiert und 90° abgespreizt

- Top-Übung für den mittleren und sehr effektive Variante für den unteren Anteil des Trapezius.
- Aufrechter Sitz in der Maschine; die angehobenen Arme (Oberarm-Rumpf-Winkel 90°) ziehen in innenrotierter Position.
- Die Oberarme und die Schultern maximal weit nach hinten führen. Die Bewegung der Arme nach vorn endet etwa auf Schulterebene.

Reverse-Flys im Liegen mit Kurzhanteln, Oberarme innenrotiert und 90° abgespreizt

- Effektive Übung für den mittleren und mit Einschränkung auch für den unteren Anteil des Trapezius.
- Bauchlage auf einer Flachbank, Kopf wird frei in Verlängerung des Rumpfes gehalten, die Beine sind angezogen (Aufrichten des Beckens).
- Oberarm-Rumpf-Winkel 90°; die Oberarme werden weit abgespreizt.
- Die Kurzhanteln maximal weit nach oben führen, die Schulterblätter dabei so eng wie möglich zusammenziehen.
- Die Aktivierung nimmt umso mehr ab, je steiler die Bank aufgerichtet wird.
- Bei einer erhöht gestellten Flachbank kann die Übung auch mit einer Langhantel durchgeführt werden (Rudern liegend mit Langhantel).

Rudern im Stand vorgebeugt mit Langhantel (Reverse-Fly-Rudern im Stand vorgebeugt)	**Rudern sitzend am Kabelzug oder an der Maschine**

• Effektive Übungsvariante wie Reverse-Flys im Liegen mit Kurzhanteln. • Etwa schulterbreiter Stand mit leicht gebeugten Kniegelenken. • Der Rumpf ist vorgeneigt, der Rücken gerade. • Die Langhantel mit breitem Griff fassen, Rumpfmuskulatur anspannen, die Hantel an die Brust ziehen und kontrolliert wieder absenken. • Oberarm-Rumpf-Winkel 90°, die Oberarme werden weit abgespreizt. • Die Übung ist technisch anspruchsvoll und muss gewissenhaft erlernt werden, bevor mit schwereren Gewichten trainiert wird.	• Effektive Übung für das Training des mittleren Anteils des M. trapezius sowie der Mm. rhomboidei. • Die Oberarme und Schulterblätter maximal weit zurückziehen; betont hohe Führung der Ellbogen nach oben außen (Oberarm-Rumpf-Winkel in der Endstellung 90°). • Am Kabelzug ist besonders auf einen geraden Rücken bei der Übungsausführung zu achten. Aufgrund der schwierigeren Stabilisierung durch die fehlende Bruststütze reduziert sich die Aktivierung der beteiligten Muskeln. • Die Übung kann auch an der Maschine durchgeführt werden, wobei besonders auf einen geraden Rücken bei der Übungsausführung zu achten ist.

Lat-Ziehen mit zurückgeneigtem Oberkörper	Rudern einarmig vorgebeugt

• Mittelmäßig intensive Übung für den mittleren Trapeziusanteil. • Die Griffstange mittelweit im Ristgriff umfassen (Handrücken zeigt nach oben). • Die Oberschenkel mit dem Beinpolster fixieren. Den Oberkörper mit geradem Rücken nach hinten legen (Brust raus), sodass sich in der Ausgangsstellung ein Oberarm-Rumpf-Winkel von 135° ergibt. • Die Stange mit Ristgriff maximal weit anziehen; in der Endstellung beträgt der Oberarm-Rumpf-Winkel 90°. • Bei der Durchführung im Kammgriff mit körpernaher Führung der Oberarme wird diese Lat-Zug-Variante zur Top-Übung für den breiten Rückenmuskel (M. latissimus dorsi) mit gleichzeitig hoher Bizepsaktivierung.	• Mittelmäßig intensive Übung für den mittleren Anteil des M. trapezius sowie die Mm. Rhomboidei. • Abstützen des Körpers mit einem Knie und dem Unterarm auf einer Bank. • Die Kurzhantel im Ristgriff oder Kammgriff fassen und den weit abgespreizten Oberarm maximal nach oben ziehen. Im Bewegungsendpunkt beträgt der Oberarm-Rumpf-Winkel ca. 90°. • Bei körpernaher Führung des Oberarms kann ein sehr großes Gewicht bewältigt werden, wodurch mit dieser Variante ein hocheffektives Latissimustraining möglich ist.

Übungsvarianten ohne Kraftmaschinen und Hanteln zum Training des oberen Rückens (M. trapezius, pars transversa, Mm. rhomboidei, M. erector spinae, vor allem pars thoracalis)

Bei allen Übungen in Bauchlage gilt es folgende Hinweise zu beachten:
- Die Stirn auf den Boden legen oder den Kopf etwas vom Boden in Verlängerung des Rumpfes abheben (den Kopf nicht in den Nacken nehmen).
- Durch Anspannung der Bauch- und Gesäßmuskulatur kann einem verstärkten Hohlkreuz im Lendenwirbelsäulenbereich entgegengewirkt werden (ggf. das Becken mit einer Handtuchrolle unterlagern). Ein Abheben der Beine kann verhindert werden, indem die Fußoberseite leicht in den Boden gedrückt bzw. die Fußspitzen aufgestellt werden (ggf. Fersen gegeneinander drücken).
- Ruhige konzentrierte Bewegungsausführung, Pressatmung vermeiden.

- Die Handflächen oder Fäuste neben den Schultern aufstellen, die Oberarme 90° abspreizen.
- Die Ellbogen maximal weit nach oben ziehen (Schulterblätter zusammenziehen), sodass sich die Handflächen vom Boden lösen.

- Beide Arme gestreckt vor dem Kopf abheben, die Hände aufeinander legen.
- Kleine langsame Kreisbewegungen mit beiden Armen durchführen.
- Intensitätserhöhung durch Partnerwiderstand links, rechts oder oben auf den Händen, wobei der Trainierende sich nicht verschieben lässt.

- Einen Arm gestreckt nach vorn, den anderen Arm gestreckt nach hinten unter Spannung vom Boden abheben.
- Intensitätserhöhung durch Partnerwiderstand auf beiden Armen oder seitlich; der Trainierende lässt sich nicht verschieben.

- Die abgehobenen Arme vor dem Kopf langsam beugen und strecken mit der Vorstellung, einen ganz schweren Widerstand nach vorn wegzuschieben (Arme strecken) und dann wieder heranzuziehen (Fäuste ballen, Arme beugen).

- Einen Ball in den Nacken legen und festhalten.
- Die Ellbogen maximal nach oben führen, Schulterblätter zusammenziehen.

- Einen Ball an der Körperseite mit gestrecktem Arm zum Oberschenkel rollen und wieder zurück zur anderen Seite; Handwechsel. Der freie Arm wird jeweils gestreckt vor dem Kopf abgehoben.

- Einen Ball mit gestreckten Armen anheben und kleine Kreisbewegungen durchführen.
- Intensitätserhöhung durch dosierten Partnerwiderstand links, rechts oder oben; der Trainierende lässt sich nicht verschieben.

- Einen Ball mit abgehobenen Armen vor dem Kopf und hinter dem Rücken übergeben.

- Einen Ball gegen imaginären Widerstand unter Muskelspannung langsam wegdrücken und wieder heranziehen.

- Die Partner liegen sich mit ausgestreckten Armen gegenüber.
- Den Ball vom Partner übernehmen, hinter dem Rücken in die andere Hand übergeben und dann dem Partner wieder zurückgeben. Je nach Trainingszustand kann der Partner ohne Ball die gestreckten Arme vorn abgehoben halten oder auf den Boden absenken.

- Bild: «Adler im Sitz oder Stand».
- Sitz auf einer Bankkante, Rücken gerade, Bauch leicht angespannt.
- Die Arme in U-Position maximal weit rückhoch führen und halten, Schulterblätter so weit wie möglich nach hinten ziehen, Winkel im Ellbogen und Oberarm-Rumpf-Winkel jeweils ca. 90°.
- Die Übung kann noch intensiviert werden, indem der Partner hinten auf die Oberarme Widerstand ausübt.

Übungen für den Kapuzenmuskel, unterer Anteil

Wichtige Aspekte bei den Übungen für den unteren Anteil des Trapezius

- Besonders effektiv sind Komplexübungen wie Dips, Lat-Ziehen und Klimmziehen, wenn bei der Ausführung der Schwerpunkt auf einem betonten Absenken bzw. Herabziehen der Schultern liegt. Das Herabziehen der Schulter kann beim Lat-Ziehen bzw. Klimmziehen mit langem Arm erfolgen.
- Die zweite Funktion des unteren Anteils des Kapuzenmuskels, die Unterstützung der Schulterblattdrehung beim Heben des Armes über die Waagerechte, wird vor allem bei der Übung Reverse-Flys mit nach oben gestreckten Armen (Winkel zwischen Oberarm und Rumpf größer als 90°) erfüllt. Hierbei erfolgt vor allem bei außenrotierten Armen eine sehr hohe Aktivierung, obwohl die bewältigbaren Widerstände (Gewichte) relativ gering sind.

Reverse-Flys an Maschinen, Oberarme außenrotiert und 120° abgespreizt

- Top-Übung für die Kräftigung des unteren Anteils des Kapuzenmuskels. Zudem werden auch der mittlere Anteil des Trapezius, die Rautenmuskeln und der thorakale Bereich des geraden Rückenstreckers trainiert.
- Sitz mit geradem Rücken in der Maschine, die erhobenen Arme (Oberarm-Rumpf-Winkel ca. 120°) drücken in außenrotierter Position gegen die Armpolster.
- Maximale Rückführbewegung der Arme und Schulterblätter. Die Bewegung der Arme nach vorn endet etwa auf Schulterebene.
- Mehrfache Endkontraktionen bei maximal zurückgeführten Armen erhöhen die Aktivierung der Muskeln erheblich.

Arme heben vor-hoch mit Kurzhantel im Liegen auf der Flachbank, Oberarme außenrotiert

- Ähnlich effektive Übung wie Reverse-Fly an Maschinen mit 120° abgespreizten und außenrotierten Oberarmen. Neben einer hohen Aktivierung des unteren Anteils des Trapezius ist insbesondere der gerade Rückenstrecker intensiv bei der Übung beteiligt.
- Bauchlage auf einer Flachbank, Beine sind angezogen (Aufrichten des Beckens), der Kopf liegt zur Erleichterung der Atmung frei in Verlängerung des Rumpfes.
- Heben der Kurzhanteln mit nach vorn geführten, außenrotierten Armen (die Handflächen zeigen nach oben). Die Ellbogengelenke sind nahezu gestreckt.
- Die Übung kann auch in Bauchlage am Boden ohne Hanteln durchgeführt werden.

Die Übungen Latissimus-Ziehen, Klimmziehen (Abschn. 8.3 *Breiter Rückenmuskel*), Dips (Abschn. 10.4 *Dreiköpfiger Oberarmmuskel*) sowie Reverse-Flys mit Kurzhanteln auf der Flachbank (Abschn. 8.2 *Kapuzenmuskel*) sind an den angegebenen Stellen detailliert beschrieben.

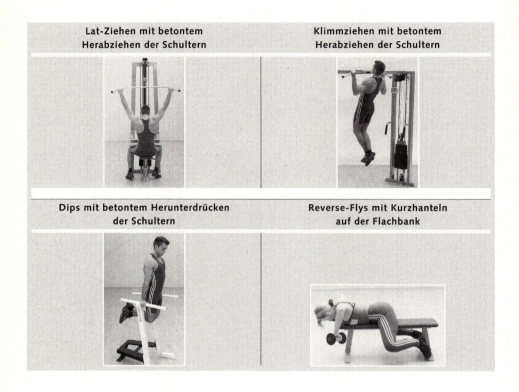

Lat-Ziehen mit betontem Herabziehen der Schultern

Klimmziehen mit betontem Herabziehen der Schultern

Dips mit betontem Herunterdrücken der Schultern

Reverse-Flys mit Kurzhanteln auf der Flachbank

8.3 Breiter Rückenmuskel (M. latissimus dorsi)

Inhaltsübersicht

Aufgaben des breiten Rückenmuskels 200
Funktionell-anatomische Grundlagen 200
Funktionstabelle 200

EMG-gestützte Übungsranglisten 201
Rangliste der Klimmzugübungen ohne Zusatzgewicht 202
Rangliste der Zugübungen mit Zusatzgewicht 203

Kommentar zu den EMG-Ranglisten 205
Ist ein spezielles Training einzelner Muskelanteile des
breiten Rückenmuskels möglich? 205
Komplexwirkung 206
Varianten der Übung Klimmzug 206
Zugübungen mit Zusatzgewicht 206
Fixierung des Oberkörpers 208
Zusammenfassung der Ergebnisse 209
Die Top-Übungen 210

Übungen für das Training des breiten Rückenmuskels 211
Klimmzug-Varianten 212
Latissimus-Zug-Varianten 213
Ruderübungen 215

Aufgaben des breiten Rückenmuskels

Funktionell-anatomische Grundlagen

Der breite Rückenmuskel prägt das Relief des Rückens am stärksten und verleiht ihm die athletische V-Form, das breite Kreuz. Seine Fasern bilden als deutlicher Wulst die hintere Begrenzung der Achselhöhle. Der M. latissimus dorsi gehört zu den größten Muskeln des Körpers und ist bei fast allen Sportarten in irgendeiner Weise beteiligt. Da er den erhobenen Arm nach unten senkt, spielt er beispielsweise bei allen Schlagwurfbewegungen eine große Rolle.

Funktionstabelle

Die Funktionstabelle zeigt, welchen Einfluss (Funktion) der Muskel bei Kraft- und Dehntraining auf die beteiligten Gelenke ausübt. Die Tabelle ermöglicht darüber hinaus die Ableitung der optimalen Kraft- und Dehnübung und eine fachliche Beurteilung (Funktionscheck) jeder Übung (vgl. Abschn. 6.2 *Muskelfunktionstabellen*).

Die Funktionstabelle für den breiten Rückenmuskel (M. latissimus dorsi) stellt seinen Einfluss auf das Schultergelenk dar. Bei einer Umsetzung der anatomischen Funktionen in Bewegung ergeben sich die optimale Kräftigungs-

---

Breiter Rückenmuskel (M. latissimus dorsi)

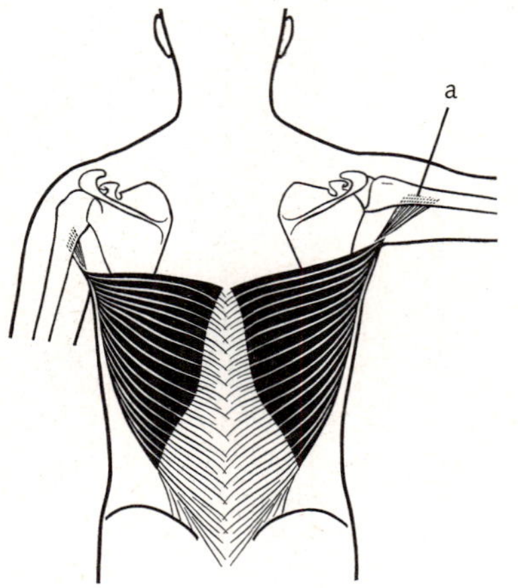

Ursprung:
- 6. Brust- bis 5. Lendenwirbel
- Kreuzbein, Beckenkamm, untere Rippen

Ansatz:
- Kleinhöckerleiste (crista tuberculum minoris, a) an der Vorderseite des Oberarmknochens

Funktion:
- Rückführung (Retroversion) des Armes; senkt auch den erhobenen Arm nach unten
- Heranführen (Adduktion) des Armes zum Körper
- Innenrotation

Abb. 19: Breiter Rückenmuskel (modifiziert nach Rohen 1998)

und Dehnübung für den M. latissimus dorsi.

Der Gegenspieler (Antagonist) des breiten Rückenmuskels ist, bezogen auf die Hauptfunktion, die Brustmuskulatur. Ziehen (Retroversion des Armes) ist die Hauptfunktion des breiten Rückenmuskels. Drücken (Anteversion des Armes) ist die Hauptfunktion der Brustmuskulatur.

EMG-gestützte Übungsranglisten

Die EMG-gestützten Übungsanalysen ermöglichen es, verschiedene Kraftübungen für einen Muskel zu vergleichen und eine Übungsrangliste zu erstellen. Das vollständige Untersuchungsdesign ist in Abschn. 5.3 *Übungsranglisten für einzelne Muskelgruppen* dargestellt.

BREITER RÜCKENMUSKEL (M. LATISSIMUS DORSI)		
Gelenk / Körperteil	**Kräftigung**	**Dehnung**
Schultergelenk	• Herabziehen des erhobenen Armes bzw. Hochziehen des Rumpfes (Klimmziehen) bei fixierten Armen • Oberarm hinter den Körper ziehen (Retroversion) • Innenrotation • Adduktion des Armes	• Heben des Armes • Oberarm vor-hoch heben (Anteversion) • Außenrotation
Muskel / Muskelgruppe	**Optimale Kräftigungsübung**	**Optimale Dehnübung**
Breiter Rückenmuskel		
	• Gewicht von oben herabziehen • Oberarme hinter den Rumpf ziehen • «Stolz werden – Brust raus»	• Hoch über den Kopf greifen • Zug nach unten ausüben • Körper seitlich wegdrücken (Flankendehnung)

Tab. 40: Funktionstabelle für den breiten Rückenmuskel und Ableitung der optimalen Kräftigungs- und Dehnübung

Für den breiten Rückenmuskel werden zwei Ranglisten von Übungen aufgestellt. Die erste Rangliste (vgl. Tab. 41) enthält ausschließlich Varianten der Übung Klimmziehen. Das Körpergewicht und die Kraft des Trainierenden sind dabei für die Intensität der Übung entscheidend. Aus diesem Grund kann das Klimmziehen nicht direkt mit den Übungen verglichen werden, bei denen Zusatzgewichte unter standardisierten Bedingungen eingesetzt wurden. Für die meisten Fitness-Sportler sind Klimmzüge hochintensive Übungen, wobei 12 korrekte Wiederholungen nur bei guter Leistungsfähigkeit erreicht werden.

Die zweite Übungsrangliste (vgl. Tab. 42) enthält Zugübungen mit zusätzlicher Gewichtsbelastung durch Zugapparate oder Hanteln, wobei eine Vergleichbarkeit der Übungen dadurch gegeben ist, dass die Zusatzgewichte so gewählt wurden, dass maximal 12 Wiederholungen ausgeführt werden konnten. Um gesundheitliche Risiken für den unteren Rücken zu vermeiden, wurde auf das Messen der Übungen Rudern vorgebeugt mit der Langhantel oder der T-Hantel verzichtet. Diese Übungen können für Fortgeschrittene durchaus sehr effektiv sein (Cornacchia / Volpe 1998).

Rangliste der Klimmzugübungen ohne Zusatzgewicht

Rang-platz	Abbildung	Bezeichnung	x̄ R	x̄ EMG
1		Klimmziehen zum Nacken, Ristgriff weit	1,6	1461
2		Klimmziehen zur Brust, Kammgriff weit	2,5	1291

Rang-platz	Abbildung	Bezeichnung	$\bar{x}$R	$\bar{x}$EMG
3		Klimmziehen zur Brust, Ristgriff weit	2,5	1268
4		Klimmziehen zur Brust, Ristgriff eng	3,4	1185

Tab. 41: EMG-gestützte Rangliste von Klimmzugvarianten für den gesamten breiten Rückenmuskel nach dem durchschnittlichen Rangplatz ($\bar{x}$R) und der Summe der durchschnittlichen EMG-Aktivität in µV ($\bar{x}$EMG); n = 10

Rangliste der Zugübungen mit Zusatzgewicht

Rang-platz	Abbildung	Bezeichnung	$\bar{x}$R	$\bar{x}$EMG
1		Lat-Ziehen mit Kammgriff, Ausgangsstellung 135°°, Endstellung 0°+	2,9	770

BREITER RÜCKENMUSKEL

Rang-platz	Abbildung	Bezeichnung	$\bar{x}$R	$\bar{x}$EMG
2		Lat-Ziehen zum Nacken, Ausgangsstellung 180°*	3,1	765
3		Rudern einarmig vorgebeugt mit Kurzhantel mit Kammgriff, Endstellung 0°+	3,7	757
4		Lat-Ziehen mit Ristgriff, Ausgangsstellung 135°°, Endstellung 45°#	3,7	738
5		Rudern einarmig vorgebeugt mit Kurzhantel mit Ristgriff, Endstellung 45°#	4,2	712
6		Lat-Ziehen zur Brust, Ausgangsstellung 180°*	4,7	685

Rang-platz	Abbildung	Bezeichnung	x̄R	x̄EMG
7		Rudern sitzend am Kabelzug, Endstellung 45° [#]	5,7	601

[*] Ausgangsstellung 180°: Die Arme sind in der Ausgangsstellung senkrecht nach oben gestreckt.
[°] Ausgangsstellung 135°: Der Rumpf ist in der Ausgangsstellung schräg nach hinten geneigt, sodass sich ein Oberarm-Rumpf-Winkel von 135° ergibt.
[+] Endstellung 0°: Die Oberarme befinden sich in der Endstellung der Zugbewegung eng am Körper.
[#] Endstellung 45°: Am Ende der Zugbewegung sind die Oberarme leicht vom Rumpf abgespreizt, sodass sich ein Oberarm-Rumpf-Winkel von 45° ergibt.

Tab. 42: EMG-gestützte Rangliste von Zugübungen für den breiten Rückenmuskel nach dem durchschnittlichen Rangplatz (x̄R) und der Summe der durchschnittlichen EMG-Aktivität in μV (x̄EMG); n = 10

Kommentar zu den EMG-Ranglisten

Ist ein spezielles Training einzelner Muskelteile des breiten Rückenmuskels möglich?

Flächenmäßig große Muskeln des Körpers haben häufig mehrere Anteile, die sich aufgrund der langgezogenen Ursprungsflächen meistens auch in ihren Funktionen unterscheiden. Es müssen deshalb verschiedene Übungen eingesetzt werden, um alle Muskelanteile optimal zu trainieren. Dies ist z. B. beim großen Brustmuskel, beim Deltamuskel und beim Trapezius der Fall. Weider (1991) empfiehlt für das Training des unteren und mittleren Anteils des M. latissimus dorsi das Klimmziehen zur Brust und für den oberen Anteil den Zug zum Nacken. Eine Überprüfung mittels EMG-Messungen, ob beim breiten Rückenmuskel funktionell in einen oberen, einen mittleren und einen unteren Anteil zu unterscheiden ist, erbrachte folgendes Ergebnis: Die EMG-Ranglisten der drei Muskelanteile des M. latissimus dorsi unterscheiden sich nur unwesentlich. Keine der gemessenen Übungen erfasst schwerpunktmäßig den oberen, mittleren oder unteren Anteil des breiten Rückenmuskels. Im Training wird folglich immer der gesamte Muskel gekräftigt, und eine Differenzierung in einzelne Teile ist kaum möglich.

Komplexwirkung

Zugübungen sind komplexe Kräftigungsübungen, die neben dem breiten Rückenmuskel auch andere Muskeln erfassen. Beim Ziehen werden die Arme gebeugt, sodass der Bizeps ebenfalls mitwirkt. Ein zu schwacher Bizeps erlaubt es im Training häufig nicht, den breiten Rückenmuskel hochintensiv zu belasten. Ist der Bizeps zu schwach, muss der Satz abgebrochen werden, bevor der Latissimus ermüdet ist. Es ist folglich in jedem Fall zu empfehlen, während einer Trainingseinheit zunächst die Komplexübungen mit Latissimuseinsatz einzusetzen, bevor spezielle Bizepsübungen Verwendung finden. Neben dem Bizeps sind bei den meisten Zugübungen der hintere Anteil des Deltamuskels (M. deltoideus, pars spinalis), der quer verlaufende Anteil des Kapuzenmuskels (M. trapezius, pars transversa) und die darunter liegenden Rautenmuskeln im Einsatz. Die speziellen Aspekte des Zusammenspiels dieser Muskeln sind in Abschn. 8.2 *Kapuzenmuskel und Rautenmuskeln* dargestellt.

Varianten der Übung Klimmzug (vgl. Tab. 41)

Klimmzug-Varianten sind hoch intensive Übungen für den M. latissimus dorsi, wobei die Intensität vom Körpergewicht des Trainierenden und von seiner Leistungsfähigkeit abhängt; deshalb ist ein direkter Vergleich mit Übungen mit wählbarem Zusatzgewicht nicht möglich. Die EMG-Messungen haben folgende Ergebnisse erbracht:

- Klimmziehen zum Nacken erweist sich als effektiver als die Zugvariante zur Brust.
- Ein weiter Griff ist effektiver als eine enge Griffhaltung.
- Die Griffvarianten Rist- oder Kammgriff ergeben für den M. latissimus dorsi keine wesentlichen Unterschiede. Innenrotation und Retroversion des Oberarms sind beides anatomische Funktionen des M. latissimus dorsi (vgl. Tab. 40, S. 201). Möglicherweise wird der Vorteil des Ristgriffs mit Innenrotationsstellung des Oberarms bei der Kammgriffvariante mit Außenrotation dadurch ausgeglichen, dass die Oberarme weiter hinter den Körper gezogen werden können (Retroversion). Die Aktivität des M. biceps brachii ist bei Kammgriffvarianten höher als bei Übungsausführungen mit Ristgriff.

Zugübungen mit wählbarem Zusatzgewicht (vgl. Tab. 42)

Alle sieben getesteten Übungen garantieren ein effektives Training des Latissimus. Die Übung Nr. 6 weist lediglich eine um 11 % und 85 µV geringere EMG-Aktivität auf als die Übung Nr. 1, sodass die Übungen 1–6 als fast gleichwertig anzusehen sind. Signifikante Unterschiede bestehen lediglich zwischen den Übungen 1 bzw. 2 und der Übung 7, Rudern sitzend, die in der EMG-Aktivität etwas abfällt. Folgende Ergebnisse können festgehalten werden:

- Latissimus-Ziehen mit zurückgeneigtem Oberkörper (Ausgangsstellung von 135° Anteversion im Schultergelenk – Winkel zwischen erhobenem Oberarm und Rumpf) ermöglicht die höchste Kraftentfaltung des M. latissimus dorsi. Dies ist möglicherweise durch das Gewicht des Oberkörpers und die Zugrichtung der Oberarme hinter den Körper (Retroversion) bedingt.

• Der Abspreizwinkel des Oberarms vom Rumpf (Abduktionswinkel) in der Endstellung (ES) der Übung hat deutlichen Einfluss auf die Effektivität. An den Rumpf angelegte Ober-

BREITER RÜCKENMUSKEL – ÜBUNG RUDERN SITZEND

Rangplatz	Abbildung	Endstellung (ES)	x̄R	x̄EMG	Diff. [%]
1		Endstellung 0°	1,5	605	0
2		Endstellung 45°	1,5	601	−1%
3		Endstellung 90°	3,0	310	−49%

Tab. 43: Vergleich von drei Varianten der Übung Rudern sitzend mit **Variation der Endstellung** (Abduktionswinkel im Schultergelenk) nach dem durchschnittlichen Rangplatz (x̄R) und der Summe der durchschnittlichen EMG-Aktivität in µV (x̄EMG); n = 10

arme (ES 0°) und um 45° abgespreizte Oberarme (ES 45°) sind hocheffektiv für den M. latissimus dorsi und weisen kaum Unterschiede in der Maximalkraft und der EMG-Aktivität auf. Ein Abspreizwinkel von 90° dagegen (ES 90°) lässt die Maximalkraft und die Aktivität des Latissimus deutlich absinken, während sich der Einsatz des hinteren Anteils des Deltamuskels und des mittleren Anteils des Kapuzenmuskels erhöht.

Das Beispiel der Übung Rudern sitzend verdeutlicht die Bedeutung des Abspreizwinkels der Oberarme (vgl. Tab. 43, S. 207).

In Übereinstimmung mit der Übung Klimmziehen ist auch bei der Übung Latissimus-Ziehen (Ausgangsstellung 180°) der Zug zum Nacken effektiver als der Zug zur Brust. Dies belegen sowohl der signifikante Unterschied der durchschnittlichen Rangplätze ($\bar{x}$R) als auch die Differenz der EMG-Aktivität (vgl. Tab. 44).

Fixierung des Oberkörpers (vgl. Tab. 45)

Übungen mit einer guten Fixierung des Oberkörpers und damit des Ursprungs des Latissimus ermöglichen den Einsatz hoher Gewichte und eine gute Isolie-

BREITER RÜCKENMUSKEL – ÜBUNG LAT-ZIEHEN, AUSGANGSSTELLUNG 180°

Rang-platz	Abbildung	Zugrichtung	$\bar{x}$R	$\bar{x}$EMG	Diff. [%]
1		Zum Nacken	1,1	765	0
2		Zur Brust	1,9	685	−11%

Tab. 44: Vergleich von zwei Varianten der Übung Lat-Ziehen mit **Variation der Zugrichtung** nach dem durchschnittlichen Rangplatz ($\bar{x}$R) und der durchschnittlichen EMG-Aktivität in µV ($\bar{x}$EMG); n = 10

BREITER RÜCKENMUSKEL – RUDERÜBUNGEN

Rang-platz	Abbildung	Übungen mit unter-schiedlichen Fixierungs-möglichkeiten	x̄R	x̄EMG	Diff. [%]
1		Rudern einarmig vorgebeugt mit Kurzhantel	1,3	712	0
2		Rudern sitzend am Kabelzug	1,7	601	-15 %

Tab. 45: Vergleich von zwei Ruderübungen mit **unterschiedlicher Fixierung des Oberkörpers** nach dem durchschnittlichen Rangplatz (x̄R) und der durchschnittlichen EMG-Aktivität in µV (x̄EMG); n = 10

rung des Muskeleinsatzes. Deshalb sind Übungen mit Fixierung des Oberkörpers solchen ohne Stabilisation überlegen. Die Übung Rudern sitzend an Maschinen mit Bruststütze ist folglich effektiver als das freie Rudern am Kabelzug. Der gleiche Sachverhalt gilt für die Übung Rudern einarmig vorgebeugt mit Kurzhantel, die eine gute Fixierung des Oberkörpers gegenüber der Übung Rudern frei sitzend am Kabelzug bietet.

Zusammenfassung der Ergebnisse

• Zugübungen von oben sind effektiver als Ruderübungen. Der M. latissimus dorsi wird durch Übungen, bei denen der Arm aus der erhobenen Stellung herabgezogen wird (Ausgangsstellung 180° oder 135°), stärker beansprucht als aus einer Ausgangsstellung von 90° (Rudern sitzend). Eine Ausnahme stellen das Einarmige Rudern vorgebeugt mit Kurzhantel und das Rudern mit Bruststütze dar, weil durch die gute Fixierung des Oberkörpers große Gewichte bewältigt werden können.

- Die Endstellung der Zugbewegung mit dem Oberarm eng am Körper (ES 0° und 45°) und hinter den Rumpf (Retroversion) ist effektiver als eine Endstellung mit einem Oberarm-Rumpf-Winkel von 90° (ES 90°).
- Die Zugrichtung zum Nacken ist beim aufrechten Latissimus-Ziehen und Klimmziehen effektiver als die Zugrichtung zur Brust.
- Bei der Übung Klimmziehen ergeben sich durch Kamm- oder Ristgriff keine wesentlichen Unterschiede. Ein weiter Griff ist effektiver als ein enger Griff.
- Übungsausführungen von Zugübungen ohne vollständige Streckung der Arme (Teilbewegung) und mit Einsatz von zusätzlichen Endkontraktionen erhöhen die Effektivität erheblich (vgl. Abschn. 5.4 *Optimierung der Ausführung von Kraftübungen*).

Die Top-Übungen

Top-Übungen für den breiten Rückenmuskel (M. latissimus dorsi)

1

Lat-Ziehen mit engem Kammgriff, Ausgangsstellung 135°
Bei der Übung mit zurückgeneigtem Oberkörper kann am meisten Gewicht bewältigt werden, und der breite Rückenmuskel wird am stärksten aktiviert. Aufgrund des Kammgriffes wird der Bizeps ebenfalls effektiv trainiert.

2

Rudern einarmig vorgebeugt mit Kurzhantel
Aufgrund der guten Fixierung des Oberkörpers kann ein schweres Gewicht gehoben werden. Die Übungen 1 und 2 weisen sehr hohe Latissimusaktivitäten auf und sind gleichzeitig sehr gute Komplexübungen für die Muskeln Bizeps, Delta (hinterer Anteil) und Trapezius (quer verlaufender Anteil).

3

Klimmziehen zum Nacken mit weitem Griff
Diese Variante des Klimmziehens ist die intensivste, wobei das Körpergewicht und die individuelle Leistungsfähigkeit entscheidend sind. Ein weiter Griff ist effektiver als ein enger Griff.

Top-Übungen für den breiten Rückenmuskel (M. latissimus dorsi)

4

Lat-Ziehen mit weitem Ristgriff, Ausgangsstellung 180°
Die traditionelle Lat-Zug-Variante ist ebenso wie das Klimmziehen sehr effektiv für den Latissimus; der Deltamuskel (hinterer Anteil) und der Trapezius (quer verlaufender Anteil) werden weniger aktiviert.

5

Rudern sitzend mit Bruststütze
Aufgrund der besseren Fixierung des Rumpfes aktiviert die Variante mit Bruststütze den breiten Rückenmuskel stärker als die Übungsvariante ohne Bruststütze.

Übungen für das Training des breiten Rückenmuskels

Die Übungen für den breiten Rückenmuskel (M. latissimus dorsi) werden aufgrund übungsspezifischer Gesichtspunkte in drei Gruppen eingeteilt: Klimmzugvarianten, Lat-Zug-Varianten und Ruderübungen. Da es sich hierbei um komplexe Übungen handelt, werden auch der große Rundmuskel (M. teres major), die Ellbogenbeuger (M. biceps brachii, M. brachialis, M. brachioradialis), der Kapuzenmuskel (M. trapezius, vor allem der mittlere und der untere Anteil), die Rautenmuskeln (Mm. rhomboidei), der hintere Anteil des Deltamuskels (M. deltoideus, pars clavicularis) sowie statisch der gerade Rückenstrecker (M. erector spinae, vor allem im Bereich der Brustwirbelsäule) aktiviert. Jeder Übungsgruppe werden zunächst wichtige gemeinsame Aspekte vorangestellt, bevor die einzelnen Übungen detailliert beschrieben werden.

Klimmzugvarianten

Wichtige Aspekte bei Klimmzugvarianten

1. Die Effektivität der Übung Klimmziehen hängt vor allem vom Körpergewicht und der individuellen Leistungsfähigkeit des Trainierenden ab. Kann ein Trainierender beispielsweise ein bis zwei Klimmzüge bewältigen, so stellt jede Einzelwiederholung eine annähernd maximale Kraftbelastung dar. Sind hingegen 30 Klimmzüge in der Serie möglich, dann ist die Muskelaktivierung bei den einzelnen Wiederholungen relativ gering.
2. Klimmziehen zum Nacken ist effektiver als zur Brust.
3. Ein weiter Griff ist effektiver als eine enge Griffhaltung. Der Kammgriff (Handfläche zeigt zum Körper) ist zwar für die Aktivität des Bizeps günstiger als der Ristgriff (Handrücken zeigt zum Körper), für die Aktivierung des Latissimus spielt beim Klimmziehen die Griffvariante hingegen keine Rolle.
4. Beim Absenken des Körpers sollten die Ellbogengelenke immer ein wenig gebeugt bleiben. Bei gestreckten Armen ist kaum noch Muskelaktivität vorhanden; das Körpergewicht wird in diesem Fall durch die passiven Strukturen des Bewegungsapparates gehalten.

Klimmziehen	Klimmziehen an der kombinierten Dips-Klimmzug-Maschine

- In Abhängigkeit vom Körpergewicht und der individuellen Kraft ist das Klimmziehen zusammen mit dem Latissimus-Ziehen die effektivste Übung für den breiten Rückenmuskel, wobei die Ausführung in den Nacken effektiver ist als die zur Brust.
- Die Klimmzugstange im weiten Griff fassen und den Körper mit dem Nacken zur Stange ziehen.
- Den Rumpf beim Nachgeben nicht vollständig absenken (die Arme bleiben immer etwas gebeugt), weil sonst die Latissimusaktivität nachlässt.
- Trainierende, bei denen die Kraft für eine ganze Serie Klimmziehen nicht ausreicht, können die Übungen auch mit Beinunterstützung z. B. mit einer Bank bzw. an der Dips-Klimmzug-Maschine durchführen.

- Die Handgriffe umfassen und auf den Knieschlitten knien. Den Körper nach oben ziehen und anschließend wieder absenken; die Ellbogen bleiben immer etwas gebeugt.
- Da die Übung durch die Steckgewichte beliebig erleichtert werden kann, lassen sich bei dieser Variante viele Klimmzüge unabhängig vom Trainingsniveau durchführen.
- Sehr motivierende Übung für viele Trainierende, wobei die Effektivität von der eingestellten Gewichtserleichterung und vom Trainingszustand abhängig ist.
- Ein Wechsel des Griffes (Ristgriff, Hammergriff, Kammgriff, engerer Griff, weiter Griff) bietet zahlreiche Variationsmöglichkeiten.

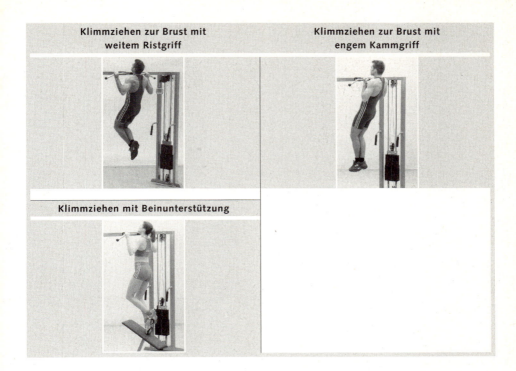

Latissimus-Zug-Varianten

Wichtige Aspekte bei Lat-Zug-Varianten

1. Lat-Zug-Varianten mit eng anliegenden Oberarmen in der Bewegungsendstellung sind effektiver als eine Bewegungsausführung mit abgespreiztem Oberarm.
2. Die effektivste Variante, bei der auch die höchste Maximallast gezogen werden kann, ist das Lat-Ziehen mit zurückgeneigtem Oberkörper und einem Anfangswinkel zwischen den erhobenen Oberarmen und dem Rumpf von ca. 135°.
3. Wenn das Gewicht nur bis zu einem Ellbogenwinkel von ca. 90°–100° herabgelassen wird, erhöht die verkürzte Bewegungsamplitude (Teilbewegungen) die Aktivität des Latissimus um ca. 30 %.

Lat-Ziehen mit zurückgeneigtem Oberkörper	Lat-Ziehen zum Nacken

- Diese Übung ist, gemeinsam mit der Standardübung im aufrechten Sitz, die intensivste Ausführungsvariante der Lat-Zug-Übungen für den breiten Rückenmuskel.
- Die Griffstange mit engem Kammgriff (Handflächen zeigen zum Körper) umfassen, die Oberschenkel mit dem Beinpolster fixieren und den Rumpf mit geradem Rücken nach hinten legen, sodass der Winkel zwischen den erhobenen Armen und dem Rumpf ca. 135° beträgt.
- Die Stange mit körpernaher Armführung maximal nahe zur Brust ziehen, den Rücken gerade lassen und die Brust vorwölben («stolz werden»). Auch bei einem Oberarm-Rumpf-Winkel von 45° am Ende der Bewegung treten kaum Aktivierungsverluste auf; bei einem Abspreizwinkel der Oberarme von 90° ist dagegen die Übung deutlich weniger intensiv.
- Das Gewicht wird anschließend nicht bis zur vollständigen Armstreckung zurückgeführt. Ein Ablassen des Gewichts bis zur Ellbogenstreckung führt zu deutlichen Aktivierungsverlusten des Latissimus.
- Zusätzlich werden der Bizeps sowie der untere Anteil des Trapezius aktiviert.

- Die Standardübung ist ähnlich effektiv wie das Lat-Ziehen mit zurückgeneigtem Oberkörper.
- Aufrechte Sitzposition nahe am Beinpolster, sodass das Kabel senkrecht verläuft; die Griffstange im weiten Ristgriff (Handrücken zeigt zum Körper) umfassen.
- Die Zugstange zum Nacken ziehen und das Gewicht anschließend nicht bis zur vollständigen Armstreckung zurückführen.
- Mehrfache Endkontraktionen, z. B. viermal die Zugstange mit kurzer Bewegungsamplitude zum Nacken ziehen und eine verkürzte Bewegungsamplitude (das Ellbogengelenk wird nur bis ca. 90–100° gestreckt), führen zu einer ca. 75 % stärkeren Aktivierung des Latissimus.
- Neben der Aktivierung des Latissimus und des Bizeps wird auch der Trapezius mittrainiert (bei bewusstem Herabziehen der Schultern vor allem der untere, aufsteigende Anteil).
- Eine Variante stellt das Lat-Ziehen zur Brust dar. Da die Latissimusaktivität hierbei abnimmt und der große Brustmuskel bei der Bewegungsausführung auch nicht hoch aktiviert wird, ist diese Variante wenig sinnvoll.

Ruderübungen

Wichtige Aspekte bei Ruderübungen

1. Die Ruderübungen sind insgesamt weniger effektiv für den Latissimus als Klimmzug- oder Lat-Zug-Varianten (Ausnahme: Rudern einarmig vorgebeugt mit Kurzhantel).
2. Mit körpernaher Oberarmführung sind deutlich höhere Gewichte zu bewältigen als mit weit abgespreiztem Oberarm (Oberarm-Rumpf-Winkel 90°). Die Aktivierung des Latissimus ist bei Endstellungen mit einem Oberarm-Rumpf-Winkel von 0° bzw. 45° am stärksten.
3. Geräte mit Bruststütze sind effektiver als ohne, da sie eine gute Fixierung des Oberkörpers ermöglichen. Zudem wird hierbei automatisch eine vorteilhafte aufrechte Körperhaltung eingenommen. Bei sehr hohem Gewicht kann es allerdings mitunter zu einem unangenehmen Druckgefühl auf der Brust kommen.
4. Bei allen Übungen werden die Ellbogen maximal weit hinter den Körper gezogen (maximale Retroversion der Oberarme).

Rudern einarmig vorgebeugt

- Hocheffektive Übung für den breiten Rückenmuskel, ähnlich wie das Lat-Ziehen am Gerät.
- Mit einem Unterschenkel und dem Unterarm der gleichen Seite auf einer Bank abstützen.
- Kurzhantel im Kammgriff (Handfläche zeigt nach vorn) fassen und den Ellbogen eng am Körper maximal nach oben ziehen. Diese Griffvariante ist etwas effektiver als der üblicherweise bei dieser Übung verwendete Rist- oder Hammergriff (Handrücken zeigt nach vorn bzw. zur Seite). Beim Anziehen der Hantel im Ristgriff geht der Ellbogen meist nach außen, und der Winkel zwischen Oberarm und Rumpf wird größer, was bei weitem Abspreizen zu Aktivierungsverlusten des Latissimus führt. Zudem kann in der Regel auch weniger Gewicht bewältigt werden.
- Das Gewicht sollte nicht zu weit abgesenkt werden, der Ellbogen soll auch im Umkehrpunkt der Bewegung noch deutlich gebeugt sein.

Rudern sitzend mit Bruststütze	Rudern sitzend am Kabelzug ohne Bruststütze

• Gute Aktivierung des Latissimus aber deutlich geringer als bei Klimmzug- bzw. Lat-Zug-Varianten. • Aufrechter Sitz an der Bruststütze. • Rumpfmuskulatur anspannen und die Griffe mit körpernaher Oberarmführung so weit wie möglich an den Körper ziehen. • Bei hoher Ellbogenführung bzw. angehobenen Schultern fällt die Latissimusaktivität deutlich ab, die Aktivierung des oberen Rückens (Trapezius, quer verlaufender Anteil, und Rautenmuskeln) nimmt hingegen stark zu, vor allem dann, wenn die Schulterblätter bewusst aktiv hinten zusammengeführt werden.	• Aufgrund der fehlenden Stabilisierung des Rumpfes ist die Übung weniger effektiv als die Variante mit Bruststütze. • Aufrechte Sitzposition, nah an das Fußbrett heranrücken und mit geradem Rücken die Griffe fassen; Rumpfmuskulatur anspannen und den Rücken gerade halten; mit dem Gesäß so weit nach hinten rücken, dass die Beine noch etwas gebeugt sind. • Die Oberarme eng am Körper maximal weit nach hinten ziehen. • Auch das Ablassen des Gewichts erfolgt mit geradem Rücken. Nach der letzten Wiederholung «das Gewicht nicht nach vorn fallen lassen» (Verletzungsgefahr).

9

Hüft- und Beinmuskulatur

9.1 Großer Gesäßmuskel (M. glutaeus maximus)

Inhaltsübersicht

Aufgaben des großen Gesäßmuskels 218
Funktionell-anatomische Grundlagen 218
Funktionstabelle 218

EMG-gestützte Übungsranglisten 219
Rangliste der Übungen mit Zusatzgewichten für den großen
Gesäßmuskel 220
Rangliste der Übungen ohne Zusatzgewicht für den großen
Gesäßmuskel 221

Kommentar zu den EMG-Ranglisten 223
Übungen mit Zusatzgewicht 223
Übungen ohne Zusatzgewicht 226
Analyse der Übungsvarianten 227
Zusammenfassung der Ergebnisse 229
Die Top-Übungen 229

Übungen für das Training des großen Gesäßmuskels 231
Beinrückhebeübungen 231
Übungen an Glutaeus-Maschinen 235
Beckenlift 236
Kniebeugeübungen 237

GROSSER GESÄSSMUSKEL **217**

Aufgaben des großen Gesäßmuskels

Funktionell-anatomische Grundlagen

Der große Gesäßmuskel ist einer der größten Muskeln des Menschen und bei fast allen Bewegungen wie z. B. Laufen, Springen, Treppensteigen, Streckbewegungen aus der Hocke u. Ä. maßgeblich beteiligt. Aus statischer Sicht verhindert er vor allem das Nach-vorn-Kippen des Oberkörpers und hilft bei der Stabilisierung der Beckenstellung. In seiner dynamischen Funktion ist er der kräftigste Hüftgelenkstrecker. Da der M. glutaeus maximus dem Gesäß die Kontur verleiht, kommt ihm auch unter dem Gesichtspunkt der Körperformung eine besondere Bedeutung zu.

Funktionstabelle

Die Funktionstabelle zeigt, welchen Einfluss (Funktion) der Muskel bei Kraft- und Dehntraining auf die beteiligten Gelenke ausübt. Die Tabelle ermöglicht darüber hinaus die Ableitung der optimalen Kraft- und Dehnübung und eine fachliche Beurteilung (Funktioncheck) jeder Übung (vgl. Abschn. 6.2 *Muskelfunktionstabellen*).

Aus der Funktionstabelle (vgl. Tab. 46) ist ersichtlich, dass der eingelenkige große Gesäßmuskel auf das Hüftgelenk

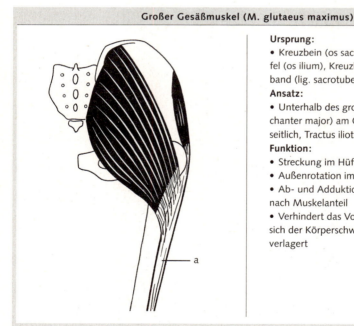

Großer Gesäßmuskel (M. glutaeus maximus)

Ursprung:
- Kreuzbein (os sacrum), Darmbeinschaufel (os ilium), Kreuzbein-Sitzbeinhöckerband (lig. sacrotuberale)

Ansatz:
- Unterhalb des großen Rollhügels (trochanter major) am Oberschenkelknochen seitlich, Tractus iliotibialis (a)

Funktion:
- Streckung im Hüftgelenk
- Außenrotation im Hüftgelenk
- Ab- und Adduktion im Hüftgelenk je nach Muskelanteil
- Verhindert das Vornüberfallen, wenn sich der Körperschwerpunkt vor die Hüfte verlagert

Abb. 20: Großer Gesäßmuskel (modifiziert nach Rohen 1998)

wirkt. Im Stand unterstützt er die Bauchmuskulatur und die ischiocrurale Muskulatur beim Aufrichten des Beckens. Bei Überstreckung des Hüftgelenks, z. B. bei der Übung Beinrückheben am Hüftpendel, bewirkt er jedoch keine Beckenaufrichtung. Der Einfluss des großen Gesäßmuskels auf die Beckenposition ist somit übungsspezifisch unterschiedlich. Die optimale Kräftigungs- und Dehnübung setzt seine anatomischen Funktionen in die Trainingspraxis um.

Der Gegenspieler (Antagonist) des großen Gesäßmuskels ist bezogen auf die Hauptfunktion der Lenden-Darmbein-Muskel (M. iliopsoas). Die Streckung im Hüftgelenk ist die Hauptfunktion des großen Gesäßmuskels, die Beugung im Hüftgelenk ist die Hauptfunktion des Lenden-Darmbein-Muskels.

EMG-gestützte Übungsranglisten

Die EMG-gestützten Übungsanalysen ermöglichen es, verschiedene Kraftübungen für einen Muskel zu verglei-

GROSSER GESÄSSMUSKEL (M. GLUTAEUS MAXIMUS)		
Gelenk / Körperteil	Kräftigung	Dehnung
Hüftgelenk	• Streckung • Außenrotation	• Beugung • Innenrotation
Muskel / Muskelanteil	Optimale Kräftigungsübung	Optimale Dehnübung
Großer Gesäßmuskel	Beinrückheben gegen Widerstand • Teilbewegungen mit nahezu gestreckten Beinen erhöhen die Intensität	• Ein Bein gebeugt über das andere Bein setzen • Den Oberschenkel mit dem Arm diagonal zur Brust drücken (= Beugung und Innenrotation im Hüftgelenk)

Tab. 46: Funktionstabelle für den großen Gesäßmuskel und Ableitung der optimalen Kräftigungs- und Dehnübung

chen und eine Übungsrangliste zu erstellen. Das vollständige Untersuchungsdesign ist in Abschn. 5.3 *Übungsranglisten für einzelne Muskelgruppen* dargestellt.

Für den großen Gesäßmuskel werden zwei Übungsranglisten aufgestellt. Die erste Rangliste (vgl. Tab. 47) enthält Übungen, bei denen die Zusatzgewichte jeweils so gewählt wurden, dass maximal 12 Wiederholungen ausgeführt werden konnten. Dadurch wird eine Vergleich-

barkeit der Übungen erreicht. Die zweite Rangliste (vgl. Tab. 48) enthält Übungen ohne Zusatzgewichte. Die Intensität wird durch die Muskelkraft des Übenden selbst und durch sein Körpergewicht bestimmt. Diese Übungen weisen in der Regel eine größere Streuung der Messergebnisse auf und sind mit den Übungen, bei denen Zusatzgewichte unter standardisierten Bedingungen eingesetzt werden, nicht direkt vergleichbar.

Rangliste der Übungen mit Zusatzgewichten

Rang-platz	Abbildung	Bezeichnung	x̄R	x̄EMG
1		Beinbeugen mit Abheben der Oberschenkel (Beinrückheben kombiniert mit Beinbeugen)	1,5	238
2		Beinrückheben am Hüftpendel mit Endkontraktion	2,0	182
3		Kreuzheben, das Gewicht entspricht dem Körpergewicht	3,4*	105*

Rang-platz	Abbildung	Bezeichnung	x̄R	x̄EMG
4		Beinpressen tief, Knieinnenwinkel 70°	3,7	101
5		Kniebeuge mit der Langhantel, Knieinnenwinkel 70°	4,3	89

* Die Übung Kreuzheben wurde, um das Verletzungsrisiko zu verringern, nicht mit dem Gewicht durchgeführt, das 12 Wiederholungen ermöglichte, sondern nur mit einer Last, die dem eigenen Körpergewicht entsprach. Bei höherer Zusatzlast wären höhere Werte zu erwarten gewesen. Folglich ist eine direkte Vergleichbarkeit mit den anderen Übungen nicht gegeben.

Tab. 47: EMG-gestützte Rangliste von Kraftübungen mit wählbarer Zusatzlast für den großen Gesäßmuskel nach dem durchschnittlichen Rangplatz (x̄R) und der Summe der durchschnittlichen EMG-Aktivität in μV (x̄EMG); n = 10

Rangliste der Übungen ohne Zusatzgewicht für den großen Gesäßmuskel

Rang-platz	Abbildung	Bezeichnung	x̄R	x̄EMG
1		Beinrückheben einbeinig auf der Bank mit Endkontraktion	1,8	197

Rang-platz	Abbildung	Bezeichnung	x̄R	x̄EMG
2		Beinrückheben einbeinig auf dem Boden mit Endkontraktion	1,9	184
3		Beckenlift, Kniewinkel 90° mit Endkontraktion	3,0	145
4		Beinrückheben einbeinig im Unterarmstütz mit Endkontraktion	4,0	138
5		Einbeinkniebeuge, Kniewinkel 70°	4,7	73
6		Ausfallschritt	5,9	61

Rang-platz	Abbildung	Bezeichnung	$\bar{x}R$	$\bar{x}EMG$
7		Rumpfheben	6,6	33

Tab. 48: EMG-gestützte Rangliste von Kraftübungen ohne Zusatzgewicht für den großen Gesäßmuskel nach dem durchschnittlichen Rangplatz ($\bar{x}R$) und der Summe der durchschnittlichen EMG-Aktivität in µV ($\bar{x}EMG$); n = 10

Kommentar zu den EMG-Ranglisten

Übungen mit Zusatzgewicht (vgl. Tab. 47)

Es zeigt sich eine deutliche Zweiteilung in der Tab. 47 im Hinblick auf die Messergebnisse. Die beiden Beinrückhebeübungen liegen klar vor den Kniebeugevarianten. **Beinbeugen liegend, an der Maschine, mit Abheben der Oberschenkel** erweist sich mit großem Vorsprung als die Top-Übung für den großen Gesäßmuskel. Diese Übung, die das Beinrückheben mit dem Beinbeugen kombiniert, nimmt gleichzeitig die Spitzenplätze in den Übungsranglisten für die untere Rückenmuskulatur (vgl. Tab. 28, S. 156) und die Muskulatur der Oberschenkelrückseite (ischiocrurale Muskulatur, vgl. Tab. 68, S. 277) ein und ist somit eine optimale, sehr effektive Übung mit komplexer Trainingswirkung für drei wichtige Muskelgruppen

der Körperrückseite. Durch das Abheben der Oberschenkel verlagert sich die Drehachse auf das Hüftgelenk. Das Zusatzgewicht der Beinbeugemaschine, das über den langen Lastarm der gesamten Beinlänge wirkt, sowie die gute Fixierung des Oberkörpers auf der Maschine ermöglichen eine hochintensive Anspannung des großen Gesäßmuskels. Die Muskelspannung weist einen starken isometrischen Anteil auf, weil die Oberschenkel während des gesamten Satzes von der Unterlage abgehoben gehalten werden müssen. Wenn die Übung ohne das Beugen der Kniegelenke als Beinrückheben mit gestreckten Beinen ausgeführt wird, erhöhen sich die Intensität und die Effektivität für den großen Gesäßmuskel zusätzlich. Tab. 49 zeigt den Einfluss der Beinlänge (Hebellänge) auf die Muskelaktivität des großen Gesäßmuskels.

Die zweitplatzierte Übung, **Beinrückheben am Hüftpendel**, entspricht funk-

GROSSER GESÄSSMUSKEL –
BEINRÜCKHEBEN AN DER BEINBEUGE-MASCHINE

Rang-platz	Abbildung	Streckung bzw. Beugung der Knie	$\bar{x}$R	$\bar{x}$EMG	Diff. [%]
1		Beinrückheben mit gestreckten Beinen	1,0	334	0
2		Beinrückheben kombiniert mit Beinbeugen	2,0	274	−18

Tab. 49: Vergleich von Varianten der Übung Beinrückheben an der Leg-Curl-Maschine mit **Variation der Kniebeugung** für den großen Gesäßmuskel nach dem durchschnittlichen Rangplatz ($\bar{x}$R) und der Summe der durchschnittlichen EMG-Aktivität in µV ($\bar{x}$EMG); n = 10

tionell weitgehend der Übung auf Platz eins der Rangliste, wobei die Ausgangsstellung in diesem Fall der aufrechte Stand ist. Der freie Stand erschwert die Fixierung des Oberkörpers. Die Überstreckung des Hüftgelenks (bis ca. 10° möglich) und die Endkontraktionen intensivieren die Muskelspannung und stellen die gute Platzierung der Übung sicher.

Die in der EMG-Übungsrangliste auf den ersten Plätzen liegenden Varianten des Beinrückhebens erzielen deshalb sehr hohe EMG-Werte, weil sie große

statische Anteile enthalten und z. T. durch Endkontraktionen verstärkt werden. Statische Übungen werden häufig mit maximalen Krafteinsätzen durchgeführt und orientieren sich nicht an der Standardisierungsvorgabe von 12 Maximalwiederholungen. Deshalb erreichen sie sehr hohe Muskelspannungen und sind mit den folgenden dynamischen Kniebeugeübungen nicht direkt vergleichbar.

Die Übungen **Kreuzheben, Beinpressen** und **Kniebeuge** sind komplexe mehrgelenkige Basis-Kraftübungen mit

224 HÜFT- UND BEINMUSKULATUR

hoher Wirksamkeit für den vierköpfigen Schenkelmuskel, die untere Rückenmuskulatur und mit etwas geringerer Effektivität für den großen Gesäßmuskel. Die drei mehrgelenkigen Übungen für die Streckmuskulatur der Beine sind funktionell einander ähnliche, kniebeugennahe Übungen, die den großen Gesäßmuskel vor allem bei tiefer Kniebeugung mittrainieren. Das Kreuzheben und die Kniebeuge sind wichtige Übungen im leistungsorientierten Kraftsport. Beide Übungen sind technisch anspruchsvoll und bedürfen einer sorgfältigen Schulung, bevor höhere Gewichte bewegt werden.

Das **Kreuzheben** nimmt den dritten Rangplatz ein, obwohl die Zusatzlast bei den Messungen auf das eigene Körpergewicht beschränkt wurde, um das Verletzungsrisiko des unteren Rückens zu minimieren. Bei korrekter Wahl eines Gewichts, das maximal 12 Wiederholungen zulässt, wären höhere Zusatzlasten und ein besseres Messergebnis wahrscheinlich. Wenn auch ein direkter Vergleich der Übung mit anderen Übungen hier nicht möglich ist, so beansprucht das Kreuzheben bereits mit dem verminderten Zusatzgewicht auch den großen Gesäßmuskel. Im präventiven und rehabilitativen Training gegen Rückenbeschwerden stellt das Kreuzheben in seiner gesundheitsorientierten Variante mit geringem Gewicht als «rückengerechtes Heben» einen wichtigen Baustein im Rückenprogramm dar.

Im Fitnesstraining wird das **Beinpres-**sen favorisiert, weil es technisch einfach ist, eine gute Fixierung des Rumpfes auf der Maschine sicherstellt und ein geringes Verletzungsrisiko aufweist. Die Möglichkeit des Übenden, sich ausschließlich auf den Muskeleinsatz und die Bewältigung der Last zu konzentrieren, ohne größere übungstechnische Anforderungen, stellt eine mittlere Effektivität für den großen Gesäßmuskel sicher und macht die Übung im Fitnesstraining zur wichtigsten Kniebeugenvariante.

Bei Varianten des Beinpressens beeinflusst der Hüftgelenkwinkel die Muskelaktivität des großen Gesäßmuskels und des vierköpfigen Oberschenkelmuskels. Je kleiner der Winkel im Hüftgelenk in der Ausgangsstellung ist, desto stärker wird der große Gesäßmuskel aktiviert. Beim M. quadriceps femoris gilt der umgekehrte Sachverhalt. Die Übung Beinpressen im aufrechten Sitz, Hüftwinkel 50°, ist folglich für den großen Gesäßmuskel effektiver als die Varianten 45°-Beinpressen (Hüftgelenkwinkel ca. 85°) und Horizontales Beinpressen (Hüftgelenkwinkel ca. 100°). Die Messergebnisse sind im Abschn. 9.2 *Vierköpfiger Oberschenkelmuskel* dargestellt.

Die **tiefe Kniebeuge mit der Langhantel** landet, etwas überraschend, erst auf Platz fünf der Übungsrangliste, wenn auch die Unterschiede der drei kniebeugenähnlichen Übungen nicht sehr groß sind. Möglicherweise begrenzen bei Trainierenden, die keine Kraftleistungssportler sind, eine mangelhafte

GROSSER GESÄSSMUSKEL 225

> **Beinrückheben mit fast gestreckten Beinen und Zusatzgewicht** an der Beinbeuge- oder Hüftpendelmaschine aktiviert den großen Gesäßmuskel am stärksten aufgrund der hohen isometrischen Spannungen und trainiert gleichzeitig die Muskulatur des unteren Rückens und die ischiocrurale Muskulatur wirkungsvoll.

Technik und die Furcht, den unteren Rücken zu gefährden, das gewählte Gewicht und damit die Intensität der Übung.

Übungen ohne Zusatzgewicht (vgl. Tab. 48)

Zwei Varianten der Übung **Beinrückheben** führen die Übungsrangliste mit klarem Vorsprung an, wie dies auch bei den Übungen mit Zusatzgewicht der Fall ist (vgl. Tab. 47). Das gestreckte Bein als langer Hebel, die vorwiegend isometrische Spannung und der maximale Krafteinsatz der Übenden sind für die Spitzenplätze verantwortlich. Das nach vorn gesetzte freie Bein stellt bei der Übung auf Rangplatz 1 die Beckenaufrichtung sicher und erlaubt es dem Trainierenden, seine ganze Kraft einzusetzen, ohne in eine unerwünschte Hyperlordose der Lendenwirbelsäule zu kommen. Die Übung Beinrückheben einbeinig im Unterarmstütz rutscht auf Platz 4 der Rangliste ab. Die großen individuellen Unterschiede der 10 Probanden bei dieser Übung (große Standardabweichung der Messwerte) weisen auf eine schlechtere

Fixierungsmöglichkeit des Oberkörpers gegenüber den beiden Spitzenübungen hin.

Die hohe Intensität der Beinrückhebeübungen wird auch durch die Höhe der durchschnittlichen EMG-Messwerte ($\overline{x}$ EMG) unterstrichen, die deutlich höher liegen als die der Kniebeugevarianten mit Zusatzgewicht (vgl. Tab. 47).

> Alle **Beinrückhebeübungen ohne Zusatzgewicht** sind hervorragende Komplexübungen für den großen Gesäßmuskel, die ischiocrurale Muskulatur und die Muskulatur des unteren Rückens.

Auch der **Beckenlift mit Endkontraktion** besitzt eine gute Komplexwirkung, wie ihr 3. Platz für den großen Gesäßmuskel und ihre guten Platzierungen in den Ranglisten der Übungen ohne Zusatzgewicht für die ischiocrurale Muskulatur (vgl. Tab. 67, S. 278) und den unteren Rücken (vgl. Tab. 30, S. 158) zeigen.

Überraschend schlecht fällt das Ergebnis der Übung **Ausfallschritt** aus. Der Bremsstoß beim Abfangen des Körpergewichts erzeugt kurzzeitig eine hohe exzentrische Muskelspannung und ist dadurch häufig für einen heftigen Muskelkater verantwortlich. Die Dauer der hohen Muskelaktivierung während der Ausfallschrittübung ist allerdings zu kurz, um bei der hier vorgenommenen Wertung nach der durchschnittlichen Muskelspannung eine bessere Platzierung zu erreichen.

Das **Rumpfheben** wurde hier nur bis zur waagerechten Position durchgeführt, um eine Verstärkung der Lendenlordose zu vermeiden. Der dosierte Muskeleinsatz erbringt für den großen Gesäßmuskel erwartungsgemäß keine starke Muskelaktivierung.

> **Endkontraktionen** sind hochwirksame Intensivierungsmöglichkeiten der Übungsausführung.

Analyse der Übungsvarianten

Endkontraktionen sind hier zusätzliche Bewegungen mit sehr kleiner Bewegungsamplitude in die maximale Überstreckung des Hüftgelenks. Die Übungen auf den Plätzen 1–4 der Rangliste ohne Zusatzgewicht (vgl. Tab. 48) sind ausnahmslos Übungsausführungen mit Endkontraktion, was die hohe Wirksamkeit dieser Ausführungsvariante eindrucksvoll unterstreicht. Die gleichen Übungen ohne Endkontraktion bewirken deutlich geringere Muskelspannungen (vgl. Tab. 50). Die Gründe für die hohe Muskelaktivierung liegen in den quasi maximalen isometrischen Muskel-

GROSSER GESÄSSMUSKEL – ÜBUNG BECKENLIFT					
Rang-platz	Abbildung	Endkontraktion	$\bar{x}$R	$\bar{x}$EMG	Diff. [%]
1		mit Endkontraktion	1,0	145	+27
2		ohne Endkontraktion	2,0	114	0

Tab. 50: Vergleich von zwei Varianten der Übung Beckenlift mit **Variation der Endkontraktion** nach dem durchschnittlichen Rangplatz ($\bar{x}$R) und der Summe der durchschnittlichen EMG-Aktivität in µV ($\bar{x}$EMG); n = 10

spannungen, die durch die Endkontraktionen hervorgerufen werden.

Fixierung des Rumpfes: Die Intensität der Muskelspannung hängt in hohem Maß von dem bewältigten Gewicht bzw. bei Übungen ohne Zusatzgewicht von der einsetzbaren Kraft ab. Dabei spielt die Fixierung des Körpers eine entscheidende Rolle. Wenn der Körperteil, an dem der Muskelursprung bzw. -ansatz liegt, aufgrund einer mangelhaften Stabilisierung labil bleibt und dem Muskelzug nachgibt, kann die Kraft nicht optimal entwickelt werden. Der Vergleich von zwei Übungen mit unterschiedlichen Stabilisierungsmöglichkei-

ten zeigt in der folgenden Tab. 51 diesen Sachverhalt.

Das Beinrückheben auf der Bank bietet dem Trainierenden durch die Lage des Oberkörpers auf der Bank und den Haltegriff der Hände gute Fixierungsmöglichkeiten. Bei der Ausführung der Übung Beinrückheben im Unterarmstütz am Boden finden die Hände keinen

> Eine gute **Fixierung des Körpers** ermöglicht den Einsatz stärkerer Kräfte und bewirkt eine intensivere Aktivierung des Muskels.

GROSSER GESÄSSMUSKEL –
ÜBUNG BEINRÜCKHEBEN EINBEINIG MIT ENDKONTRAKTION

Rang-platz	Abbildung	Fixierungsmöglichkeiten	x̄R	x̄EMG	Diff. [%]
1		liegend auf der Bank	1,1	197	0
2		im Unterarmstütz auf dem Boden	1,9	138	−30%

Tab. 51: Vergleich von Varianten der Übung Beinrückheben einbeinig mit Endkontraktion und **Variation der Fixierungsmöglichkeit** des Oberkörpers nach dem durchschnittlichen Rangplatz (x̄R) und der Summe der durchschnittlichen EMG-Aktivität in µV (x̄EMG); n = 10

Halt, sodass die Hebelwirkung des gestreckten Beines den Oberkörper in eine labile Lage bringt. Die Variante in stabiler Ausgangsstellung erweist sich um 30 % effektiver als die Ausführung in labiler Position.

Zusammenfassung der Ergebnisse

- Beinrückhebeübungen mit gestreckten Beinen in die Überstreckung des Hüftgelenks (ca. 10° möglich) und zusätzlichem Widerstand an der Leg-Curl- oder Hüftpendelmaschine bzw. durch den Partner sind die intensivsten Kraftübungen für den großen Gesäßmuskel. Sie trainieren gleichzeitig den unteren Teil des Rückenstreckers und die ischiocrurale Muskulatur.
- Endkontraktionen und eine gute Fixierung des Körpers (z. B. auf einer Flachbank) ermöglichen eine wirksame Verstärkung der Muskelaktivierung.
- Die Übungen Kniebeuge, Beinpressen und Kreuzheben ermöglichen keine Überstreckung des Hüftgelenks. Sie gleichen diesen Nachteil zum Teil durch schwere Zusatzgewichte aus und aktivieren den großen Gesäßmuskel ebenfalls, aber geringer als Beinrückhebeübungen. Je kleiner der Hüftwinkel in der tiefsten Position gewählt wird, desto stärker wird der M. glutaeus maximus erfasst.

Die Top-Übungen

Top-Übungen für den großen Gesäßmuskel

1

Beinrückheben der gestreckten Beine an der Leg-Curl-Maschine
Die Übung besitzt eine exzellente Komplexwirkung für den großen Gesäßmuskel, den unteren Teil des Rückenstreckers und die ischiocrurale Muskulatur. Die Ausführungsvariante Beinrückheben kombiniert mit Beinbeugen mindert den Einsatz des Gesäßmuskels und intensiviert die Aktivität der ischiocruralen Muskulatur.

2

Beinrückheben am Hüftpendel
Vor allem bei Betonung der Überstreckung des Hüftgelenks und zusätzlicher Intensivierung durch Endkontraktionen wird die Übung sehr effektiv.

Top-Übungen für den großen Gesäßmuskel

3

Kreuzheben
Korrektes Heben schwerer Lasten ist im Alltag und im Sport sehr wichtig. Die effektive Komplexübung trainiert die Muskulatur des unteren Rückens, den vierköpfigen Oberschenkelmuskel, den großen Gesäßmuskel und den Kapuzenmuskel. Um Verletzungen zu vermeiden, ist es wichtig, zunächst die korrekte Hebetechnik mit wenig Gewicht zu erlernen.

4

Beinpressen tief
Kennzeichen dieser wichtigen Fitnessbasisübung ist ein geringes Verletzungsrisiko trotz hoher Gewichte, eine einfache technische Ausführung und eine gute Effektivität. Das Beinpressen tief ist eine wirkungsvolle Komplexübung für den unteren Rücken, den vierköpfigen Oberschenkelmuskel und den großen Gesäßmuskel.

5

Beinrückheben einbeinig
Die nahezu maximale isometrische Muskelspannung, die durch die kraftvolle Überstreckung des Hüftgelenks mit Endkontraktionen zustande kommt, macht die Übung auch ohne Gewicht sehr effektiv.

Übungen für das Training des großen Gesäßmuskels

Die Übungen für den M. glutaeus maximus werden aufgrund struktureller Gesichtspunkte in vier Gruppen eingeteilt: Beinrückhebeübungen, Übungen an Glutaeus-Maschinen, Kniebeugeübungen und Beckenlift. Jeder Übungsgruppe werden zunächst wichtige gemeinsame Aspekte vorangestellt, bevor die einzelnen Übungen detailliert beschrieben werden.

Beinrückhebeübungen

Wichtige Aspekte von Beinrückhebeübungen

1. Alle Varianten der Übung Beinrückheben aktivieren den großen Gesäßmuskel sehr stark und sind hochintensive und effektive Übungen.

2. Beinrückheben ist eine ideale Komplexübung für drei wichtige Muskeln der Körperrückseite, den unteren Teil des Rückenstreckers, die Oberschenkelrückseite und den großen Gesäßmuskel. Die Übung ist für alle drei Muskeln hochwirksam und kann jeweils als die Top-Übung angesehen werden.

3. Die starke Aktivierung des großen Gesäßmuskels hat mehrere Gründe:
   - Die Überstreckung des Hüftgelenks (ca. 10° möglich) muss bei der Übungsausführung betont werden.
   - Endkontraktionen (zusätzliche Bewegungen mit sehr kleiner Bewegungsamplitude in die maximale Überstreckung des Hüftgelenks) intensivieren die Übung zusätzlich.
   - Das Beinrückheben erfolgt in den meisten Fällen mit kleiner Bewegungsamplitude. Die Bewegung weist folglich große statische Anteile auf. Die z. T. maximalen isometrischen Spannungen (Überstreckung, Endkontraktionen) sind die Ursache für die gemessene sehr hohe Muskelaktivierung.
   - Das Hüftgelenk ist der Drehpunkt der Bewegung. Das gestreckte Bein stellt einen langen Hebel (Lastarm) dar, der bereits ohne, vor allem aber mit Zusatzgewicht eine hohe Belastung bewirkt.

4. Die Beinrückhebeübungen, die eine gute Fixierung des Körpers sicherstellen, ermöglichen einen starken Krafteinsatz und bewirken eine intensive Aktivierung des großen Gesäßmuskels.

5. Alle Geräte sind so einzustellen, dass die Achse des Hüftgelenks mit der Drehachse der Maschine in Deckung gebracht wird, um unfunktionelle Scherkräfte zu vermeiden.

6. In der Sportpraxis wird häufig gefordert, das Rückheben der Beine oder des Rumpfes nur bis in die Waagerechte auszuführen, um ein zu starkes Hohlkreuz zu vermeiden. Der angenommene Zusammenhang von Hyperlordosierung der Lendenwirbelsäule beim Krafttraining und Rückenbeschwerden ist bei gesunden Personen allerdings empirisch nicht belegt. Eine stärkere Lordosierung der Lendenwirbelsäule kann durch das Anziehen eines Beines (Aufrichten des Beckens) vermieden werden, ohne dass es zu einer Minderung der Aktivität des großen Gesäßmuskels kommt.

Rückheben der gestreckten Beine an der Leg-Curl-Maschine

- Die Top-Übung für den großen Gesäßmuskel.
- Die Position der Fußpolster so wählen, dass sie direkt oberhalb der Fersen liegen. Das Gerät, wenn möglich, so einstellen, dass die Bewegung mit leicht gebeugten Kniegelenken begonnen werden kann, um eine Überstreckung der Kniegelenke zu vermeiden.
- Abheben der Oberschenkel von der Unterlage (Beinrückheben), Heben und Senken der nahezu gestreckten Beine mit kleiner Bewegungsamplitude.
- Als Variante ist eine Kombination mit der Übung Beinbeugen empfehlenswert, um gleichzeitig die ischiocrurale Muskulatur optimal zu trainieren. Die Knie werden dabei zusätzlich gebeugt und gestreckt, wobei die Oberschenkel die ganze Zeit angehoben bleiben.
- Bei Personen mit schwacher unterer Rückenmuskulatur kann es zu Spannungen und Verkrampfungen in der unteren Rückenmuskulatur kommen, bevor die Gesäßmuskulatur ermüdet. Nach einigen Trainingseinheiten für den unteren Rücken stellt sich dieses Problem in der Regel nicht mehr.
- Je nach Maschinentyp kann die Übung auch einbeinig durchgeführt werden. Ein Bein wird dabei neben dem Auflagepolster unter den Körper gezogen. Dadurch wird das Becken aufgerichtet, wobei der Zug auf den unteren Rücken etwas geringer wird.

Beinrückheben an der Hüftpendelmaschine

- Sehr effektive Übungsvariante für die Kräftigung des großen Gesäßmuskels.
- Stand auf der höhenverstellbaren Plattform, sodass sich das Hüftgelenk auf Höhe der Drehachse der Maschine befindet.
- Das Widerstandspolster des Hüftpendels, falls möglich, unmittelbar oberhalb des Kniegelenks ansetzen.
- Der aufrechte Oberkörper wird durch eine Stemmstellung der Arme gegen die Haltestange blockiert, die Rumpfmuskulatur angespannt.
- Das Trainingsbein wird gegen den Widerstand des Hüftpendels nach hinten in die Überstreckung geführt. In der Endstellung befindet sich das Trainingsbein hinter dem Standbein (ca. 10°).
- Es wird mit kleiner Bewegungsamplitude mit nahezu gestrecktem Bein und Betonung der Überstreckung gearbeitet.
- Während der gesamten Bewegung bleibt das Becken stabil und der Oberkörper aufrecht. Der Rumpf darf nicht nach vorn gekippt und es darf keine Schaukelbewegung durchgeführt werden.

Beinrückheben am Kabelzug	Beinrückheben einbeinig oder beidbeinig auf einer Bank

• Ähnlich effektive Übung wie an der Hüftpendelmaschine. • Stand mit leicht gebeugten Kniegelenken vor einer Kabelzugmaschine. Eine Fußschlaufe am Knöchel des Trainingsbeins befestigen. • Den Körper durch Griff der Hände an der Maschine fixieren. • Bei aufrechter Körperhaltung das Trainingsbein nach hinten in die Überstreckung führen. • Es wird mit kleiner Bewegungsamplitude mit Betonung der Überstreckung und mit Endkontraktionen trainiert.	• Effektive Übungsvariante. • Bauchlage auf einer Flachbank, sodass die Hüfte mit dem Bankende abschließt. Ein Bein wird neben der Bank unter den Rumpf gezogen, um das Becken aufzurichten. Der feste Griff der Hände fixiert den Oberkörper. • Das Bein wird unter Betonung der Überstreckung maximal nach oben gezogen. • Endkontraktionen oder Partnerwiderstand an der Oberschenkelrückseite intensivieren die Übung zusätzlich. • Variation: beidbeinige ruhige «Kraulbeinschlagbewegungen» aus der Hüfte mit gestreckten Kniegelenken durchführen.

GROSSER GESÄSSMUSKEL

Beinrückheben einbeinig oder beidbeinig am Boden	Beinrückheben einbeinig im Unterarmliegestütz

- Je nach Ausführung und Partnerwiderstand sehr effektive Übung ohne Gerät zur Kräftigung des großen Gesäßmuskels und des unteren Teils des Rückenstreckers.
- Bauchlage am Boden, den Kopf in der Verlängerung der Wirbelsäule halten, oder die Stirn auf den Boden bzw. die Hände ablegen.
- Ein Bein wird an den Rumpf gezogen, um das Becken aufzurichten.
- Bauchmuskulatur anspannen, ein Bein maximal nach oben abheben und wieder senken, ohne es abzulegen. Die Übung kann durch Endkontraktionen oder Partnerwiderstand auf der Oberschenkelrückseite intensiviert werden.
- Es bieten sich auch beidbeinige Übungsvarianten an, z. B. mit «Kraulbeinschlagbewegungen» aus der Hüfte mit gestreckten Kniegelenken, Öffnen und Schließen der gestreckt abgehobenen Beine oder Abheben der Beine mit einem zwischen den Füßen eingeklemmten Gymnastikball, wobei der Partner dosiert Druck auf den Ball ausübt.

- Je nach Ausführung effektive Übungsvariante ohne Gerät.
- Bankstellung im Unterarmliegestütz; ein Bein wird unter den Körper gezogen, um das Aufrichten des Beckens sicherzustellen. Manche Trainierende spüren in dieser Ausgangsstellung einen leichten Kompressionsschmerz in der Leistenbeuge des Stützbeins, der allerdings sofort nach Übungsende verschwindet.
- Ein Bein gestreckt maximal nach oben heben und mit kleiner Bewegungsamplitude trainieren, ggf. mit Endkontraktionen oder Partnerwiderstand.
- Die Variante in der Bankstellung mit gestreckten Armen und senkrecht stehenden Oberschenkeln (Kickback) ist weniger günstig, weil die Ausgangsstellung labiler ist und bei Überstreckung des Hüftgelenks die Lordose der Lendenwirbelsäule verstärkt wird. Der Partner sollte hier das Bein in der Waagerechten blockieren und Widerstand geben.

Übungen an Glutaeus-Maschinen

Wichtige Aspekte des Trainings an Glutaeus-Maschinen

1. Die Hersteller von Kraftmaschinen bieten Glutaeus-Maschinen in verschiedenen Ausgangsstellungen an: in Rücken-, Bauch- oder Seitlage, im aufrechten und im vorgebeugten Stand.
2. Eine Gruppe der Maschinen ermöglicht eine Überstreckung des Hüftgelenks; für sie gelten folglich die Hinweise für Beinrückhebeübungen. Sie erfassen in komplexer Weise die Muskulatur des unteren Rückenstreckers, die ischiocrurale Muskulatur und den großen Gesäßmuskel.
3. Eine zweite Gruppe von Maschinen erlaubt keine Überstreckung des Hüftgelenks; es handelt sich in den meisten Fällen um eine Art einbeiniger Beinpresse, wobei es nur zu einer unvollständigen Streckung des Hüftgelenks kommt. Dabei werden in der Regel die Muskeln der Streckschlinge, vierköpfiger Oberschenkelmuskel, unterer Rückenstrecker, großer Gesäßmuskel und nachgeordnet die Oberschenkelrückseite aktiviert. Hier ist in den meisten Fällen das normale Beinpressen vorzuziehen. Die Aktivierung des großen Gesäßmuskels ist an diesen Maschinen deutlich geringer als an Maschinen, die eine Überstreckung des Hüftgelenks erlauben.
4. Die Effektivität der Glutaeus-Maschinen hängt davon ab, ob der Oberkörper optimal fixiert werden kann, um große Gewichte bewältigen zu können, und ob die intensitätsverstärkende Überstreckung des Hüftgelenks möglich ist.
5. Alle Geräte sind so einzustellen, dass die Achse des Hüftgelenks mit der Drehachse der Maschine in Deckung gebracht wird, um unfunktionelle Scherkräfte zu vermeiden.

Maschinenvariante 1	Maschinenvariante 2	Maschinenvariante 3

Strecken des Hüftgelenks an einer Glutaeus-Maschine in Rückenlage	**Strecken des Hüftgelenks an einer Glutaeus-Maschine im vorgebeugten Stand oder in Bauchlage**

• Diese Übung gehört zur Gruppe der Beinrückhebeübungen. • Rückenlage auf der Maschine, die Hüft- und Kniegelenke sind gebeugt. • Der Griff der Hände, ggf. ein Fixationsband über dem Becken und das Anspannen der Rumpfmuskulatur fixieren den Körper. • Die Oberschenkel werden gegen den Widerstand der Maschine unter Betonung der (Über-)Streckung der Hüftgelenke nach unten gedrückt. Es wird mit kleiner Bewegungsamplitude trainiert. • Das Gerät kann einbeinig oder beidbeinig genutzt werden. • Varianten dieser Art von Glutaeus-Maschinen gibt es auch in Bauchlage mit einbeiniger Ausführung.	• Diese Übung ist eine Variante des einbeinigen Beinpressens. • Der Oberkörper wird auf der Maschine abgelegt und fixiert. • Das Trainingsbein drückt den Widerstand nach hinten. Je weiter die Möglichkeit zur Überstreckung des Hüftgelenks besteht, desto besser ist die Maschine konstruiert.

Beckenlift

Wichtige Aspekte bei der Übung Beckenlift

Bei der Übung Beckenlift steht nicht der große Gesäßmuskel, sondern das Training der ischiocruralen Muskulatur im Vordergrund. Der M. glutaeus maximus wird hier im Rahmen der komplexen Wirkung für die Körperrückseite deutlich mitaktiviert.

Die Übung Beckenlift ist detailliert im Abschn. 9.3 *Muskulatur der Oberschenkelrückseite* beschrieben.

Beckenlift

Kniebeugeübungen

Wichtige Aspekte bei Kniebeugeübungen

1. Beinpressen, Kniebeuge und Kreuzheben sind wichtige Basiskraftübungen mit komplexer Wirkung für die Muskeln der Streckschlinge, die Oberschenkelvorderseite (M. quadriceps femoris), den unteren Teil des Rückenstreckers und den großen Gesäßmuskel. Dabei liegt das Haupttrainingsziel in der Kräftigung der Oberschenkelvorderseite und in der komplexen Muskelschlinge der Körperstreckung und nicht in der isolierten Kräftigung des großen Gesäßmuskels.
2. Die Tatsache, dass ein Überstrecken des Hüftgelenks ebenso wenig möglich ist wie der Einsatz von Endkontraktionen, begrenzt die Wirksamkeit der Kniebeugeübungen für den großen Gesäßmuskel. Dieser Nachteil wird jedoch z. T. durch die hohen Lasten ausgeglichen, die bei allen Varianten von Kniebeugen bewältigt werden können.
3. Bis auf das Beinpressen an der Maschine sind die Kniebeuge-Varianten koordinativ schwierige Übungen, die zusätzlich vor allem für die Lendenwirbelsäule ein Verletzungsrisiko mit sich bringen («sich verheben»). Deswegen bedürfen sie einer gewissenhaften technischen Schulung und bleiben für viele Gelegenheitstrainierende ungeeignet.
4. Das Beinpressen ist für die meisten Personen die risikoloseste, effektivste und empfehlenswerteste Übung. Der große Gesäßmuskel wird umso stärker aktiviert, je kleiner der Hüftwinkel in der Ausgangsstellung ist. Das Beinpressen im aufrechten Sitz ist deshalb für den M. glutaeus maximus am effektivsten vor dem 45°-Beinpressen und dem horizontalen Beinpressen (vgl. Messergebnisse im Abschn. 9.2 *Vierköpfiger Oberschenkelmuskel*). Dasselbe gilt für die tiefe Kniebeuge, die effektiver ist als die halbe Kniebeuge.

Die detaillierten Übungsbeschreibungen sind im Abschn. 9.2 *Vierköpfiger Oberschenkelmuskel* dargestellt.

9.2 Vierköpfiger Oberschenkelmuskel (M. quadriceps femoris)

Inhaltsübersicht

Aufgaben des vierköpfigen Oberschenkelmuskels 239
Funktionell-anatomische Grundlagen 239
Funktionstabelle 239

EMG-gestützte Übungsranglisten 241
Rangliste der Übungen mit Zusatzgewicht 242
Rangliste der Übungen ohne Zusatzgewicht 244

Kommentar zu den EMG-Ranglisten 243
Übungen für den gesamten vierköpfigen Oberschenkelmuskel 243
Der Einfluss des Hüftgelenkwinkels auf die Aktivität des vierköpfigen Oberschenkelmuskels 249
Übungen für die einzelnen Anteile des vierköpfigen Oberschenkelmuskels 249
Zusammenfassung der Ergebnisse 257
Die Top-Übungen 258

Übungen für das Training des vierköpfigen Oberschenkelmuskels 258
Wichtige Hinweise für die zentralen Übungen
Kniebeugen, Kreuzheben und Beinpressen 259
Übungen an Maschinen 261
Übungen mit der Langhantel 265
Übungen ohne Geräte 268

Aufgaben des vierköpfigen Oberschenkelmuskels

Funktionell-anatomische Grundlagen

Der auf der Vorderseite des Oberschenkels liegende vierköpfige Oberschenkelmuskel (M. quadriceps femoris) ist der kräftigste Muskel des Körpers. Er setzt sich zusammen aus dem zweigelenkigen geraden Schenkelmuskel (M. rectus femoris), der über das Hüft- und Kniegelenk zieht, und aus den drei Strängen des inneren, äußeren und mittleren Schenkelmuskels (M. vastus medialis, M. vastus lateralis und M. vastus intermedius). Aufgrund seiner Kniestreckfunktion ist der vierköpfige Oberschenkelmuskel bei vielen Bewegungen wie z. B. Gehen, Aufstehen, Treppensteigen, Laufen oder Springen beteiligt. Er schützt und stabilisiert gemeinsam mit der Oberschenkelrückseite das Kniegelenk und verhindert in seiner statischen Funktion das Einknicken im Kniegelenk beim Stehen. Aus gesundheitlicher Sicht beugt ein ausgewogenes Training der Oberschenkelvorder- und Rückseite Kniebeschwerden und -verletzungen bzw. vorzeitigen Verschleißerscheinungen vor und führt in vielen Fällen bei vorhandenen Beschwerden zur Schmerzlinderung.

Funktionstabelle

Die Funktionstabelle zeigt, welchen Einfluss (Funktion) der Muskel bei Kraft- und Dehntraining auf die beteiligten

Vierköpfiger Oberschenkelmuskel (M. quadriceps femoris)

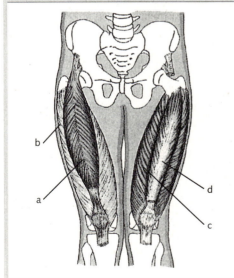

Ursprung:
- **M. rectus femoris** (a) – innerer vorderer Darmbeinstachel (spina iliaca anterior inferior)
- Die drei anderen Teile, **M. vastus lateralis**, b; **M. vastus medialis**, c; **M. vastus intermedius**, d – liegt unter dem M. rectus femoris, haben ihren Ursprung am Oberschenkelknochen vorn, medial und lateral.

Ansatz:
- Über die Patellasehne am oberen Teil des Schienbeins vorn (tuberositas tibiae)

Funktion:
- Streckung im Kniegelenk
- Streckung im Hüftgelenk (nur M. rectus femoris)
- Beckenkippung (nur M. rectus femoris)

Abb. 21: Vierköpfiger Oberschenkelmuskel (Kleinschmidt 1999)

VIERKÖPFIGER OBERSCHENKELMUSKEL
(M. QUADRICEPS FEMORIS)

Gelenk/Körperteil	Kräftigung	Dehnung
Kniegelenk (alle vier Anteile des M. quadriceps)	• Streckung	• Beugung
Hüftgelenk (nur gerader Schenkelmuskel: M. rectus femoris)	• Beugung	• Streckung
Becken (nur gerader Schenkelmuskel: M. rectus femoris)	• Kippung	• Aufrichtung
Muskel/Muskelgruppe	Optimale Kräftigungsübung	Optimale Dehnübung
Für die drei eingelenkigen Anteile des M. quadriceps femoris (M. vastus medialis, M. vastus intermedius, M. vastus lateralis)	 • Kniegelenk gegen Widerstand strecken	 • Kniegelenk maximal beugen
Für den zweigelenkigen Anteil des M. quadriceps (M. rectus femoris)	Eine optimale Maschine für den geraden Schenkelmuskel, bei der sowohl das Hüftgelenk gebeugt als auch das Kniegelenk gestreckt wird, gibt es derzeit noch nicht.  • Becken kippen • Oberschenkel nach oben gegen ein Polster drücken (Hüftgelenkbeugung isometrisch) • Kniegelenk strecken	 • Seitlage am Boden • Einen Oberschenkel zur Brust ziehen (Becken aufrichten) • Ferse ans Gesäß ziehen und fixieren (Kniegelenk beugen) • Hüftgelenk strecken

Tab. 52: Funktionstabelle für den vierköpfigen Oberschenkelmuskel und Ableitung der optimalen Kräftigungs- und Dehnübungen

Gelenke ausübt. Die Tabelle ermöglicht darüber hinaus die Ableitung der optimalen Kraft- und Dehnübung und eine fachliche Beurteilung (Funktionscheck) jeder Übung (vgl. Abschn. 6.2 *Muskelfunktionstabellen*).

Die Funktionstabelle des vierköpfigen Oberschenkelmuskels (M. quadriceps femoris) zeigt, dass die drei Muskelanteile, die nur das Kniegelenk strecken, von dem Muskelanteil, der zusätzlich Einfluss auf das Hüftgelenk und die Beckenposition hat (M. rectus femoris), unterschieden werden müssen. Folglich ergibt die Umsetzung der funktionellen Anatomie in die Übungspraxis jeweils zwei unterschiedliche optimale Kräftigungs- und Dehnübungen. Die dargestellte optimale Kräftigungsübung für den geraden Schenkelmuskel (M. rectus femoris) am Kabelzug ist keine allgemein übliche Trainingsübung, sondern vielmehr ein funktionell-anatomisches Übungskonstrukt, weil es noch keine spezielle Kraftmaschine für diesen Muskelanteil gibt und es aus bewegungstechnischen Gründen in der Trainingspraxis schwierig ist, gegen einen hohen Widerstand gleichzeitig das Hüftgelenk zu beugen und das Kniegelenk zu strecken.

Der Gegenspieler (Antagonist) des geraden Schenkelmuskels ist die ischiocrurale Muskulatur (Oberschenkelrückseite). Der gerade Schenkelmuskel streckt das Kniegelenk, beugt das Hüftgelenk und kippt das Becken. Die ischiocrurale Muskulatur beugt das Kniegelenk, streckt das Hüftgelenk und richtet das Becken auf.

EMG-gestützte Übungsranglisten

Die EMG-gestützten Übungsanalysen ermöglichen es, verschiedene Kraftübungen für einen Muskel zu vergleichen und eine Übungsrangliste zu erstellen. Das vollständige Untersuchungsdesign ist in Abschn. 5.3 *Übungsranglisten für einzelne Muskelgruppen* dargestellt.

Zwei Gesamtranglisten der Übungen für die drei oberflächlichen Anteile des vierköpfigen Oberschenkelmuskels, den geraden, den äußeren und den inneren Schenkelmuskel werden aufgestellt. Der vierte Anteil des M. quadriceps femoris, der mittlere Schenkelmuskel, ist mit einem Oberflächen-EMG nicht erfassbar, weil er von den anderen drei Muskelteilen vollständig bedeckt wird.

Die erste Übungsrangliste (vgl. Tab. 53) enthält Übungen mit wählbarer Zusatzlast durch Hanteln oder Maschinengewichte, die eine genaue Standardisierung der Gewichtsbelastung jedes Probanden erlauben und damit eine gute Vergleichbarkeit der Ergebnisse gewährleisten. Die zweite Rangliste (vgl. Tab 54) beinhaltet Übungen mit dem eigenen Körpergewicht, wobei die Belastung in hohem Maße vom Körpergewicht des Übenden und seiner muskulären Leistungsfähigkeit abhängt. Eine Differenzierung in weitere Übungsranglisten für die einzelnen Anteile des M. quadriceps, den inneren, äußeren und geraden Schenkelmuskel, wird der Übersichtlichkeit halber bei der Diskussion der Ergebnisse vorgenommen.

Der jeweils angegebene Kniegelenk-

winkel entspricht dem Kniegelenkinnenwinkel. Eine vollständige Streckung
des Kniegelenks wird als 180° bezeichnet;
160° bedeutet folglich nur eine geringe
Kniebeugung, 70° entspricht etwa einer
Kniebeuge mit waagerechtem Oberschenkel und 40° einer tiefen Kniebeuge
mit sehr engem Kniegelenkwinkel.

Rangliste der Übungen mit Zusatzgewicht

Rang-platz	Abbildung	Bezeichnung	$\bar{x}$R	$\bar{x}$EMG
1		Horizontales Beinpressen, Kniegelenkwinkel 50°	2,0	311
2		Horizontales Beinpressen, Kniegelenkwinkel 90°	2,2	310
3		Kniebeuge mit Langhantel, Kniegelenkwinkel 70°	3,6	261
4		45°-Beinpresse, Kniegelenkwinkel 90°	3,9	254

Rang-platz	Abbildung	Bezeichnung	$\bar{x}$R	$\bar{x}$EMG
5		Kniebeuge, Kniegelenkwinkel 90°	4,5	242
6		Kniebeuge mit Langhantel, Kniegelenkwinkel 40°	4,6	234

Tab. 53: EMG-gestützte Rangliste von Kraftübungen mit wählbarer Gewichtsbelastung für drei Anteile des vierköpfigen Oberschenkelmuskels (innerer, äußerer und gerader Schenkelmuskel gemeinsam) nach dem durchschnittlichen Rangplatz ($\bar{x}$R) und der Summe der durchschnittlichen EMG-Aktivität in µV ($\bar{x}$EMG); n = 10

Kommentar zu den EMG-Ranglisten

Übungen für den gesamten vierköpfigen Oberschenkelmuskel

Da die Muskelspannung in entscheidender Weise von der Höhe des bewältigten Gewichts abhängt, sind für trainierte Personen Übungen mit wählbarer Zusatzlast effektiver als Übungen mit dem eigenen Körpergewicht. Alle Übungen mit Zusatzlasten, die maximal 12 Wiederholungen ermöglichen (vgl. Tab. 53), erzielen höhere EMG-Mittelwerte als die Übungen ohne zusätzliche Gewichtsbelastung (vgl. Tab. 54). Dies kann für Untrainierte oder Personen mit hohem Körpergewicht bzw. orthopädischen Problemen anders sein, weil mit dem eigenen Körpergewicht 12 Einbeinkniebeugen möglicherweise nicht bewältigt werden können.

Bei beiden Tabellen ergibt sich eine deutliche Zweiteilung hinsichtlich der Intensität der Übungen. In Tab. 53 sind die beiden Varianten der Übung Beinpressen eindeutig intensiver als die Übungen Kniebeuge mit der Langhantel und 45°-Beinpresse. Aus Tab. 54 wird ersichtlich, dass die Einbeinkniebeuge, bei

Rangliste der Übungen ohne Zusatzgewicht

Rang-platz	Abbildung	Bezeichnung	x̄R	x̄EMG
1		Einbeinkniebeuge, Kniegelenkwinkel 90°, plus 20% Zusatzgewicht	1,6	226
2		Einbeinkniebeuge, Kniegelenkwinkel 40°	1,8	225
3		Einbeinkniebeuge, Kniegelenkwinkel 70°	2,8	216
4		Einbeinkniebeuge, Kniegelenkwinkel 90°	3,7	197

der nahezu das gesamte Körpergewicht mit einem Bein bewältigt werden muss, erwartungsgemäß der beidbeinigen Kniebeuge überlegen ist, bei der sich das Körpergewicht auf beide Beine verteilt. Die meisten Übungen wurden in mehre-

Rang-platz	Abbildung	Bezeichnung	$\bar{x}$R	$\bar{x}$EMG
5		Beidbeinige Kniebeuge ohne Zusatzgewicht, Kniegelenkwinkel 40°	5,1	124
6		Beidbeinige Kniebeuge ohne Zusatzgewicht, Kniegelenkwinkel 90°	5,9	110

Tab. 54: EMG-gestützte Rangliste von Kraftübungen mit dem eigenen Körpergewicht für drei Anteile des vierköpfigen Oberschenkelmuskels (innerer, äußerer und gerader Schenkelmuskel gemeinsam) nach dem durchschnittlichen Rangplatz ($\bar{x}$R) und der Summe der durchschnittlichen EMG-Aktivität in µV ($\bar{x}$EMG); n = 10

ren Varianten mit unterschiedlichen Kniewinkeln (klein – mittel – groß) getestet. Dabei ist zu beachten, dass umso weniger Gewicht bewältigt werden kann, je stärker die Kniebeugung ist. Alle Übungen wurden durch entsprechende Veränderung der Zusatzgewichte so standardisiert, dass jeweils maximal 12 Wiederholungen möglich waren. Unberücksichtigt sind die Übungen Hackenschmidt-Kniebeuge, Frontkniebeuge und die von Cornacchia et al. (1999 d) als effektiv getestete Kniebeuge mit einem Hüftgürtel.

Das **horizontale Beinpressen** erweist

sich eindeutig als die Top-Übung für den gesamten Quadrizeps. Die hohen Lasten, die aufgrund der guten Stabilisierung des Rumpfes auf der Maschine bewältigt werden können, sind für den Spitzenplatz verantwortlich. Die beiden Varianten, mit großem oder kleinem Kniewinkel, sind gleich effektiv, wenn bei der Übung mit großem Kniewinkel von 90° eine entsprechende Erhöhung der Zusatzlast im Sinne von 12 möglichen Wiederholungen erfolgt.

Der **Kniebeuge mit der Langhantel** wird in der Trainingspraxis leistungsori-

> Der gesamte vierköpfige Oberschenkelmuskel (M. quadriceps femoris) wird am stärksten bei der **Übung horizontales Beinpressen** aktiviert.

entierter Athleten vieler Sportarten ein hoher Stellenwert eingeräumt. Bei unseren Messungen mit Sportstudierenden beansprucht die Kniebeuge allerdings den Quadrizeps deutlich weniger als das horizontale Beinpressen. Die Kniebeuge mit der Langhantel ist dennoch eine hervorragende Komplexübung, die gleichzeitig den Quadrizeps, den großen Gesäßmuskel und den unteren Rückenstrecker trainiert. Allerdings ist sie für Freizeitsportler weniger empfehlenswert, weil der Aufwand der Vorbereitung größer ist, ein oder zwei Partner zur Sicherung notwendig sind, der untere Rücken hoch belastet wird, die korrekte technische Ausführung schwierig und ein ständiges Ausbalancieren des Gewichts erforderlich ist. Diese Anforderungen haben zur Folge, dass häufig geringere Gewichte gewählt werden, als es das Kraftvermögen der Beine erlauben würde. Die genannten Gründe bewirken, dass das horizontale Beinpressen, bei dem der Übende aufgrund der guten Fixierung des Körpers seine gesamte Beinkraft optimal einsetzen kann, die besten Ergebnisse erzielt. Bei Kraft-Leistungssportlern (Gewichtheber, Kraftdreikämpfer, Wettkampfbodybuilder) kann das Ergebnis möglicherweise anders ausfallen.

In der **45°-Beinpresse** ist der Körper gut fixiert. Allerdings sind engere Kniewinkel als 60° nicht möglich, weil die Lendenwirbelsäule bei engeren Kniewinkelstellungen gerundet vom Rückenpolster abgehoben und stark verletzungsgefährdet ist. Die Messwerte der Übung 45°-Beinpressen mit einem Kniegelenkwinkel von 90° fallen ähnlich hoch aus wie diejenigen der Varianten der Kniebeugen mit der Langhantel.

Die **Einbeinkniebeuge** erzielt vor allem mit einem Zusatzgewicht von 20 % des Körpergewichts und bei tiefer Kniebeuge gute Messergebnisse, die nur geringfügig unter den Werten der Kniebeuge mit der Langhantel liegen. Die Einbeinkniebeuge besitzt eine hohe Trainingseffektivität, ohne den unteren Rücken zu belasten. Dies ist ein großer Vorteil, zumal sie ohne spezielle Kraftmaschinen oder Gewichte durchgeführt werden kann. Allerdings muss auch sie kompetent vermittelt und vom Übenden zunächst erlernt werden. Bei untrainierten Personen mit hohem Körpergewicht oder bei der Verwendung von Zusatzlasten kann sie zu einer sehr intensiven und effektiven Kraftübung werden.

Die **beidbeinige Kniebeuge ohne zusätzliche Gewichtsbelastung** ist für ein effektives Krafttraining des vierköpfigen Oberschenkelmuskels ungeeignet, da die Belastung für normal leistungsfähige Personen zu gering ist. Die Übung eignet sich gut zum Warm-up und als Trainingsübung für spezielle Zielgruppen mit geringer Leistungsfähigkeit (z. B. Senioren, Rehabilitationspatienten) bzw. für ein Kraftausdauertraining mit hohen Wiederholungszahlen.

Beinstrecken (Leg Extension): Die folgende Tabelle vergleicht die Übung Beinstrecken an Maschinen mit zwei Varianten des Beinpressens (vgl. Tab. 55).

Die Übung Beinstrecken aktiviert den M. quadriceps femoris überraschenderweise um 25 % weniger als die Topübung, das horizontale Beinpressen. Sie bleibt somit deutlich hinter den effektivsten Übungen für den Quadrizeps zurück. Im Bodybuilding gilt das Beinstrecken auch weniger als Übung zum

VIERKÖPFIGER OBERSCHENKELMUSKEL – ÜBUNGSVERGLEICH BEINSTRECKEN

Rang-platz	Abbildung	Übung	$\bar{x}$R	$\bar{x}$EMG	Diff. [%]
1		Horizontales Beinpressen, Kniegelenkwinkel 50°	1,4	360	0
2		45°-Beinpressen, Kniegelenkwinkel 90°	2,1	301	−16
3		Beinstrecken an der Maschine	2,5	269	−25

Tab. 55: Vergleich von zwei Kraftübungen für den vierköpfigen Oberschenkelmuskel mit der **Übung Beinstrecken an der Maschine** nach dem durchschnittlichen Rangplatz ($\bar{x}$R) und der Summe der durchschnittlichen EMG-Aktivität in µV ($\bar{x}$EMG); n = 10

Aufbau von Muskelmasse, sondern sie wird vornehmlich eingesetzt, um die einzelnen Quadrizepsanteile plastisch herauszuarbeiten. Neben der geringeren Muskelaktivierung muss zusätzlich die Belastung der vorderen Kniegelenkstrukturen bei dieser eingelenkigen Übung beachtet werden, insbesondere bei Personen mit entsprechender Vorschädigung des Kniegelenks.

	VIERKÖPFIGER OBERSCHENKELMUSKEL – VARIANTEN DER ÜBUNG BEINPRESSEN				
Rangplatz	Abbildung	Hüftgelenkwinkel	x̄R	x̄EMG	Diff. [%]
1		Horizontales Beinpressen, Kniegelenkwinkel 50°, Hüftgelenkwinkel ca. 100°	1,3	360	0
2		45°-Beinpressen, Kniegelenkwinkel 90° Hüftgelenkwinkel ca. 85°	2,0	301	− 16
3		Beinpressen im aufrechten Sitz Kniegelenkwinkel 90° Hüftgelenkwinkel 50°	2,7	279	−22,5

Tab. 56: Vergleich von drei Varianten der Übung Beinpressen mit **Variation des Hüftgelenkwinkels** für den vierköpfigen Schenkelmuskel nach dem durchschnittlichen Rangplatz (x̄R) und der Summe der durchschnittlichen EMG-Aktivität in μV (x̄EMG); n = 10

Der Einfluss des Hüftgelenkwinkels auf die Aktivität des vierköpfigen Oberschenkelmuskels

Hat der Winkel im Hüftgelenk bei Varianten des Beinpressens Einfluss auf die Aktivierung des M. quadriceps femoris? In der folgenden Tabelle werden drei Übungen mit unterschiedlichen Hüftgelenkwinkeln verglichen.

In Tab. 56 zeigen die deutlichen Unterschiede der durchschnittlichen Rangplätze $\bar{x}R$ und der durchschnittlichen EMG-Aktivität ($\bar{x}$EMG) der drei getesteten Übungen, dass die Aktivität des M. quadriceps femoris umso stärker abfällt, je kleiner der Hüftgelenkwinkel ausfällt. Die Aktivität des Quadrizeps nimmt vom horizontalen Beinpressen (Hüftwinkel ca. 100°) über das 45°-Beinpressen (Hüftwinkel ca. 85°) bis zum Beinpressen im aufrechten Sitz immer weiter ab. Bei der Aktivität des großen Gesäßmuskels verhält es sich umgekehrt. Sie steigt umso mehr an, je enger der Hüftwinkel gewählt wird.

Übungen für die einzelnen Anteile des vierköpfigen Oberschenkelmuskels

Die Messungen der drei Muskelanteile des vierköpfigen Oberschenkelmuskels, des geraden, des äußeren und des inneren Schenkelmuskels ergeben drei spezielle Übungsranglisten, die sich auf den ersten Blick nur wenig unterscheiden und der Gesamtrangliste ähneln (vgl. Tab. 53, S. 242). Bei genauerer Betrachtung bestehen jedoch einige bemerkenswerte Unterschiede, die für ein gezieltes Training der einzelnen Muskelanteile genutzt werden können.

Übungen für den geraden Schenkelmuskel (M. rectus femoris): Der gerade Schenkelmuskel ist der einzige Teil des vierköpfigen Schenkelmuskels, der über zwei Gelenke zieht. Er wird nur dann optimal aktiviert, wenn eine Übung ausgeführt wird, bei der die Hüftgelenkbeugung mit der Kniegelenkstreckung kombiniert wird.

Es gibt derzeit noch keine Kraftmaschine für ein derart optimiertes Training des M. rectus femoris. Einen Ver-

---

Je stärker das **Hüftgelenk in der Ausgangsstellung gebeugt** ist, desto mehr reduziert sich die Aktivität des vierköpfigen Oberschenkelmuskels. Das horizontale Beinpressen ist deshalb für den Quadrizeps effektiver als das Beinpressen im aufrechten Sitz. Für den großen Gesäßmuskel gilt der umgekehrte Sachverhalt.

Bei **zweigelenkigen Muskeln** gilt für die optimale Kräftigung der Grundsatz: Fixiere ein Gelenk mit Hilfe einer isometrischen Kontraktion möglichst in Kontraktions-Endstellung und trainiere den Muskel dynamisch gegen Widerstand über das freie Gelenk.

gleich der EMG-Messwerte einer improvisierten optimalen Übung für den geraden Schenkelmuskel mit traditionellen Quadrizepsübungen zeigt Tab. 57:

Die Spezialübung **Leg-Kick** mit statischer Hüftgelenkbeugung durch Druck gegen einen starren Widerstand und zusätzlicher dynamischer Kniestreckung gegen den Zugwiderstand eines Kabelzuggeräts erweist sich eindeutig als die beste Kräftigungsübung für den zweigelenkigen geraden Schenkelmuskel. Die Übung ähnelt der Bewegung eines Fußballschusses. Fußballspieler

GERADER SCHENKELMUSKEL – ÜBUNGSVERGLEICH

Rang-platz	Abbildung	Übung	x̅R	x̅EMG	Diff. [%]
1		Spezialübung für den M. rectus femoris: Leg-Kick mit statischer Hüftgelenkbeugung	1,3	447	0
2		Horizontales Beinpressen, Kniegelenkwinkel 50°	1,9	361	−19
3		45°-Beinpressen, Kniegelenkwinkel 90°	2,8	301	−33

Tab. 57: Vergleich einer **Spezialübung für den M. rectus femoris** mit zwei Varianten des Beinpressens nach dem durchschnittlichen Rangplatz (x̅R) und der Summe der durchschnittlichen EMG-Aktivität in µV (x̅EMG); n = 10

können mit dieser Übung die Kraft des M. rectus femoris und möglicherweise ihre Schusskraft entscheidend verbessern.

Bei **traditionellen Kniebeugeübungen** besteht eine weitere Besonderheit des geraden Schenkelmuskels darin, dass er bei tiefen Kniewinkelstellungen verstärkt aktiviert wird. Dies ist insofern erstaunlich, als das bewältigbare Gewicht abnimmt, je tiefer die Kniewinkelstellung gewählt wird. Diese Gesetzmäßigkeit lässt sich mit der Formel beschreiben: **Tiefer Kniewinkel geht vor**

> **Tipp für Fußballspieler:** Die Spezialübung Leg-Kick am Kabelzuggerät mit zusätzlicher isometrischer Hüftbeugekontraktion ist die optimale Kräftigungsübung für den «Fußballschussmuskel», den **geraden Schenkelmuskel.**

Gewicht. Die Vergleiche von Übungsvarianten belegen diese Aussage (vgl. Tab. 58 und 59).

In der Gesamtliste (vgl. Tab. 53, S. 242) zeigen die beiden Varianten der Übung horizontales Beinpressen nahezu identi-

GERADER SCHENKELMUSKEL – ÜBUNG HORIZONTALES BEINPRESSEN

Rang-platz	Abbildung	Kniegelenkwinkel	$\bar{x}R$	$\bar{x}EMG$	Diff. [%]
1		Kniegelenkwinkel 50°	1,3	246	0
2		Kniegelenkwinkel 90°	1,7	210	– 14

Tab. 58: Vergleich von zwei Varianten der Übung horizontales Beinpressen mit **Variation des Kniegelenkwinkels** für den geraden Schenkelmuskel nach dem durchschnittlichen Rangplatz ($\bar{x}R$) und der Summe der durchschnittlichen EMG-Aktivität in µV ($\bar{x}EMG$); n = 10

GERADER SCHENKELMUSKEL – ÜBUNG EINBEINKNIEBEUGE

Rang-platz	Abbildung	Kniegelenkwinkel Zusatzgewicht	$\bar{x}$R	$\bar{x}$EMG	Diff. [%]
1		Kniegelenkwinkel 40°, ohne Zusatzgewicht	1,7	182	0
2		Kniegelenkwinkel 70°, ohne Zusatzgewicht	2,4	153	−16
3		Kniegelenkwinkel 90°, mit 20% Zusatzgewicht	2,5	146	−20
4		Kniegelenkwinkel 90°, ohne Zusatzgewicht	3,3	127	−30

Tab. 59: Vergleich von vier Varianten der Übung Einbeinkniebeuge mit **Variation des Kniegelenkwinkels und des Zusatzgewichts** für den geraden Schenkelmuskel nach dem durchschnittlichen Rangplatz ($\bar{x}$R) und der Summe der durchschnittlichen EMG-Aktivität in µV ($\bar{x}$EMG); n = 10

sche Messwerte. Bei der Einzelbetrachtung des geraden Schenkelmuskels erweist sich die Übungsvariante mit dem tiefen Kniegelenkwinkel von 50° der Ausführungsvariante mit einem vergleichsweise hohen Kniegelenkwinkel von 90° überlegen.

In der Gesamtrangliste (vgl. Tab. 54, S. 244 f.) nimmt die **Einbeinkniebeuge** im 90°-Kniewinkel mit 20 % Zusatzgewicht den ersten Rangplatz ein. Die Verschiebungen der Rangplatzpositionen in Tab. 59 belegen die überragende Bedeutung der Übungsausführung mit tiefem Kniewinkel für den geraden Schenkelmuskel.

Die Variante mit der tiefsten Kniebeugung von 40° erweist sich um 16 % effektiver als die Ausführung mit 70° Kniebeugung und um 30 % effektiver als die Variante mit 90° Kniebeugung. Selbst eine Gewichtserhöhung von 20 % des Körpergewichts bei 90° Kniebeugung kann die tieferen Gelenkwinkel von 70° und 40° nicht wettmachen.

> Der **gerade Schenkelmuskel (M. rectus femoris)** wird bei Kniebeugeübungen am wirkungsvollsten mit Übungsvarianten mit tiefen Kniegelenkwinkeln trainiert (tiefer Kniewinkel geht vor Gewicht).

Übungen für den äußeren Schenkelmuskel (M. vastus lateralis): Der äußere Schenkelmuskel reagiert im Gegensatz zum geraden Schenkelmuskel tendenzi-ell stärker auf höhere Zusatzlasten als auf tiefere Kniegelenkwinkel. Die Übungen horizontales Beinpressen im 90°-Kniegelenkwinkel, Kniebeuge mit der Langhantel mit 90° und 70° Kniewinkel sowie das 45°-Beinpressen mit 90° Kniegelenkwinkel aktivieren den äußeren Schenkelmuskel aufgrund der höheren Zusatzlasten in stärkerem Maße als die Varianten dieser Übungen mit tiefen Kniegelenkwinkeln von 50° bzw. 40° und entsprechend geringeren Zusatzlasten. Diese Tendenz, die nicht so stark ausgeprägt ist wie die gegensätzliche Gesetzmäßigkeit beim M. rectus femoris, lässt sich mit der Formel ausdrücken: **Gewicht geht vor tiefen Kniegelenkwinkeln.**

Die folgenden Vergleiche von Übungsvarianten, bei denen die Zusatzlast und die Kniegelenkwinkel variiert werden, belegen den dargestellten Sachverhalt (vgl. Tab. 60 und 61).

In der Gesamtrangliste (vgl. Tab. 53, S. 242) liegen die beiden Kniebeugevarianten mit 90° bzw. 40° Kniegelenkwinkel fast gleichauf. Bei der Einzelbetrachtung der Messwerte des äußeren Schenkelmuskels vergrößert sich der Vorsprung der Variante mit dem großen Kniegelenkwinkel von 90° und der wesentlich höheren Zusatzlast deutlich.

Tab. 61 zeigt, dass der Tiefe der Einbeinkniebeuge für den äußeren Schenkelmuskel keine große Bedeutung zukommt. Alle drei Varianten mit der identischen Gewichtsbelastung, nämlich dem Körpergewicht, erreichen ähnliche Aktionspotentiale. Eine Erhöhung der Zusatzlast um 20 % des Körpergewichts (im Durchschnitt ca. 15 kg) bewirkt bei einem unveränderten Kniegelenkwinkel von 90° einen Zuwachs von 13 %.

Übungen für den inneren Schenkelmuskel (M. vastus medialis): Die Übungsrangliste für den inneren Schenkelmuskel ist bis auf den unbedeutenden Platztausch weniger Übungen identisch mit den Gesamtranglisten für den M. quadriceps femoris (vgl. Tab. 53 und Tab. 54). Die Rangliste der Übungen für das Training des inneren Schenkelmuskels wird angeführt von den beiden Varianten des horizontalen Beinpressens

> Der **äußere Schenkelmuskel** (M. vastus lateralis) wird am effektivsten mit großen Zusatzlasten bei entsprechend großen Kniegelenkwinkeln trainiert (Gewicht geht vor tiefem Kniewinkel).

mit 90° und 50° Kniegelenkwinkel, gefolgt von der 45°-Beinpresse mit 90° Kniegelenkwinkel, der Kniebeuge mit der Langhantel mit 70° und 90°-Winkel im Kniegelenk und der Einbeinkniebeuge mit 20 % Zusatzgewicht. Das bewäl-

ÄUSSERER SCHENKELMUSKEL – ÜBUNG KNIEBEUGE MIT DER LANGHANTEL

Rang-platz	Abbildung	Kniegelenkwinkel Zusatzgewicht	x̄R	x̄EMG	Diff. [%]
1		Kniegelenkwinkel 90°, hohes Zusatzgewicht	1,3	287	0
2		Kniegelenkwinkel 40°, geringes Zusatzgewicht	1,7	234	− 18

Tab. 60: Vergleich von zwei Varianten der Übung Kniebeuge mit der Langhantel mit **Variation des Kniegelenkwinkels und des Zusatzgewichts** für den äußeren Schenkelmuskel nach dem durchschnittlichen Rangplatz (x̄R) und der Summe der durchschnittlichen EMG-Aktivität in µV (x̄EMG); n = 10

ÄUSSERER SCHENKELMUSKEL – ÜBUNG EINBEINKNIEBEUGE

Rang-platz	Abbildung	Kniegelenkwinkel Zusatzgewicht	$\bar{x}R$	$\bar{x}EMG$	Diff. [%]
1		Kniegelenkwinkel 90°, mit 20% Zusatzgewicht	1,7	269	0
2		Kniegelenkwinkel 40°, ohne Zusatzgewicht	2,4	235	−13
3		Kniegelenkwinkel 70°, ohne Zusatzgewicht	2,5	253	−6
4		Kniegelenkwinkel 90°, ohne Zusatzgewicht	3,3	235	−13

Tab. 61: Vergleich von vier Varianten der Übung Einbeinkniebeuge mit **Variation des Kniegelenkwinkels und des Zusatzgewichts** für den äußeren Schenkelmuskel nach dem durchschnittlichen Rangplatz ($\bar{x}R$) und der Summe der durchschnittlichen EMG-Aktivität in µV ($\bar{x}EMG$); n = 10

> Der **innere Schenkelmuskel (M. vastus medialis)** wird am stärksten bei Übungsvarianten des horizontalen Beinpressens – tief mit weniger Gewicht und nicht tief mit mehr Gewicht – aktiviert, wobei Zusatzgewicht und die Tiefe des Kniewinkels die gleiche Bedeutung besitzen.

tigte Gewicht und die Tiefe des Kniegelenkwinkels sind gleichermaßen von Bedeutung, ohne dass sich eine eindeutige Tendenz für den einen oder den anderen Faktor erkennen lässt.

Einfluss der Fußstellung: Bei der Übung Beinstrecken im Sitzen (Leg Extension) haben Bompa et al. (1999) nachgewiesen, dass die Ausführung mit Innenrotation des Beines (Fußspitzen zeigen nach innen) den äußeren Schenkelmuskel stärker, den inneren und den geraden Schenkelmuskel weniger aktiviert, während umgekehrt die Ausführung mit Außenrotation der Beine (Fußspitzen zeigen nach außen) den inneren Schenkelmuskel verstärkt und den äußeren weniger beansprucht. Die Ausführung ohne Rotation des Beines mit

INNERER SCHENKELMUSKEL – ÜBUNG HORIZONTALES BEINPRESSEN, KNIEGELENKWINKEL 50°

Rang-platz	Abbildung	Fußstellung	$\bar{x}$R	$\bar{x}$EMG	Diff. [%]
1		Füße parallel	1,3	389	0
2		Füße 30° nach außen	1,7	388	0

Tab. 62: Vergleich von zwei Varianten der Übung horizontales Beinpressen, Kniegelenkwinkel 50°, mit **Variation der Fußstellung** für den inneren Schenkelmuskel nach dem durchschnittlichen Rangplatz ($\bar{x}$R) und der Summe der durchschnittlichen EMG-Aktivität in µV ($\bar{x}$EMG); n = 10

nach vorn zeigenden Fußspitzen war für den geraden Schenkelmuskel am effektivsten und lag für den inneren und äußeren Schenkelmuskel nur geringfügig hinter dem jeweiligen Spitzenwert. Um Scherkräfte im Kniegelenk zu vermeiden, die bei Innen- und Außenrotation des Beines auftreten, und um eine achsengerechte Belastung des Kniegelenks zu gewährleisten, empfehlen wir, die Übung Beinstrecken ausschließlich mit nach vorn zeigenden Fußspitzen und ohne Rotation des Beines auszuführen. Auch bei Varianten der Übungen Kniebeuge und Beinpressen wurde vermutet, dass bei gerader Fußstellung bzw. nach außen zeigenden Fußspitzen die einzelnen Anteile des vierköpfigen Schenkelmuskels unterschiedlich aktiviert würden. Hierzu haben wir eigene Messungen durchgeführt.

Tab. 62 zeigt, dass die Fußstellung die gemessenen Muskelaktivitäten des inneren Schenkelmuskels nicht wesentlich beeinflusst. Dieses Ergebnis wurde auch in weiteren Messungen bestätigt. Beim Einsatz der Übungen Beinpressen und

> Eine **Variation der Fußstellung** bei der Übung horizontales Beinpressen hat keinen Einfluss auf die Aktivierung der einzelnen Anteile des M. quadrizeps femoris.

Kniebeugen können folglich entsprechend den individuellen Vorlieben die Füße beliebig gerade oder leicht nach außen gedreht positioniert werden.

Zusammenfassung der Ergebnisse

- Die Übung horizontales Beinpressen aktiviert den gesamten vierköpfigen Oberschenkelmuskel am stärksten, gefolgt von den Übungen Kniebeuge mit der Langhantel, dem 45°-Beinpressen und mit deutlichem Abstand dem Beinstrecken an Maschinen.
- Je stärker das Hüftgelenk gebeugt wird, desto mehr reduziert sich die Aktivität des Quadrizeps.
- Der zweigelenkige gerade Schenkelmuskel (M. rectus femoris) wird am intensivsten mit der «Fußballschuss-Spezialübung», Leg-Kick mit statischer Hüftgelenkbeugung am Kabelzuggerät trainiert. Sonst gilt «Tiefer Kniewinkel geht vor Gewicht», d.h., dass der gerade Schenkelmuskel am besten mit tiefen Kniebeugewinkeln trainiert wird.
- Für den äußeren Schenkelmuskel (M. vastus lateralis) gilt der Grundsatz «Gewicht geht vor tiefem Kniegelenkwinkel», d.h., große Zusatzlasten mit entsprechend großen Kniewinkeln sind für diesen Muskelanteil effektiver.
- Für den inneren Schenkelmuskel (M. vastus medialis) haben das Gewicht und die Tiefe des Kniewinkels die gleiche Bedeutung. Er kann also mit tiefem Kniewinkel und weniger Gewicht ebenso effektiv trainiert werden, wie mit viel Gewicht und einem großen Kniewinkel.
- Eine Variation der Fußstellung hat keinen Einfluss auf die Aktivierung der einzelnen Quadrizepsanteile.

Übungen für das Training des vierköpfigen Oberschenkelmuskels

Die zahlreichen Varianten von Kniebeugen sowie das Kreuzheben und das Beinstrecken stehen im Mittelpunkt eines fitness- und kraftsportorientierten Trainings des vierköpfigen Oberschenkelmuskels. Der M. quadriceps femoris wird zusätzlich im sportlichen Training

Die Top-Übungen

	Top-Übungen für den vierköpfigen Oberschenkelmuskel (M. quadriceps femoris)
1	 **Horizontales Beinpressen** Bei tiefem Kniewinkel (50°) wird der gerade Schenkelmuskel (M. rectus femoris) stärker aktiviert, bei hohem Kniewinkel (90°) und dem entsprechenden Mehrgewicht der äußere Schenkelmuskel (M. vastus lateralis). Beide Varianten sind für den mittleren Schenkelmuskel (M. vastus medialis) empfehlenswert.
2	 **Kniebeuge mit der Langhantel** Ausführungsvarianten: «tief» (40°, verstärkte Aktivierung des M. rectus femoris) oder mit entsprechendem Mehrgewicht «mittel» (70°) bzw. «hoch» (90°).
3	 **45°-Beinpressen** Die tiefe Ausführung ist besonders effektiv. Die Lendenwirbelsäule muss vollständig aufliegen.
4	 **Einbeinkniebeuge** Diese Übung ermöglicht vielfältige Variationen je nach Leistungsfähigkeit: • hohe, mittlere oder niedrige Stufe für den Fußaufsatz • tiefe (40°), mittlere (70°) oder hohe (90°) Kniebeuge • mit oder ohne Zusatzgewicht • viel oder wenig Unterstützung durch das freie Bein und die Arme

bei allen Arten von Sprüngen, z. B. Sprungläufen, Hock-Strecksprüngen, Hürdensprüngen, Kastensprüngen oder Einbeinsprüngen gekräftigt. Dabei treten aufgrund des vorwiegend reaktiven Krafteinsatzes Belastungsspitzen auf den Bewegungsapparat auf, die an die Belastungsverträglichkeit und den individuellen Trainingszustand hohe Anforderungen stellen.

Wichtige Hinweise für die zentralen Übungen Kniebeugen, Kreuzheben und Beinpressen

1. Etwa schulterbreite, parallele oder leicht nach außen zeigende Fußstellung; Hüft-, Knie- und oberes Sprunggelenk sollten eine Linie bilden, und das Knie sollte genau über dem Vorderfuß stehen (Knie-Fuß-Einstellung).
2. Der Körperschwerpunkt ruht über der Mitte des Fußes, die ganze Sohle ist belastet, und die Ferse darf nicht angehoben werden. Dadurch wird beim Tiefgehen ein zu weites Schieben der Knie nach vorn verhindert. Falls die Fersen mit einem dünnen Brett oder Hantelscheiben unterlegt werden müssen, um eine tiefe Kniebeuge ohne Abheben der Fersen ausführen zu können, werden die Knie weiter nach vorn geschoben, was die Kniebelastung erhöht.
3. Bei den Kniebeugeübungen sollte in den Umkehrpunkten der Bewegung die muskuläre Spannung aufrechterhalten werden. Ein «In-die-Bänder-Hängen» in der tiefsten Kniebeugestellung muss vermieden werden, weil in diesem Fall die Last allein vom passiven Bewegungsapparat getragen wird.
4. Die Muskeln der Oberschenkelvorderseite benötigen für ein effektives Training in der Regel hohe Zusatzgewichte. Ein hohes Gewicht stellt immer auch für die Wirbelsäule eine große Belastung und ein erhöhtes Verletzungsrisiko dar. Bei Übungen mit Gewichten muss deshalb die technisch korrekte Ausführung mit geradem Rücken beachtet werden. Die Übung Einbeinkniebeuge stellt eine gute Möglichkeit dar, um die Beinmuskulatur effektiv zu trainieren, ohne den Rücken zu belasten.
5. Die Muskulatur der Oberschenkelvorderseite wird sowohl im Alltag als auch im Sport häufig beansprucht und gekräftigt, die Oberschenkelrückseite dagegen oftmals vernachlässigt. Dies kann zu einem Kraftungleichgewicht im Bereich der Kniestrecker und -beuger führen, was z. B. Kniebeschwerden begünstigen kann. Das Training der Oberschenkelrückseite sollte deshalb mit dem Training der Oberschenkelvorderseite einhergehen.
6. Halbe oder tiefe Kniebeuge? Je tiefer die Kniebeuge ausgeführt wird, desto stärker werden der gerade Schenkelmuskel und der große Gesäßmuskel aktiviert, des-

VIERKÖPFIGER OBERSCHENKELMUSKEL

to intensiver und effektiver ist also das Training für die genannten Muskeln. Allerdings erhöhen sich mit der Verringerung des Kniegelenkwinkels zunehmend die auf das Kniegelenk einwirkenden Druck-, Zug- und Scherkräfte (Nisell/Eckholm 1986). Auf der anderen Seite sprechen eine ganze Reihe von Argumenten für eine Kompensation dieser Kräfte und für die tiefe Kniebeuge.

- Beim Absenken in die tiefe Kniebeuge wird ab etwa 80° Knieinnenwinkel die Quadrizepssehne zunehmend um die Femurkondylen umgelenkt. Der Druck verteilt sich auf eine größere Fläche und dieser femoro-tendinöse Druck trägt wesentlich zur Entlastung des Patellargelenks in tiefen Beugestellungen bei (Brandi 1983).
- Der Auflagepunkt und die Auflagefläche der Patella verändern sich in verschiedenen Winkelstellungen des Kniegelenks. Bei tiefer Beugung ergibt sich eine große zweigeteilte Auflagefläche; dies bedeutet eine verbesserte Druckverteilung und Druckminderung (Müller 1982).
- Erfahrungen aus der Praxis des Hochleistungssports und des gesundheitsorientierten Fitnesstrainings zeigen, dass ein Training der tiefen Kniebeuge bei korrekter technischer Ausführung und allmählicher Gewöhnung an tiefe Kniegelenkwinkel kein größeres Gesundheitsrisiko beinhaltet als ein Training von Teilkniebeugevarianten.
- Ebenso wie bei allen anderen Trainingsübungen gilt auch bei Kniebeugevarianten der Grundsatz, dass bei auftretenden Schmerzen oder Beschwerden eine Veränderung der Übung vorgenommen werden muss oder auf eine andere Übung zurückgegriffen wird.

Die Übungen für den vierköpfigen Schenkelstrecker werden aufgrund übungsspezifischer Merkmale in drei Gruppen eingeteilt: Übungen an Kraftmaschinen, Übungen mit der Langhantel und Übungen ohne Geräte. Jeder Übungsgruppe werden zunächst gemeinsame wichtige Aspekte vorangestellt, bevor die einzelnen Übungen detailliert beschrieben werden.

Übungen an Maschinen

Wichtige Aspekte bei Übungen an Maschinen

1. Das horizontale Beinpressen aktiviert den M. quadriceps femoris sehr stark und ist die intensivste und effektivste Übung.

2. Eine Verringerung des Hüftgelenkwinkels in der 45°- und 90°-Beinpresse bringt eine Reduktion der Muskelaktivität des Quadrizeps mit sich, während sich die Glutaeusaktivität erhöht.

3. Der Einfluss des Kniegelenkwinkels differiert je nach Anteil des vierköpfigen Oberschenkelmuskels. Bei der tiefen Kniebeuge wird der gerade Schenkelmuskel stärker angesprochen, bei großem Kniewinkel und entsprechend größerer Zusatzlast der äußere Schenkelmuskel. Für den mittleren Schenkelmuskel sind beide Varianten gleichermaßen wirksam.

4. Die Übung Beinstrecken (Leg Extension) aktiviert den Quadrizeps weniger als das Beinpressen.

5. Folgende Gründe sind für die starke Aktivierung des Quadrizeps bei Übungen an Kraftmaschinen verantwortlich:
   - Die Maschine ermöglicht eine sehr gute Fixierung des Trainierenden.
   - Der Sportler kann sich ausschließlich auf den Krafteinsatz konzentrieren, und auch Gelegenheitssportler und wenig Fortgeschrittene können ihre vorhandene Kraft nahezu verlustfrei einsetzen.
   - Die technische Ausführung der Übungen ist einfach; es ist kein Partner zur Sicherung und Unterstützung notwendig.
   - Auch bei hohen Gewichten ist die Sicherheit des Trainierenden gewährleistet und die Verletzungsgefahr gering.

6. Die am Kabelzug mit Partnerhilfe konstruierte Übung Leg-Kick mit statischer Hüftgelenkbeugung für den zweigelenkigen geraden Schenkelmuskel (M. rectus femoris) hat sich als hochintensiv erwiesen. Sie erfüllt den Grundsatz für die Effektivitätssteigerung des Trainings zweigelenkiger Muskeln, wonach auf eine isometrische Kontraktion (statische Position im ersten Gelenk) eine dynamische Muskelkontraktion (Bewegung im zweiten Gelenk) aufgeschaltet wird.

Horizontales Beinpressen

- Der gesamte vierköpfige Oberschenkelmuskel wird mit dieser Übung am stärksten aktiviert. Sie ist gleichzeitig eine gute Komplexübung, weil sie wirksame Stabilisationsspannungen in der Rückenmuskulatur hervorruft und ein mittelintensives Training des großen Gesäßmuskels darstellt.
- Etwa schulterbreite parallele Fußstellung, Knie über den Füßen. Die Fußstellung (Fußspitzen parallel oder leicht nach außen) hat keinen Einfluss auf die Aktivierung des Muskels.
- Stabilisieren des Körpers durch Anspannen der Rumpfmuskulatur und Fassen der Haltegriffe.
- Kontrolliertes Strecken und Beugen der Beine, wobei die Kniegelenke in der Streckphase nicht vollständig durchgedrückt werden.
- Es ist ratsam, nach intensiver Belastung einige Sekunden liegen zu bleiben und dann langsam aufzustehen. Bei abruptem Aufstehen kann bei manchen Trainierenden ein kurzzeitiges Schwindelgefühl auftreten.
- Unterschiedlich tiefe Kniebeugen verändern die Aktivierung des Gesamtmuskels nicht, falls bei größeren Kniewinkeln mit höherem Gewicht trainiert wird. Der Kniewinkel hat jedoch Einfluss auf die Aktivierung der einzelnen Anteile des Quadrizeps. Je tiefer der Kniewinkel, desto stärker ist die Aktivierung des M. rectus femoris. Für den M. vastus lateralis findet sich eine umgekehrte Tendenz. Die Beanspruchung des M. vastus medialis ist vom Kniewinkel unabhängig.
- Alternativen zum horizontalen Beinpressen bieten das 45°- und das 90°-Beinpressen (im Sitz oder in der Rückenlage). Diese Varianten belasten den unteren Rücken in geringerem Maße als das horizontale Beinpressen, bei dem der hohe Kompressionsdruck bei manchen Personen Rückenbeschwerden verursachen kann. Die Quadrizeps-Aktivität ist allerdings im Vergleich zum horizontalen Beinpressen etwas geringer.

90°-Beinpressen im Sitz

Leg-Kick kombiniert mit Hüftbeugen

- Es handelt sich um eine hocheffektive Spezialübung für den zweigelenkigen geraden Schenkelmuskel (M. rectus femoris), wofür bis jetzt noch kein Gerät zur Verfügung steht.
- Stand mit dem Rücken vor einer Kabelzugmaschine; das Kabel wird mit einer Fußschleife am Knöchel befestigt. Der Körper wird durch Festhalten an benachbarten Geräten oder zwei Schrägbänken fixiert. Eine zusätzliche Fixierung am Rücken durch einen Partner ist nützlich.
- Das Trainingsbein wird im Hüftgelenk gebeugt und gegen einen festen Widerstand gedrückt und dort statisch gehalten (isometrische Kontraktion).
- Das Kniegelenk wird gegen den Widerstand gestreckt und kontrolliert bremsend gebeugt (dynamische Kontraktion).
- Die Einbeziehung des Hüft- und Kniegelenks sowie die Kombination einer isometrischen Kontraktion durch die gehaltene Beugung des Hüftgelenks mit einer dynamischen Kontraktion durch die Knieglenkstreckung erzeugen eine sehr hohe Muskelspannung und sind ein optimales Training des geraden Schenkelmuskels.
- Die Übung kann auch als Spezialübung zur Verbesserung der Schusskraft von Fußballspielern eingesetzt werden.

45°-Beinpressen

- Die Übung ist ähnlich effektiv für den M. quadriceps femoris wie die Kniebeuge mit Langhantel. Der große Gesäßmuskel wird mittelintensiv beansprucht.
- Etwa schulterbreite parallele Fußstellung, die ganze Fußsohle ist aufgesetzt; Knie-Fuß-Einstellung beachten, Rumpfmuskulatur anspannen.
- Das Absenken des Gewichts darf nur so weit erfolgen, dass der untere Rücken noch vollständig auf der Polsterung aufliegt. Ansonsten besteht eine erhebliche unfunktionelle Belastung des unteren Rückens mit Verletzungsgefahr. Beim Herausdrücken des Gewichts werden die Kniegelenke nicht vollständig durchgestreckt.

Beinstrecken (Leg Extension)

- Den Sitz so einstellen, dass die Kniegelenkachse mit der Drehachse des Gerätes übereinstimmt und der Rücken an der Lehne anliegt.
- Rumpfmuskulatur anspannen und die Kniegelenke vollständig strecken und anschließend wieder beugen.
- Vorteile: 1. Der M. quadriceps femoris kann isoliert trainiert werden. 2. Im Bodybuilding wird die Übung häufig zur Ausprägung der einzelnen Quadrizepsanteile eingesetzt. 3. In der Rehabilitation dient die Übung an speziellen Geräten als Diagnose- und Rehaübung, z. B. bei Verletzungen des hinteren Kreuzbandes 4. Es besteht noch eine Trainingsmöglichkeit des Quadrizeps, wenn der Druck der Füße gegen Widerstand verletzungsbedingt nicht mehr möglich ist (z. B. Achillessehnenbeschwerden, Bänderriss im Fuß).
- Nachteile: 1. Geringere Muskelaktivierung als bei der Übung Beinpressen. 2. Hohe Beanspruchung der vorderen Kniegelenksstrukturen; die negative Hebelwirkung ist umso stärker, je weiter der Widerstand in Richtung Fuß ansetzt. Ein Bewegungsbeginn aus engem Kniewinkel verstärkt die Beanspruchung zusätzlich. 3. Mangelhafte Stabilisierung des Kniegelenks aufgrund der fehlenden Aktivierung der Oberschenkelrückseite als Gegenspieler der Beinstreckmuskulatur. 4. Von Ausnahmen abgesehen (z. B. Schuss im Fußball) ist das Ausschwingen des Unterschenkels gegen Widerstand keine Sport- oder Alltagsbewegung. 5. Die höchste Aktivierung erfolgt entgegen den meisten Sport- oder Alltagsbewegungen (z. B. Sprünge oder Treppensteigen) am Bewegungsende bei gestreckten Kniegelenken. Im gesundheitsorientierten Fitnesstraining und bei den meisten Sportarten ist der Beinpresse im Vergleich mit dem Beinstrecken eindeutig der Vorrang zu geben.

Übungen mit der Langhantel

Wichtige Aspekte bei Übungen mit der Langhantel

1. Die Kniebeuge mit der Langhantel und das Kreuzheben sind zusammen mit dem Bankdrücken die klassischen Übungen im Kraftdreikampf, Bodybuilding und Gewichtheben, wobei sehr hohe Lasten bewältigt werden. Darüber hinaus sind sie die zentralen Trainingsübungen von Athleten vieler Sportarten.

2. In unseren EMG-Messungen haben Kniebeugen mit der Langhantel den M. quadriceps femoris allerdings etwas weniger aktiviert als das horizontale Beinpressen.

3. Die Kniebeuge und das Kreuzheben sind hervorragende Komplexübungen für die gesamte Streckschlinge des Körpers, den M. quadrizeps femoris, den großen Gesäßmuskel und den Rückenstrecker. Je tiefer die Kniebeuge ausgeführt wird, desto stärker werden der untere Teil des Rückenstreckers und der große Gesäßmuskel aktiviert.

4. Das Heben und Senken schwerer Lasten ist im Sport und im Alltagsleben gleichermaßen von Bedeutung. Deshalb ist das Erlernen dieser Bewegungsabläufe ohne oder mit leichten Gewichten und gegebenenfalls verringerter Hubhöhe empfehlenswert. Im präventiven und rehabilitativen Training gegen Rückenschmerzen ist das rückengerechte Heben (Kreuzheben) ein wichtiges Ziel. Allerdings sind die korrekten Techniken der Kniebeuge und des Kreuzhebens schwierig und bedürfen einer gewissenhaften Schulung. Bei falscher technischer Ausführung kann es vor allem zu Verletzungen des unteren Rückens kommen («Verheben» bis Bandscheibenvorfall).

5. Aufgrund der erhöhten technischen Anforderungen und der Verletzungsgefahr bei fehlerhafter Technik (vor allem des unteren Rückens) sollten die Kniebeuge und das Kreuzheben mit schweren Lasten Fortgeschrittenen und Leistungssportlern vorbehalten bleiben. Es gelten die bereits beschriebenen Technikhinweise.

6. Der Einsatz eines Hebergürtels zum Schutz des unteren Rückens ist bei schweren Gewichten häufig sinnvoll. Beim Einsatz leichter Gewichte kann es empfehlenswert sein, ohne Gürtel zu trainieren, um die Rückenmuskulatur durch Haltearbeit zu kräftigen.

VIERKÖPFIGER OBERSCHENKELMUSKEL   265

Kniebeuge mit Langhantel

- Hocheffektive Übung für den Quadrizeps.
- Etwa schulterbreite parallele oder leicht nach außen zeigende Fußstellung, das Gewicht ist auf dem ganzem Fuß verteilt. Blick geradeaus, Rücken gerade und Rumpfmuskulatur zur Stabilisierung anspannen.
- Beim Tiefgehen sollen die Knie über den Füßen sein (keine X-Beine, Knie-Fuß-Einstellung beachten), der Rücken bleibt gerade (Tendenz Hohlkreuz).
- Das Tiefgehen wird erleichtert, wenn die Fußspitzen leicht nach außen zeigen; eine allzu breite Fußstellung mit nach außen zeigenden Fußspitzen führt aber zu einer erhöhten Beanspruchung der Iliosakralgelenke (Gelenke zwischen dem Darmbein und dem Kreuzbein).
- Im tiefsten Punkt nicht passiv in den Bandapparat hängen, Muskelspannung aufrechterhalten.
- Je weniger die Knie gebeugt werden, desto höhere Gewichte können bewältigt werden.
- Die Ausführung der Kniebeuge sollte den individuellen anthropometrischen Verhältnissen angepasst werden. Personen mit kurzem Oberschenkel und langem Oberkörper können auch bei tiefer Ausführung den Rücken aufrecht halten. Personen mit langem Oberschenkel und kurzem Oberkörper müssen sich bei der tiefen Kniebeuge weit nach vorn beugen. Dies führt zu einer verstärkten Belastung des unteren Rückens. In diesem Fall ist das horizontale Beinpressen vorzuziehen. Bei genauer Beobachtung der Ausführung einer tiefen Kniebeuge gibt es einen Punkt, an dem der Kniewinkel unverändert bleibt und nur noch der Hüftwinkel kleiner wird. An diesem Punkt, der von dem Verhältnis Oberschenkellänge zu Rumpflänge abhängt und von der Körpergröße unabhängig ist, sollte das Tiefgehen beendet werden.
- Je mehr die Kniegelenke gebeugt werden, desto stärker werden der große Gesäßmuskel, der M. rectus femoris und der untere Teil des Rückenstreckers beansprucht.
- In der Praxis kommen zahlreiche Kniebeugevarianten zum Einsatz, z. B. Frontkniebeuge, Hackenschmidt-Kniebeuge, die Kniebeuge an der Multipresse und die Kniebeuge mit einem Hüftgürtel.

Frontkniebeuge	Hackenschmidt-Kniebeuge	Kniebeuge an der Multipresse

Kreuzheben

- Effektive Komplexübung für den Quadrizeps, den großen Gesäßmuskel und den unteren Teil des geraden Rückenstreckers.
- Etwa schulterbreite oder breitere, parallele oder leicht nach außen zeigende Fußstellung; die Hantel berührt (fast) das Schienbein.
- Die Hantelstange mit langen Armen und gegebenenfalls im Zwiegriff fassen (wie die Kraftdreikämpfer), um bei hohen Lasten einen sicheren Griff zu gewährleisten. Bei schulterbreiter Fußstellung wird ein breiter Griff gewählt, um die Hände außerhalb der Knie zu halten; bei breiter Fußstellung wird ein enger Griff gewählt, um die Hantel mit den Händen innerhalb der Knie zu fassen.
- Das Gesäß absenken, die Rumpfmuskulatur fest anspannen und den Blick schräg nach oben richten.
- Beim Anziehen den Rücken gerade halten (Tendenz Hohlkreuz), aus den Beinen heraus heben und die Stange möglichst nah am Körper hochziehen (Kontakt von Stange und Körper). Erst im zweiten Teil der Bewegung das Hüftgelenk strecken und die Hantel an den Oberschenkeln entlang nach oben ziehen. Die Schultern am Schluss leicht nach hinten nehmen.
- Zusätzlich zu den Muskeln der Streckschlinge wird beim Kreuzheben die Muskulatur des Schultergürtels und dabei insbesondere der obere Anteil des Trapezius hoch beansprucht.
- Im Leistungs-Bodybuilding wird eine Variante des Kreuzhebens mit gestreckten Beinen, speziell für das Training der ischiocruralen Muskulatur und des großen Gesäßmuskels, durchgeführt.

Übungen ohne Geräte

Wichtige Aspekte bei Übungen ohne Geräte

1. Die Einbeinkniebeuge und der Ausfallschritt sind trainingswirksame Übungen ohne Zusatzgewichte. Die beidbeinige Kniebeuge ohne Gewicht ist nur im Rehabilitationstraining, beim Aufwärmen oder bei Personen mit geringer Leistungsfähigkeit effektiv.

2. Bei der Einbeinkniebeuge und beim Ausfallschritt muss das gesamte Körpergewicht von einem Bein bewältigt werden. Die muskuläre Belastung ist dabei so groß, dass im Fitnesstraining in der Regel völlig auf Zusatzlasten verzichtet werden kann und auch bei Leistungssportlern nur geringe Lasten benötigt werden.

   Beispiel 1: Ein 80 kg schwerer Sportler führt eine Kniebeuge mit der Langhantel mit 80 kg Zusatzlast aus. Auf jedes Bein wirkt eine Belastung von 160 kg : 2 = 80 kg. Diese Belastung entspricht der bei der Einbeinkniebeuge ohne Zusatzgewicht. Bereits kleine Zusatzlasten bewirken eine große Intensitätssteigerung, die auch für Leistungssportler ausreichend ist.

   Beispiel 2: Ein 80 kg schwerer Athlet führt eine Einbeinkniebeuge mit einer Zusatzlast von 30 kg aus (Sandsack auf den Schultern oder Kurzhantel in der Hand). Das Trainingsbein muss eine Last von 110 kg bewältigen, was einer Hantellast von 140 kg bei einer beidbeinigen Kniebeuge entspricht (80 kg Körpergewicht + 140 kg Hantellast = 220 kg : 2 = 110 kg). Damit ist das Problem eines effektiven Beintrainings ohne Risiko für den unteren Rücken hervorragend gelöst. Diesen Vorteil sollten sowohl allgemeine Fitnesssportler als auch Athleten aller Disziplinen nutzen. Einschränkend muss berücksichtigt werden, dass bei der Einbeinkniebeuge mit Zusatzlast häufig durch die Unterstützung der Arme und des freien Beines die Gewichtsbelastung reduziert wird.

3. Die Belastung des unteren Rückens wird durch die Einbeinkniebeugen unter Beibehaltung einer hohen Effektivität minimiert.

4. Auch die Einbeinkniebeuge und der Ausfallschritt sind Komplexübungen. Aufgrund der Streckung des Hüftgelenks werden, vor allem bei tiefer Kniebeugung, der große Gesäßmuskel und die ischiocrurale Muskulatur mitaktiviert.

Einbeinkniebeuge mit erhöhtem Fußaufsatz

- Effektives Beintraining ohne Rückenbelastung, insbesondere für Untrainierte und Personen mit höherem Körpergewicht bzw. für Fortgeschrittene bei tiefer Ausführung mit Zusatzgewicht.
- Einbeiniger Stand auf einer Bank, einem Hocker oder Kasten, deren Höhe je nach Leistungsfähigkeit variiert werden kann.
- Der Griff von beiden Händen z. B. an der Sprossenwand sichert das Gleichgewicht und die achsengerechte Ausführung.
- Beugen des Standbeins und möglichst frühes Aufsetzen des freien Beines am Boden. Der Standfuß bleibt während des gesamten Bewegungsablaufs auf der ganzen Sohle, die Ferse darf nicht angehoben werden.
- Bei der Streckung des Standbeins hält das Spielbein den Bodenkontakt so lange wie möglich aufrecht.
- Während des gesamten Bewegungsablaufs wird die Knie-Fuß-Einstellung beachtet und die Muskelspannung aufrechterhalten, damit der Übende im tiefsten Punkt nicht passiv im Band- und Kapselapparat des Kniegelenks hängt.
- Eine Erleichterung ist durch eine niedrigere Bank, geringere Kniebeugung, Armzug und Unterstützung durch das Spielbein, möglich.
- Eine Intensivierung kann durch eine höhere Bank, eine tiefere Kniebeuge, Zusatzgewichte, wie z. B. Sandsack, Gürtel mit Gewichten oder Kurzhantel in einer Hand, erreicht werden.
- Der große Gesäßmuskel wird besonders bei der tiefen Einbeinkniebeuge, gegebenenfalls mit Zusatzgewicht, aktiviert.
- Insbesondere bei der Einbeinkniebeuge ist eine Bewegungsausführung mit sehr kleinem Kniewinkel in der Regel unproblematisch, da im Gegensatz zum Training an der Maschine bzw. Langhantel hierbei in der tiefen Hockposition die Belastung durch Zug der Arme bzw. Unterstützung des freien Beins erleichtert werden kann. Mit zunehmend größerer Kniewinkelstellung kann die Unterstützung dann reduziert werden.

Ausfallschritt	Einbeinkniebeuge am Boden

- Je nach Ausführung effektive Übungsvariante mit kurzfristig hoher Belastungsspitze.
- Aus dem Stand einen weiten Schritt vorwärts in die Ausfallschrittposition durchführen und durch Streckung des vorderen Beins wieder in den Stand zurückkehren.
- Knie-Fuß-Einstellung beachten.
- Die Ausführung wird erleichtert durch weniger Dynamik, geringere Weite des Ausfallschrittes und Stütz der Hände auf dem Oberschenkel.
- Die Ausführung wird intensiviert durch mehr Dynamik, tiefe Ausführung oder Zusatzgewichte auf den Schultern bzw. Kurzhanteln in den Händen.
- Aufgrund der kurzzeitigen, starken exzentrischen Beanspruchung (Abbremsbewegung) tritt zu Trainingsbeginn häufig Muskelkater auf. Die Übung sollte deshalb in der oben beschriebenen dynamischen Ausführung mit kleinen Schritten begonnen werden.
- Die Übung eignet sich u. a. für das Gruppentraining und ermöglicht eine einfache Differenzierung der Intensität durch die Hilfe des Spielbeins.
- Eine Variante des Ausfallschritts ist die Einbeinkniebeuge ohne erhöhten Stand auf dem Boden. In der Ausfallschrittposition erfolgt ein Beugen und Strecken des vorderen Beines. Im tiefsten Punkt berührt das Knie des Spielbeines den Boden. Beim Tiefgehen darf die Ferse des vorderen Beins nicht angehoben werden; der Kniewinkel soll mindestens 90° oder größer sein.

9.3 Muskulatur der Oberschenkelrückseite (Mm. ischiocrurales)

Inhaltsübersicht

Aufgaben der Muskulatur der Oberschenkelrückseite 272
Funktionell-anatomische Grundlagen 272
Funktionstabelle 273
Funktionsanalyse der zentralen Übung Beinbeugen an der
Leg-Curl-Maschine 274

EMG-gestützte Übungsranglisten 276
Rangliste von Varianten der Übung Beinbeugen an Maschinen 277
Rangliste der Übungen mit dem eigenen Körpergewicht 278
Rangliste von Varianten der Übung Beckenlift 280
Intensitätssteigerung durch Ausführungsoptimierung 282
Der Einfluss von Innen- bzw. Außenrotation 283
Weitere Übungen 283
Zusammenfassung der Ergebnisse 284
Die Top-Übungen 285

Übungen für das Training der Oberschenkelrückseite 286
Übungen mit Beachtung der Mehrfachfunktionen der ischiocruralen
Muskulatur 286
Beinbeugeübungen (Leg-Curls) 291
Übungen, die die Hüftstreckfunktion der ischiocruralen
Muskulatur miterfassen 294

Aufgaben der Muskulatur der Oberschenkelrückseite

Funktionell-anatomische Grundlagen

Die Oberschenkelrückseite besteht aus drei Muskeln, die aus anatomischer und funktioneller Sicht gemeinsam betrachtet werden können: der zweiköpfige Schenkelmuskel (M. biceps femoris), der Halbsehnenmuskel (M. semitendinosus) und der Plattsehnenmuskel (M. semimembranosus). Alle drei Muskeln werden auch als ischiocrurale Muskulatur (Mm. ischiocrurales), im englischsprachigen Raum auch als Hamstrings bezeichnet. Die Muskeln der Oberschenkelrückseite ziehen vom Sitzbein (os ischii) zum Unterschenkel (crus). Der zweigelenkigen ischiocruralen Muskulatur kommt sowohl unter sportlichen als auch gesundheitlichen Aspekten eine bedeutende Rolle zu. So stellen die Mm. ischiocrurales beispielsweise eine wesentliche leistungsbestimmende Muskelgruppe bei allen Sprint- und Absprungbewegungen dar. Während die Oberschenkelvorderseite als Antagonist im Sport häufig trainiert wird (z. B. alle Sprungformen), wird das Training der Oberschenkelrückseite in der Regel stark vernachlässigt. Dies führt oftmals zu

---

Oberschenkelrückseite (Mm. ischiocrurales)

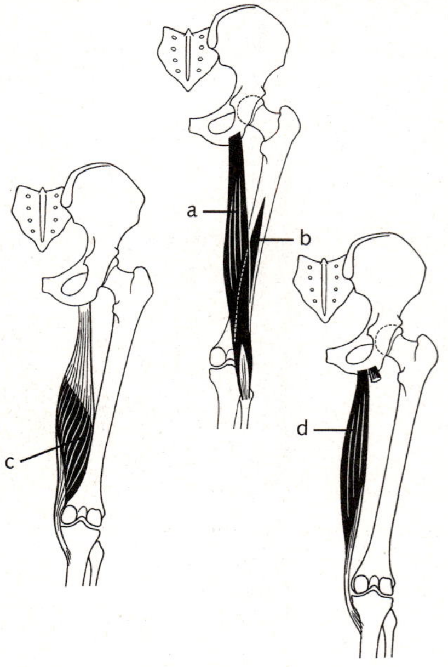

Ursprung:
• Bei allen drei Muskeln der Sitzbeinhöcker (tuber ischiadicum), der kurze Kopf des M. biceps femoris (b) zusätzlich am Oberschenkelknochen (femur)

Ansatz:
• Schienbein (pes anserinus) – M. semitendinosus (d)
• Schienbein (medialer condylus) – M. semimembranosus (c)
• Wadenbeinköpfchen (caput fibulae) – M. biceps femoris (a, b)

Funktion:
• Streckung im Hüftgelenk (alle drei Muskeln)
• Beugung im Kniegelenk (alle drei Muskeln)
• Aufrichten des Beckens (alle drei Muskeln)
• Innenrotation im gebeugten Kniegelenk – M. semimembranosum, M. semitendinosus
• Außenrotation im gebeugten Kniegelenk – M. biceps femoris

Abb. 22: Ischiocrurale Muskulatur (modifiziert nach Rohen 1998)

einem deutlichen Missverhältnis zwischen der Kraft der Kniestrecker (Oberschenkelvorderseite) und der Kraft der Kniebeuger. Zudem sind die Mm. ischiocrurales oftmals verkürzt, da kein ausreichendes Dehntraining durchgeführt wird. Aus der Sportpraxis ist bekannt, dass häufiger muskuläre Verletzungen der Oberschenkelrückseite als der Oberschenkelvorderseite zu verzeichnen sind. Durch die Kräftigung der Oberschenkelrückseite werden die vorderen Kniegelenkstrukturen entlastet. Zahlreiche Untersuchungen in verschiedenen Sportarten wie z. B. Volleyball oder Basketball zeigen, dass eine gezielte Kräftigung der

Oberschenkelrückseite sowohl bei Problemen des vorderen Kreuzbandes als auch beim Vorliegen einer chondropathia patellae (degenerative Knorpelveränderungen mit Schmerzen hinter der Kniescheibe) oder eines Patellasehnenspitzensyndroms (Entzündung der Patellasehne im Ansatzbereich am Schienbein) zur Schmerzreduktion beiträgt.

Funktionstabelle

Die Funktionstabelle zeigt, welchen Einfluss (Funktion) der Muskel bei Kraft- und Dehntraining auf die beteiligten Gelenke ausübt. Die Tabelle ermöglicht darüber hinaus die Ableitung der opti-

ISCHIOCRURALE MUSKULATUR		
Gelenk / Körperteil	**Kräftigung**	**Dehnung**
Kniegelenk	• Beugung	• Streckung
Hüftgelenk	• Streckung	• Beugung
Becken	• Aufrichten	• Kippen
Muskel / Muskelanteil	**Optimale Kräftigungsübung**	**Optimale Dehnübung**
Ischiocrurale Muskulatur	 • Ein Bein nach vorn stellen (Becken aufrichten) • Oberschenkel abheben (Hüftgelenk strecken) • Kniegelenk beugen	 • Kniegelenk des aufgesetzten Beines strecken • Becken kippen • Hüftgelenk beugen

Tab. 63: Funktionstabelle für die ischiocrurale Muskulatur und Ableitung der optimalen Kräftigungs- und Dehnübung

malen Kraft- und Dehnübung und eine fachliche Beurteilung (Funktionscheck) jeder Übung (vgl. Abschn. 6.2 *Muskelfunktionstabellen*).

Die folgende Funktionstabelle zeigt, dass die zweigelenkige ischiocrurale Muskulatur Einfluss auf das Kniegelenk, das Hüftgelenk und die Beckenposition hat. Eine konsequente Umsetzung aller funktionellen Aspekte dieser Muskelgruppe in die Übungspraxis ergibt eine optimale Kräftigungsübung und eine optimale Dehnübung.

Der Gegenspieler (Antagonist) der ischiocruralen Muskulatur ist der gerade Schenkelmuskel (M. rectus femoris). Die ischiocrurale Muskulatur beugt das Kniegelenk, streckt das Hüftgelenk und richtet das Becken auf. Der gerade Schenkelmuskel streckt das Kniegelenk, beugt das Hüftgelenk und kippt das Becken.

> Wenn ein **Oberschenkel an die Brust** gezogen wird (maximale Beugung eines Hüftgelenks), ist das Becken immer aufgerichtet die Lendenlordose aufgehoben und die Lendenwirbelsäule fixiert.

Die optimale Kräftigungsübung für die ischiocrurale Muskulatur entspricht funktionell der optimalen Dehnübung für den geraden Schenkelmuskel und umgekehrt.

Funktionsanalyse der zentralen Übung Beinbeugen an der Leg-Curl-Maschine

Für ein besseres Verständnis der EMG-Messwerte hilft es, die zentrale Kraftübung an Geräten für die ischiocrurale Muskulatur, das Beinbeugen, einer genauen Funktionsanalyse zu unterziehen.

ISCHIOCRURALE MUSKULATUR – FUNKTIONSCHECK DER ÜBUNG BEINBEUGEN AN DER MASCHINE MIT AUFLAGE DER OBERSCHENKEL

Abbildung	Funktion	Beurteilung
	Kniegelenk: Beugen	Funktion ist erfüllt
	Hüftgelenk: Strecken	Funktion ist nicht erfüllt, im Gegenteil: Beugung und isometrische Kontraktion der Hüftgelenkbeuger durch Druck der Oberschenkel auf die Unterlage
	Becken: Aufrichten	Funktion ist nicht erfüllt, im Gegenteil: Das Becken wird gekippt

Tab. 64: Funktionscheck der Übung Beinbeugen an der Maschine mit Auflage der Oberschenkel

Die Funktionsanalyse der Übung Beinbeugen zeigt, dass eine Übungsausführung mit Auflage der Oberschenkel nur eine der drei anatomischen Funktionen der ischiocruralen Muskulatur erfüllt. Die Übung ist folglich keineswegs optimal und hat noch einen zusätzlichen gravierenden Nachteil. Der Druck der Oberschenkel auf die Unterlage stellt eine isometrische Kontraktion des Lenden-Darmbein-Muskels (M. iliopsoas) dar. Da der anatomische Ansatz dieses Muskels am Oberschenkel durch das Auflagepolster fixiert ist, bewirkt der Muskelzug am Ursprung des M. iliopsoas, dass die Lendenwirbelsäule in eine verstärkte Hohlkreuzstellung (Hyperlordose) gezogen und das Becken nach vorn gekippt wird, was in der Trainingspraxis häufig als unangenehm empfunden wird. Der oftmals geäußerte Hinweis, das Hohlkreuz sei zu vermeiden, indem die Bauch- und die Gesäßmuskulatur angespannt werden, kann hier kaum Abhilfe schaffen. Sinnvoller ist es, die Übung Beinbeugen so zu modifizieren, dass möglichst alle anatomischen Funktionen der ischiocruralen Muskulatur erfüllt und eine verstärkte Lordose der Lendenwirbelsäule vermieden werden.

Durch das Abheben der Oberschenkel vom Auflagepolster ist es möglich, die dargestellten Nachteile zu vermeiden und eine aus funktioneller Sicht optimale Kräftigungsübung der ischiocruralen Muskulatur zu erhalten.

Bei dieser Übung handelt es sich um eine Kombination der Übungen Beinrückheben und Beinbeugen.

Ein Drehpunkt der Bewegung liegt bei der Ausführung mit Abheben der Oberschenkel (Beinrückheben) im Hüftgelenk. Die erhebliche Verlängerung des

ISCHIOCRURALE MUSKULATUR – FUNKTIONSCHECK DER ÜBUNG BEINBEUGEN AN DER MASCHINE MIT ABHEBEN DER OBERSCHENKEL

Abbildung	Funktion	Beurteilung
	Kniegelenk: Beugen	Funktion ist erfüllt
	Hüftgelenk: Strecken	Funktion ist erfüllt
	Becken: Aufrichten	Bei beidbeiniger Ausführung ist die Funktion nicht erfüllt, bei einbeiniger Ausführung und Vorsetzen eines Beines ist die Funktion erfüllt.

Tab. 65: Funktionscheck der Übung Beinbeugen an der Maschine mit Abheben der Oberschenkel

Hebelarms sowie das fehlende Widerlager für die Oberschenkel führen dazu, dass bei der Variante mit abgehobenen Oberschenkeln ein viel geringeres Gewicht bewältigt werden kann als bei der Variante mit Auflage der Oberschenkel, bei der das Kniegelenk den einzigen Drehpunkt darstellt. Die Streckung des Hüftgelenks durch Abheben der Oberschenkel verhindert den Einsatz des Lenden-Darmbein-Muskels. Das Anheben beider Oberschenkel bewirkt das gewünschte Aufrichten des Beckens allerdings ebenfalls nicht. Dies kann aber durch eine einbeinige Ausführung erreicht werden, bei der das freie Bein weit nach vorn gesetzt wird.

Bei der Übung Beinbeugen mit Abheben der Oberschenkel handelt es sich

> Bei **zweigelenkigen Muskeln** führt eine Kombination aus isometrischer Kontraktion (erstes Gelenk) und aufgeschalteter dynamischer Kontraktion (zweites Gelenk) zu einer sehr hohen Muskelaktivierung. Diese Kombination stellt eine sehr effektive Trainingsform dar.

um eine Kombination der Übungen Beinrückheben und Beinbeugen. Auf die weitgehend isometrische Kontraktion,

die durch das Abheben der Oberschenkel (Streckung im Hüftgelenk) erzeugt wird, wird die dynamische Funktion der Kniebeugung aufgeschaltet. Durch die Kombination von isometrischer und dynamischer Kontraktion werden sehr hohe Muskelspannungen erzeugt. Dieser Sachverhalt gilt auch für andere zweigelenkige Muskeln, z. B. den M. triceps brachii, caput longum und den M. rectus femoris.

EMG-gestützte Übungsranglisten

Die EMG-gestützten Übungsanalysen ermöglichen es, verschiedene Kraftübungen für einen Muskel zu vergleichen und eine Übungsrangliste zu erstellen. Das vollständige Untersuchungsdesign ist in Abschn. 5.3 *Übungsranglisten für einzelne Muskelgruppen* dargestellt. Der jeweils angegebene Kniegelenkwinkel entspricht dem Kniegelenkinnenwinkel. Eine vollständige Streckung des Kniegelenks wird als 180° bezeichnet. 160° bedeutet folglich nur eine geringe Kniebeugung, 70° entspricht einer Kniebeuge mit etwa waagerechtem Oberschenkel und 40° einer tiefen Kniebeuge mit sehr engem Kniegelenkwinkel.

Rangliste von Varianten der Übung Beinbeugen an Maschinen

Eine Überprüfung der Praxisrelevanz der funktionellen Überlegungen mit Hilfe von EMG-Messungen ergibt folgendes Ergebnis.

Rang-platz	Abbildung	Position des Oberschenkels und des Beckens	$\bar{x}$R	$\bar{x}$EMG	Diff. [%]
1		Einbeinig mit Abheben des Oberschenkels (Bein-rückheben kombiniert mit Beinbeugen) und Nach-vorn-Setzen eines Beines (Aufrichten des Beckens)	1,9	508	0
2		Beidbeinig mit Abheben der Oberschenkel (Bein-rückheben kombiniert mit Beinbeugen)	2,0	490	−4
3		Beidbeinig mit Auflage der Oberschenkel und zwangsläufigem Kippen des Beckens	2,1	510	0

Tab. 66: Vergleich von drei Varianten der Übung Beinbeugen liegend an der Maschine mit **Variation der Position der Oberschenkel und des Beckens** nach dem durchschnittlichen Rangplatz ($\bar{x}$R) und der Summe der durchschnittlichen EMG-Aktivität in μV ($\bar{x}$EMG); n = 10

Die Varianten der Übung Beinbeugen liegend an der Maschine mit Auflage bzw. Abheben der Oberschenkel aktivieren die ischiocrurale Muskulatur etwa gleich intensiv, wie die nahezu identischen Rangplatz- und EMG-Werte zeigen. Vorteile der Variante mit abgehobenen Oberschenkeln sind das Vermeiden einer Verstärkung der Lendenlordose, insbesondere bei einbeiniger Ausführung und aufgerichtetem Becken und die zusätzliche optimale Aktivierung des großen Gesäßmuskels sowie des unteren Rückenstreckers. Für diese beiden Muskelgruppen stellen die Ausführungsvarianten mit Abheben eines bzw. beider Oberschenkel gleichzeitig die intensivste Übung dar, die jeweils an erster Stelle der muskelspezifischen EMG-Übungsrangliste steht. Dies gilt gleichermaßen

> Die Übung **Beinbeugen an der Maschine einbeinig oder beidbeinig mit Abheben eines bzw. beider Oberschenkel** (Beinrückheben plus Beinbeugen) ist die effektivste Übung für die ischiocrurale Muskulatur, den großen Gesäßmuskel und den unteren Rückenstrecker.

für die Übung Beinbeugen an der Maschine im Liegen, mit schräg nach vorn gebeugtem Körper und im aufrechten Stand.

Rangliste der Übungen mit dem eigenen Körpergewicht

Die Intensität von Übungen ohne Maschinen und Zusatzgewichte hängt entscheidend vom Körpergewicht und von der muskulären Leistungsfähigkeit des Trainierenden ab.

Die Übung **Beckenlift** erweist sich

Rang-platz	Abbildung	Bezeichnung	$\bar{x}$R	$\bar{x}$EMG
1		Beckenlift, Kniegelenkwinkel 100°	1,0	793
2		Beinrückheben einbeinig in Bauchlage auf einer Flachbank	2,2	530

Rang-platz	Abbildung	Bezeichnung	$\overline{x}$R	$\overline{x}$EMG
3		Fersendrücker, Kniegelenkwinkel 100°	2,8	467
4		Rumpfheben (Hyperextension)	4,0	363
5		Einbeinkniebeuge	5,0	157

Tab. 67: EMG-gestützte Rangliste von Kraftübungen mit dem eigenen Körpergewicht nach dem durchschnittlichen Rangplatz ($\overline{x}$R) und der Summe der durchschnittlichen EMG-Aktivität in µV ($\overline{x}$EMG); n = 10

eindeutig als die Top-Übung. Ein Funktionscheck zeigt, dass der Beckenlift alle drei Funktionen der ischiocruralen Muskulatur erfüllt. Das stark gebeugte Hüftgelenk des Spielbeins stellt das Aufrichten des Beckens sicher; die Beugung des Kniegelenks erfolgt als isometrische Kontraktion der ischiocruralen Muskulatur, die nahezu das gesamte Körpergewicht tragen muss. Auf diese starke isometrische Muskelspannung wird beim Heben des Beckens die dynamische Kontraktion der Hüftgelenkstreckung aufgeschaltet. Die auftretenden Muskelspannungen sind häufig so hoch, dass es vor allem in unaufgewärmtem Zustand zu Muskelverkrampfungen kommen kann, die durch eine Verringerung der

MUSKULATUR DER OBERSCHENKELRÜCKSEITE 279

Intensität leicht vermieden werden können, indem das Stützbein näher an das Gesäß herangestellt wird (Verkürzung des Hebelarms). Die Übung ist somit mit der hochwirksamen Übung Beinbeugen mit Abheben der Oberschenkel an der Maschine (Beinrückheben kombiniert mit Beinbeugen) vergleichbar, wobei beim Beckenlift das Beinbeugen isometrisch erfolgt und die Hüftstreckung die dynamische Komponente der Bewegung darstellt, während es beim Beinbeugen mit Abheben der Oberschenkel umgekehrt der Fall ist.

Die Übung **Beinrückheben** einbeinig erfüllt in der dargestellten Variante mit Beugung des freien Hüftgelenks zumindest zwei Funktionen der ischiocruralen Muskulatur, das Aufrichten des Beckens und die Streckung im Hüftgelenk. Es fehlt als wichtige Hauptfunktion das Beugen des Kniegelenks. Die Übung Beinrückheben ist aufgrund ihrer Komplexwirkung für die Muskulatur des unteren Rückenstreckers, des großen Gesäßmuskels und der Oberschenkelrückseite wichtig, effektiv und empfehlenswert. Eine zusätzliche Intensivierung ist durch Partnerwiderstand auf der Oberschenkel- und /oder Unterschenkelrückseite leicht möglich.

Der **Fersendrücker** schult die Körperwahrnehmung durch die Anspannung der Bauchmuskulatur und das bewusste Aufrichten des Beckens in Rückenlage in Verbindung mit der Druck- und Zugbewegung der Fersen. Er führt zudem auch zu einer intensiven Beanspruchung der Oberschenkelrückseite.

Das **Rumpfheben** als traditionelle Kräftigungsübung für den unteren Rücken zeigt, dass die untere Rückenmuskulatur, der große Gesäßmuskel und die ischiocrurale Muskulatur eine funktionelle Einheit bilden und bei vielen Übungen gemeinsam arbeiten.

Bei der **Einbeinkniebeuge** wird das Hüftgelenk gestreckt und dadurch eine Kontraktion der ischiocruralen Muskulatur bewirkt. Dies stellt zwar kein wirksames Training für diese Muskelgruppe dar, es zeigt aber, dass die mehrgelenkigen Kniebeugeübungen zu einer ausgewogenen Belastung im Kniegelenk führen, weil der kräftige Zug der Quadrizeps-Sehne an der Vorderseite des Unterschenkels zum Teil durch den Gegenzug der ischiocruralen Muskulatur an der Rückseite des Unterschenkels ausgeglichen wird. Dies ist vor allem bei einem vorgeschädigten Kniegelenk (z. B. Verletzung des vorderen Kreuzbandes) vorteilhafter als Übungen wie z. B. Beinstrecken (Leg Extension), bei denen die Oberschenkelrückseite nicht mitaktiviert wird.

Rangliste von Varianten der Übung Beckenlift

Der **Beckenlift** hat sich als hocheffektive Kraftübung ohne Zusatzgewicht für die ischiocrurale Muskulatur herausgestellt. Die herausragenden Ergebnisse dieser Übung haben dazu geführt, mehrere Ausführungsvarianten zu untersuchen.

Eine Intensivierung der Übung Beckenlift ist sowohl durch eine Vergrößerung des Knieinnenwinkels, indem die

ISCHIOCRURALE MUSKULATUR
ÜBUNG BECKENLIFT

Rang-platz	Abbildung	Kniegelenkwinkel Fersenzug	$\bar{x}$R	$\bar{x}$EMG	Diff. [%]
1		Kniegelenkwinkel 140°, mit Fersenzug	1,2	1224	0
2		Kniegelenkwinkel 140°, ohne Fersenzug	2,3	1003	−18
3		Kniegelenkwinkel 100°, mit Fersenzug	2,7	967	−21
4		Kniegelenkwinkel 100°, ohne Fersenzug	3,8	694	−56

Tab. 68: Vergleich von vier Varianten der Übung Beckenlift mit **Variation des Knie-gelenkwinkels und des Fersenzugs** nach dem durchschnittlichen Rangplatz ($\bar{x}$R) und der Summe der durchschnittlichen EMG-Aktivität in µV ($\bar{x}$EMG); n = 10

Ferse weiter vom Gesäß weggesetzt wird, als auch durch den zusätzlichen Zug der Ferse in Richtung Gesäß (Fersenzug) möglich. Bei einer Kombination beider Maßnahmen ist eine erhebliche Verstärkung der Muskelaktivierung zu erreichen.

> Der **Beckenlift** ist – insbesondere mit großem Kniewinkel und mit Fersenzug – eine hochwirksame Übung mit komplexer Wirkung, da gleichzeitig die ischiocrurale Muskulatur, der untere Rückenstrecker und der große Gesäßmuskel trainiert werden.

Intensitätssteigerung durch Ausführungsoptimierung

Bei nahezu allen Kraftübungen mit Beugung eines Gelenks kann der Muskel durch zusätzliche **Endkontraktionen** (s. S. 102) bei vollständiger Gelenkbeugung stärker aktiviert werden. Die Übung Leg-Curl an der Maschine im Liegen ermöglicht eine weitere Steigerung der Muskelaktivität durch kurze Teilbewegungen oder eine isometrische Haltephase in Dehnstellung des Muskels, d. h. bei fast gestreckten Kniegelenken. In dieser Position ist der Hebel (Lastarm) am längsten, sodass der Muskel die größte Kraft aufbringen muss.

> Die stärkste Aktivierung der Muskeln der Oberschenkelrückseite, des unteren Rückenstreckers und des großen Gesäßmuskels wird mit der Übung **Beinrückheben plus Beinbeugen** erreicht, wenn bei der Übungsausführung zunächst das mehrfache Anheben der gestreckten Beine und anschließend Endkontraktionen der gebeugten Beine im Wechsel ausgeführt werden.

Die Ausführungsvariante mit **Teilbewegungen in Dehnstellung** des Muskels, bei fast gestreckten Beinen, erweist sich als hocheffektiv, gefolgt von der Variante mit Endkontraktion bei gebeugten Kniegelenken. Beide Varianten können auch mit abgehobenen Oberschenkeln durchgeführt und miteinander kombiniert eingesetzt werden; dies führt zu einer weiteren Intensitätssteigerung (vgl. Abschn. 5.3 *Erstellung von Übungsranglisten für einzelne Muskelgruppen*).

ISCHIOCRURALE MUSKULATUR
ÜBUNG BEINBEUGEN MIT AUFLAGE DER OBERSCHENKEL

Rang-platz	Abbildung	Übungsausführung	x̄R	x̄EMG	Diff. [%]
1		beidbeinig mit Teilbewegungen in Dehnstellung, Kniegelenk nahezu gestreckt	1,7	1052	+33
2		beidbeinig mit Endkontraktion, Kniegelenk gebeugt	1,8	878	+11
3		beidbeinig, normale Ausführung	2,5	786	0

Tab. 69: Vergleich von drei **Ausführungsvarianten** der Übung Beinbeugen mit Auflage der Oberschenkel nach dem durchschnittlichen Rangplatz (x̄R) und der Summe der durchschnittlichen EMG-Aktivität in μV (x̄EMG); n = 10

Der Einfluss von Innen- bzw. Außenrotation

Der an der Außenseite des Oberschenkels gelegene zweiköpfige Schenkelmuskel (M. biceps femoris) bewirkt als Nebenfunktion bei gebeugtem Kniegelenk eine Außenrotation des Unterschenkels. Die an der Innenseite des Oberschenkels gelegenen Teile der ischiocruralen Muskulatur, der Plattsehnenmuskel (M. semimembranosus) und der Halbsehnenmuskel (M. semitendinosus) unter-

MUSKULATUR DER OBERSCHENKELRÜCKSEITE   283

stützen eine Innenrotation des Unterschenkels bei gebeugtem Kniegelenk. Insgesamt unterscheiden sich die EMG-gestützten Übungsranglisten für den äußeren und den inneren Anteil der ischiocruralen Muskulatur nur unwesentlich, weil die meisten Beinbeugeübungen in neutraler Mittelstellung des Unterschenkels ausgeführt werden. Betont man bei der Übungsausführung die Innenrotation des Unterschenkels, werden allerdings der Platt- und der Halbsehnenmuskel verstärkt aktiviert.

Weitere Übungen

Die Übung Kreuzheben mit gestreckten Beinen ist zwar im Bodybuilding üblich, im gesundheitsorientierten Krafttraining aufgrund der hohen Belastung und des Verletzungsrisikos des unteren Rückens jedoch nicht zu empfehlen. Darüber hinaus besitzt sie keine optimale Effektivität, weil nur eine Funktion der ischiocruralen Muskulatur, die Streckung im Hüftgelenk, erfüllt ist und die wichtige Funktion der Kniegelenkbeugung fehlt. Cornacchia/Volpe (1998) ermittelten folgende Effektivitätsrangliste von Kraftübungen an Maschinen: Beinbeugen im Stand vor Beinbeugen im Liegen vor Beinbeugen im Sitz (alle drei Varianten in traditioneller Ausführung mit Auflage der Oberschenkel) vor Kreuzheben mit gestreckten Beinen.

Zusammenfassung der Ergebnisse

- Die traditionelle Übung Beinbeugen an der Leg-Curl-Maschine trainiert zwar die ischiocrurale Muskulatur effektiv, nimmt dabei jedoch einen gravierenden Nachteil in Kauf: Durch die Aktivierung der Hüftbeugemuskulatur wird das Becken nach vorn gekippt, das Gesäß angehoben und die Lendenwirbelsäule in eine verstärkte Hohlkreuzstellung gezogen.

- Die Kombination von Beinbeugen und Beinrückheben (Abheben der Oberschenkel vom Auflagepolster) vermeidet diesen Nachteil und macht daraus einen Vorteil. Die ischiocrurale Muskulatur wird ebenso effektiv trainiert wie bei der Variante mit aufliegenden Oberschenkeln, und zusätzlich werden der untere Teil des Rückenstreckers und der große Gesäßmuskel optimal mittrainiert sowie eine unfunktionelle Belastung der Lendenwirbelsäule vermieden. Diese Übungskombination ist also hocheffektiv und sehr komplex.

- Die zweite ideale Übung für die Oberschenkelrückseite, den unteren Teil des Rückenstreckers und den großen Gesäßmuskel ist der Beckenlift. Er benötigt keine Gewichte und Maschinen, eignet sich hervorragend für das Heim- und Gruppentraining und aktiviert die ischiocrurale Muskulatur sehr stark. Durch eine Vergrößerung des Kniewinkels und durch Fersenzug kann die Übung zusätzlich erheblich intensiviert werden (Vorsicht, Gefahr eines Muskelkrampfes).

Die Top-Übungen

Top-Übungen für die ischiocrurale Muskulatur

1

Beinbeugen an der Maschine, im Stand oder im Liegen, einbeinig oder beidbeinig **mit Abheben der Oberschenkel (Beinrückheben)**
Dies ist die beste Komplexübung für die Körperrückseite, weil sie gleichzeitig die Top-Übung für den unteren Rückenstrecker und den großen Gesäßmuskel darstellt. Die traditionelle Ausführung mit Auflage der Oberschenkel aktiviert zwar die ischiocrurale Muskulatur nahezu gleich stark, führt aber zu einer unerwünschten Verstärkung der Lendenlordose aufgrund des Einsatzes der Hüftbeugemuskulatur.

2

Beckenlift mit Fersenzug
Die Übung ist eine hervorragende Alternative zu Übung 1, weil auch sie alle anatomischen Funktionen der ischiocruralen Muskulatur erfüllt. Sie kann hochintensiv ausgeführt werden kann, bietet zahlreiche Variationsmöglichkeiten und eignet sich gut für Kurse ohne Geräteeinsatz und das Heimtraining.

Übungen für das Training der Oberschenkelrückseite

Die Übungen für die Oberschenkelrückseite (Mm. ischiocrurales) werden aufgrund struktureller Merkmale in drei Gruppen eingeteilt: Übungen mit Beachtung der Mehrfachfunktionen der ischiocruralen Muskulatur, Beinbeugeübungen und Übungen, die nur die Hüftstreckfunktion der ischiocruralen Muskulatur trainieren. Jeder Übungsgruppe werden zunächst gemeinsame wichtige Aspekte vorangestellt, bevor die einzelnen Übungen detailliert beschrieben werden.

Übungen mit Beachtung der Mehrfachfunktionen der ischiocruralen Muskulatur

Wichtige Aspekte bei Übungen mit Beachtung der Mehrfachfunktionen der ischiocruralen Muskulatur

1. Die Hauptfunktionen der zweigelenkigen ischiocruralen Muskulatur sind das Beugen des Kniegelenks sowie die Streckung des Hüftgelenks und das Aufrichten des Beckens. Eine Kombination der Funktionen erhöht in der Regel die Effektivität des Trainings. Dies ist z. B. bei den Übungen Beinbeugen mit Abheben der Oberschenkel und Beckenlift der Fall.

2. Eine Kombination der Übungen Beinrückheben und Beinbeugen hat sich als hervorragende, hochwirksame Komplexübung für die ischiocrurale Muskulatur, den großen Gesäßmuskel und den unteren Rückenstrecker erwiesen. Dies gilt in gleicher Weise für die Übung Beckenlift.

3. Folgende Gründe sind für die starke Aktivierung der ischiocruralen Muskulatur bei der Kombination von Beinrückheben und Beinbeugen bzw. beim Beckenlift verantwortlich:
   - Das Rückheben der gestreckten Beine führt zu einer weitgehend isometrischen, kräftigen Kontraktion der Muskeln der Oberschenkelrückseite, des unteren Rückenstreckers und des großen Gesäßmuskels. Auf diese isometrische Muskelspannung wird die dynamische Kontraktion des Beinbeugens aufgeschaltet, was zu einer sehr hohen Gesamtspannung des Muskels führt. Beim Beckenlift ist der Sachverhalt umgekehrt: Der isometrischen Beinbeugespannung (Ferse in den Boden drücken) wird die dynamische Kontraktion der Hüftgelenkstreckung (Anheben des Beckens) hinzugefügt.
   - Beim Beinrückheben wird das Hüftgelenk zum zusätzlichen Drehpunkt mit der gesamten Beinlänge als Hebelarm. Aufgrund des langen Hebels führen auch geringe Zusatzgewichte oder Partnerwiderstand zu einer hohen muskulären Belastung.
   - Die Kombination von Haupt- und Nebenfunktionen bewirkt eine optimale Aktivierung des Muskels.
   - Endkontraktionen bei den Übungen Beinbeugen, Fersenzug beim Beckenlift und mehrfaches Anheben der gestreckten Beine beim Beinrückheben intensivieren die Übungen zusätzlich.

4. Alle Geräte sind zur Vermeidung von Scherkräften so einzustellen, dass die Achse des Kniegelenks mit der Achse der Maschine in Deckung gebracht wird.

Beinbeugen beidbeinig kombiniert mit Beinrückheben an Leg-Curl-Maschinen im Liegen	Beinbeugen einbeinig kombiniert mit Beinrückheben an Leg-Curl-Maschinen im Liegen

- Top-Übung für die ischiocrurale Muskulatur und den unteren Teil des Rückenstreckers an Maschinen.
- Die Position der Fußpolster so wählen, dass sie direkt oberhalb der Fersen liegen. Das Gerät wenn möglich so einstellen, dass die Bewegung mit leicht gebeugten Kniegelenken begonnen werden kann, um eine Überstreckung der Kniegelenke zu vermeiden.
- Beugen und Streckung der Beine mit von der Unterlage abgehobenen Oberschenkeln (Beinrückheben). Bei der kontrollierten Steckbewegung ist eine vollständige Streckung der Kniegelenke zu vermeiden.
- Aufgrund des Anhebens der Oberschenkel entsteht ein langer Hebelarm; daher kann wesentlich weniger Gewicht bewältigt werden als bei der traditionellen Ausführung mit aufgelegten Oberschenkeln. Dennoch ist die Effektivität beider Variationen vergleichbar hoch, wobei bei der Kombination von Beinbeugen und Beinrückheben zusätzlich der große Gesäßmuskel und der untere Teil des Rückenstreckers hochintensiv mittrainiert werden.
- Bei manchen Leg-Curl-Maschinen im Liegen liegt der Kopf des Trainierenden auf der schrägen Auflage ziemlich tief. Diese Lage wird von vielen Personen, z. B. bei Bluthochdruck, als unangenehm empfunden. In diesem Fall sind Beinbeugemaschinen im Stand oder im Sitzen vorzuziehen.

- Aus funktioneller Sicht ist die einbeinige Variante die optimale Übung für die ischiocrurale Muskulatur, weil durch das Nach-vorn-Setzen des freien Beines zusätzlich das Becken aufgerichtet wird. Die Übung erweist sich in den EMG-Messungen auch als Top-Übung für die Oberschenkelrückseite, gemeinsam mit der beidbeinigen Variante.
- Allerdings lassen die meisten Beinbeugemaschinen im Liegen ein Nach-vorn-Setzen des rechten und anschließend des linken Beines nicht zu, weil der Gewichtsblock auf einer Seite platziert ist. Darüber hinaus ist die Abstufung der Gewichte häufig zu grob, sodass die erforderliche Gewichtsdosierung nicht möglich ist. In Einzelfällen ist bereits das Anfangsgewicht zu schwer.
- Aufgrund des aufgerichteten Beckens ist die Aktivierung des unteren Teils des Rückenstreckers etwas geringer als bei der beidbeinigen Variante.

Beinbeugen kombiniert mit Beinrückheben an Maschinen im Stand

- Die Hinweise und Ausführungskriterien der Übungen im Liegen gelten entsprechend bei den Varianten im Stand. Die Kombination von Beinbeugen und Beinrückheben führt auch hier zu einer Optimierung der Übung.
- Einbeiniger Stand mit leicht gebeugtem Hüft- und Kniegelenk auf der Fußplattform. Die Standhöhe wird so eingerichtet, dass sich das Kniegelenk als Drehpunkt des Unterschenkels in Höhe der Drehachse des Trainingshebels befindet.
- Das verstellbare Fußpolster des Trainingshebels liegt etwas oberhalb der Ferse des Trainingsbeins, der Oberschenkel wird durch bewusste Beinrückführung nicht gegen das hierfür vorgesehene Polster gedrückt, die Hände fixieren an der Griffstange.
- Rumpfmuskulatur anspannen und im Kniegelenk möglichst weit anbeugen, der Rumpf bleibt aufrecht.

Beinbeugen einbeinig kombiniert mit Beinrückheben auf der Flachbank mit Partnerwiderstand

- Die optimale Übung für die ischiocrurale Muskulatur mit Erfüllung aller drei Funktionen, Beinbeugen, Becken aufrichten und Hüftgelenk strecken, kann auch ohne Beinbeugemaschine, mit oder ohne Partnerhilfe, auf einer Langbank ausgeführt werden.
- Bauchlage auf einer Flachbank, sodass das Hüftgelenk mit dem Bankende abschließt. Ein Bein wird nach vorn gesetzt, um das Becken aufzurichten. Fixierung des Körpers durch Griff der Hände an der Bank.
- Der Trainierende versucht, das Bein maximal nach oben zu heben (Streckung des Hüftgelenks) und gleichzeitig die Ferse zum Gesäß zu ziehen (Beugung des Kniegelenks). Ein Partner gibt Widerstand auf der Oberschenkelrückseite sowie an der Ferse.
- Die Übung ist hochintensiv, koordinativ schwierig und erfordert vom Partner einen wohldosierten Krafteinsatz.

Die Hinweise und Ausführungskriterien der Übung auf der Flachbank gelten auch bei den folgenden Übungen, die alle gut für ein Training ohne den Einsatz von Geräten geeignet sind.

Beinbeugen einbeinig kombiniert mit Beinrückheben im Unterarmstütz mit Partnerwiderstand

- Die mangelhafte Möglichkeit zur Fixierung des Körpers erschwert maximale Krafteinsätze und minimiert die Effektivität der Übung ein wenig. Wenn auf Partnerwiderstand verzichtet wird, verringert sich die Intensität deutlich.

Beinbeugen einbeinig kombiniert mit Beinrückheben mit aufgerichtetem Becken in Bauchlage mit Partnerwiderstand

- Abheben des Beins vom Boden mit gleichzeitiger Beugung gegen Partnerwiderstand am Oberschenkel und Fuß.
- Das seitlich-frontale Anziehen eines Beines zum Aufrichten des Beckens ist nur für bewegliche Personen möglich.

Beinbeugen kombiniert mit Beinrückheben in Bauchlage mit Partnerwiderstand

- Bei dieser Übung ist das Becken nicht aufgerichtet. Sie kann ein- oder beidbeinig durchgeführt werden.

Beinbeugen einbeinig kombiniert mit Beinrückheben in der Bankstellung mit Partnerwiderstand

- Beinbeugen in der Bankstellung ohne Partnerwiderstand ist weniger günstig, weil ein maximales Überstrecken des Hüftgelenks zu einer verstärkten Lendenlordosierung (Hohlkreuz) führt. Bei einem dosierten Beinrückheben nur bis zur Waagerechten muss eine Intensitätsminderung in Kauf genommen werden. Ein Partner kann sowohl eine unerwünschte Lendenlordosierung unterbinden als auch die Intensität durch einen angemessenen Widerstand erhöhen (siehe Bild).

Beckenlift

- Der Beckenlift ist die intensivste Übung für die Oberschenkelrückseite und erzielt sogar eine höhere Muskelaktivierung als Übungen an Maschinen.
- Rückenlage, ein Bein zur Brust ziehen, um das Becken aufzurichten. Das andere Bein setzt mit der Ferse auf, wobei die Fußspitze angezogen wird; die Hände liegen hinter dem Kopf.
- Druck der Ferse in den Boden, Heben und Senken des Beckens, ohne das Gesäß wieder abzulegen.
- Je weiter der Fuß vom Gesäß weggesetzt wird, desto höher ist die Aktivierung des Muskels. Eine zusätzliche starke Intensivierung kann über den Fersenzug erfolgen. Der Trainierende versucht, beim Anheben des Beckens, den Körper durch aktiven Zug der Ferse einige Zentimeter in Richtung Ferse zu ziehen.
- Auch diese Übung erfüllt alle drei Funktionen der ischiocruralen Muskulatur. Auf die isometrische Muskelspannung der Kniegelenksbeugung wird die dynamische Kontraktion der Hüftstreckung aufgeschaltet. Das Aufrichten des Beckens wird durch das Anziehen des freien Beines sichergestellt.
- Zusätzlich erfolgt eine intensive Beanspruchung des großen Gesäßmuskels und des unteren Rückenstreckers.
- Die Ferse kann beim Beckenlift auch erhöht aufgesetzt werden.

Fersendrücker

- Der Fersendrücker ist eine intensive Übung für die Oberschenkelrückseite, wobei die Muskelaktivierung jedoch deutlich geringer ist als beim Beckenlift und beim Beinbeugen an Maschinen.
- Rückenlage, die Füße mit den Fersen aufsetzen und die Fußspitzen hochziehen. Die Bauchmuskulatur anspannen und die Lendenwirbelsäule gegen den Boden drücken (Becken aufrichten).
- Die Fersen nach unten in den Boden drücken; die Übung kann durch Fersenzug oder einen größeren Kniewinkel intensiviert werden.
- Der Fersendrücker erfüllt zwei Funktionen der ischiocruralen Muskulatur, die Beugung der Kniegelenke (isometrisch) und das Aufrichten des Beckens. Die dritte Funktion, das Strecken des Hüftgelenks, wird nicht erfüllt.
- Der Fersendrücker kann auch einbeinig im Stand durchgeführt werden. Das Trainingsbein wird dabei mit der Ferse bei gebeugtem Kniegelenk auf eine Erhöhung (Bank, Stuhl etc.) gestellt. Die Aktivierung der Ischiocruralen erfolgt durch Druck und Zug der Ferse nach unten hinten, die Fußspitze wird angezogen.

Beinbeugeübungen (Leg-Curls)

Wichtige Aspekte bei Beinbeugeübungen an Maschinen

1. Beinbeugen an Maschinen mit aufgelegten Oberschenkeln (traditionelle Ausführung) ist ein effektives isoliertes Training für die ischiocrurale Muskulatur. Die Aktivierung der Oberschenkelrückseite ist ebenso stark wie bei einer Ausführung mit Abheben der Oberschenkel (optimierte Ausführung). Es wird eine Funktion der ischiocruralen Muskulatur, das Beugen der Kniegelenke durchgeführt, wobei ein relativ hohes Gewicht bewältigt werden kann.

2. Die weiteren Funktionen der ischiocruralen Muskulatur, die Streckung des Hüftgelenks und das Aufrichten des Beckens, werden nicht erfüllt. Das Gegenteil ist sogar der Fall. Durch den Druck der Oberschenkel gegen die Unterlage wird die Hüftbeugemuskulatur, der M. iliopsoas und der M. rectus femoris, stark aktiviert, was zu einer Kippung des Beckens, einem Anheben des Gesäßes und einer Verstärkung der Lordose der Lendenwirbelsäule führt. Diese unerwünschten Nebenwirkungen sind ein gravierender Nachteil des Beinbeugens mit aufgelegten Oberschenkeln. Trainierende klagen dabei z. T. über Beschwerden im unteren Rücken.

3. Alle Beinbeugemaschinen sind so einzustellen, dass die Achse des Kniegelenks mit der Drehachse der Maschine in Deckung gebracht wird, um Scherkräfte zu vermeiden.

4. Ein gleichzeitiges Training des großen Gesäßmuskels und der Muskulatur des unteren Rückens, wie dies bei den Übungen Beinrückheben kombiniert mit Beinbeugen und Beckenlift der Fall ist, erfolgt nicht.

MUSKULATUR DER OBERSCHENKELRÜCKSEITE 291

Beinbeugen beidbeinig an Leg-Curl-Maschinen im Liegen

- Bei aufliegenden Oberschenkeln kann aufgrund des kurzen Lastarmes (nur Unterschenkellänge) und der Fixierung der Oberschenkel wesentlich mehr Gewicht bewältigt werden als bei der Variante mit abgehobenen Oberschenkeln. Dennoch ist die Effektivität beider Varianten in etwa gleich, wobei bei der Kombination von Beinbeugen und Beinrückheben zusätzlich der große Gesäßmuskel und der untere Teil des Rückenstreckers intensiv mittrainiert werden.
- Die Position der Fußpolster so wählen, dass sie direkt oberhalb der Fersen liegen. Das Gerät wenn möglich so einstellen, dass die Bewegung mit leicht gebeugten Kniegelenken begonnen werden kann, um eine Überstreckung der Kniegelenke zu vermeiden.
- Beugen und Strecken der Beine mit aufliegenden Oberschenkeln. Bei der kontrollierten Streckbewegung ist eine vollständige Streckung der Kniegelenke zu vermeiden.
- Die Variante mit aufliegenden Oberschenkeln aktiviert isoliert die Oberschenkelrückseite und nimmt den Nachteil des verstärkten Zuges an der Lendenwirbelsäule in Kauf.

Beinbeugen einbeinig an Leg-Curl-Maschinen im Stand

- Die Hinweise und Ausführungskriterien der Übungen im Liegen gelten entsprechend bei den Varianten des Beinbeugens im Stand.
- Einbeiniger Stand mit leicht gebeugtem Hüft- und Kniegelenk auf der Fußplattform. Die Standhöhe wird so eingerichtet, dass sich das Kniegelenk als Drehpunkt des Unterschenkels in Höhe der Drehachse des Trainingshebels befindet.
- Das verstellbare Fußpolster des Trainingshebels liegt etwas oberhalb der Ferse des Trainingsbeins; der Oberschenkel drückt gegen das dafür vorgesehene Polster, und die Hände fixieren an der Griffstange.
- Bauchmuskulatur anspannen, das Bein möglichst weit anbeugen und anschließend kontrolliert wieder strecken. Das Becken bleibt stabil, der Rumpf aufrecht.
- Durch die einbeinige Ausführung und das leicht gebeugte Hüftgelenk im Standbein ist der Zug ins Hohlkreuz nicht so stark wie bei der beidbeinigen Variante im Liegen. Dennoch kommt es durch den starken Druck des Oberschenkels gegen das Polster zu einer Mitaktivierung der Hüftbeugemuskulatur.

Beinbeugen beidbeinig an Leg-Curl-Maschinen im Sitz

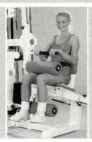

- Effektive Übungsvariante für die ischiocrurale Muskulatur.
- Den Sitz bzw. die Rückenlehne so einstellen, dass der Rücken an der Lehne anliegt. Die Oberschenkel werden auf der Oberseite mit dem dafür vorgesehenen Polster fixiert. Die Hände fassen die Haltegriffe.
- Rumpfmuskulatur anspannen und die Kniegelenke so weit wie möglich beugen und wieder kontrolliert strecken.
- Durch Einwärtsdrehen der Füße (Innenrotation des Unterschenkels) werden verstärkt der M. semitendinosus und der M. semimembranosus aktiviert, durch Auswärtsdrehen der Füße (Außenrotation des Unterschenkels) der M. biceps femoris.
- Aufgrund des Drucks der Oberschenkel nach oben gegen das Polster (isometrische Hüftbeugekontraktion) wird die Hüftbeugemuskulatur aktiviert. Der verstärkte Zug ins Hohlkreuz ist im Sitzen allerdings weniger ausgeprägt, als bei der Beinbeuge-Variante im Liegen.
- Die Übung kann auch einbeinig ausgeführt werden.

Beinbeugen beidbeinig am Boden gegen Partnerwiderstand

- Die Übungseffektivität ist vom Partnerwiderstand abhängig.
- Bauchlage, Kopf in Verlängerung der Wirbelsäule, Blick zum Boden. Die Rumpfmuskulatur anspannen.
- Der Partner kniet im Einbeinkniestand hinter dem Trainierenden und gibt Zugwiderstand an den Fersen.
- Der Trainierende beugt die Knie und bremst die Streckung gegen den Partnerwiderstand.
- Die Hüftbeugemuskulatur wird durch den Druck der Oberschenkel gegen den Boden statisch aktiviert. Bei stärkerem Widerstand und bei Muskelermüdung kippt der Übende das Becken (Zug ins Hohlkreuz).
- Die Übung kann auch einbeinig ausgeführt werden. Der Partner kniet dabei seitlich in Hüfthöhe des Trainierenden und gibt Druckwiderstand gegen die Ferse.

Übungen, die die Hüftstreckfunktion der ischiocruralen Muskulatur miterfassen

Wichtige Aspekte bei Übungen, die nur die Hüftstreckfunktion der Muskeln der Oberschenkelrückseite erfassen und die Beugung im Kniegelenk nicht beinhalten

1. Eine Reihe von Übungen, das Beinrückheben in verschiedenen Ausgangsstellungen, das Rumpfheben und alle Varianten von Kniebeugeübungen erfassen jeweils nur die Hüftstreckfunktion der ischiocruralen Muskulatur.
2. Die Streckung des Hüftgelenks allein, ohne eine Hinzunahme der Beugung im Kniegelenk, reicht für ein effektives Training der Oberschenkelrückseite nicht aus.
3. Bei Kniebeugeübungen leistet die ischiocrurale Muskulatur einen wichtigen Beitrag zur Stabilisierung des Kniegelenks. Sie erzeugt einen rückwärts (dorsal) gerichteten Zug am Schienbeinknochen (tibia), der einen Teil des nach vorn gerichteten Zuges des M. quadriceps femoris (Ansatz über die Patellasehne an der Schienbeinvorderseite) ausgleicht.

Die Übung Beinrückheben und ihre Varianten am Hüftpendel, am Kabelzug, im Liegen auf einer Flachbank und am Boden, im Unterarmstütz sowie Übungen an Glutaeus-Maschinen sind detailliert im Abschn. 9.1 *Großer Gesäßmuskel* dargestellt.

Beinrückheben am Hüftpendel

Beinrückheben an der Glutaeus-Maschine

Beinrückheben am Kabelzug

294   HÜFT- UND BEINMUSKULATUR

Die Kniebeugeübungen horizontales Beinpressen, Kniebeuge mit der Langhantel, Einbeinkniebeuge, Kreuzheben, Ausfallschritt sind ausführlich im Abschn. 9.2 *Vierköpfiger Oberschenkelmuskel* beschrieben.

Das Rumpfheben ist im Abschn. 8.1 *Rückenstrecker* beschrieben.

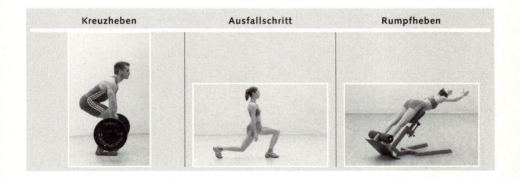

MUSKULATUR DER OBERSCHENKELRÜCKSEITE

9.4 Schenkelanzieher (Adduktoren)

Inhaltsübersicht

Aufgaben der Schenkelanzieher 297
Funktionell-anatomische Grundlagen 297
Funktionstabelle 297

EMG-gestützte Übungsranglisten 299
Rangliste der Übungen mit Zusatzgewicht 300
Rangliste der Übungen ohne Zusatzgewicht 302

Kommentar zu den EMG-Ranglisten 303
Übungen mit Zusatzgewicht 303
Übungen ohne Zusatzgewicht 306
Zusammenfassung der Ergebnisse 307
Die Top-Übungen 307

Übungen für das Training der Schenkelanzieher 308
Übungen an Maschinen 308
Übungen ohne Geräte 310
Kniebeugeübungen 311

Aufgaben der Schenkelanzieher

Funktionell-anatomische Grundlagen

Als Schenkelanzieher (Adduktoren) wird eine Gruppe von fünf verschiedenen Muskeln bezeichnet, die alle an der Innenseite des Oberschenkels liegen und deren dynamische Hauptfunktion das Heranziehen des abgespreizten Beines ist. Gemeinsam mit den Abduktoren regulieren sie die Bewegungen des Oberschenkels gegen das Becken und balancieren bei einbeinigem Stand das Becken aus. Beim Gehen und Laufen stabilisieren sie das Becken. Zu den Adduktoren gehören: schlanker Muskel (M. gracilis), kurzer, langer bzw. großer Schenkelanzieher (M. adductor brevis, longus bzw. magnus) sowie der Kamm-Muskel (M. pectineus).

Funktionstabelle

Die Funktionstabelle zeigt, welchen Einfluss (Funktion) der Muskel bei Kraft- und Dehntraining auf die beteiligten Gelenke ausübt. Die Tabelle ermöglicht darüber hinaus die Ableitung der optimalen Kraft- und Dehnübung und eine fachliche Beurteilung (Funktionscheck) jeder Übung (vgl. Abschn. 6.2 *Muskelfunktionstabellen*).

Die Darstellung der Anatomie und die Funktionstabelle der Adduktoren zei-

---

Adduktorengruppe

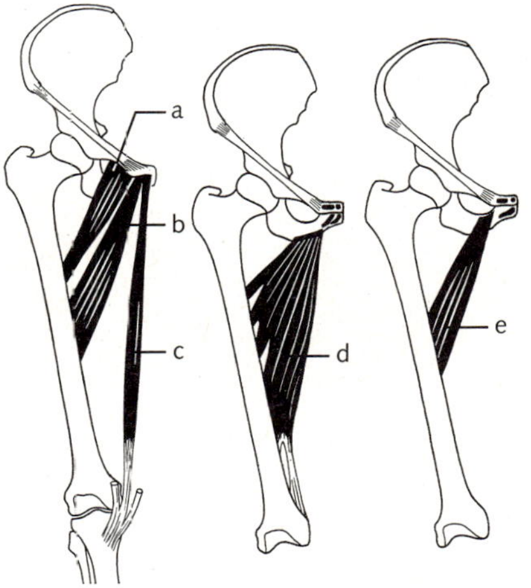

Ursprung:
• Schambein (os pubis)
• M. adductor magnus (d) – Sitzbeinhöcker (tuber ischiadicum), Sitzbein (os ischii)

Ansatz:
• Innenseite / Rückseite des Oberschenkelknochens (femur)
• M. gracilis (c) – oben am Schienbein

Funktion:
• Bein an den Körper ziehen (Adduktion)
• Beugung (Flexion im Hüftgelenk) – M. pectineus (a), M. adductor longus (b), M. gracilis (c)
• Streckung (Extension im Hüftgelenk) – M. adductor brevis (e) und M. adductor magnus (d)
• Außenrotation im Hüftgelenk – M. pectineus und M. adductor brevis
• Innenrotation im Hüftgelenk – M. adductor magnus (d)
• Beugung und Innenrotation im Kniegelenk – M. gracilis (c)

Abb. 23: Adduktorengruppe (modifiziert nach Rohen 1998)

ADDUKTOREN (MM. ADDUCTORES)

Gelenk / Körperteil	Kräftigung	Dehnung
Hüftgelenk	• Bein an den Körper heranziehen (Adduktion) • Als Nebenfunktionen tragen die fünf Adduktorenmuskeln zur Beugung bzw. Streckung, Innen- bzw. Außenrotation bei.	• Bein abspreizen (Abduktion) • Unter Berücksichtigung der Nebenfunktionen werden die fünf Adduktorenmuskeln durch Beugung bzw. Streckung, Innen- bzw. Außenrotation verstärkt gedehnt.
Becken	• Stabilisieren	
Kniegelenk	Nur M. gracilis • Beugung • Innenrotation	Nur M. gracilis • Streckung • Außenrotation

Muskel / Muskelgruppe	Optimale Kräftigungsübung	Optimale Dehnübung
Adduktoren	 • Die Beine schließen an der Adduktorenmaschine.	 • Am Boden Fersen an das Gesäß ziehen, Oberschenkel nach unten drücken; Dehnung der vier eingelenkigen Adduktoren • Oberkörper auf eine Bank stützen, sodass der größte Teil des Körpergewichts auf den Armen ruht • Die gestreckten Beine abspreizen (Berücksichtigung des zweigelenkigen M. gracilis) • Variation durch Beugen bzw. Strecken des Hüftgelenks

Tab. 70: Funktionstabelle für die Adduktoren und Ableitung der optimalen Kräftigungs- und Dehnübung

HÜFT- UND BEINMUSKULATUR

gen, dass alle fünf Adduktorenmuskeln für Bewegungen im Hüftgelenk verantwortlich sind und das Becken stabilisieren; nur der zweigelenkige M. gracilis besitzt zusätzlich einen Einfluss auf das Kniegelenk. Aufgrund dieser Differenzierung ergeben sich zwei optimale Dehnübungen für die Muskelgruppe der Adduktoren. Für alle Adduktoren (außer M. gracilis) ist die Dehnübung im Schneidersitz mit gebeugten Beinen optimal, der zweigelenkige M. gracilis wird bei der zweiten Übung mit gestreckten Beinen effektiv gedehnt.

Die Gegenspieler (Antagonisten) der Adduktoren sind die Abduktoren. Das Heranziehen des Beines an den Körper (Beine schließen) ist die Hauptfunktion der Adduktoren. Das Abspreizen des Beines ist die Hauptfunktion der Abduktoren.

EMG-gestützte Übungsranglisten

Die EMG-gestützten Übungsanalysen ermöglichen es, verschiedene Kraftübungen für einen Muskel zu vergleichen und eine Übungsrangliste zu erstellen. Das vollständige Untersuchungsdesign ist in Abschn. 5.3 *Übungsranglisten für einzelne Muskelgruppen* dargestellt.

Die fünf Muskeln der Adduktorengruppe liegen in drei Schichten übereinander. Der Kamm-Muskel (M. pectineus), der lange Schenkelanzieher (M. adductor longus) und der schlanke Muskel (M. gracilis) liegen an der Oberfläche. Der kurze Schenkelanzieher (M. adduc-

tor brevis) bildet die mittlere Schicht und der größte und kräftigste Muskel der Adduktoren, der große Schenkelanzieher (M. adductor magnus), die tiefste Schicht. Die EMG-Oberflächenelektroden erfassen die Aktionspotentiale aller oberflächlichen sowie der darunter liegenden Muskeln, sodass eine Differenzierung des Summenpotentials hinsichtlich der Signale einzelner Muskeln nicht möglich ist.

Zwei Ranglisten von Übungen für die Adduktoren werden aufgestellt. Die erste Rangliste (vgl. Tab. 71) enthält Übungen, bei denen die Zusatzgewichte jeweils so gewählt wurden, dass maximal 12 Wiederholungen ausgeführt werden konnten. Dadurch wird eine Vergleichbarkeit der Übungen erreicht. Die zweite Rangliste (vgl. Tab. 72) enthält Übungen ohne Zusatzgewichte. Die Intensität wird durch die Muskelkraft des Übenden selbst bzw. durch sein Körpergewicht bestimmt. Diese Übungen weisen in der Regel eine größere Streuung der Messergebnisse auf und sind mit den Übungen, bei denen Zusatzgewichte unter standardisierten Bedingungen eingesetzt werden, nicht direkt vergleichbar.

Der jeweils angegebene Kniegelenkwinkel entspricht dem Kniegelenkinnenwinkel. Eine vollständige Streckung des Kniegelenks wird als 180° bezeichnet; 160° bedeutet folglich nur eine geringe Kniebeugung, 70° entspricht etwa einer Kniebeuge mit waagerechtem Oberschenkel und 40° einer tiefen Kniebeuge mit sehr engem Kniegelenkwinkel.

Rangliste der Übungen mit Zusatzgewicht

Rang-platz	Abbildung	Bezeichnung	x̄R	x̄EMG
1		Beine schließen an der Adduktorenmaschine	Übung mit den höchsten Messwerten. Die Ergebnisse wurden in einer gesonderten Untersuchung ermittelt und sind deshalb nicht direkt mit den folgenden Werten vergleichbar.	
2		Bein heranziehen am Hüftpendel, Trainingsbein im Kniegelenk 90° gebeugt, Hüftgelenk gestreckt	1,5	350
3		Bein heranziehen am Kabelzug, Spielbein gestreckt, vor dem Standbein kreuzen, Hüftgelenk gebeugt	1,6	323
4		Horizontales Beinpressen, Kniegelenkwinkel 50°, Füße zeigen 30° nach außen	2,9	202

Rang-platz	Abbildung	Bezeichnung	$\bar{x}$R	$\bar{x}$EMG
5		Horizontales Beinpressen, Kniegelenkwinkel 90°, Füße zeigen 30° nach außen	3,9	134

Tab. 71: EMG-gestützte Rangliste von Kraftübungen mit wählbarer Zusatzlast für die Muskelgruppe der Adduktoren (Mittelwert von 2 Messstellen) nach dem durchschnittlichen Rangplatz ($\bar{x}$R) und der Summe der durchschnittlichen EMG-Aktivität in µV ($\bar{x}$EMG); n = 10

Rangliste der Übungen ohne Zusatzgewicht

Rang-platz	Abbildung	Bezeichnung	x̄R	x̄EMG
1		Unterarmklemme	1,3	326
2		Beine schließen gegen Partnerwiderstand	1,8	239
3		Einbeinkniebeuge tief, Kniegelenkwinkel 50°	2,9	137
4		Einbeinkniebeuge, Kniegelenkwinkel 90°	4,0	67

Tab. 72: EMG-gestützte Rangliste von **Kraftübungen ohne Zusatzgewicht für die Muskelgruppe der Adduktoren** (Mittelwert von 2 Messstellen) nach dem durchschnittlichen Rangplatz (x̄R) und der Summe der durchschnittlichen EMG-Aktivität in μV (x̄EMG); n = 10

302   HÜFT- UND BEINMUSKULATUR

Kommentar zu den EMG-Ranglisten

Übungen mit Zusatzgewicht (vgl. Tab. 73)

Das Schließen der gespreizten Beine an der **Adduktorenmaschine** aktiviert die Adduktoren am stärksten. Aufgrund der guten Stabilisierung des Körpers erlaubt die Übung die Bewältigung hoher Gewichte und ist deshalb hocheffektiv. Die Überlegenheit der Adduktorenmaschine gegenüber der Übung am Kabelzug zeigt der folgende Vergleich:

Rang-platz	Abbildung	Übung	x̄R	x̄EMG	Diff. [%]
1		Beine schließen an der Adduktorenmaschine	1,3	311	0
2		Beine heranziehen am Kabelzug	1,8	266	−14
3		Adduktorenaktivität des Standbeines am Kabelzug	2,9	162	−48

ADDUKTOREN – ÜBUNGSVERGLEICH

Tab. 73: Vergleich der Muskelaktivität der Adduktoren an der **Adduktorenmaschine und am Kabelzug** nach dem durchschnittlichen Rangplatz (x̄R) und der Summe der durchschnittlichen EMG-Aktivität in μV (x̄EMG); n = 10

Die Spezialübungen für die Adduktoren am **Hüftpendel** und am **Kabelzug** sind ebenfalls effektive und empfehlenswerte Übungen. Erwartungsgemäß aktivieren sie die Adduktoren wesentlich stärker als Kniebeugevarianten an der Beinpresse, bei denen die Adduktoren lediglich eine Nebenfunktion erfüllen. Am Kabelzug und am Hüftpendel sind nicht nur die Adduktoren des Trainingsbeines aktiv, sondern auch die des Standbeines, welches Stabilisationsarbeit leisten muss. Die Aktivierung der Adduktoren im Standbein fällt allerdings deutlich geringer aus.

Beim Adduktorentraining sollte der Widerstand oberhalb des Kniegelenks ansetzen, um Scherkräfte auf das Kniegelenk zu vermeiden, die bei einem langen Hüftpendel oder am Seilzug mit Ansatz des Widerstands am Unterschenkel oder Sprunggelenk auftreten. Zusätzliche Messungen zeigen, dass die Adduktorenkräftigung am Hüftpendel mit gebeugtem oder gestrecktem Kniegelenk durchgeführt werden kann, ohne dass sich größere Unterschiede feststellen lassen. Auch eine leichte Beugung oder Streckung des Hüftgelenks hat kaum Einfluss auf die Muskelspannung.

Wie bei allen Übungen kann eine Übungsausführung mit **Endkontraktion**

BEIN HERANZIEHEN AM HÜFTPENDEL, HÜFTGELENK LEICHT GEBEUGT, BEINE KREUZEN, KNIEGELENK GESTRECKT

Rang-platz	Abbildung	Endkontraktion	x̄R	x̄EMG	Diff. [%]
1		mit zwei Endkontraktionen	1,0	452	0
2		ohne Endkontraktion	2,0	329	−27

Tab. 74: Vergleich von zwei Ausführungsvarianten der Adduktorenübung Beine kreuzen am Hüftpendel mit **Variation der Endkontraktion** nach dem durchschnittlichen Rangplatz (x̄R) und der Summe der durchschnittlichen EMG-Aktivität in µV (x̄EMG); n = 10

auch die Adduktorenübungen erheblich intensivieren. Bereits die Durchführung von nur zwei Endkontraktionen intensiviert die Übung am Hüftpendel um 27 % und ist somit einer Übungsausführung ohne Endkontraktion klar überlegen (vgl. Tab. 74).

Wie die Messwerte in Tab. 75 zeigen, eignet sich das **Beinpressen** nicht für ein gezieltes Krafttraining der Adduktoren. Allerdings kann die Übung durch **Veränderungen der Fußstellung** und der Tiefe der Kniebeuge so modifiziert werden, dass durchaus brauchbare Nebeneffekte für die Adduktoren entstehen.

Es ergibt sich ein gemessener Zuwachs an Muskelaktivität der Adduktoren durch eine Außenrotation des Beines bei einer leichten Kniebeuge (Kniewinkel 90°) von 17 % (vgl. Tab. 75). Einen wesentlich größeren Einfluss als die Fußstellung hat die Tiefe der Kniebeuge auf den Einsatz der Adduktoren. Die Tab. 76 stellt einen Vergleich zwischen einer tiefen und einer hohen Kniebeuge hinsichtlich der Aktivierung der Adduktoren dar.

In tiefen Kniewinkelstellungen werden die Adduktoren wesentlich stärker aktiviert als in großen Kniewinkelstellungen. Der gemessene Vorteil des tiefen Beinpressens gegenüber dem hohen Beinpressen beträgt 42 %.

ADDUKTOREN – ÜBUNG HORIZONTALES BEINPRESSEN, KNIEGELENKWINKEL 90°

Rang-platz	Abbildung	Fußstellung	$\bar{x}$R	$\bar{x}$EMG	Diff. [%]
1		Fußstellung 30° nach außen	1,1	134	0
2		Fußstellung parallel	1,9	111	−17

Tab. 75: Vergleich von zwei Ausführungsvarianten der Adduktorenübung horizontales Beinpressen mit **Variation der Fußstellung** nach dem durchschnittlichen Rangplatz ($\bar{x}$R) und der Summe der durchschnittlichen EMG-Aktivität in µV ($\bar{x}$EMG); n = 10

ADDUKTOREN – ÜBUNG
HORIZONTALES BEINPRESSEN, FUSSSTELLUNG PARALLEL

Rang-platz	Abbildung	Kniegelenkwinkel	x̄R	x̄EMG	Diff. [%]
1		Tiefes Beinpressen, Kniegelenkwinkel 90°	1,0	193	0
2		Beinpressen, Kniegelenkwinkel 90°	2,0	111	−42

Tab. 76: Vergleich von zwei Ausführungsvarianten der Übung horizontales Beinpressen mit **Variation der Tiefe der Kniebeuge** nach dem durchschnittlichen Rangplatz (x̄R) und der durchschnittlichen EMG-Aktivität in μV (x̄EMG); n = 10

Übungen ohne Zusatzgewicht (vgl. Tab. 72)

Die statische Übung **Unterarmklemme** führt die Übungen ohne Zusatzgewicht mit klarem Vorsprung an. Sie weist, wie die meisten Übungen mit isometrischer Muskelspannung, hohe EMG-Aktivierungswerte auf, weil die Trainierenden hier quasi maximale Kräfte einsetzen können. Die Übung ist für ein effektives Adduktorentraining geeignet.

Das **Beine-Schließen gegen Partnerwiderstand** erreicht noch mittlere Spannungswerte, wobei eine Standardisie-

rung der Intensität auf die angestrebten maximal 12 Wiederholungen aufgrund des Partnerwiderstandes kaum möglich war.

Die Varianten der **Einbeinkniebeuge** erfassen die Adduktoren nur unzureichend, sodass sie für ein gezieltes Training dieser Muskelgruppe nicht in Betracht kommen. In Übereinstimmung mit den Übungen an der Beinpresse werden bei der tiefen Einbeinkniebeuge die Adduktoren viel stärker aktiviert als bei der hohen Variante.

Zusammenfassung der Ergebnisse

- Das Training an der Adduktorenmaschine ist am effektivsten.
- Die Spezialübungen am Hüftpendel und am Kabelzug sind ebenfalls wirksame und empfehlenswerte Übungen.
- Mehrfache Endkontraktionen intensivieren die Muskelaktivierung erheblich und sind hochwirksame Ausführungsvarianten.

- Kniebeugen und Beinpressen eignen sich nicht für ein gezieltes Training der Adduktoren. Eine tiefe Kniebeugung und eine Fußstellung nach außen erhöhen die Aktivierung der Adduktoren.

Die Top-Übungen

Top-Übungen für die Adduktoren

1

Beine schließen an der Adduktorenmaschine
Aufgrund der guten Stabilisierungsmöglichkeiten des Körpers ist dies die Übung mit der höchsten Effektivität. Diese kann durch mehrfache Endkontraktionen noch wesentlich erhöht werden.

2

Bein an den Körper ziehen am Hüftpendel oder am Kabelzug
Diese wirksamen Übungen aktivieren auch die Adduktoren des Standbeines. Ausführungen mit Endkontraktionen ermöglichen eine deutliche Intensivierung.

3

Unterarmklemme
Die statische Übung ist eine effektive Alternative, z. B. für das Heimtraining.

Übungen für das Training der Schenkelanzieher

Die Übungen für die Schenkelanzieher (Adduktoren) werden aufgrund übungsspezifischer Merkmale in drei Gruppen eingeteilt: Adduktorenübungen an Maschinen, Adduktorenübungen ohne Geräte und Kniebeugeübungen. Jeder Übungsgruppe werden zunächst wichtige gemeinsame Aspekte vorangestellt, bevor die einzelnen Übungen detailliert beschrieben werden.

Übungen an Maschinen

Wichtige Aspekte bei Adduktorenübungen an Maschinen

1. Der Widerstand (Polster, Zugschleife) sollte – sofern die Maschineneinstellung dies zulässt – zur Vermeidung von Scherbelastungen auf das Kniegelenk bei allen Übungen oberhalb des Kniegelenks am Oberschenkel ansetzen.
2. Voraussetzung für eine gute Stabilisation während der Übungsausführung ist die Anspannung der Rumpfmuskulatur zu Übungsbeginn sowie die Handfixation an den hierfür vorgesehenen Haltegriffen der Geräte. Viele Trainierende ziehen während der Übungsausführung die Fußspitzen an, weil sie hiermit subjektiv eine bessere Stabilisation erzielen, obwohl die eigentliche Adduktionsbewegung im Hüftgelenk von der Fußstellung nicht beeinflusst wird.
3. Endkontraktionen (zusätzliche Bewegungen am Endpunkt der Bewegung mit sehr kleiner Bewegungsamplitude) führen zu einer zusätzlichen Aktivierung.
4. Die Aktivierung der Adduktoren des Standbeines ist im Vergleich mit den Adduktoren des Trainingsbeins deutlich geringer.
5. Unterschiedliche Hüftgelenkwinkel bei der Übungsausführung beeinflussen die Aktivierung nur unwesentlich.

Beine schließen an der Adduktorenmaschine	**Bein heranziehen an der Hüftpendelmaschine (Multi-Hip-Maschine)**

• Sehr effektive Standardübung zur Kräftigung der Adduktoren. • Sitz in der Maschine mit gespreizten Beinen, Rücken anlehnen, Polsterung auf der Beininnenseite möglichst oberhalb des Kniegelenks. • Sitzposition so einrichten, dass die Hüftgelenke mit den Drehachsen der Maschine auf einer Linie liegen. • Anspannung der Rumpfmuskulatur, Beine gegen den Widerstand schließen und dann kontrolliert bremsend wieder spreizen.	• Sehr effektive Übung für die Adduktoren. • Stand so einrichten, dass sich das Hüftgelenk auf Höhe der Drehachse der Maschine befindet. • Das Widerstandspolster oberhalb des Kniegelenks ansetzen, Fußspitze anziehen und Bein mit gebeugtem oder gestrecktem Kniegelenk gegen den Widerstand nach unten an das Standbein heranführen oder vor dem Standbein kreuzen; anschließend das Bein wieder kontrolliert bremsend abspreizen. • Durch die Stabilisationsarbeit sind auch die Adduktoren des Standbeins aktiv. Die Aktivierung ist jedoch deutlich geringer als beim Trainingsbein.

Bein heranziehen am Kabelzug

• Die Übung ist ähnlich intensiv wie die Adduktorenübung an der Hüftpendelmaschine.
• Seitlicher Stand mit leicht gebeugtem Kniegelenk vor einer Kabelzugmaschine; ggf. Fuß erhöht auf ein Brett stellen. Falls die Maschine die Verstellmöglichkeit für einen waagerechten Kabelverlauf besitzt, wird die Fußschlaufe direkt oberhalb des Kniegelenks befestigt. Ansonsten wird die Fußschlaufe über dem Knöchel angebracht.
• Fixieren des Körpers durch Festhalten an der Kabelzugmaschine oder an einem anderen Gerät; die Rumpfmuskulatur zur Stabilisierung anspannen.
• Das abgespreizte Trainingsbein gegen den Widerstand zum Standbein führen bzw. vor dem Standbein kreuzen und anschließend kontrolliert bremsend zurückführen.
• Durch die Stabilisationsarbeit sind auch die Adduktoren des Standbeins aktiv. Die Aktivierung ist jedoch deutlich geringer als beim Trainingsbein.

Übungen ohne Geräte

Wichtige Aspekte bei Adduktorenübungen ohne Geräte

1. Bei den Adduktorenübungen ohne Geräte handelt es sich in der Regel um weitgehend statische Übungen, mit mittelintensiver bis hoher Aktivierung.
2. Die Übungen eignen sich gut für ein Gruppen- und Heimtraining.

Unterarmklemme	Beine schließen gegen Partnerwiderstand

- Statische Übung mit hoher Aktivierung der Adduktoren, effektive Übung ohne Gerät z. B. für ein Heimtrainingsprogramm.
- Im Sitz den Unterarm zwischen die Knie legen und versuchen, die Knie zusammenzudrücken.

- Mittelintensive Beanspruchung der Adduktoren, die Aktivierung ist deutlich geringer als bei der Übung Unterarmklemme.
- Der Trainierende sitzt mit angezogenen Beinen auf den Füßen des Partners, Knie gegeneinander, wobei die Knie des Trainierenden außen sind.
- Schließen und Öffnen der Beine gegen Partnerwiderstand (der Partner trainiert die Abduktoren).
- Die Trainierenden müssen den Widerstand selbständig so dosieren, dass die gewünschte Wiederholungszahl in der Serie (z. B. 15 Wiederholungen) erreicht wird. Da die Adduktoren in der Regel kräftiger sind als die Abduktoren, fällt diese Aufgabe der die Adduktoren trainierenden Person zu.
- Motivierende Partnerübung; die Effektivität ist sehr stark vom Partnerwiderstand abhängig.
- Die Übung kann auch von zwei Partnern, die sich auf Stühlen (Steppern) gegenübersitzen, durchgeführt werden.

Kniebeugeübungen

Wichtige Aspekte bei Kniebeugeübungen

1. Kniebeugevarianten aktivieren die Adduktoren deutlich geringer als spezielle Adduktorenübungen, da die Adduktoren hier nur im Rahmen der Stabilisation eine Nebenfunktion erfüllen. Die Kniebeugevarianten erzielen nur dann eine brauchbare Aktivierung, wenn die Fußspitzen ca. 30° nach außen zeigen und mit tiefen Kniewinkelstellungen trainiert wird.
2. Bei der Übungsausführung von Kniebeugevarianten gelten die allgemeinen Technikhinweise, die im Abschn. 9.2 *Vierköpfiger Oberschenkelmuskel* ausführlich dargestellt sind.

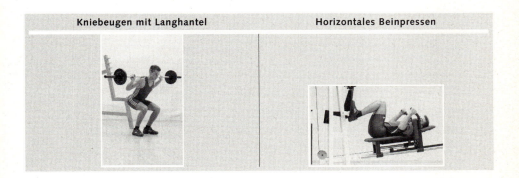

| Kniebeugen mit Langhantel | Horizontales Beinpressen |

9.5 Schenkelabspreizer (Abduktoren)

Inhaltsübersicht

Aufgaben der Schenkelabspreizer 313
Funktionell-anatomische Grundlagen 313
Funktionstabelle 314

EMG-gestützte Übungsranglisten 315
Rangliste der Übungen mit Zusatzgewicht 316
Rangliste der Übungen ohne Zusatzgewicht 317

Kommentar zu den EMG-Ranglisten 318
Intensivierung durch statische Übungen und Endkontraktionen 318
Intensivierung durch Beugung des Hüftgelenks 319
Unterschiede zwischen den Muskeln der Schenkelabspreizer 319
Zusammenfassung der Ergebnisse 321
Die Top-Übungen 322

Übungen für das Training der Schenkelabspreizer 323
Dynamische Übungen 323
Statische Übungen 327

Aufgaben der Schenkelabspreizer

Funktionell-anatomische Grundlagen

Die Antagonisten der Adduktorengruppe sind die Abduktoren. Hierzu gehören vor allem der mittlere und kleine Gesäßmuskel (M. glutaeus medius und minimus), die unter dem Begriff der «klei-nen Glutäen» zusammengefasst werden, sowie der Schenkelbindenspanner (M. tensor fasciae latae). An der Abduktionsbewegung sind zusätzlich vor allem noch der gerade Schenkelmuskel (M. rectus femoris) und der große Gesäßmuskel (M. glutaeus maximus) beteiligt, deren anatomische Aspekte in Abschn. 9.1 *Großer Gesäßmuskel* und Abschn. 9.2

Abduktorengruppe

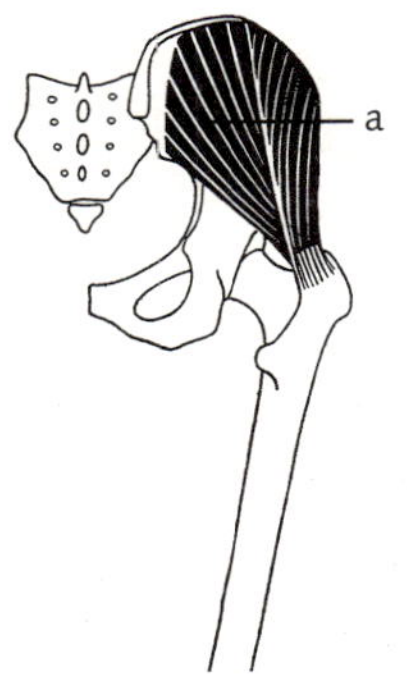

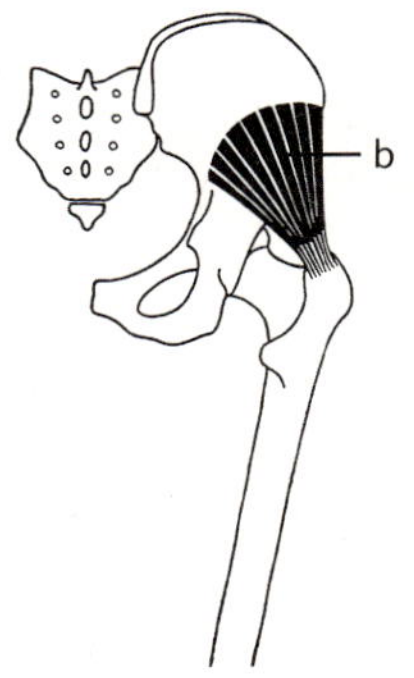

M. glutaeus medius (a) und minimus (b)
Ursprung:
• Darmbeinaußenseite (os ilium)
Ansatz:
• Großer Rollhügel (trochanter major) am Oberschenkelknochen oben außen
Funktion:
• Bein abspreizen (Abduktion)
• Innenrotation – M. glutaeus medius, vorderer Anteil, M. glutaeus minimus
• Außenrotation – M. glutaeus medius, hinterer Anteil

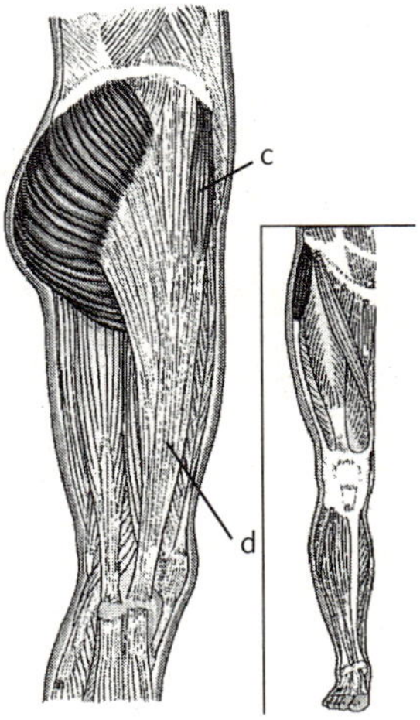

M. tensor fasciae latae (c)
Ursprung:
• Vorderer oberer Darmbeinstachel (spina iliaca anterior superior)
Ansatz:
• An der Schenkelbinde (tractus iliotibialis, d), die bis an die Außenseite des Schienbeinkopfes (caput tibiae) reicht.
Funktion:
• Beugung (Flexion) und Bein abspreizen (Abduktion)

Abb. 24: Abduktorengruppe (modifiziert nach Rohen 1998, oben, und Kleinschmidt 1999, unten)

SCHENKELABSPREIZER (ABDUKTOREN)   313

Vierköpfiger Oberschenkelmuskel gesondert dargestellt sind. Neben ihrer dynamischen Funktion des Abspreizens des Beines (Abduktion) besitzen sie noch eine sehr wichtige statische Aufgabe bei der Stabilisation des Beckens. Beim Gehen und Laufen wird das Becken so stabilisiert, dass es nicht zur Schwungbeinseite abkippt, wodurch die gerade Haltung des Beckens gewährleistet ist.

Funktionstabelle

Die Funktionstabelle zeigt, welchen Einfluss (Funktion) der Muskel bei Kraft- und Dehntraining auf die beteiligten Gelenke ausübt. Die Tabelle ermöglicht darüber hinaus die Ableitung der optimalen Kraft- und Dehnübung und eine fachliche Beurteilung (Funktionscheck) jeder Übung (vgl. Abschn. 6.2 *Muskelfunktionstabellen*).

ABDUKTOREN		
Gelenk / Körperteil	**Kräftigung**	**Dehnung**
Hüftgelenk	• Bein nach außen abspreizen (Abduktion) • Die Nebenfunktionen sind je nach Muskel(anteil) Innen- bzw. Außenrotation, Streckung bzw. Beugung	• Bein heranziehen, Beine kreuzen (Adduktion) • Die Nebenfunktionen sind je nach Muskel(anteil) Außen- bzw. Innenrotation, Beugung bzw. Streckung
Becken	• Stabilisierung des Beckens, insbesondere beim Gehen	
Muskel / Muskelgruppe	**Optimale Kräftigungsübung**	**Optimale Dehnübung**
Abduktoren	 • Beine spreizen an einer Abduktorenmaschine	 • Ein Bein gebeugt über das andere Bein setzen • Den Oberschenkel mit dem Oberarm nach innen drücken

Tab. 77: Funktionstabelle für die Abduktoren und Ableitung der optimalen Kräftigungs- und Dehnübung

314   HÜFT- UND BEINMUSKULATUR

Die Funktionstabelle der Abduktoren zeigt den Einfluss dieser Muskelgruppe auf das Hüftgelenk und das Becken. An der Abduktionsbewegung sind zahlreiche Muskeln beteiligt, die in der Reihenfolge ihres Kraftanteils an der Abspreizbewegung des Beines genannt werden (Weineck 1981): mittlerer Gesäßmuskel (M. glutaeus medius) 24 %, gerader Schenkelmuskel (M. rectus femoris) 19 %, großer Gesäßmuskel (M. glutaeus maximus) 19 %, Schenkelbindenspanner (M. tensor fasciae latae) 17 %, kleiner Gesäßmuskel (M. glutaeus minimus) 14 %, Schneidermuskel (M. sartorius) 3,7 %, birnenförmiger Muskel (M. piriformis) 3 %. Die Kraft der Abduktionsbewegung beträgt etwa nur die Hälfte der Kraft der Adduktionsbewegung.

Die Gegenspieler (Antagonisten) der Abduktoren sind die Adduktoren. Das Abspreizen des Beines ist die Hauptfunktion der Abduktoren. Das Heranziehen des Beines an den Körper ist die Hauptfunktion der Adduktoren.

EMG-gestützte Übungsranglisten

Die EMG-gestützten Übungsanalysen ermöglichen es, verschiedene Kraftübungen für einen Muskel zu vergleichen und eine Übungsrangliste zu erstellen. Das vollständige Untersuchungsdesign ist in Abschn. 5.3 *Übungsranglisten für einzelne Muskelgruppen* dargestellt.

Die Übungsranglisten basieren auf den Durchschnittswerten von den drei

oberflächlich zugänglichen Muskeln: dem mittleren Gesäßmuskel (glutaeus medius), von dem allerdings nur der vordere Teil oberflächlich liegt, während der hintere Teil vom großen Gesäßmuskel bedeckt wird, dem Schenkelbindenspanner (M. tensor fasciae latae) und dem großen Gesäßmuskel. Diese Muskeln bringen knapp 60 % der Abduktionskraft auf (Weineck 1981). Die Anteile des geraden Schenkelmuskels (M. rectus femoris), des kleinen Gesäßmuskels (M. glutaeus minimus) sowie des Schneidermuskels (M. sartorius) und des birnenförmigen Muskels (M. piriformis) bleiben hier unberücksichtigt.

Es werden zwei Ranglisten von Übungen für die Abduktoren aufgestellt. Die erste Rangliste (vgl. Tab. 78) enthält Übungen, bei denen die Zusatzgewichte jeweils so gewählt wurden, dass maximal 12 Wiederholungen ausgeführt werden konnten. Dadurch wird eine Vergleichbarkeit der Übungen erreicht. Die zweite Rangliste (vgl. Tab. 79) enthält Übungen ohne Zusatzgewichte. Die Intensität wird durch die Muskelkraft des Übenden selbst bzw. durch sein Körpergewicht bestimmt. Diese Übungen sind mit den Übungen, bei denen Zusatzgewichte unter standardisierten Bedingungen eingesetzt werden, nicht direkt vergleichbar.

Die Ranglisten enthalten jeweils die Messwerte der Basisausführung jeder Übung. Übungsvarianten, die häufig eine erhebliche Intensivierung der Basisübung ermöglichen, werden bei der kommentierenden Besprechung der Ranglisten erläutert.

Rangliste der Übungen mit Zusatzgewicht

Rang-platz	Abbildung	Bezeichnung	$\bar{x}R$	$\bar{x}EMG$
1		Stabilisierungsarbeit der Abduktoren des Standbeins am Hüftpendel	−*	440*
2		Beine spreizen an der Abduktoren-maschine		Die Messwerte wurden in der Messreihe nicht ermittelt, da die Maschinen der Hersteller differieren und eine Vergleichbarkeit nicht gegeben ist. Eine hohe Effektivität kann angenommen werden.
3		Ein Bein abspreizen am Kabelzug	1,33	289
4		Ein Bein abspreizen am Hüft-pendel, Hüftgelenk gestreckt 180°	1,66	263

* Die isometrische Muskelspannung bei der Haltearbeit des Standbeins am Hüftpendel und am Kabelzug ist hochintensiv, wie Kontrollmessungen am Standbein ergaben.

Tab. 78: EMG-gestützte Rangliste von Kraftübungen mit wählbarer Zusatzlast für drei Abduktorenmuskeln (M. glutaeus maximus, M. glutaeus medius, M. tensor fasciae latae) nach dem durchschnittlichen Rangplatz ($\bar{x}R$) und der durchschnittlichen EMG-Aktivität in μV ($\bar{x}EMG$); n = 10

Rangliste der Übungen ohne Zusatzgewicht

Rang-platz	Abbildung	Bezeichnung	x̄R	x̄EMG
1		Seitlicher Unterarmstütz	1,6	377
2		Ein Bein abspreizen im Sitz am Boden (Callanetic-Variante)	2,4	265
3		Rumpfseitheben, Arme vor der Brust verschränkt (Variante mit über Kopf gestreckten Armen)	3,0	235 (287)
4		Ein Bein abspreizen in Seitlage am Boden	3,5	208

SCHENKELABSPREIZER (ABDUKTOREN) 317

Rang-platz	Abbildung	Bezeichnung	x̄R	x̄EMG
5		Beine spreizen gegen Partnerwiderstand	4,2	107

Tab. 79: EMG-gestützte Rangliste von Kraftübungen für die Abduktoren ohne Zusatzgewicht für drei Muskeln (M. glutaeus maximus, M. glutaeus medius, M. tensor fasciae latae) nach dem durchschnittlichen Rangplatz (x̄R) und der durchschnittlichen EMG-Aktivität in µV (x̄EMG); n = 10

Kommentar zu den EMG-Ranglisten

Intensivierung durch statische Übungen und Endkontraktionen

Die **statischen Halteübungen,** Stabilisierungsarbeit des Standbeins am Hüftpendel (400 µV), seitlicher Unterarmstütz (377 µV) und Rumpfseitheben mit gestreckten Armen (287 µV) erreichen sehr hohe EMG-Werte. Dieses Ergebnis bestätigen auch statische Halteübungen für andere Muskelgruppen. Die hohen durchschnittlichen Muskelspannungen werden durch die intensive isometrische Dauerkontraktion erreicht, die statische Übungen auszeichnet. Es ist bisher in Trainingsexperimenten nicht eindeutig geklärt worden, ob mit isometrischen Spannungsübungen optimale Kraft- und Muskelhypertrophiegewinne zu erzielen sind. Die Erfahrungen von Leistungssportlern im Bodybuilding lassen dies jedoch vermuten.

Übungsausführungen mit mehrfachen **Endkontraktionen** kommen aufgrund der zusätzlichen Kontraktionen bei bereits maximal angespanntem Muskel einem isometrischen Training sehr nahe. Auch die Ausführungen mit Endkontraktionen führen zu einer deutlich intensiveren Muskelaktivierung als die Basisübung ohne Endkontraktion. Ein Vergleich von zwei Übungen ohne und mit Endkontraktionen belegt diesen Sachverhalt (vgl. Tab. 80).

Die Übungsausführung mit zwei Endkontraktionen führt zu einer um 38 % stärkeren Muskelaktivierung als die normale Ausführung ohne Endkontraktion. Bei den Übungen Bein abspreizen am Hüftpendel sowie der Übung Bein abspreizen in Seitlage am Boden ergaben sich jeweils ähnliche Vorteile für die Endkontraktionsvariante.

ABDUKTOREN – ÜBUNG
BEIN ABSPREIZEN AM HÜFTPENDEL

Rang-platz	Abbildung	Endkontraktion	x̄R	x̄EMG	Diff. [%]
1		Hüfte 140° gebeugt mit zwei Endkontraktionen	1,1	349	+38
2		Hüfte 140° gebeugt ohne Endkontraktion	1,9	253	0

Tab. 80: Vergleich von zwei Varianten der Übung Bein abspreizen am Hüftpendel mit **Variation der Endkontraktion** für drei Muskeln (M. glutaeus maximus, M. glutaeus medius, M. tensor fasciae latae) nach dem durchschnittlichen Rangplatz (x̄R) und der durchschnittlichen EMG-Aktivität in μV (x̄EMG); n = 10

Intensivierung durch Beugung des Hüftgelenks

Die Frage nach dem Einfluss des Hüftgelenkwinkels auf die Aktivierung der Abduktoren kann mit dem Übungsvergleich in Tab. 81 geklärt werden.

Eine zunehmende Beugung des Hüftgelenks führt bei der Abduktionsübung am Hüftpendel mit Endkontrakion zu einer Intensivierung der Muskelspannung, insbesondere weil höhere Gewichte bewältigt werden können. Allerdings bringt erst eine deutliche Hüftgelenksbeugung von 140° einen klaren Vorteil, während zwischen einer leichten Flexion des Hüftgelenks von 160° und einer Hüftgelenkstreckung (180°) kaum Unterschiede bestehen.

Unterschiede zwischen den Muskeln der Schenkelabspreizer

Mit EMG-Oberflächenelektroden können nur oberflächlich gelegene Muskeln gemessen werden, und bei übereinander liegenden Muskelschichten stellt der Messwert das Summenpotential aller aktivierten Muskeln dar, die unter den Messelektroden liegen.

ABDUKTOREN – ÜBUNG BEIN ABSPREIZEN AM HÜFTPENDEL MIT ZWEI ENDKONTRAKTIONEN

Rang-platz	Abbildung	Hüftgelenkwinkel	x̄R	x̄EMG	Diff. [%]
1		Hüftgelenkwinkel 140°	1,5	349	0
2		Hüftgelenkwinkel 160°	2,2	318	−9
3		Hüftgelenkwinkel 180°	2,3	301	−14

Tab. 81: Vergleich von drei Varianten der Übung Bein abspreizen am Hüftpendel mit zwei Endkontraktionen mit **Variation des Hüftwinkels** für drei Muskeln (M. glutaeus maximus, M. glutaeus medius, M. tensor fasciae latae) nach dem durchschnittlichen Rangplatz (x̄R) und der durchschnittlichen EMG-Aktivität in μV (x̄EMG); n = 10

Beim mittleren Gesäßmuskel (M. glutaeus medius) ist nur der vordere Anteil oberflächlich zugänglich, der hintere Anteil wird vom großen Gesäßmuskel bedeckt. Der kleine Gesäßmuskel (M. glutaeus minimus) liegt unter dem mittleren Gesäßmuskel und kann deshalb nicht gesondert erfasst werden. Es liegen somit die Messwerte des großen Gesäßmuskels, des mittleren Gesäßmuskels/vorderer Anteil und des Schenkel-bindenspanners vor. Die erwähnenswerten muskelspezifischen Besonderheiten basieren vorwiegend auf Nebenfunktionen der einzelnen Abduktorenmuskeln.

Der vordere Anteil des **mittleren Gesäßmuskels (M. glutaeus medius)** bewirkt neben der Abduktion zusätzlich eine Innenrotation im Hüftgelenk. Deshalb erzielen Übungen mit Betonung der Außenrotation, wie z. B. Beine spreizen an der Abduktorenmaschine und Bein abspreizen am Kabelzug mit Außenrotation, eine deutlich geringere Muskelaktivierung. Die statischen Übungen seitlicher Unterarmstütz, Bein abspreizen im Sitz am Boden (Callanetics) und Rumpfseitheben mit gestreckten und vor der Brust verschränkten Armen ohne Hüftgelenkbeugung in Innenrotationsstellung erweisen sich als wirksamste Übungen.

Der **Schenkelbindenspanner (M. tensor fasciae latae)** und der **große Gesäßmuskel (M. glutaeus maximus)** werden durch Übungen mit Hüftgelenkbeugung stärker aktiviert. Folglich sind die Übungen mit Abspreizen des Beines und Hüftgelenkbeugung von 140° und 160°, wie z. B. das Spreizen der Beine an Abduktorenmaschinen, die wirksamsten Übungen.

Zusammenfassung der Ergebnisse

- An der Abspreizbewegung des Beines sind zahlreiche Muskeln beteiligt, deren spezifische, zum Teil gegensätzliche Funktionen nicht mit einer einzigen Übung optimal erfasst werden können.
- Um ein komplettes Abduktorentraining sicherzustellen, ist es notwendig, die Abspreizbewegung des Beines sowohl mit Innen- und Außenrotation des Oberschenkels als auch mit gebeugtem und gestrecktem Hüftgelenk sowie als statische Halteübung und als dynamische Bewegung durchzuführen.
- Mehrfache Endkontraktion intensivieren die Muskelaktivität erheblich und sind empfehlenswerte Ausführungsvarianten.

Die Top-Übungen

Top-Übungen für die Abduktoren

1

Beine spreizen an einer Abduktorenmaschine
Die guten Stabilisierungsmöglichkeiten des Körpers in der Maschine und die Tatsache, dass einige Muskeln bei gebeugtem Hüftgelenk mehr Kraft entwickeln können, bewirken die hohe Effektivität dieser Übung.

2

Ein Bein abspreizen am Hüftpendel oder am Kabelzug
Die Varianten mit gebeugtem und gestrecktem Hüftgelenk sind beide empfehlenswert.
Die Intensivierung durch Endkontraktionen und Hüftgelenkbeugung (140°) machen die Übung zur Top-Übung.

3

Seitlicher Unterarmstütz
Diese statische Übung kann durch ein Anheben des oberen Beines erheblich intensiviert werden.

4

Rumpfseitheben
Die schwierige Übungsvariante mit gestreckten Armen über Kopf garantiert aufgrund des langen Hebels eine hohe Effektivität für die Abduktoren. Die Übung ist gleichzeitig die Übung Nr. 1 für die schräge Bauchmuskulatur.

5

Ein Bein abspreizen im Sitz am Boden
(Callanetic-Übung)
Je mehr das Hüft- und das Kniegelenk gestreckt werden, desto intensiver und effektiver wird die Übung.

Übungen für das Training der Schenkelabspreizer

Die Übungen für die Abduktoren werden aufgrund der unterschiedlichen Arbeitsweise der Muskulatur in zwei Gruppen eingeteilt: dynamische Abduktorenübungen und statische Abduktorenübungen. Jeder Übungsgruppe werden zunächst gemeinsame Aspekte vorangestellt, bevor die einzelnen Übungen detailliert beschrieben werden.

Dynamische Übungen

Wichtige Aspekte bei dynamischen Abduktorenübungen

1. Der Widerstand (Polster, Zugschleife) sollte, sofern die Maschineneinstellung dies zulässt, zur Vermeidung von Scherbelastungen auf das Kniegelenk bei allen Übungen am Oberschenkel direkt oberhalb des Kniegelenks ansetzen.

2. Voraussetzung für eine gute Stabilisation während der Übungsausführung ist die Anspannung der Rumpfmuskulatur zu Übungsbeginn sowie die Fixierung des Körpers mit Hilfe der hierfür vorgesehenen Haltegriffe der Geräte. Viele Trainierende ziehen während der Übungsausführung die Fußspitzen an, weil sie hiermit subjektiv eine bessere Stabilisation erzielen, obwohl die eigentliche Abduktionsbewegung im Hüftgelenk hiervon nicht beeinflusst wird.

3. Endkontraktionen (zusätzliche Bewegungen am Endpunkt mit sehr kleiner Bewegungsamplitude) führen zu einer zusätzlichen Aktivierung.

4. Durch eine Innen- oder Außenrotation in der Hüfte werden die einzelnen Abduktoren etwas unterschiedlich beansprucht. Eine Innenrotation (Fußspitze zeigt nach innen) betont vor allem den vorderen Teil des mittleren Gesäßmuskels (M. glutaeus medius) sowie den kleinen Gesäßmuskel (M. glutaeus minimus), eine Außenrotation (Fußspitze zeigt nach außen) akzentuiert den hinteren Teil des mittleren Gesäßmuskels sowie den großen Gesäßmuskel (M. glutaeus maximus).

5. Eine zunehmende Beugung im Hüftgelenk erlaubt die Bewältigung höherer Gewichte als bei gestrecktem Hüftgelenk, wodurch eine Intensivierung der Muskelspannung erfolgt. Die Bewegung kommt dabei vor allem dem Schenkelbindenspanner (M. tensor fasciae latae) entgegen, da dieser Muskel neben der Abduktion auch die Hüftbeugung durchführt. Da mit einer Abduktionsbewegung bei gebeugtem Hüftgelenk in der Regel auch die Außenrotation betont wird, nimmt auch die Aktivierung des großen Gesäßmuskels zu.

Beine spreizen an der Abduktorenmaschine	**Ein Bein abspreizen an der Hüftpendelmaschine (Multi-Hip-Maschine)**

• Sehr effektive Standardübung zur Kräftigung der Abduktoren. • Aufrechter Sitz an der Rückenlehne, Beine geschlossen, Polsterung auf der Beinaußenseite möglichst oberhalb des Kniegelenks. Das Hüftgelenk ist gebeugt. • Die Sitzposition so einrichten, dass die Hüftgelenke mit den Drehachsen der Maschine auf einer Linie liegen. • Beine so weit wie möglich spreizen und kontrolliert bremsend wieder schließen.	• Hocheffektive Übung für die Abduktoren, wobei die Aktivierung der Abduktoren des Standbeins aufgrund der starken statischen Haltearbeit noch deutlich größer ist als die des eigentlichen Trainingsbeins. • Den Stand auf der höhenverstellbaren Plattform so einrichten, dass sich das Hüftgelenk auf Höhe der Drehachse der Maschine befindet. • Das Widerstandspolster des Hüftpendels falls möglich unmittelbar oberhalb des Kniegelenks außen ansetzen. Das Trainingsbein kann im Kniegelenk gebeugt werden; dadurch wird der Bewegungsausschlag größer. Es wird gegen den Widerstand des Hüftpendels nach außen abgespreizt (individuellen Bewegungsumfang nutzen); anschließend das Bein wieder kontrolliert zum Standbein zurückführen. • Ein Kreuzen des Trainingsbeins vor dem Standbein führt zu keiner Erhöhung der Übungseffektivität.

Ein Bein abspreizen am Kabelzug	Ein Bein abspreizen im Sitz am Boden (Callanetic-Übung)

• Hocheffektive Übung für die Abduktoren, wobei die Abduktoren des Standbeins (Haltearbeit) gleichfalls intensiv beansprucht werden. • Seitlicher Stand mit leicht gebeugtem Kniegelenk vor einer Kabelzugmaschine, ggf. Fuß erhöht auf ein Brett stellen. Falls der Kabelzug höhenverstellbar ist, sollte die Fußschlaufe direkt oberhalb des Kniegelenks am Oberschenkel befestigt werden. • Fixieren des Körpers durch Festhalten an der Kabelzugmaschine oder einem anderen Gerät und die Rumpfmuskulatur zur Stabilisierung anspannen. • Trainingsbein gegen Widerstand nach außen abspreizen und anschließend kontrolliert bremsend bis zum Standbein zurückführen. Ein Kreuzen des Trainingsbein vor dem Standbein führt zu keiner Erhöhung der Übungseffektivität.	• Intensive Übung ohne Gerät für die Abduktoren. • Sitz auf dem Boden; das vordere Bein ist vor dem Körper angewinkelt, das hintere Bein ist bei möglichst gestrecktem Hüftgelenk seitlich abgespreizt. Die aufrechte Oberkörperposition wird durch das Aufstützen eines Armes auf einem Stuhl (Bank, Step) unterstützt. • Das Trainingsbein so hoch wie möglich vom Boden abheben und mit kleiner Bewegungsamplitude auf und ab bewegen. • Je mehr das Bein gestreckt und nach hinten geführt wird, d. h., je größer die Streckung im Hüftgelenk ist, desto intensiver ist die Übung für die Abduktoren.

Ein Bein abspreizen in Seitlage am Boden

Beine spreizen gegen Partnerwiderstand

- Gute Übung ohne Geräte für die Abduktoren, wobei die Aktivierung geringer ist als bei der Übung Bein abspreizen im Sitz am Boden (Callanetic-Übung).
- Seitlage mit gestreckter Hüfte am Boden, das untere Bein ist angewinkelt, die Fußspitze des oberen Beines ist angezogen und etwas einwärts gedreht (Innenrotation im Hüftgelenk).
- Das oben liegende Bein waagerecht maximal weit nach oben heben und am Bewegungsende kontrollierte Endkontraktionen durchführen.
- Die Übung kann durch Partnerwiderstand auf der Außenseite des Oberschenkels intensiviert werden.
- Eine effektive Variante ist das Bein abspreizen mit gebeugtem (oder gestrecktem) Kniegelenk im Stand.

- Motivierende Partnerübung; die Aktivierung der Abduktoren ist im Vergleich mit den anderen vorgestellten Übungen für die Abduktoren vergleichsweise gering. Die Effektivität hängt sehr stark vom Partnerwiderstand ab.
- Der Trainingspartner sitzt mit angezogenen Beinen auf den Füßen des Trainierenden, die Knie liegen gegeneinander, wobei die Knie des Trainierenden innen sind.
- Öffnen und bremsendes Schließen der Beine gegen Partnerwiderstand. Der Partner trainiert die Adduktoren.
- Die Trainierenden müssen den Widerstand selbständig so dosieren, dass die gewünschte Wiederholungszahl in der Serie (z. B. 15 Wiederholungen) erreicht wird. Da die Adduktoren in der Regel kräftiger sind als die Abduktoren, fällt diese Aufgabe dem Partner zu.
- Die Übung kann auch von zwei Partnern im Sitz gegenüber auf dem Stuhl durchgeführt werden.

Statische Übungen

Wichtige Aspekte bei statischen Abduktorenübungen

1. Die statischen Abduktorenübungen sind aufgrund der starken isometrischen Dauerkontraktion alle sehr effektiv.
2. Die Übungen Rumpfseitheben und seitlicher Unterarmstütz erzielen eine hohe Aktivierung der Abduktoren und sind gleichzeitig die effektivsten Übungen zur Kräftigung der schrägen Baumuskulatur (Übungsbeschreibung siehe Kap. 7 *Übungen für das Training der Bauchmuskulatur*).
3. Bei den dynamischen Beinabspreizübungen am Hüftpendel und am Kabelzug wird häufig nur die Wirkung auf das dynamisch arbeitende Trainingsbein beachtet. Die Stabilisierungsarbeit des Standbeins, also die statische Komponente der Übung, führt jedoch zu einer noch höheren Aktivierung.

Ein Bein abspreizen an der Hüftpendelmaschine

Ein Bein abspreizen am Kabelzug

Seitlicher Unterarmstütz

Rumpfseitheben auf einer Bank

Rumpfseitheben mit Partner

Rumpfseitheben am Boden

SCHENKELABSPREIZER (ABDUKTOREN)

Abduktoren – Partnerübung: Ein Bein abspreizen statisch

- Statische Übung mit höherer Abduktorenwirkung als bei der Übung Beine spreizen dynamisch gegen Partnerwiderstand. Beide Partner trainieren gleichzeitig die Abduktoren eines Beines.
- Die Trainingspartner sitzen sich gegenüber, die gestreckten Beine liegen nebeneinander. Die Fußspitze befindet sich jeweils in Höhe des Partneroberschenkels.
- Fußspitzen anziehen und das partnernahe Bein gestreckt gegen den Widerstand des Trainingspartners nach außen drücken.

9.6 Wadenmuskulatur
(M. gastrocnemius, M. soleus)

Inhaltsübersicht

Aufgaben der Wadenmuskulatur 330
Funktionell-anatomische Grundlagen 330
Funktionstabelle 330

EMG-gestützte Übungsrangliste 332
Rangliste der Übungen mit Zusatzgewichten 332

Kommentar zu der EMG-Rangliste 334
Diskussion der Übungen 334
Berücksichtigung der Zweigelenkigkeit des Zwillingswadenmuskels 336
Unterschiede zwischen dem Zwillingswadenmuskel und dem Schollenmuskel 336
Der Einfluss der Fußstellung 337
Zusammenfassung der Ergebnisse 340
Die Top-Übungen 340

Übungen für das Training der Wadenmuskulatur 341
Wichtige Hinweise zu den Übungen für die Wadenmuskulatur 341
Übungen mit gestreckten Beinen 342
Übungen mit gebeugten Beinen 345

Aufgaben der Wadenmuskulatur

Funktionell-anatomische Grundlagen

Die Wade besteht aus dem zweigelenkigen Zwillingswadenmuskel (M. gastrocnemius) und dem eingelenkigen Schollenmuskel (M. soleus). Gemeinsam werden sie auch als M. triceps surae zusammengefasst, da sie neben der nahezu identischen Funktion auch gemeinsam über die Achillessehne am Fersenbein ansetzen. Der M. triceps surae spielt eine wichtige Rolle bei allen Geh-, Lauf- und Sprungbewegungen, da er die Ferse vom Boden abhebt und für einen kräftigen Abdruck aus dem oberen Sprunggelenk sorgt.

Funktionstabelle

Die Funktionstabelle zeigt, welchen Einfluss (Funktion) der Muskel bei Kraft- und Dehntraining auf die beteiligten Gelenke ausübt. Die Tabelle ermöglicht darüber hinaus die Ableitung der optimalen Kraft- und Dehnübung und eine fachliche Beurteilung (Funktionscheck) jeder Übung (vgl. Abschn. 6.2 *Muskelfunktionstabellen*).

Die Funktionstabelle verdeutlicht, dass der eingelenkige Schollenmuskel (M. soleus) nur Einfluss auf das obere Sprunggelenk hat, während der zweigelenkige Zwillingswadenmuskel (M. gastrocnemius) zusätzlich das Kniegelenk beugt. Insbesondere bei der Dehnung sind deshalb zwei verschiedene Übun-

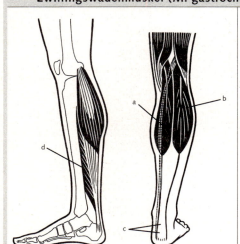

Zwillingswadenmuskel (M. gastrocnemius), Schollenmuskel (M. soleus)

Ursprung:
- M. gastrocnemius – innere (caput mediale, a) und äußere (caput laterale, b) Oberschenkelknochenrolle (epicondylus medialis und lateralis femoris)
- M. soleus (d) – Hinterfläche von Waden- und Schienbein (fibula und tibia) und Wadenbeinköpfchen (caput fibulae)

Ansatz:
- Über die Achillessehne (c) am Fersenbeinhöcker (tuber calcanei)

Funktion:
- Plantarflexion (Fuß nach unten senken)
- Supination (Fußinnenrand heben)
- Beugung im Kniegelenk (nur M. gastrocnemius)

Abb. 25: Wadenmuskulatur (modifiziert nach Rohen 1998)

WADENMUSKULATUR
(M. GASTROCNEMIUS, M. SOLEUS)

Gelenk/ Körperteil	Kräftigung	Dehnung
Oberes Sprunggelenk	• Den Körper in den Ballenstand heben (Plantarflexion) • Fußinnenrand anheben (Supination)	• Die Ferse absenken (Dorsalflexion) • Fußaußenrand anheben (Pronation)
Kniegelenk (nur M. gastrocnemius)	• Beugen	• Strecken

Muskel/ Muskelgruppe	Optimale Kräftigungsübung	Optimale Dehnübung
M. gastrocnemius (zweigelenkig)	Die optimale Kräftigungsübung erfasst beide Muskeln. 	 • Fußspitze des hinteren Beines zeigt nach vorn; die Ferse bleibt am Boden • Das Kniegelenk des hinteren Beines strecken • Die Hüfte in Richtung Wand drücken (= Dehnung über das obere Sprunggelenk)
M. soleus (eingelenkig)	• Fersenheben; Oberkörper 90° vorgebeugt	 • Das Kniegelenk des hinteren Beines beugen (= Dehnung über das Sprunggelenk)

Tab. 82: Funktionstabelle für die Wadenmuskulatur und Ableitung der optimalen Kräftigungs- und Dehnübungen

gen erforderlich, um die beiden Anteile der Wadenmuskulatur optimal zu erfassen.

Die Gegenspieler (Antagonisten) der Wadenmuskulatur sind die Muskeln der Unterschenkelvorderseite. Das Abdrücken des Körpers vom Boden beim Gehen, Laufen und Springen (Heben in den Ballenstand = Plantarflexion) ist die zentrale Funktion der sehr kräftigen Wadenmuskulatur. Das Anheben des Vorderfußes gegen den Unterschenkel (Dorsalflexion) ist die Hauptfunktion der im Vergleich zur Wadenmuskulatur wesentlich schwächeren Muskeln der Unterschenkelvorderseite.

EMG-gestützte Übungsrangliste

Die EMG-gestützten Übungsanalysen ermöglichen es, verschiedene Kraftübungen für einen Muskel zu vergleichen und eine Übungsrangliste zu erstellen. Das vollständige Untersuchungsdesign ist in Abschn. 5.3 *Übungsranglisten für einzelne Muskelgruppen* dargestellt.

Es wird eine Rangliste von Kraftübungen aufgestellt, bei denen das Zusatzgewicht so gewählt wurde, dass maximal 12 korrekte Wiederholungen möglich waren. Durch diese Standardisierung der Gewichtsbelastung werden die Übungen miteinander vergleichbar. Weitere Fragen, wie der Einfluss verschiedener

Rangliste der Übungen mit Zusatzgewichten

Rang-platz	Abbildung	Bezeichnung	$\bar{x}R$	$\bar{x}EMG$
1		Fersenheben, Oberkörper 90° vorgebeugt	1,8	339
2		Fersenheben im Stand	2,4	303

Rang-platz	Abbildung	Bezeichnung	$\bar{x}$R	$\bar{x}$EMG
3		Fersenheben an einer horizontalen Beinpresse	2,8	287
4		Fersenheben an einer 45°-Beinpresse	3,2	274
5		Fersenheben im Sitz	4,8	203
6		Beinbeugen im Liegen an einer Leg-Curl-Maschine	6,0	107

Tab. 83: EMG-gestützte Rangliste von Kraftübungen mit standardisierter Zusatzlast für den dreiköpfigen Unterschenkelmuskel (M. gastrocnemius, caput mediale und laterale, M. soleus) nach dem durchschnittlichen Rangplatz ($\bar{x}$R) und der durchschnittlichen EMG-Aktivität in µV ($\bar{x}$EMG); n = 10

WADENMUSKULATUR

Fußstellungen, die Hinzunahme der Kniebeugefunktion des Zwillingswadenmuskels und mögliche Unterschiede zwischen dem M. gastrocnemius und dem M. soleus werden in dem anschließenden Kommentar diskutiert.

Die EMG-Messungen an der Wadenmuskulatur erfassten die Muskelaktivität der beiden Köpfe des Zwillingswadenmuskels und die des Schollenmuskels. Die Gesamtrangliste wurde durch Mittelwertbildung der drei Messwerte gebildet.

Kommentar zu der EMG-Rangliste

Diskussion der Übungen
(vgl. Tab. 83)

Die Übungen der Rangliste können hinsichtlich der Übungsintensität und der Effektivität in zwei Gruppen eingeteilt werden. Die vier Übungen, die die Rangfolge anführen, weisen zwar gewisse Unterschiede auf, diese sind jedoch nicht stark ausgeprägt. Die Abstände zu den beiden letztplatzierten Übungen, dem Fersenheben sitzend bzw. dem Beinbeugen, sind jedoch sehr deutlich.

Das **Fersenheben mit 90° vorgebeugtem Oberkörper** stellt sich als die Top-Übung für die gesamte Wadenmuskulatur heraus. Sie führt alle Ranglisten der einzelnen Wadenmuskeln und die Gesamtliste an. Ohne die Ergebnisse wissenschaftlicher Messungen zu kennen, favorisierte bereits Arnold Schwarzenegger diese Wadenübung. Ein oder sogar zwei schwergewichtige Trainingspartner,

die auf seinem Rücken Platz nahmen, stellten das notwendige Gewicht sicher. Bis heute gibt es nur wenige Gerätehersteller, die eine gute Fersenhebemaschine für die Übungsausführung mit 90° vorgebeugtem Oberkörper anbieten.

Das **Fersenheben im Stand** ist die am häufigsten eingesetzte Übung beim Wadentraining. Sie nimmt in der EMG-Rangliste den zweiten Platz ein und ist eine empfehlenswerte und effektive Übung. Da die Wadenmuskeln sehr hohe Kräfte entwickeln, wird für ein wirkungsvolles Training eine große Zusatzlast benötigt, die auf den Schultern liegt und zusätzlich den gesamten Bewegungsapparat und insbesondere die Wirbelsäule belastet. Das Zusatzgewicht kann bei einbeiniger Ausführung stark reduziert werden.

Beide Übungen, das Fersenheben mit 90° vorgebeugtem Oberkörper und das Fersenheben im Stand, sind auch ohne Zusatzgewichte effektive Wadenübungen, wenn sie einbeinig ausgeführt werden und das gesamte Körpergewicht von einem Bein bewältigt werden muss (vgl. Tab. 84).

Im Gegensatz zu den Varianten mit Zusatzgewicht sind bei der einbeinigen Übungsausführung ohne Gewicht beide Übungen nahezu gleichwertig, mit einem leichten Aktivitätsvorteil für das Fersenheben im Stand. Die Übung Fersenheben mit 90° vorgebeugtem Oberkörper ist deshalb ohne Zusatzgewicht wenig sinnvoll. Der Grund für diesen Rangplatztausch gegenüber den Übungen mit Zusatzgewicht liegt darin, dass

WADENMUSKULATUR –
ÜBUNG FERSENHEBEN EINBEINIG OHNE ZUSATZGEWICHT

Rang-platz	Abbildung	Ausgangsstellung	x̄R	x̄EMG	Diff. [%]
1		Im aufrechten Stand	1,4	213	0
2		Mit 90° vorgebeugtem Oberkörper	1,6	202	−5

Tab. 84: Vergleich von zwei Varianten der Übung Fersenheben einbeinig **ohne Zusatzgewicht mit Variation der Ausgangsstellung** nach dem durchschnittlichen Rangplatz (x̄R) und der durchschnittlichen EMG-Aktivität in µV (x̄EMG); n = 10

bei 90° vorgebeugtem Fersenheben ein Teil des Körpergewichts auf den stützenden Händen liegt und somit ein geringeres Gewicht auf die Wadenmuskeln einwirkt, während bei der Ausführung im Stand das gesamte Körpergewicht gehoben werden muss.

Das **Fersenheben an einer horizontalen Beinpresse** ist die drittplatzierte Übung. Die Stemmbretter der meisten Beinpressmaschinen weisen unten eine Kante auf, die für das Fersenheben vorgesehen ist. Trotz der guten Fixierungs-

möglichkeiten des Körpers in der Maschine und der gut dosierbaren Zusatzlast ist die muskuläre Aktivität der Wadenmuskulatur etwas geringer als bei der Übung im Stand. Gleiches gilt für das **Fersenheben an der 45°-Beinpresse,** auf Rangplatz Nr. 4. Die hohen EMG-Mittelwerte zeigen aber, dass alle Übungen auf den Rangplätzen 1−4 intensive Muskelaktivitäten bewirken und für ein effektives Wadentraining gut geeignet sind.

Überraschenderweise fällt das **Fersen-**

heben im Sitz gegenüber den vorplatzierten Übungen deutlich ab. Die Wadenmaschine sitzend gehört zur Grundausstattung der meisten Fitnessstudios, und das Fersenheben im Sitz wird in der Praxis häufig zur speziellen Kräftigung des M. soleus angewandt. Der zweigelenkige Zwillingswadenmuskel büßt durch die Beugung der Kniegelenke und die mangelnde Vordehnung einen Teil seiner Kraft ein, aber auch die Werte des eingelenkigen Schollenmuskels erreichen nicht die Ergebnisse der vorplatzierten Übungen. Kontrollmessungen an verschiedenen Wadenmaschinen sitzend haben diese Ergebnisse bestätigt.

Die Übung **Beinbeugen liegend an einer Leg-Curl-Maschine** liegt erwartungsgemäß abgeschlagen auf dem letzten Rangplatz. Die Übung zielt in erster Linie auf eine Kräftigung der Oberschenkelrückseite ab. Das Beugen der Kniegelenke aktiviert zwar zusätzlich den zweigelenkigen Zwillingswadenmuskel, jedoch reicht die Muskelaktivität dieser Zweitfunktion des M. gastrocnemius nicht aus, um ein gezieltes Wadentraining zu ermöglichen, weil sie nur etwa ein Drittel der Aktivierung bei speziellen Wadenübungen ausmacht.

Berücksichtigung der Zweigelenkigkeit des Zwillingswadenmuskels

Die Berücksichtigung des Einflusses zweigelenkiger Muskeln auf beide beteiligte Gelenke führt bei den meisten Muskeln zu einer zusätzlichen Intensivierung. Dies ist z. B. beim langen Kopf des dreiköpfigen Oberarmmuskels (M. triceps brachii, caput longum) und bei der ischiocruralen Muskulatur der Fall. Der Versuch, die Kniegelenkbeugung als zweite Funktion des Zwillingswadenmuskels zu berücksichtigen, erbrachte folgendes Ergebnis (vgl. Tab. 85).

Das Fersenheben im Sitz mit aktivem Beugen des Kniegelenks wurde an einer provisorischen, etwas instabilen Maschinenkonstruktion gemessen, da eine entsprechende Maschine von den Herstellern bisher nicht angeboten wird. Die Ergebnisse zeigen, dass es den Trainierenden nicht gelungen ist, beide Funktionen des Zwillingswadenmuskels, das Heben des Fußes in den Ballenstand und die aktive Beugung des Kniegelenks optimal miteinander zu verbinden. Der Versuch, die aktive Kniebeugung zu betonen, ging mit einem Verlust an Ballenstandaktivität einher. Beim Training des M. gastrocnemius ist es also in dieser Form nicht leistungsfördernd, das Heben in den Ballenstand mit einer aktiven Kniegelenkbeugung zu verbinden.

Unterschiede zwischen dem Zwillingswadenmuskel und dem Schollenmuskel

Die Übungsranglisten der beiden Muskeln weichen kaum voneinander ab und entsprechen der Gesamtrangliste (vgl. Tab. 83, S. 332). In der Literatur wird die Übung Fersenheben im Sitz als sehr effektiv für den Schollenmuskel (M. soleus) ausgewiesen. Diese Aussage wird durch unsere EMG-Messungen nicht bestätigt. Der Schollenmuskel zeigt bei der Übung Fersenheben sitzend gegen-

ZWILLINGSWADENMUSKEL –
ÜBUNG FERSENHEBEN IM SITZ

Rang-platz	Abbildung	Beugung im Kniegelenk	x̄R	x̄EMG	Diff. [%]
1		Fersenheben im Sitz	1,4	203	0
2		Fersenheben im Sitz mit aktivem Beugen des Kniegelenks	1,6	180	−11

Tab. 85: Vergleich von zwei Varianten der Übung Fersenheben im Sitz mit **Variation der Kniegelenkbeugung** nach dem durchschnittlichen Rangplatz (x̄R) und der durchschnittlichen EMG-Aktivität in μV (x̄EMG); n = 10

über dem Zwillingswadenmuskel (M. gastrocnemius) zwar einen geringfügigen Zuwachs an Muskelaktivität, ohne sich jedoch um einen Rangplatz zu verbessern. Es können also keine wesentlichen übungsspezifischen Unterschiede in der Aktivierung der beiden Wadenmuskeln festgestellt werden. Der Zwillingswadenmuskel und der Schollenmuskel werden beide mit den gleichen Übungen optimal trainiert; spezielle Übungen für jeden einzelnen Muskel sind nicht notwendig.

Der Einfluss der Fußstellung

Trainingsempfehlungen enthalten häufig die Angabe, dass eine ein- bzw. auswärts gedrehte Fußstellung die Muskelaktivität des äußeren bzw. inneren Anteils des Zwillingswadenmuskels verstärkt. Der Vergleich von Wadenübungen mit unterschiedlichen Fußstellungen soll diese Frage klären.

Die vermutete Tendenz, dass der innere Anteil des Zwillingswadenmuskels verstärkt durch eine auswärts gedrehte Fußstellung und der äußere Anteil

WADENMUSKULATUR 337

ZWILLINGSWADENMUSKEL –
ÜBUNG FERSENHEBEN AN EINER HORIZONTALEN BEINPRESSE

Rang-platz	Abbildung	Ausgangsstellung	x̄R	x̄EMG	Diff. [%]
Zwillingswadenmuskel, innerer Anteil					
1		Fußstellung gerade	1,9	333	0
2		Fußspitzen zeigen nach außen	2,0	307	−7,8
3		Fußspitzen zeigen nach innen	2,1	304	−8,7
Zwillingswadenmuskel, äußerer Teil					
1		Fußstellung gerade	1,7	320	0

338 HÜFT- UND BEINMUSKULATUR

Rang-platz	Abbildung	Ausgangsstellung	x̄R	x̄EMG	Diff. [%]
		Zwillingswadenmuskel, äußerer Anteil			
2		Fußspitzen zeigen nach innen	1,7	315	−1,5
3		Fußspitzen zeigen nach außen	2,6	296	−7,5

Tab. 86: Vergleich der EMG-Aktivität des inneren und äußeren Zwillingswadenmuskels bei der Übung Fersenheben an der horizontalen Beinpresse mit **Variation der Fußstellung** nach dem durchschnittlichen Rangplatz (x̄R) und der durchschnittlichen EMG-Aktivität in μV (x̄EMG); n = 10

durch eine einwärts gedrehte Fußstellung aktiviert werden, kann zwar bestätigt werden, aber die Unterschiede sind insgesamt so gering, dass Effektivitätsunterschiede im Training nicht zu erwarten sind. Die Ergebnisse in Tab. 86 zeigen, dass eine gerade Fußstellung für beide Anteile des M. gastrocnemius die höchste Muskelaktivierung bewirkt.

Zusammenfassung der Ergebnisse
- Fersenheben mit 90° vorgebeugtem Oberkörper und Zusatzgewicht (Partner, Maschine) aktiviert die gesamte Wadenmuskulatur am stärksten, gefolgt von Fersenheben im Stand mit Zusatzgewicht (Maschine).
- Fersenheben im Sitz an Maschinen ist für beide Wadenmuskeln (M. gastrocnemius und M. soleus) deutlich weniger effektiv.
- Spezielle Übungen für die einzelnen Wadenmuskeln sind nicht notwendig; beide werden mit den gleichen Übungen bei gestreckten Kniegelenken optimal trainiert.
- Eine gerade Fußstellung ist für beide Anteile des Zwillingswadenmuskels effektiver als eine einwärts bzw. auswärts gedrehte Fußstellung.

Die Top-Übungen

Top-Übungen für die Wadenmuskulatur

1

Fersenheben, Oberkörper 90° vorgebeugt
Das erforderliche große Zusatzgewicht kann entweder durch Spezialmaschinen oder durch einen Partner, der auf dem Becken sitzt, und gegebenenfalls durch eine einbeinige Übungsausführung sichergestellt werden.

2

Fersenheben im Stand
Das hohe Zusatzgewicht belastet die Wirbelsäule und kann bei einbeiniger Ausführung verringert werden. Für ein gesundheitsorientiertes Fitnesstraining genügt in der Regel die einbeinige Ausführung ohne Zusatzgewicht.

3

Fersenheben an einer horizontalen, einer 45°- oder 90°-Beinpresse
Die Übungen sind nur geringfügig weniger effektiv als das Wadenheben im Stand. Vor allem die 45°- und 90°-Varianten sind für die Wirbelsäule weniger belastend.

Übungen für das Training der Wadenmuskulatur

Wichtige Hinweise zu den Übungen für die Wadenmuskulatur

1. Effektive Übungen zur Kräftigung der Wadenmuskulatur können im Stand mit 90° vorgebeugtem Oberkörper (an Maschinen und mit Partner), im aufrechten Stand (an Maschinen bzw. mit Langhantel und ohne Gewicht ein- und beidbeinig), an Beinpressmaschinen (horizontal, 45°-Presse oder im aufrechten Sitz) sowie im Sitz mit gebeugten Kniegelenken (an Maschinen und mit Partner) durchgeführt werden.

2. Bei den Übungen mit gebeugten Kniegelenken kann weniger Gewicht bewältigt werden, sie führen daher zu einer deutlich geringeren Aktivierung als vergleichbare Übungen mit gestreckten Kniegelenken. Da sich auch für den eingelenkigen M. soleus bei gebeugtem Kniegelenk keine Vorteile ergeben, sind Übungen mit gebeugten Beinen wenig sinnvoll.

3. Übungen mit vorgebeugtem Oberkörper weisen Aktivierungsvorteile auf.

4. Da bei Übungen im Stand mit Gewichtslast auf den Schultern (z. B. Wadenmaschine bzw. Langhantel) für ein effektives Training in der Regel vergleichsweise sehr hohe Gewichte bewältigt werden, besteht auch ein erhöhter Kompressionsdruck auf der Wirbelsäule. Eine einbeinige Ausführung mit Handfixation zur Stabilisation des Gleichgewichts reduziert die Gewichts- und somit die Wirbelsäulenbelastung.

5. Beide Wadenmuskeln werden mit den gleichen Übungen bei gestreckten Kniegelenken optimal trainiert, wobei eine gerade Fußstellung günstiger ist als einwärts oder auswärts gedrehte Füße.

6. Bei Personen mit Außenbandschwäche im Fußgelenkbereich sollte die Fußspitze etwas nach außen zeigen, da hierdurch eine zu starke Supination (Heben des Fußinnenrandes und somit Abknicken nach außen) vermieden wird.

7. Ein Absenken der Fersen tiefer als die Fußballen während der Bewegungsdurchführung führt zu keiner erhöhten Aktivierung der Wadenmuskulatur.

8. Eine Übungsausführung mit mehrfachen Endkontraktionen im hohen Ballenstand führt zu einer deutlich intensiveren Aktivierung der Wadenmuskulatur.

Übungen mit gestreckten Beinen

Fersenheben mit vorgebeugtem Oberkörper an einer Wadenmaschine	Fersenheben mit vorgebeugtem Oberkörper mit Partner

- Die Übung mit 90° vorgebeugtem Oberkörper ist die Top-Übung für beide Wadenmuskeln, den M. gastrocnemius und den M. soleus.
- Etwa schulterbreiter Stand mit gestreckten Knien auf dem Boden oder mit dem Fußballen auf dem Fußbrett, die Fußstellung ist gerade.
- Der Rumpf wird mit geradem Rücken 90° nach vorn geneigt, der Kopf befindet sich in Verlängerung des Rumpfes, und die Hände stabilisieren an einem Gerät oder einer Sprossenwand. Bei Benutzung einer Wadenmaschine werden die Unterarme auf die dafür vorgesehenen Polster abgelegt, wobei die Handgriffe gefasst werden. Das höhenverstellbare Haltebrett fixiert das Becken von oben.
- Die Rumpfmuskulatur anspannen und mit gestreckten Kniegelenken die Fersen so hoch wie möglich gegen den Gewichtswiderstand anheben (hoher Ballenstand) und anschließend wieder kontrolliert absenken.
- Wenn die Übung z. B. vor einer Sprossenwand mit Partner durchgeführt wird, beugt der Trainierende den Rumpf mit geradem Rücken nach vorn (nur im Hüftgelenk beugen, nicht in der Wirbelsäule runden), wobei er sich mit den Händen abstützt. Der Trainingspartner setzt sich auf die Hüfte und hält sich gleichfalls an der Sprossenwand fest.

Die Übungen für die Wadenmuskulatur werden aufgrund übungsspezifischer Merkmale in zwei Gruppen eingeteilt: Übungen mit gestreckten und Übungen mit gebeugten Beinen.

Fersenheben im aufrechten Stand an einer Wadenmaschine

- Hochintensive Übung für die gesamte Wadenmuskulatur.
- Etwa schulterbreiter Stand mit den Fußballen auf dem Fußbrett, die Füße zeigen nach vorn.
- Die Rumpfmuskulatur anspannen und mit geradem Rücken die Schultern unter die dafür vorgesehenen Polster drücken, wobei die Hände an den Haltegriffen fixieren.
- Mit gestreckten Kniegelenken den auf den Schultern liegenden Gewichtswiderstand in den Ballenstand heben (Fersen maximal anheben); anschließend die Fersen wieder kontrolliert absenken.
- In Abhängigkeit vom Gewicht lastet ein hoher Kompressionsdruck auf der Wirbelsäule. Bei einbeiniger Ausführung kann das Gewicht und somit die Wirbelsäulenbelastung reduziert werden.
- Die Übung kann auch im Stand mit der Langhantel oder ohne Gewichtsbelastung ein- und beidbeinig nur mit dem eigenen Körpergewicht ausgeführt werden.

Fersenheben im Stand mit der Langhantel

Fersenheben einbeinig ohne Gewicht

Fersenheben im Stand an einer Maschine mit Körperrücklage	Fersenheben an Beinpressmaschinen

• Hochintensive Übung für die gesamte Wadenmuskulatur. • Etwas zurückgeneigter Stand, wobei das Gesäß und der untere Rücken gegen die Polsterlehne gedrückt werden. Die Fußballen setzen auf der Kante des Fußbrettes auf, die Hände fassen die Haltegriffe. • Die Rumpfmuskulatur anspannen und in den hohen Ballenstand gehen (Fersen möglichst hoch heben); anschließend die Fersen wieder kontrolliert absenken. Der Rücken bleibt gerade. • Ein minimales Beugen der Kniegelenke und die damit verbundene Aktivierung der Oberschenkelmuskulatur führt dazu, dass das Gewicht nicht allein auf den passiven Strukturen des Kniegelenks lastet, was aus gesundheitlicher Sicht günstiger ist und vom Trainierenden häufig auch subjektiv als angenehmer empfunden wird.	• Sehr effektive Übungen für die gesamte Wadenmuskulatur, ähnlich wie das Wadenheben im Stand. • Fußballen hüftbreit auf die untere Kante des Stemmbretts aufsetzen, die Fußspitzen zeigen nach vorn. • Mit gestreckten Beinen das Gewicht in den hohen Ballenstand drücken (Fersen maximal hoch heben). • Die Übung kann sowohl in der horizontalen als auch in der 45°-Beinpresse oder in der Beinpresse mit aufrechtem Sitz durchgeführt werden.

Übungen mit gebeugten Beinen

Fersenheben im Sitz an der Wadenmaschine

Fersenheben im Sitz mit Partner

- Die Übung ist weniger effektiv als Übungen mit gestreckten Kniegelenken, möglicherweise weil in dieser Ausgangsposition nicht so viel Gewicht bewältigt werden kann. Dies gilt auch für den Schollenmuskel (M. soleus), obwohl in der gängigen Trainingspraxis davon ausgegangen wird, dass ein Wadentraining mit gebeugtem Kniegelenk für den M. soleus optimal ist.
- Aufrechte Sitzposition, die Fußballen werden hüftbreit auf der Trittfläche aufgesetzt. Die Kniefixation erfolgt durch ein höhenverstellbares Polster, die Hände fassen die Haltegriffe.
- Die Rumpfmuskulatur anspannen und die Fersen gegen den Widerstand des Kniepolsters so hoch wie möglich anheben, anschließend wieder kontrolliertes Absenken der Fersen.
- Der Rücken wird durch Zusatzgewichte nicht belastet. Dies ist ein Vorteil der Übungsvarianten im Sitz.

- Die Übung ist auch für den M. soleus weniger effektiv als Übungen mit gestreckten Kniegelenken.
- Der Trainierende sitzt aufrecht auf einer Bank (Stuhl), der Trainingspartner sitzt auf seinen Knien.
- Fersenheben, bis die Fersen maximal weit vom Boden abgehoben sind, und anschließend wieder absenken.

10

Brust-, Schulter-, Armmuskulatur

10.1 Großer Brustmuskel (M. pectoralis major)

Inhaltsübersicht

Aufgaben des großen Brustmuskels 348
Funktionell-anatomische Grundlagen 348
Funktionstabelle 348

EMG-gestützte Übungsranglisten 350
Rangliste der Übungen mit Zusatzgewicht 350
Rangliste der Übungen ohne Zusatzgewicht 352

Kommentar zu den EMG-Ranglisten 352
Analyse der Übung Bankdrücken 352
Kabelziehen über Kreuz 358
Butterfly an Maschinen 359
Fliegende Bewegungen mit Kurzhanteln 360
Pullover 361
Übungen ohne Zusatzgewicht 362
Zusammenfassung der Ergebnisse 365
Die Top-Übungen 365

Übungen für das Training des großen Brustmuskels 367
Druckübungen (Brustpressen) 367
Fliegende Bewegungen (Flys) 371

GROSSER BRUSTMUSKEL　347

Aufgaben des großen Brustmuskels

Funktionell-anatomische Grundlagen

Der Brustmuskel ist einer der wirksamsten Muskeln für die Bewegungen im Schultergelenk. Mit seinen drei Anteilen (pars clavicularis, pars sternocostalis und pars abdominalis) bildet er die vordere Begrenzung der Achselhöhle und bedeckt nahezu den gesamten Brustkorb, wodurch er ihm seine Kontur verleiht. Da er z. B. bei allen Bewegungen beteiligt ist, die eine Beschleunigung des Armes gegen den Rumpf bedingen, kommt ihm bei vielen Sportarten (z. B. Wurfdisziplinen, Schwimmen, Stabhochsprung) eine besondere Bedeutung zu.

Funktionstabelle

Die Funktionstabelle zeigt, welchen Einfluss (Funktion) der Muskel bei Kraft- und Dehntraining auf die beteiligten Gelenke ausübt. Die Tabelle ermöglicht darüber hinaus die Ableitung der optimalen Kraft- und Dehnübung und eine fachliche Beurteilung (Funktionscheck) jeder Übung (vgl. Abschn. 6.2 *Muskelfunktionstabellen*).

Die folgende Funktionstabelle zeigt, dass der große Brustmuskel ein eingelenkiger Muskel ist, der auf das Schultergelenk wirkt. Aufgrund der breiten Ursprungsflächen am Schlüsselbein, Brustbein und an der Rektusscheide ergeben sich ein aufsteigender, ein quer verlaufender und ein absteigender Faserverlauf der drei Muskelanteile. Dem Winkel zwischen dem Rumpf und dem nach vorn erhobenen Oberarm (Oberarm-Rumpf-Anteversionswinkel) kommt bei allen

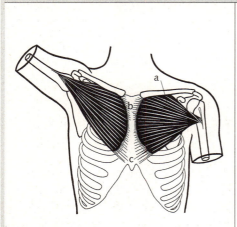

Großer Brustmuskel (M. pectoralis major)

Ursprung:
- **Pars clavicularis** (a) – Schlüsselbein (clavicula), absteigender Faserverlauf
- **Pars sternocostalis** (b) – Brustbein (sternum), quer verlaufender Faserverlauf
- **Pars abdominalis** (c) – Rectusscheide, aufsteigender Faserverlauf

Ansatz:
- Großer Höcker am Oberarmknochen (crista tuberculi majoris)

Funktion:
- Arm an den Körper heranziehen (Adduktion)
- Arm nach vorn führen (Anteversion)
- Innenrotation
- Senkt den erhobenen Arm nach unten

Abb. 26: Großer Brustmuskel (modifiziert nach Rohen 1998)

GROSSER BRUSTMUSKEL (M. PECTORALIS MAJOR)

Gelenk / Körperteil	Kräftigung	Dehnung
Schultergelenk	• Oberarm an den Körper heranziehen (Adduktion) • Oberarm nach vorn führen (Anteversion) • Oberarm innenrotieren (Innenrotation)	• Oberarm vom Körper abspreizen (Abduktion) • Oberarm hinter den Körper ziehen (Retroversion) • Oberarm außenrotieren (Außenrotation)
Muskel / Muskelanteil	**Optimale Kräftigungsübung**	**Optimale Dehnübung**
Großer Brustmuskel	Kabelziehen über Kreuz • Unterschiedliche Aktivierung der einzelnen Muskelanteile des großen Brustmuskels durch Veränderung der Armführung (Oberarm-Rumpf-Anteversions-Winkel) (vgl. Tab. 93, S. 358) 	 • Den Unterarm mit der Kleinfingerkante an eine Kante legen • Den Oberkörper vom Arm weg nach vorn drehen • Verstärkte Dehnung der einzelnen Muskelanteile des großen Brustmuskels durch Veränderung der Armhaltung (Oberarm-Rumpf-Anteversions-Winkel) – über 90° (pars abdominalis) – 90° (pars sternocostalis) – unter 90° (pars clavicularis)

Tab. 87: Funktionstabelle für den großen Brustmuskel und Ableitung der optimalen Kräftigungs- und Dehnübung

Übungen für das Training des großen Brustmuskels besondere Bedeutung zu.

Der Gegenspieler (Antagonist) des großen Brustmuskels ist, bezogen auf die Hauptfunktion, der breite Rückenmuskel (M. latissimus dorsi). Das Drücken (Anteversion) ist die Hauptfunktion des großen Brustmuskels, Ziehen

(Retroversion) ist die Hauptfunktion des breiten Rückenmuskels.

EMG-gestützte Übungsranglisten

Die EMG-gestützten Übungsanalysen ermöglichen es, verschiedene Kraftübungen für einen Muskel zu vergleichen und eine Übungsrangliste zu erstellen. Das vollständige Untersuchungsdesign ist in Abschn. 5.3 *Übungsranglisten für einzelne Muskelgruppen* dargestellt.

Für den großen Brustmuskel werden zwei Übungsranglisten aufgestellt. Die erste Rangliste (vgl. Tab. 88) enthält Übungen, bei denen die Zusatzgewichte jeweils so gewählt wurden, dass maximal 12 Wiederholungen ausgeführt werden konnten. Dadurch wird eine Vergleichbarkeit der Übungen sichergestellt.

Die zweite Rangliste (vgl. Tab. 89) enthält Übungen ohne Zusatzgewichte. Die Intensität wird durch die Muskelkraft des Trainierenden selbst bzw. durch sein Körpergewicht bestimmt. Diese Übungen sind mit den Übungen, bei denen Zusatzgewichte unter standardisierten Bedingungen eingesetzt wurden, nicht direkt vergleichbar.

Rangliste der Übungen mit Zusatzgewicht

Rang-platz	Abbildung	Bezeichnung	$\bar{x}$ R	$\bar{x}$ EMG
1		Bankdrücken mit der Langhantel	1,8	371
2		Kabelziehen über Kreuz	2,6	350

Rang-platz	Abbildung	Bezeichnung	$\bar{x}$R	$\bar{x}$EMG
3		Bankdrücken mit Kurzhanteln	2,7	293
4		Butterfly	3,3	303
5		Fliegende Bewegungen mit Kurzhanteln	4,6	238
6		Pullover	5,7	164

Tab. 88: EMG-gestützte Rangliste von Kraftübungen mit wählbarer Zusatzlast für den großen Brustmuskel nach dem durchschnittlichen Rangplatz ($\bar{x}$R) und der durchschnittlichen EMG-Aktivität in μV ($\bar{x}$EMG); n = 8

GROSSER BRUSTMUSKEL 351

Rangliste der Übungen ohne Zusatzgewicht

Rangplatz	Abbildung	Bezeichnung	$\overline{x}$R	$\overline{x}$EMG
1		Stützbeugen (Dips)	1,1	338
2		Liegestütz Hände nach innen gedreht	2,2	230
3		Fliegende Bewegungen (Flys) gegen imaginären Widerstand	2,6	225

Tab. 89: EMG-gestützte Rangliste von Kraftübungen mit willkürlichem Krafteinsatz bzw. dem eigenen Körpergewicht für den großen Brustmuskel nach dem durchschnittlichen Rangplatz ($\overline{x}$R) und der durchschnittlichen EMG-Aktivität in µV ($\overline{x}$EMG); n = 8

Kommentar zu den EMG-Ranglisten

Analyse der Übung Bankdrücken

Alle EMG-Messergebnisse bestätigen eindrucksvoll die traditionell führende Rolle des **Bankdrückens mit der Langhantel** als unangefochtene Übung Nr. 1 für den großen Brustmuskel. Die stabile Lage des Körpers auf der Bank mit einer guten Fixierung des Rumpfes (Muskelursprung) erlaubt die Bewältigung hoher Lasten. Diese Faktoren, verbunden mit den Hauptfunktionen des großen

Brustmuskels, dem Drücken der Oberarme vor den Körper (Anteversion) und der Innenrotation im Schultergelenk, sind für die hohen Muskelspannungen verantwortlich. Das Bankdrücken wird in der Praxis in zahlreichen Varianten durchgeführt, wobei den verschiedenen Ausführungsformen unterschiedliche Ziele zugeschrieben werden. Mit Hilfe zusätzlicher EMG-Messungen haben wir wichtige Varianten des Bankdrückens näher betrachtet.

Der Einfluss der Griffweite (vgl. Tab 90): Das Flachbankdrücken mit weitem Griff aktiviert den oberen Anteil des großen Brustmuskels wesentlich intensiver als die Variante mit enger Griffhaltung. Überraschenderweise unterscheiden sich die Werte für den M. triceps (caput laterale) bei beiden Varianten kaum.

Der Einfluss der Bankneigung (vgl. Tab. 91, S. 354): Es wurden vier unterschiedliche Varianten der Bankneigung gewählt: ein negativer Bankneigungswinkel von −15° (Kopf nach unten; englische Bezeichnung: decline), die Flachbank und zwei positive Schrägbankwinkel von

	GROSSER BRUSTMUSKEL, OBERER ANTEIL – ÜBUNG BANKDRÜCKEN MIT DER LANGHANTEL					
Rang-platz	Abbildung	Griffweite	$\bar{x}$R	$\bar{x}$EMG	Diff. [%]
1		weiter Griff	1,1	333	0
2		enger Griff	1,9	259	−22

Tab. 90: Vergleich von zwei Varianten der Übung Bankdrücken für den M. pectoralis major, pars clavicularis, mit **Variation der Griffweite** nach dem durchschnittlichen Rangplatz ($\bar{x}$R) und der durchschnittlichen EMG-Aktivität in μV ($\bar{x}$EMG); n = 10

+25° und +45° (Kopf nach oben; englische Bezeichnung: incline). Die Ermittlung der übungsspezifischen **Maximalkraftwerte** ergab folgendes Ergebnis.

	GROSSER BRUSTMUSKEL – ÜBUNG BANKDRÜCKEN MIT DER LANGHANTEL		
Rang- platz	Abbildung	Bankneigung	x̄ Kmax
1		Negativ-Bank −15°	82,0
2		Flachbank	79,5
3		Positiv-Bank +25°	79,3
4		Positiv-Bank +45°	71,8

Tab. 91: Vergleich von vier Varianten der Übung Bankdrücken mit **Variation der Bankneigung** nach der durchschnittlichen Maximallast in kg (x̄ Kmax); n = 10

Negatives Bankdrücken ermöglicht das größte bewältigbare Gewicht, die Flachbank und die leicht positive Bankstellung weisen nur geringe Maximallastunterschiede auf. Eine steilere positive Bankstellung führt zu einem starken Abfall der maximalen Last.

> Die Maximalkraft beim Bankdrücken nimmt mit zunehmendem Oberarm-Rumpf-Anteversionswinkel ab.

Eine nähere Betrachtung der **Muskelaktivität mittels EMG** gibt Informationen über die Effektivität der vier Varianten der Übung Bankdrücken bezogen auf die drei Anteile des großen Brustmuskels.

Nach anatomisch-funktionellen Gesichtspunkten wäre zu erwarten gewesen, dass das Bankdrücken auf der Negativ-Schrägbank −15° für den unteren Anteil (pars abdominalis) des großen Brustmuskels am effektivsten wäre, das Flachbankdrücken für den mittleren Teil (pars sternocostalis) und die beiden Varianten auf der positiven Schrägbank +25° und +45° für den oberen Teil (pars clavicularis).

Die Messergebnisse zeigen jedoch, dass das Bankdrücken auf der negativen Schrägbank −15° für alle drei Anteile des großen Brustmuskels die effektivste Variante ist, gefolgt vom Flachbankdrücken, dem +25°-Schrägbankdrücken und mit großem Abstand dem +45°-Schrägbankdrücken. Die höheren Gewichte, die auf der Negativ-Schrägbank −15° und der Flachbank bewältigt werden, setzen sich offensichtlich gegenüber den anatomisch-funktionellen Aspekten durch.

Die Unterschiede der Muskelaktivierung des oberen Anteils (pars clavicularis) des großen Brustmuskels sind beim Negativ−15°-Flachbankdrücken

	GROSSER BRUSTMUSKEL – ÜBUNG BANKDRÜCKEN MIT DER LANGHANTEL					
Bankneigung	pars abdominalis		pars sternocostalis		pars clavicularis	
	$\bar{x}R$	$\bar{x}EMG$	$\bar{x}R$	$\bar{x}EMG$	$\bar{x}R$	$\bar{x}EMG$
Negativ-Bank −15°	1,4	451	1,2	523	1,5	764
Flachbank	1,8	438	2,0	478	2,4	739
Positiv-Bank +25°	2,8	350	2,8	453	2,4	728
Positiv-Bank +45°	4,0	203	4,0	281	3,7	628

Tab. 92: Vergleich von vier Varianten der Übung Bankdrücken mit **Variation der Bankneigung** für die drei Anteile des großen Brustmuskels nach dem durchschnittlichen Rangplatz ($\bar{x}R$) und der durchschnittlichen EMG-Aktivität in µV ($\bar{x}EMG$); n = 10

und Positiv+25°-Bankdrücken gering; alle drei Varianten liegen in einer Spanne von 36 μV (x̄EMG), und die durchschnittlichen Rangplätze der Flachbank- und +25°-Schrägbank-Varianten sind mit x̄R 2,4 gleich. Überraschenderweise fällt auch hier, aufgrund des stark verringerten Gewichts, das Bankdrücken auf der +45°-Schrägbank deutlich ab.

Beim Bankdrücken sind außer dem großen Brustmuskel auch der dreiköpfige Oberarmmuskel (M. triceps brachii) und der vordere Teil des Deltamuskels (M. deltoideus, pars clavicularis) aktiv. Der Trizeps zeigt bei allen vier Bankdrückvarianten keine wesentlichen systematischen Aktivitätsunterschiede. Die Muskelaktivität des vorderen Deltaanteils dagegen verhält sich umgekehrt zur Aktivität des großen Brustmuskels; sie steigt mit zunehmendem Oberarm-Rumpf-Anteversionswinkel an, d. h., je steiler die Bankstellung gewählt wird, desto höher ist die Muskelspannung, obwohl das bewältigbare Gewicht geringer wird. Die optimale Übung für den vorderen Anteil des Deltamuskels ist das Frontdrücken im Sitz (vgl. Abschn. 10.2 *Deltamuskel*).

> Die **effektivsten Übungsvarianten des Bankdrückens** sind für alle drei Anteile des großen Brustmuskels das **Bankdrücken auf der negativen Schrägbank**, gefolgt vom **Flachbankdrücken**. Der vordere Anteil des Deltamuskels (pars clavicularis) wird umso stärker aktiviert, je steiler die Bank gestellt wird.

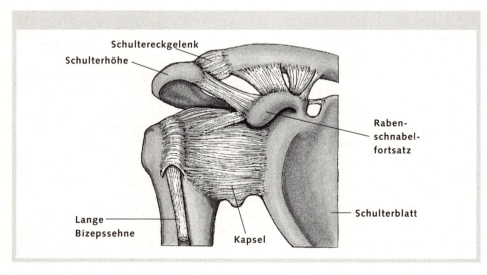

Abb. 27: Schultergelenk (Kleinschmidt 1999)

Das **Bankdrücken mit Kurzhanteln** erweist sich in den EMG-Messungen als weniger effektiv als das Bankdrücken mit der Langhantel (vgl. Tab. 88). Das Heben schwerer Kurzhanteln in die Ausgangsstellung und die schwierige Stabilisierung der Gewichte führen bei weniger Fortgeschrittenen zu einer Reduzierung des gewählten Gewichts und damit zu einer geringeren Muskelspannung. Hochtrainierte Kraftathleten können möglicherweise bessere Ergebnisse erzielen (Cornacchia et al. 1998).

Eine nicht unerhebliche **Verletzungsgefahr beim Bankdrücken** liegt in dem Risiko der Überdehnung der vorderen Band- und Kapselstrukturen des Schultergelenks (vgl. Abb. 27).

Das Schultergelenk wird nach vorn hauptsächlich durch die Gelenkkapsel und die labiohumeralen Bänder gesichert. Das ligamentum coracohumerale (ligamentum = Band), das vom Rabenschnabelfortsatz (processus coracoideus) zum Kopf des Oberarmknochens (humerus) zieht, ist ein weiteres direktes Schultergelenksband, das den vorderen Gelenkabschnitt verstärkt. Das ligamentum coracoacromiale, das vom Rabenschnabelfortsatz zur Schulterhöhe (acromion) verläuft, sichert den Oberarmkopf zusätzlich nach oben, z. B. beim Aufstützen der Arme.

Beim tiefen Bankdrücken wird die Langhantel häufig so tief gesenkt, bis sie die Brust berührt. Dabei wird der Kopf des Oberarmknochens nach vorn gegen die Gelenkkapsel und das ligamentum coracohumerale gedrückt. Hohe Gewichte bedeuten dabei ein Verletzungsrisiko für die Gelenkkapsel und die betroffenen Bänder, deren Überdehnung relativ häufig vorkommt und oft lang andauernde Beschwerden nach sich zieht. Das Verletzungsrisiko wird durch ein weniger tiefes Absenken der Langhantel erheblich verringert. Dabei wird die Hantel nur so tief gesenkt, bis die Oberarme mit der Schulterachse eine Linie bilden. Je nach der Größe des Brustkorbs des Trainierenden wird die Hantel also einige Zentimeter vor der Brust gestoppt. Athleten von Kraftdisziplinen haben häufig eine so gut entwickelte Brust- und Rückenmuskulatur und einen so großen Brustkorb, dass sie die Hantel bis auf die Brust absenken können, ohne in eine gesundheitsgefährdende Position für das Schultergelenk zu kommen. Ein ähnliches Verletzungsrisiko wie beim Bankdrücken tritt auch bei der tiefen Ausführung der Übungen Stützbeugen (Dips), fliegende Bewegungen (Flys) und Butterfly auf und sollte jeweils durch eine nicht zu tiefe Bewegungsausführung vermieden werden. EMG-Vergleiche von Übungen mit tiefer und nicht tiefer, gesundheitsschonender Ausführung zeigen bei gleichem Gewicht keine großen Intensitätsunterschiede, sodass durchaus auf die tiefe Ausführung verzichtet werden kann, ohne Effektivitätsnachteile befürchten zu müssen. Die Effektivität wird bei der nicht tiefen Ausführung vermutlich sogar höher sein, da ein größeres Gewicht bewältigt werden kann.

GROSSER BRUSTMUSKEL

Kabelziehen über Kreuz

Die in der EMG-Rangliste (vgl. Tab. 88) zweitplatzierte Übung, **Kabelziehen über Kreuz** (cable cross over), erfüllt in idealer Weise die anatomischen Funktionen des großen Brustmuskels, das

Vor-den-Körper-Ziehen der Arme (Anteversion und Adduktion) mit Innenrotation (bei optimaler Ausführung). Aufgrund der mangelhaften Führung der Bewegung und der schwierigen Stabilisierung des Körpers ist diese Übung

GROSSER BRUSTMUSKEL – ÜBUNG KABELZIEHEN ÜBER KREUZ

Abbildung	Arm-Rumpf-Winkel	pars abdominalis		pars sternocostalis		pars clavicularis	
		$\bar{x}$R	$\bar{x}$EMG	$\bar{x}$R	$\bar{x}$EMG	$\bar{x}$R	$\bar{x}$EMG
	0° nach unten zum Körper	1,0	398	1,1	567	1,7	635
	45°	2,0	308	1,9	483	2,2	637
	90°	3,0	208	3,0	268	2,0	639

Tab. 93: Vergleich von drei Varianten der Übung Kabelziehen über Kreuz mit **Variation des Arm-Rumpf-Winkels** für die drei Anteile des großen Brustmuskels nach den durchschnittlichen Rangplätzen ($\bar{x}$R) und den durchschnittlichen EMG-Aktivitäten in µV ($\bar{x}$EMG); n = 10

für Anfänger schwierig und macht eine gewissenhafte Technikschulung notwendig.

EMG-Messungen der drei Anteile des großen Brustmuskels bei drei Ausführungsvarianten des Kabelziehens über Kreuz erbrachten folgende Ergebnisse (vgl. Tab. 93).

Je tiefer der Arm nach unten geführt wird, desto schwerere Gewichte können bewältigt werden. Vergleichbar mit der Übung Bankdrücken, erweist sich auch beim Kabelziehen über Kreuz die Variante mit dem kleinsten Arm-Rumpf-

> **Kabelziehen über Kreuz** ist eine sehr intensive Übung, die bei tiefer Armführung (sehr kleiner Arm-Rumpf-Winkel) für alle drei Anteile des großen Brustmuskel am effektivsten ist.

Winkel (0°, tiefer Armzug) und dem schwersten Trainingsgewicht für alle drei Anteile des großen Brustmuskels als die effektivste Übung. Nur beim oberen Teil des Brustmuskels (pars clavicularis) gleicht die anatomische Funktion, den Arm vor-hoch vor den Körper zu ziehen, das schwerere Gewicht beim tiefen Armzug aus, sodass alle drei Übungsvarianten (0°, 45°, 90°) für diesen Muskelanteil eine annähernd gleiche Muskelaktivierung bewirken.

Butterfly an Maschinen

Die Übung Butterfly gehört zu den Übungen mit hoher Aktivierung des großen Brustmuskels, die durch die gute Fixierung des Körpers in der Maschine und den Einsatz hoher Lasten erreicht wird. Die Innenrotation des Oberarmes ist eine Nebenfunktion des großen Brustmuskels. Deshalb war bei der EMG-Überprüfung des Rotationseinflusses auf die drei Anteile des M. pectoralis major eine Dominanz der Innenrotationsvariante zu erwarten. Tab. 94 dokumentiert die Ergebnisse der Überprüfung.

Die Messwerte zeigen, dass überraschenderweise der untere Anteil des großen Brustmuskels (pars abdominalis) und der mittlere Anteil (pars sternocostalis) bei innen- bzw. außenrotierter Oberarmposition gleich intensiv aktiviert werden. Der obere Anteil (pars clavicularis) dagegen wird durch die innenrotierte Variante deutlich intensiver angesprochen.

> Die Übung **Butterfly an Maschinen** ist eine effektive Übung für den großen Brustmuskel. Eine Ausführung mit Innenrotation des Oberarms ist vor allem für den oberen Anteil des M. pectoralis major empfehlenswert, der dadurch wesentlich intensiver aktiviert wird.

GROSSER BRUSTMUSKEL – ÜBUNG BUTTERFLY AN MASCHINEN, OBERARM-RUMPF-WINKEL 90°

Abbildung	Rotation des Ober- arms	pars abdominalis		pars sternocostalis		pars clavicularis	
		$\bar{x}$R	$\bar{x}$EMG	$\bar{x}$R	$\bar{x}$EMG	$\bar{x}$R	$\bar{x}$EMG
	Innen- rotation	1,4	305	1,5	456	1,1	817
	Außen- rotation	1,6	313	1,5	460	1,9	694

Tab. 94: Vergleich von zwei Varianten der Übung Butterfly an Maschinen mit **Variation der Rotation der Arme** für die drei Anteile des großen Brustmuskels nach den durchschnittlichen Rangplätzen ($\bar{x}$R) und den durchschnittlichen EMG-Aktivitäten in µV ($\bar{x}$EMG); n = 10

Fliegende Bewegungen mit Kurzhanteln

Flys gehören zum traditionellen Übungsrepertoire des Brusttrainings. Ihre schlechte Platzierung auf dem fünften Platz der EMG-Rangliste (vgl. Tab. 88) ist durch die relativ kurze Phase des Bewegungsablaufs mit hoher Muskelspannung bedingt. Nur bei etwa waagerecht ausgebreiteten Armen wirkt das Gewicht aufgrund des langen Hebels optimal auf den Muskel. Mit zunehmendem Anheben der Arme verkürzt sich der Lastarm. Wenn die Kurzhanteln senkrecht über den Schultergelenken stehen (Arme gestreckt nach oben), wird der große Brustmuskel nur noch minimal aktiviert. Die Übung ist also durch große Spannungsunterschiede zwischen den tiefen Phasen der Bewegung (Arme ausgebreitet = sehr große Muskelspannung) und den hohen Phasen (Arme nach oben gestreckt = sehr geringe Muskelspannung) gekennzeichnet. Die

> **Fliegende Bewegungen (Flys) mit Kurzhanteln** sind dann besonders intensiv, wenn nur kleine Teilbewegungen mit weit ausgebreiteten Armen (um 180°) in Dehnposition des großen Brustmuskels ausgeführt werden.

durchschnittliche Muskelaktivierung ist deshalb deutlich geringer als bei den Übungen, die in der Rangliste davor platziert sind. Wenn auf ein vollstän-

diges Anheben der Gewichte verzichtet wird und nur Teilbewegungen mit ausgebreiteten Armen um 180° ausgeführt werden, kann die Trainingseffektivität stark verbessert werden. EMG-Messungen bestätigen diese Überlegungen (vgl. Tab. 95).

Pullover

Die Übung Pullover erzielt nur eine geringe Muskelaktivierung (vgl. Tab. 88, S. 351) und eignet sich nicht für ein gezieltes Training des großen Brustmuskels.

GROSSER BRUSTMUSKEL – ÜBUNG FLYS MIT KURZHANTELN

Rang-platz	Abbildung	Ausführung	x̄R	x̄EMG	Diff. [%]
1		Teilbewegung in Dehnstellung des Muskels	1,1	615	0
2		Komplette Übungsausführung	1,9	446	−27

Tab. 95: Vergleich von zwei Varianten der Übung Flys mit Kurzhanteln mit **Variation der Übungsausführung** für die drei Anteile des großen Brustmuskels nach dem durchschnittlichen Rangplatz (x̄R) und der Summe der durchschnittlichen EMG-Aktivität in µV (x̄EMG); n = 10

Übungen ohne Zusatzgewichte (vgl. Tab. 89, S. 352)

Die Intensität der Übungen ohne Zusatzgewichte hängt weitgehend vom eigenen Körpergewicht und der willkürlichen Muskelkontraktion ab. Deshalb sind diese Übungen nicht mit jenen vergleichbar, die durch Zusatzlasten standardisierbar sind.

Die Übung **Stützbeugen** (**Dips**) ist ähnlich wie das Klimmziehen für viele Anfänger und weniger Fortgeschrittene so schwer, dass keine oder nur wenige korrekte Wiederholungen möglich sind.

Dips gehören zu den sehr wirksamen Übungen, wie der hohe durchschnittliche EMG-Messwert von 338 µV zeigt. Ein Vergleich der tiefen Dips mit den nicht tiefen Dips ergibt folgendes Ergebnis (vgl. Tab. 96).

Tiefes Stützbeugen belastet den Band- und Kapselapparat des Schultergelenks hoch und führt zu keiner höheren Muskelaktivierung. Bei einer tiefen Übungsausführung hängt der Trainierende im tiefsten Punkt kurzzeitig in den passiven Strukturen des Schultergelenks, was mit einer stark abfallenden Muskelaktivität

GROSSER BRUSTMUSKEL, OBERER ANTEIL – ÜBUNG STÜTZBEUGEN (DIPS)					
Rang-platz	Abbildung	Tiefe der Übungs-ausführung	$\bar{x}$R	$\bar{x}$EMG	Diff. [%]
1		nicht tief	1,3	338	0
2		tief	1,6	338	0

Tab. 96: Vergleich von zwei Varianten der Übung Stützbeugen (Dips) mit **Variation der Tiefe der Übungsausführung** nach dem durchschnittlichen Rangplatz ($\bar{x}$R) und der durchschnittlichen EMG-Aktivität in µV ($\bar{x}$EMG); n = 10

einhergeht. Bei nicht tiefer Ausführung muss das Körpergewicht immer durch aktive Muskelarbeit gehalten werden. Das nicht tiefe Stützbeugen ist deshalb der tiefen Variante sowohl wegen der höheren Effektivität als auch aus gesundheitlichen Gründen vorzuziehen. Gleiches gilt für Dips an Maschinen, zumal hier in einem größeren Ellbogenwinkel zusätzlich mehr Gewicht genommen werden kann als bei einem kleineren Ellbogenwinkel.

Die Übung Stützbeugen aktiviert den unteren Teil des großen Brustmuskels. Das ist verständlich, weil das Strecken der Arme nach vorn unten einen sehr kleinen Oberarm-Rumpf-Anteversionswinkel bedingt und diese Richtung der Kraftentfaltung den unteren Anteil des großen Brustmuskels stärker beansprucht.

> **Stützbeugen (Dips)** mit nicht maximal tiefem Beugen der Arme (Verletzungsprophylaxe) ist eine hochintensive Übung, die verstärkt den unteren Anteil des großen Brustmuskels aktiviert.

Der **Liegestütz** ist für alle Personen, die vorwiegend zu Hause ohne Hanteln trainieren, die wichtigste Übung für den großen Brustmuskel, der damit sehr effektiv trainiert wird. Da die Belastung, wie beim Stützbeugen, vom Körpergewicht und vom Trainingszustand abhängt, erweist sich der Liegestütz für die meisten nicht speziell krafttrainierten Fitness-Sportler als sehr intensive Übung. Die Intensität des Liegestütz kann bei Untrainierten verringert werden, indem die Hebellänge verkürzt und ein Knieliegestütz durchgeführt wird.

Die Frage nach der Effektivität in Abhängigkeit von der Handstellung beantwortet die EMG-Messung in Tab. 97.

In der Trainingspraxis wird von der Annahme ausgegangen, dass der Liegestütz mit nach außen zeigenden Ellbogen (Innenrotation im Schultergelenk) den großen Brustmuskel stärker aktiviert als eine Übungsausführung mit eng am Körper geführten Oberarmen. Diese Annahme lässt sich durch unsere Untersuchungen nicht bestätigen.

> Der **Liegestütz mit schulterbreiter gerader Handstellung** aktiviert alle drei Anteile des großen Brustmuskels am stärksten.

Mit deutlichem Abstand folgt die Variante mit innenrotierter Handstellung. Der Liegestütz mit breiter Handstellung erreicht nur den letzten Platz. Auch die Aktivierung des Trizeps (caput laterale) ergibt bei beiden Übungsvarianten überraschenderweise keinen nennenswerten Unterschied.

Viele Muskeln können auch ohne Gewichte und ohne den Einsatz des Körpergewichts, ausschließlich durch einen vorgestellten, imaginären Widerstand trainiert werden. In einem Bodybuilding-Wettkampf muss der Athlet beim Posing seine Muskeln so kräftig kontrahieren, dass sie optisch optimal hervortreten. Eine ähnliche Methode stellt das Training gegen imaginären Widerstand dar. Die Übung **fliegende Bewegungen (Flys) gegen imaginären Widerstand** erzeugt eine nahezu ebenso hohe Muskelaktivität wie die gleiche Übung mit Kurzhanteln (vgl. Tab. 88, S. 351) oder der Liegestütz (vgl. Tab. 89, S. 352).

Allerdings erfordert ein Training gegen imaginären Widerstand viel Trainingserfahrung, ein gutes Körpergefühl und hohe Willenskraft. Die Methode eignet sich nicht für einen Langzeiteinsatz, sondern kann zur Überbrückung von Trainingspausen, z. B. im Urlaub oder nach Verletzungen, nützlich sein.

GROSSER BRUSTMUSKEL – ÜBUNG LIEGESTÜTZ

Abbildung	Hand-stellung	pars abdominalis		pars sternocostalis		pars clavicularis	
		$\bar{x}R$	$\bar{x}EMG$	$\bar{x}R$	$\bar{x}EMG$	$\bar{x}R$	$\bar{x}EMG$
	gerade, schulterbreit	1,6	342	1,2	517	1,2	851
	innenrotiert, Finger zeigen schräg nach innen	1,7	330	2,1	420	2,0	750
	breit	2,7	294	2,7	413	2,8	675

Tab. 97: Vergleich von drei Varianten der Übungen Liegestütz mit **Variation der Handstellung** für die drei Anteile des großen Brustmuskels nach den durchschnittlichen Rangplätzen ($\bar{x}R$) und den durchschnittlichen EMG-Aktivitäten in µV ($\bar{x}EMG$); n = 10

Zusammenfassung der Ergebnisse
- Bankdrücken auf der negativen Schrägbank ist die beste Komplexübung für alle drei Anteile des großen Brustmuskels, gefolgt vom Flachbankdrücken.
- Die ebenfalls sehr intensive Übung Kabelziehen über Kreuz aktiviert alle drei Muskelanteile bei tiefer Armführung am stärksten.
- Butterflys mit Innenrotation des Oberarms sind für den oberen Teil (pars clavicularis) des großen Brustmuskels besonders effektiv.
- Die Übung Stützbeugen (Dips) ist eine hochintensive Übung, die den unteren Anteil des großen Brustmuskels verstärkt aktiviert.
- Die beste Heimtrainingsübung, der Liegestütz, sollte mit schulterbreiter, gerader Handstellung ausgeführt werden, weil dadurch alle drei Anteile des großen Brustmuskels am stärksten aktiviert werden.
- Um Verletzungen im Schultergelenk zu vermeiden, sollten alle Übungen für den großen Brustmuskel nicht tief, d. h. nur etwa bis zu einer waagerechten Oberarmstellung durchgeführt werden. Effektivitätsverluste sind dabei nicht zu befürchten.

Die Top-Übungen

Top-Übungen für den großen Brustmuskel

1

Bankdrücken mit der Langhantel
Die effektivsten Varianten sind das Bankdrücken auf der Negativ-Schrägbank oder der Flachbank mit weitem Griff und einem individuell angepassten, nicht maximal tiefen Absenken der Hantel (Verletzungsprophylaxe).

2

Kabelziehen über Kreuz
Nach dem gewissenhaften Erlernen und Üben der Technik können alle Anteile des großen Brustmuskels durch eine tiefe Armführung sehr effektiv trainiert werden.

Top-Übungen für den großen Brustmuskel

3

Butterfly an der Maschine
Effektive Übung aufgrund der guten Fixierung des Körpers und des hohen Trainingsgewichts. Maschinen, die zusätzlich eine Innenrotation im Schultergelenk ermöglichen, sind vor allem für den oberen Anteil des großen Brustmuskels vorteilhaft.

4

Fliegende Bewegungen (Flys) mit Kurzhanteln
Die Übung ist dann sehr intensiv, wenn nur Teilbewegungen mit weit ausgebreiteten Armen in Dehnposition des Muskels ausgeführt werden.

5

Stützbeugen (Dips)
Vorzuziehen ist das nicht tiefe Stützbeugen (Verletzungsprophylaxe ohne Effektivitätseinbuße), wobei verstärkt der untere Anteil des großen Brustmuskels (pars abdominalis) aktiviert wird. Die Übungsintensität ist abhängig vom Körpergewicht und vom Trainingszustand.

6

Liegestütz
Die Intensität dieser wichtigsten und effektivsten Heimtrainingsübung ist abhängig vom Körpergewicht und vom Trainingszustand. Eine gerade schulterbreite Handstellung (Finger zeigen nach vorn), Oberarme am Körper, ist deutlich effektiver als eine nach innen gedrehte oder eine breite Handstellung.

Übungen für das Training des großen Brustmuskels

Die Übungen werden aufgrund struktureller Merkmale in zwei Gruppen eingeteilt: Druckübungen (Brustpressübungen) und fliegende Bewegungen (Flys). Jeder Übungsgruppe werden zunächst wichtige gemeinsame Aspekte vorangestellt, bevor die einzelnen Übungen detailliert beschrieben werden.

Druckübungen (Brustpressen)

Wichtige Aspekte bei Druckübungen

1. Die effektivste Komplexübung für alle drei Teile des großen Brustmuskels ist das Bankdrücken auf der Negativschrägbank (−15°), gefolgt vom Bankdrücken auf der Flachbank. Das positive Schrägbankdrücken (Bankneigung +45°) führt nicht – wie häufig angenommen – zu einer verstärkten Aktivierung des oberen Anteils der Brustmuskulatur, sondern sogar zu einer Reduktion. Die aus anatomischer Sicht vorteilhaftere Ausgangsstellung erweist sich letztlich aufgrund des deutlich geringeren bewältigbaren Gewichts sogar als Nachteil.

2. Ein weiter Griff ist effektiver als ein enger Griff.

3. Zur Vermeidung von Verletzungen im Schultergelenk ist es sinnvoll, das Gewicht nicht maximal abzusenken; die Druckbewegung beginnt, wenn sich die Oberarme etwa in Schulterhöhe befinden, d. h. bei etwa waagerechter Oberarmstellung. Hier entstehen keine Aktivierungsverluste, eher im Gegenteil, da bei einer nicht tiefen Ausführung ein höheres Gewicht bewältigt werden kann.

4. Während der Übungsausführung werden die Beine angezogen bzw. die Füße erhöht aufgesetzt, um die Lendenlordose (Hohlkreuz) auszugleichen.

5. Bei allen Druckübungen wird auch der vordere Anteil des Deltamuskels aktiviert. Je steiler die positive Bankstellung ist, desto stärker wird dieser Muskelanteil beansprucht. Auch der Trizeps ist an den Druckübungen mit mittlerer Intensität beteiligt. Die Aktivierung des Trizeps wird durch eine enge Griffhaltung nicht größer, da jetzt deutlich weniger Gewicht bewältigt werden kann.

6. Für alle Dips-Varianten gilt, dass der Ellbogenwinkel im Bewegungsverlauf nicht kleiner als ca. 90° sein sollte. Einerseits erhöht sich bei tiefer Ausführung die ohnehin schon hohe Belastung der vorderen Schultergelenkstrukturen, andererseits wird die Aktivierung des großen Brustmuskels geringer und das bewältigbare Gewicht, bei einer Übungsausführung an Maschinen, kleiner.

GROSSER BRUSTMUSKEL

Bankdrücken mit der Langhantel auf der Negativschrägbank (decline)	Bankdrücken mit der Langhantel auf der Flachbank

Bankdrücken an der Multipresse mit Negativschrägbank (decline)

- Top-Übungen für den gesamten großen Brustmuskel.
- Rückenlage auf einer Negativschrägbank (–15°) oder Flachbank, die Hantelstange befindet sich in Augenhöhe.
- Beine anheben oder Füße erhöht aufsetzen (Ausgleich der Lendenlordose).
- Hantelstange etwas weiter als schulterbreit umfassen, Handgelenke stabilisieren und Rumpfmuskulatur anspannen.
- Absenken des Gewichts auf die Brust, wobei die Oberarme nicht wesentlich tiefer als Schulterhöhe abgesenkt werden (Oberarme waagerecht); ein zu tiefes Absenken des Gewichts bis zum Berühren der Brust erhöht die Belastung des Schultergelenks und führt kaum zu einer Mehraktivierung, sodass ein tiefes Absenken nur in Einzelfällen (z. B. aus sportartspezifischer Sicht wie beim Kugelstoßen) sinnvoll ist.

Anschließend wird die Hantel nach oben gedrückt, wobei die Ellbogengelenke nicht ganz gestreckt werden. Am Bewegungsende kann durch einen Zug der Hände nach innen die Adduktionsfunktion des großen Brustmuskels zusätzlich statisch beansprucht werden, was die Aktivierung zusätzlich erhöht.

- Die Übung kann auch an einer Bankdrückmaschine oder an der Multipresse durchgeführt werden. Diese beiden Geräte lassen jedoch nicht die für den Bewegungsablauf des Bankdrückens günstige leicht bogenförmige Bewegung beim Strecken der Arme zu, sondern geben aufgrund ihrer maschinellen Führung einen geraden Bewegungsablauf vor. Zudem brauchen hierbei weniger Muskeln zur Stabilisierung eingesetzt zu werden.
- Aufgrund der tiefen Lage des Kopfes kommt es beim negativen Schrägbankdrücken zu einem vermehrten Blutfluss Richtung Kopf, was von vielen Trainierenden als unangenehm empfunden wird und für verschiedene Risikogruppen (z. B. Bluthochdruckpatienten) kontraindiziert ist.

Flachbankdrücken mit Kurzhanteln	Schrägbankdrücken (incline)

- Auch das Bankdrücken mit Kurzhanteln ist effektiv, die Aktivierung ist aber aufgund des geringeren bewältigbaren Gewichts deutlich niedriger als beim Bankdrücken mit Langhantel.
- Bei positiver Bankneigung nimmt die Aktivierung vor allem des unteren und mittleren Teils des großen Brustmuskels ab, die des vorderen Anteils des Deltamuskels hingegen zu, wobei sie immer noch deutlich geringer ist als beim Frontdrücken.
- Das Schrägbankdrücken aktiviert vor allem bei steiler Bankstellung keinen Muskelanteil optimal und ist daher wenig empfehlenswert.

Bankdrücken an Maschinen in aufrechter Sitzposition

- Die Effektivität für die Brustmuskulatur variiert je nach Maschinenkonstruktion und dem Winkel zwischen Oberarm und Rumpf. In den meisten Fällen ist sie deutlich geringer als beim horizontalen Bankdrücken.
- Aufrechte Sitzposition in der Maschine, Sitzhöhe so verstellen, dass die Schulterebene etwas oberhalb der Griffebene liegt. Der ganze Rücken hat Kontakt mit dem Polster. Über eine Einstiegshilfe werden, soweit vorhanden, mit dem Fuß die Griffstangen nach vorn gebracht. Die Hände umfassen die Griffstangen, die Ellbogen sind angehoben und zeigen nach außen (Innenrotation im Schultergelenk).
- Die Rumpfmuskulatur anspannen und die Arme gegen den Widerstand der Maschine fast ganz strecken. Anschließend die Griffe nur so weit zurückführen, dass die Oberarme mit der Schulterachse etwa eine Linie bilden. Nach Beendigung der Serie werden die Griffstangen mit der Einstiegshilfe wieder in die Ausgangsposition gebracht.
- Bei zweigelenkigen Maschinen (Dual-Axis) kann die Aktivität des großen Brustmuskels dadurch gesteigert werden, dass die Arme mit dem Vorbringen gleichzeitig vor dem Körper zusammengeführt werden, wodurch zusätzlich die Adduktionsfunktion des großen Brustmuskels beansprucht wird.

Liegestütz

- Die Hauptübung für die Kräftigung der Brust- und Armstreckmuskulatur ohne Gerät ist der Liegestütz mit seinen Varianten. Wichtig ist bei allen Übungsausführungen die Ganzkörperspannung. Der Rumpf und der Kopf werden in einer geraden Linie gehalten, der Blick ist zwischen die Hände gerichtet. Der Liegestütz mit schulterbreiter gerader Handstellung und anliegenden Armen aktiviert alle drei Anteile des großen Brustmuskels am stärksten.
- Beim Knieliegestütz bzw. Wandliegestütz (für Personen mit schwacher Stützkraft) ist die Aktivität deutlich geringer als beim horizontalen Liegstütz. Der horizontale Liegestütz ist eine gute Trainingsübung ohne Gerät. Beim Liegestütz mit erhöhten Beinen ist die Aktivierung noch höher.

Knieliegestütz	Horizontaler Liegestütz	Liegestütz mit erhöhten Beinen

Stützbeugen (Dips)

Dips sind sehr effektive Übungen für den unteren Teil des großen Brustmuskels. Die detaillierte Übungsbeschreibung findet sich im Abschn. 10.4 *Dreiköpfiger Oberarmmuskel* (s. S. 437).

Stützbeugen an der Maschine	Stützbeugen an der Dips-Latissimus-Maschine	Stützbeugen mit dem eigenen Körpergewicht

Fliegende Bewegungen (Flys)

Wichtige Aspekte bei fliegenden Bewegungen (Flys)

1. Zu den fliegenden Bewegungen gehören die Flys mit Kurzhanteln, der Butterfly an Maschinen und Kabelzugübungen.
2. Im Rahmen der Flys stellt die Übung Butterfly an Maschinen mit Innenrotation eine der Top-Übungen für den oberen Anteil des großen Brustmuskels dar. Die Übung Kabelziehen über Kreuz bei tiefer Armführung ist eine der Top-Übungen für den mittleren und unteren Anteil des großen Brustmuskels.
3. Bei Butterfly-Varianten ist eine Innenrotation im Schultergelenk für den oberen Anteil günstiger als eine Außenrotation. Für die beiden anderen Teile ist die Armstellung unerheblich.
4. Bei allen Varianten der Übung Flys findet sich aufgrund des Hebelarms nur bei ausgebreiteten Armen in der Dehnstellung der Brustmuskulatur eine hohe Aktivierung, sodass nur Teilbewegungen in diesem Bereich für das Training hochintensiv sind.
5. Bei allen Fly- und Butterfly-Varianten ist es zur Vermeidung von Verletzungen im Schultergelenk ratsam, die Gewichte nur bis zu einer waagerechten Oberarmstellung abzusenken. Aktivierungsverluste treten hierbei nicht auf.

Kabelziehen über Kreuz

- Sehr effektive Übung, vor allem für den mittleren und unteren Anteil des großen Brustmuskels.
- Etwa schulterbreiter Stand mit leicht gebeugten Knien bzw. Schrittstellung oder kleiner Ausfallschritt etwas vor den Seilzügen.
- Die von oben kommenden Seilzuggriffe fassen, Handgelenke aktiv stabilisieren, Rumpfmuskulatur anspannen und eine leichte Körpervorlage einnehmen; der Rücken bleibt gerade.
- Die Oberarme sind innenrotiert, sodass die Handrücken nach vorn und die Ellbogen nach hinten oben zeigen; der Winkel im Ellbogengelenk beträgt 90° oder größer.
- Die Arme mit stark nach unten gerichtetem Armzug vor der Hüfte zusammenführen und, bei Verstärkung der Innenrotation, überkreuzen; anschließend kontrollierte Rückführung der Arme wieder in die Ausgangsposition.

Butterfly an der Maschine	Butterfly an einer Maschine mit Griffen oder Griffstangen
	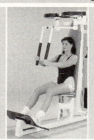

- Effektive Übung für den großen Brustmuskel (vor allem für den oberen Anteil), insbesondere dann, wenn die Durchführung mit einer Innenrotation der Oberarme durchgeführt wird.
- Aufrechte Sitzposition, der ganze Rücken muss Kontakt mit dem Polster haben.
- Mit der Einstiegshilfe die Armauflageflächen nach vorn holen, Oberarm-Rumpf-Winkel und Ellbogenwinkel jeweils ca. 90°.
- Die Rumpfmuskulatur anspannen und die Arme vor dem Körper zusammenführen, anschließend die Arme kontrolliert nicht weiter als bis auf Höhe der Schulterachse zurückführen.
- An Geräten, bei denen Griffe oder Griffstangen mit den Händen gefasst und die Arme nicht gegen ein Polster gedrückt werden, soll mit leicht gebeugten Armen trainiert werden, weil bei gestreckten Armen eine erhöhte Ellbogenbelastung auftreten kann.

Pullover / Überzüge

- Die Übung gehört nicht zur Gruppe der fliegenden Bewegungen (Flys). Sie wird hier dargestellt, weil sie in der Praxis fälschlicherweise häufig den Brustmuskelübungen zugeordnet wird.
- Die Übung führt weder zu einer hohen Aktivierung des großen Brustmuskels noch zu einer angemessenen Beanspruchung des Latissimus bzw. Trizeps. Möglicherweise liegt die Hauptwirkung auf den Serratusmuskeln.
- Lage rücklings quer mit den Schultern auf einer Bank, die Füße stehen etwa schulterbreit auf dem Boden, oder Rückenlage auf einer Flachbank mit angehobenen Beinen.
- Die Rumpfmuskulatur anspannen, eine SZ-Hantel hinter den Kopf absenken und anschließend mit gestreckten Armen bis in die Senkrechte führen.
- Die Übung kann alternativ auch beidarmig mit einer Kurzhantel durchgeführt werden.

Flys mit Kurzhanteln auf der Flachbank	Flys am Doppelkabelzug

- Die Normalausführung der Übung ist weniger effektiv als die Übungen Bankdrücken, Butterfly und Kabelziehen über Kreuz, weil die Bewegungsabschnitte mit annähernd senkrechter Armstellung nur zu einer geringeren Aktivierung des großen Brustmuskels führen (kurzer Lastarm) und die Stabilisierung des Körpers schwierig ist, was zu einer Reduzierung des bewältigbaren Gewichts führt. Eine modifizierte Übungsausführung mit kleinen Teilbewegungen im Bewegungsabschnitt mit etwa waagerecht ausgebreiteten Armen ist dagegen hochintensiv und sehr effektiv.
- Rückenlage auf einer Flachbank, die Beine anheben oder die Füße erhöht abstellen (Ausgleich der Lendenlordose).
- In der Ausgangsstellung werden die Kurzhanteln mit gestreckten Armen senkrecht über den Schultern gehalten.
- Die Rumpfmuskulatur anspannen und beide Arme nahezu gestreckt oder im Ellbogen um ca. 90° gebeugt langsam seitlich bis in die Dehnstellung der Brustmuskulatur senken. Dabei sollten die Arme aus Gründen der Verletzungsprophylaxe nicht viel tiefer als bis zur Schulterachse abgesenkt werden. Mit zunehmendem Anheben der Arme reduziert sich der Lastarm, und die Aktivierung nimmt deutlich ab.
- Viele Trainierende wählen bei dieser Übung einen Ellbogenwinkel größer als 90° bis fast zur Streckung des Ellbogengelenks. Hierbei wird zwar das bewältigbare Gewicht kleiner, der Lastarm aber deutlich größer. Die Arme dürfen nicht völlig gestreckt werden, weil dabei eine erhöhte Belastung des Ellbogengelenks auftritt.
- Im Vergleich zur Flachbank nimmt die Aktivität bei Flys mit Kurzhanteln auf der Schrägbank für den großen Brustmuskel deutlich ab, für den vorderen Anteil des Deltamuskels hingegen zu. Die Übung ist weniger effektiv als die Übung Schrägbankdrücken und insgesamt aufgrund ihrer vergleichsweise geringen Aktivierung wenig empfehlenswert.
- Die Übung kann auch am Doppelkabelzug im Liegen auf der Flachbank durchgeführt werden. Im Gegensatz zur Übungsausführung mit Kurzhanteln ist die Aktivierung der Brustmuskulatur hierbei durchgängig hoch.

10.2 Deltamuskel (M. deltoideus)

Inhaltsübersicht

Aufgaben des Deltamuskels 375
Funktionell-anatomische Grundlagen 375
Funktionstabellen 376

EMG-gestützte Übungsranglisten 379
Rangliste der Übungen für den Deltamuskel, vorderer Anteil 379
Rangliste der Übungen für den Deltamuskel, mittlerer Anteil 380
Rangliste der Übungen für den Deltamuskel, hinterer Anteil 381

Kommentar zu den EMG-Ranglisten 382
Zu den Übungen für den Deltamuskel, vorderer Anteil 382
Zu den Übungen für den Deltamuskel, mittlerer Anteil 384
Analyse der Übung Reverse-Flys 384
Zu den Übungen für den Deltamuskel, hinterer Anteil 387
Zusammenfassung der Ergebnisse 387
Die Top-Übungen 388

Übungen für das Training des Deltamuskels 389
Übungen für den Deltamuskel, vorderer Anteil 389
Übungen für den Deltamuskel, mittlerer Anteil 392
Übungen für den Deltamuskel, hinterer Anteil 393

Aufgaben des Deltamuskels

Funktonell-anatomische Grundlagen

Der Deltamuskel gehört zur Schultergelenkmuskulatur. Das Schultergelenk benötigt aufgrund seiner großen Beweglichkeit und der mangelhaften knöchernen Führung eine ausgeprägte muskuläre Stabilisation. Der Deltamuskel spielt hierbei eine wichtige Rolle, da er das Schultergelenk kappenartig umschließt. Er bildet somit auch die Kontur der Schulter und verleiht ihr die runde Form. Seine anatomische Dreiteilung, vorderer Anteil (pars clavicularis), mittlerer Anteil (pars acromialis), hinterer Anteil (pars spinalis), verleiht dem Deltamuskel die typische Dreieckform und ermöglicht ihm funktionell eine Beteiligung an allen Schultergelenkbewegungen. Da die einzelnen Anteile unterschiedliche Aufgaben erfüllen, müssen sie auch mit unterschiedlichen Übungen trainiert werden.

Deltamuskel (M. deltoidus)

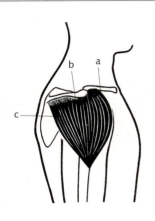

Ansicht: Rumpf von der Seite

Ursprung:
- (a) **Pars clavicularis** (vorn) – Schlüsselbein (clavicula)
- (b) **Pars acromialis** (Mitte) – Schulterhöhe (acromion)
- (c) **Pars spinalis** (hinten) – Schulterblattgräte (spina scapulae)

Ansatz:
- Oberarmknochen oben / außen (tuberositas deltoidea)

Funktion:
- **Pars clavicularis** – Arm nach vorn führen (Anteversion), Arm an den Körper heranziehen (Adduktion) und Innenrotation
- **Pars acromialis** – Arm vom Körper abspreizen (Abduktion). Bei zunehmender Abduktion sind auch die beiden anderen Teile beteiligt.
- **Pars spinalis** – Arm nach hinten führen (Retroversion), Adduktion und Außenrotation

Abb. 28: Deltamuskel (modifiziert nach Rohen 1998)

DELTAMUSKEL, VORDERER ANTEIL
(M. DELTOIDEUS, PARS CLAVICULARIS)

Gelenk / Körperteil	Kräftigung	Dehnung
Schultergelenk	• Arm vor-hoch heben (Anteversion) und vor den Körper ziehen (Adduktion) • Innenrotation	• Arm weit hinter den Körper führen (Retroversion) und Abspreizen (Abduktion) • Außenrotation
Muskel / Muskelanteil	Optimale Kräftigungsübung	Optimale Dehnübung
Deltamuskel, vorderer Anteil	 • Frontdrücken	 • Den Unterarm mit der Kleinfingerkante an eine Kante legen • Den Oberkörper vom Arm weg nach vorn drehen

Tab. 98: Funktionstabelle für den vorderen Anteil des Deltamuskels und Ableitung der optimalen Kräftigungs- und Dehnübung

Funktionstabellen

Die Funktionstabelle zeigt, welchen Einfluss (Funktion) der Muskel bei Kraft- und Dehntraining auf die beteiligten Gelenke ausübt. Die Tabelle ermöglicht darüber hinaus die Ableitung der optimalen Kraft- und Dehnübung und eine fachliche Beurteilung (Funktionscheck) jeder Übung (vgl. Abschn. 6.2 *Muskelfunktionstabellen*).

Die folgenden drei Funktionstabellen zeigen, dass wir einen vorderen, mittle-

DELTAMUSKEL, MITTLERER ANTEIL (PARS ACROMIALIS)

Gelenk / Körperteil	Kräftigung	Dehnung
Schultergelenk	• Arm seitlich heben (Abduktion)	• Oberarm vor den Körper ziehen (Adduktion)
Muskel / Muskelanteil	**Optimale Kräftigungsübung**	**Optimale Dehnübung**
Deltamuskel, mittlerer Anteil	• Arm seitlich bis leicht über die Waagerechte heben • Oberarme innenrotieren	• Oberarm diagonal vor den Körper ziehen • Der freie Arm drückt den Oberarm zusätzlich an den Körper

Tab. 99: Funktionstabelle für den mittleren Anteil des Deltamuskels und Ableitung der optimalen Kräftigungs- und Dehnübung

ren und hinteren Anteil des Deltamuskels mit unterschiedlichem Muskelursprung, unterschiedlichen Verlaufsrichtungen der Muskelfasern und z. T. gegensätzlichen Wirkungen auf das Schultergelenk unterscheiden müssen.

Für jeden der drei Anteile des Deltamuskels lässt sich eine eigene optimale Kraft- und Dehnübung ableiten.

DELTAMUSKEL 377

DELTAMUSKEL, HINTERER ANTEIL (PARS SPINALIS)

Gelenk/ Körperteil	Kräftigung	Dehnung
Schultergelenk	• Arm rück-hoch heben (Retro-version) • Außenrotation	• Arm diagonal vor den Körper ziehen (Anteversion) • Innenrotation
Muskel/ Muskelanteil	**Optimale Kräftigungsübung**	**Optimale Dehnübung**
Deltamuskel, hinterer Anteil	 • Reverse-Flys • Oberarme rück-hoch heben • Oberarme außenrotieren*	 • Arm diagonal vor den Körper führen • Oberarm innenrotieren

* Die EMG-Messungen und die Erfahrungen der Praxis haben gezeigt, dass Kräftigungs-übungen mit Innenrotation effektiver sind als Reverse-Fly-Varianten mit Außenrotation (vgl. Tab. 106, S. 386).

Tab. 100: Funktionstabelle für den hinteren Anteil des Deltamuskels und Ableitung der optimalen Kräftigungs- und Dehnübung

EMG-gestützte Übungsranglisten

Die EMG-gestützten Übungsanalysen ermöglichen es, verschiedene Kraftübungen für einen Muskel zu vergleichen und eine Übungsrangliste zu erstellen. Das vollständige Untersuchungsdesign ist in Abschn. 5.3 *Übungsranglisten für einzelne Muskelgruppen* dargestellt.

Die funktionell-anatomischen Grundlagen und die Funktionstabellen für den Deltamuskel haben gezeigt, dass die drei Anteile des Muskels unterschiedliche, z. T. gegensätzliche Funktionen besitzen. Jeder Teil des Deltamuskels muss deshalb mit speziellen Übungen trainiert werden, sodass sich auch drei Übungsranglisten ergeben.

Rangliste der Übungen für den Deltamuskel, vorderer Anteil

Rang-platz	Abbildung	Bezeichnung	$\bar{x}$ R	$\bar{x}$ EMG
1		Frontdrücken mit der Langhantel	1,4	926
2		Nackendrücken mit der Langhantel	2,3	749
3		Arm vor-hoch heben mit Kurzhanteln und Außenrotation	3,6	548

Rang-platz	Abbildung	Bezeichnung	x̄R	x̄EMG
4		Bankdrücken mit der Langhantel auf der Flachbank	3,8	580
5		Arm-Seitheben mit Kurz-hanteln und Innenrotation	3,8	556

Tab. 101: EMG-gestützte Rangliste von Übungen für den vorderen Anteil des Delta-muskels nach dem durchschnittlichen Rangplatz (x̄R) und der durchschnittlichen EMG-Aktivität in μV (x̄EMG); n = 10

Rangliste der Übungen für den Deltamuskel, mittlerer Anteil

Rang-platz	Abbildung	Bezeichnung	x̄R	x̄EMG
1		Arm-Seitheben mit Kurzhanteln mit Innen-rotation	1,5	754
2		Reverse-Flys mit Außenrotation an der Maschine	1,8	700

380   BRUST-, SCHULTER-, ARMMUSKULATUR

Rang-platz	Abbildung	Bezeichnung	x̄R	x̄EMG
3		Nackendrücken mit der Langhantel	2,7	592

Tab. 102: EMG-gestützte Rangliste von Übungen für den mittleren Anteil des Deltamuskels nach dem durchschnittlichen Rangplatz (x̄R) und der durchschnittlichen EMG-Aktivität in μV (x̄EMG); n = 10

Rangliste der Übungen für den Deltamuskel, hinterer Anteil

Rang-platz	Abbildung	Bezeichnung	x̄R	x̄EMG
1		Reverse-Flys an der Maschine mit Innenrotation, Winkel Oberarm–Rumpf 90°	1,3	1392*
2		Reverse-Flys mit Kurzhanteln und Innenrotation, Bauchlage auf einer Flachbank, Winkel Oberarm–Rumpf 90°	1,7	1212*

* Die durchschnittliche EMG-Aktivität (x̄EMG) für die Übungen des hinteren Anteils des Deltamuskels wurde in einer gesonderten Untersuchung erhoben. Daher sind die ermittelten Werte in μV nicht direkt mit den Messwerten für den vorderen und den mittleren Deltaanteil vergleichbar.

Tab. 103: EMG-gestützte Rangliste von Übungen für den hinteren Anteil des Deltamuskels nach dem durchschnittlichen Rangplatz (x̄R) und der Summe der durchschnittlichen EMG-Aktivität in μV (x̄EMG); n = 10

Kommentar zu den EMG-Ranglisten

Zu den Übungen für den Deltamuskel, vorderer Anteil (vgl. Tab. 101)

Die Verbindung der anatomischen Funktionen des M. deltoideus, pars clavicularis, Anteversion, Adduktion und Innenrotation mit der Bewältigung eines möglichst hohen Gewichts, gelingt bei der Übung **Frontdrücken mit der Langhantel** am besten. Diese Übung zeigt die mit Abstand größte Muskelspannung und erweist sich als die effektivste Übung für diesen Muskelanteil. Die Aktivität des vorderen Teils des Deltamuskels steigt vom Bankdrücken auf der negativ geneigten Schrägbank (Kopf nach unten), über das Flachbankdrücken, das positive Schrägbankdrücken (Kopf nach oben) mit zunehmendem Neigungswinkel der Bank bis zum Frontdrücken mit senkrecht stehender Rückenlehne kontinuierlich an, während umgekehrt das bewältigbare Gewicht stetig abnimmt. Deshalb ist die Übung **Bankdrücken mit der Langhantel auf der Flachbank** in der Übungsrangliste für den vorderen Deltaanteil nur auf einem mittleren Rangplatz zu finden.

Das **Nackendrücken** liegt auf dem zweiten Rangplatz. Es erzeugt eine deutlich geringere Muskelspannung als das Frontdrücken, und der mittlere Anteil des Deltamuskels übernimmt einen erheblichen Teil der Arbeit. Dennoch hebt sich das Nackendrücken von allen weiteren Übungen ab und kann als eine gute

> Je größer der Winkel zwischen dem Rumpf und dem Oberarm ist, desto stärker wird der vordere Anteil des Deltamuskels bei Varianten des Bankdrückens aktiviert, d. h., je steiler die Sitzposition ist, desto größer ist die Aktivierung des Muskels. Die optimale Übung ist das Frontdrücken mit der Langhantel.

Komplexübung für den vorderen und den mittleren Anteil des Deltamuskels gemeinsam eingesetzt werden.

Das **Vor-hoch-Heben der Arme mit Kurzhanteln** kann die anatomischen Funktionen des vorderen Deltamuskels ebenfalls optimal erfüllen, erreicht aber dennoch nur mittlere Werte, ähnlich wie das Flachbankdrücken mit der Langhantel und das Seitheben des Armes mit Innenrotation.

Den Einfluss der Rotation des Oberarmes klärt der Übungsvergleich in Tab. 104.

Überraschenderweise erweist sich nicht das Frontheben mit Innenrotation als die Übung mit der höchsten Muskelspannung, wie es gemäß der funktionellen Anatomie zu erwarten wäre, sondern die außenrotierte Variante, gefolgt von den beiden gleichauf liegenden Übungen mit Innenrotation und mit neutraler Stellung des Oberarms. Wie Vergleichsmessungen am mittleren Deltaanteil zeigen, aktiviert das Frontheben mit Innenrotation bereits verstärkt diesen Anteil des Deltamuskels und verliert deshalb für den vorderen Anteil an Wirksamkeit.

Das Zusammenspiel des vorderen und mittleren Teils des M. deltoideus zeigt auch die Übung **Arm-Seitheben mit Kurzhanteln und Innenrotation**. Sie aktiviert den vorderen Deltaanteil nur mit mittlerer Intensität, aber immerhin ebenso stark wie das Frontheben mit Kurzhanteln und das Bankdrücken mit der Langhantel (vgl. Tab. 101). Sie ist aber für den mittleren Teil des Delta-

VORDERER ANTEIL DES DELTAMUSKELS – ÜBUNG FRONTHEBEN DES ARMES MIT KURZHANTELN

Rang-platz	Abbildung	Rotation des Oberarmes	$\bar{x}$R	$\bar{x}$EMG	Diff. [%]
1		Außenrotation	1,6	548	0
2		Innenrotation	2,0	460	−16
3		Neutrale Stellung des Oberarms (Hammergriff)	2,1	482	−12

Tab. 104: EMG-Vergleich von drei Varianten der Übung Frontheben des Armes mit Kurzhantel für den vorderen Anteil des Deltamuskels mit **Variation der Rotation des Oberarms** nach dem durchschnittlichen Rangplatz ($\bar{x}$R) und der durchschnittlichen EMG-Aktivität in µV ($\bar{x}$EMG); n = 10

muskels die Übung Nr. 1 und stellt deshalb, ebenso wie das Nackendrücken, eine empfehlenswerte Komplexübung für beide Deltaanteile dar.

Reverse-Fly-Varianten erzeugen erwartungsgemäß nur geringe Muskelspannungen für den vorderen Deltaanteil (100 – 200 μV), und auch das Frontziehen mit der SZ-Hantel ist mit einem Wert von 300 μV keine empfehlenswerte Übung für den pars clavicularis des Deltamuskels.

Zu den Übungen für den Deltamuskel, mittlerer Anteil (vgl. Tab. 102)

Der mittlere Deltaanteil (M. deltoideus, pars acromialis) spreizt den Arm seitlich ab (Abduktion). Diese Funktion erfüllen alle Varianten der Übung Arm-Seitheben. Sie sind effektive und empfehlenswerte Übungen für diesen Muskelanteil.

Das **Seitheben der fast gestreckten Arme mit Kurzhanteln und Innenrotation** erzielt die höchsten Spannungen und ist die optimale Kraftübung für den mittleren Anteil des Deltamuskels.

Reverse-Flys sind typische Übungen für den hinteren Deltaanteil. Die Übung **Reverse-Flys mit Außenrotation** an einer Maschine erreicht möglicherweise deshalb so hohe Muskelspannungen für den mittleren Deltamuskel, weil die guten Fixierungsmöglichkeiten des Körpers und die Bewegungsführung der Maschine die Bewältigung hoher Gewichte ermöglichen und die Außenrotation der Oberarme den mittleren Deltaanteil an der Maschine in eine vorteilhafte Position bringt. Die Übung ist eine hervorragende Komplexübung für den mittleren und hinteren Deltaanteil.

Das **Nackendrücken mit der Langhantel** fällt gegenüber den beiden die Übungsrangliste anführenden Übungen zwar ab und ist als spezielle Übung für den mittleren Deltamuskel nur bedingt geeignet, kann aber als Komplexübung für den vorderen und mittleren Anteil empfohlen werden.

Analyse der Übung Reverse-Flys

Die Hauptfunktion des hinteren Deltaanteils (M. deltoideus, pars spinalis) ist es, den Arm hinter den Körper zu ziehen und anzuheben. Dieses Rück-hoch-Heben des Armes wird am besten durch Reverse-Fly-Übungen erfüllt.

Eine Analyse der Übung Reverse-Flys zeigt, dass dem Winkel zwischen Oberarm und Rumpf entscheidende Bedeutung zukommt (vgl. Tab. 105). Eine Variation des **Oberarm-Rumpf-Winkels** verändert sowohl die maximal bewältigbare Last als auch die Aktivierung der beteiligten Muskeln, vor allem die des hinteren Anteils des Deltamuskels (M. deltoideus, pars spinalis), die des breiten Rückenmuskels (M. latissimus dorsi) und des quer verlaufenden Anteils des Kapuzenmuskels (M. trapezius, pars transversa)

Bei einem engen Oberarm-Rumpf-Winkel von 0° – 45° ist das bewältigbare Gewicht größer, weil der kräftige breite Rückenmuskel verstärkt zum Einsatz kommt. Dadurch verändert sich die Übung Reverse-Flys in eine Latissimus-Zug-Übung. Eine korrekte Ausführung der Reverse-Flys ist jedoch durch einen großen Oberarm-Rumpf-Winkel von ca. 90° gekennzeichnet, d. h., der Oberarm wird seitlich 90° (waagerecht) vom Körper abgespreizt. In dieser Position ist zwar die übungsspezifische Maximalkraft geringer als bei einem um 45° abgespreizten Oberarm,

der quer verlaufende Anteil des Trapezius und der hintere Anteil des Deltamuskels werden aber dennoch stärker aktiviert.

In der **Trainingspraxis** ergibt sich das Problem, dass viele Trainierende bei der Übung ihre Oberarme näher zum Körper ziehen (kleiner Abspreizwinkel), weil durch den Einsatz des breiten Rückenmuskels die Übung leichter fällt und höhere Gewichte bewältigt werden können. Durch diesen Fehler in der technischen Ausführung der Übung

HINTERER ANTEIL DES DELTAMUSKELS – ÜBUNG REVERSE-FLYS AUF DER FLACHBANK

Rang-platz	Abbildung	Oberarm-Rumpf-Winkel	$\bar{x}$ Kmax [kg]	$\bar{x}$ R	$\bar{x}$ EMG	Diff. [%]
1		90°	18,5	1,1	1212	0
2		45°	22,3	1,9	850	−29

Tab. 105: Vergleich von zwei Varianten der Übung Reverse-Flys auf der Flachbank für den hinteren Anteil des Deltamuskels mit **Variation des Oberarm-Rumpf-Winkels** hinsichtlich der durchschnittlichen Maximalkraft ($\bar{x}$ Kmax), dem durchschnittlichen Rangplatz ($\bar{x}$ R) und der durchschnittlichen EMG-Aktivität in µV ($\bar{x}$ EMG); n = 10

sinkt jedoch die Wirksamkeit für den hinteren Deltaanteil und den quer verlaufenden Anteil des Trapezius. Der kräftige breite Rückenmuskel wird aber ebenfalls nicht optimal trainiert, weil für ihn das Gewicht viel zu gering ist. Eine verstellbare Auflage für die Oberarme an Reverse-Flys-Maschinen könnte hier Abhilfe schaffen.

Neben dem Oberarm-Rumpf-Winkel beeinflusst auch die Rotation des Oberarms, **Innen- bzw. Außenrotation,** die Muskelaktivität des hinteren Anteils des Deltamuskels (vgl. Tab. 106).

Die Darstellung der funktionellen Anatomie hat gezeigt, dass der hintere Anteil des Deltamuskels als Nebenfunktion eine Außenrotation des Oberarms bewirkt. Überraschenderweise zeigen aber mehrere Vergleiche von Übungen mit Innen- und Außenrotation, dass stets die Innenrotationsvariante eine stärkere Muskelaktivierung hervorruft als dieselbe Übung mit Außenrotation.

	DELTAMUSKEL, HINTERER ANTEIL – ÜBUNG REVERSE-FLYS AN MASCHINEN				
Rang-platz	Abbildung	Rotation im Schultergelenk	x̄R	x̄EMG	Diff. [%]
1		Innenrotation, Abspreizwinkel 90°	1,2	1392	0
2		Außenrotation, Abspreizwinkel 90°	1,8	1100	−20,9

Tab. 106: EMG-Vergleich von zwei Varianten der Übung Reverse-Flys an Maschinen für den hinteren Teil des Deltamuskels mit **Variation der Rotation im Schultergelenk** nach dem durchschnittlichen Rangplatz (x̄R) und der durchschnittlichen EMG-Aktivität in μV (x̄EMG); n = 10

Möglicherweise bringt eine Außenrotation des Oberarms den mittleren Anteil des Deltamuskels aufgrund der veränderten Lage mit ins Spiel und mindert so die Aktivität des hinteren Deltaanteils.

Zu den Übungen für den Deltamuskel, hinterer Anteil (vgl. Tab. 103, S. 381)

Alle Varianten der Übung Reverse-Flys erweisen sich als effektive Übungen für den hinteren Deltaanteil. Eine korrekte technische Ausführung der Übung Reverse-Flys mit einem großen Oberarm-Rumpf-Winkel von ca. 90° ist für ein gezieltes Training dieses Muskelanteils von entscheidender Bedeutung. Die Betonung der Innenrotation des Oberarms führt zu einem weiteren Intensitätsanstieg.

Die Übung **Reverse-Flys an Maschinen mit einem Oberarm-Rumpf-Winkel von 90° und Innenrotation** aktiviert den hinteren Anteil des Deltamuskels am stärksten.

Ebenfalls empfehlenswert ist die zweitplatzierte Übung **Reverse-Flys mit Kurzhanteln auf der Flachbank**, die auch hohe Muskelspannungen hervorruft und ein effektives Training des hinteren Deltaanteils garantiert.

Reverse-Flys auf der Schrägbank führen zu einem leichten Abfall der Muskelspannung und sind folglich nicht ganz so effektiv wie die Flachbankvarianten. Übungen mit engem Oberarm-Rumpf-Winkel wie einarmiges Rudern vorgebeugt mit Kurzhantel, beidarmiges Rudern an Maschinen und Lat-Ziehen aktivieren den hinteren Teil des Deltamuskels ebenfalls, aber mit so geringer Intensität, dass sie sich nicht für ein gezieltes Training dieses Muskels eignen.

Zusammenfassung der Ergebnisse

- Die drei Anteile des Deltamuskels besitzen unterschiedliche und z. T. gegensätzliche Funktionen. Jeder Teil des Deltamuskels muss mit speziellen Übungen trainiert werden.
- Je größer der Oberarm-Rumpf-Winkel ist, d. h., je steiler die Sitzposition bei Druckübungen ist, desto stärker wird der vordere Anteil des Deltamuskels aktiviert. Die optimale Übung ist das Frontdrücken mit der Langhantel.
- Die Übung Arm-Seitheben mit nahezu gestreckten Armen und Innenrotation, mit Kurzhanteln, aktiviert den mittleren Anteil des Deltamuskels am stärksten.
- Die Übung Reverse-Flys an Maschinen mit Innenrotation und einem Oberarm-Rumpf-Winkel von 90° ist die effektivste Übung für den hinteren Anteil des Deltamuskels.

Die Top-Übungen

Top-Übungen für den Deltamuskel (M. deltoideus)
Vorderer Anteil (pars clavicularis)

1

Frontdrücken mit der Langhantel
Die Übung ist konkurrenzlos am effektivsten. Sie vereint alle anatomischen Funktionen des vorderen Deltaanteils mit der Möglichkeit, ein hohes Gewicht zu bewältigen.

2

Nackendrücken
Diese Übung aktiviert zusätzlich den mittleren Anteil des Deltamuskels und ist deshalb eine gute Komplexübung für den vorderen und den mittleren Deltaanteil.

Mittlerer Anteil (pars acromialis)

3

Arm-Seitheben mit Kurzhanteln
Dies ist die optimale Übung für den mittleren Deltaanteil. Da sie auch den vorderen Anteil des Deltamuskels kräftig mitaktiviert, ist sie gleichzeitig die beste Komplexübung für beide Muskelanteile.

Hinterer Anteil (pars spinalis)

4

Reverse-Flys an Maschinen
Die Übung ist in Verbindung mit einer Innenrotation des Oberarms und einem Winkel zwischen Oberarm und Rumpf von ca. 90° die effektivste Reverse-Fly-Variante.
Bei vielen Reverse-Fly-Maschinen muss das Gewicht sowohl angehoben als auch gegen den Widerstand nach hinten gezogen werden. Sie erzeugen auch im mittleren Teil starke isometrische und im hinteren Deltaanteil starke dynamische Muskelspannungen und sind für beide Muskelteile eine ideale Komplexübung.

Übungen für das Training des Deltamuskels

Die Übungen für den Deltamuskel (M. deltoideus) werden aufgrund anato-misch-funktioneller Merkmale in drei Gruppen eingeteilt: Übungen für den vorderen, mittleren und hinteren Anteil des M. deltoideus.

Übungen für den Deltamuskel, vorderer Anteil

Wichtige Aspekte bei Übungen für den vorderen Anteil des Deltamuskels

1. Der vordere Anteil des Deltamuskels (M. deltoideus, pars clavicularis) wird bei allen Drückübungen für die Arme nach vorn oder innen aktiviert. Je steiler die Sitzposition bei den Drückübungen ist, desto größer ist die Aktivierung.
2. Bei allen Drückübungen wird das Gewicht zur Vermeidung von Verletzungen im Schultergelenk nur so weit abgesenkt, bis die Oberarme in Höhe der Schultern sind. Ein Aktivierungsverlust entsteht hierbei nicht.

Frontdrücken mit der Langhantel

- Top-Übung für die Kräftigung des vorderen Anteils des Deltamuskels.
- Sitz mit aufrechtem Rücken an der senkrecht stehenden Rückenlehne, Langhantel etwas weiter als schulterbreit greifen, wobei die Ellbogen nach unten zeigen.
- Rumpfmuskulatur anspannen, Handgelenke aktiv stabilisieren und das Gewicht bis zur annähernden Streckung der Arme nach oben drücken; anschließend wird das Gewicht gesenkt, bis die Oberarme knapp unter Schulterhöhe sind, die Stange befindet sich auf der Höhe von Nase bzw. Mund. Bei maximal tiefem Senken des Gewichts kommt es zu einer starken Belastung im Schultergelenk mit Verletzungsgefahr.
- Die Übung kann auch an der Multipresse oder mit Kurzhanteln durchgeführt werden. Beim Schrägbankdrücken nimmt die Aktivierung des vorderen Deltamuskels umso mehr ab, je flacher die Bankstellung gewählt wird, obwohl das bewältigbare Gewicht größer wird. Bankdrücken auf der Flachbank führt nur noch zu einer mittelintensiven Beanspruchung. Die Intensität auf den großen Brustmuskel nimmt hingegen mit abnehmender Bankneigung zu.
- Zusätzlich kommt es zu einer mittelintensiven Beanspruchung des oberen Teils des großen Brustmuskels und des Trizeps. Durch bewusst aktives Hochdrücken der Schultern am Bewegungsende kann auch der obere Anteil des Trapezius mittrainiert werden.

Frontdrücken an der Schulterpresse	Frontdrücken mit der Langhantel	Frontdrücken an der Multipresse

Nackendrücken mit der Langhantel

- Effektive Übung für den vorderen und mittleren Teil des Deltamuskels; empfehlenswerte Komplexübung.
- Aufrechte Sitzposition, Langhantel etwas weiter als schulterbreit im Ristgriff fassen, Ellbogen zeigen nach hinten unten.
- Rumpfmuskulatur anspannen, Handgelenke aktiv stabilisieren und das Gewicht fast bis zur vollständigen Ellbogenstreckung nach oben drücken; anschließend kontrolliertes Absenken, bis die Oberarme knapp unter Schulterhöhe sind. Die Hantelstange befindet sich etwa in Höhe des Hinterkopfes.
- Zusätzlich werden der Trizeps und bei bewusst aktivem Hochdrücken der Schultern der obere Teil des Trapezius aktiviert.
- Die Übung kann auch mit Kurzhanteln, an der Maschine oder Multipresse durchgeführt werden.

Nackendrücken an der Maschine	Nackendrücken mit der Langhantel	Nackendrücken an der Multipresse

390 BRUST-, SCHULTER-, ARMMUSKULATUR

Arme vor-hoch heben mit Kurzhanteln und Außenrotation

- Übung mit mittlerer Intensität für den vorderen Anteil des Deltamuskels.
- Etwa schulterbreiter Stand mit leicht gebeugten Knien oder Schrittstellung, Rumpfmuskulatur anspannen.
- Die Handgelenke aktiv stabilisieren und Kurzhanteln mit außenrotiertem Oberarm im Wechsel links und rechts mit nahezu gestreckten Armen bis zur Waagerechten vor dem Körper anheben; der Handrücken zeigt dabei nach unten. Bei einer Bewegungsausführung mit innenrotierten Oberarmen (Handrücken zeigt nach oben) nimmt die Aktivierung ab, weil in diesem Fall der mittlere Anteil des Deltamuskels stark mitarbeitet.
- Anschließend kontrolliertes Senken der Arme nicht ganz bis zur Senkrechten (hängender Arm), da sonst die Spannung aufgegeben wird.
- Die höchste Aktivierung besteht bei waagerecht gestreckten Armen (hier ist der Lastarm am längsten), sodass zur Effektivierung Teilbewegungen um die waagerechte Armposition empfehlenswert sind.
- Die Aktivierung des vorderen Deltamuskels entspricht der beim horizontalen Bankdrücken mit der Langhantel. Eine etwa gleich hohe Aktivierung wird auch erreicht, wenn die Arme seitlich angehoben werden, wobei die Handrücken nach oben zeigen (Arm-Seitheben mit Kurzhanteln und Innenrotation). Diese Variante ist gleichzeitig die Übung mit der höchsten Aktivierung des mittleren Anteils des Deltamuskels und somit eine wirkungsvolle Komplexübung.

Übungen für den Deltamuskel, mittlerer Anteil

Wichtige Aspekte bei Übungen für den mittleren Anteil des Deltamuskels

Übungen mit Abspreizen (Abduktion) der Arme in Innenrotationsstellung sind für den mittleren Anteil des Deltamuskels (M. deltoideus, pars acromialis) am effektivsten.

Arm-Seitheben mit Kurzhanteln und Innenrotation	Arm abspreizen an der Seithebemaschine

• Top-Übung für den mittleren Deltaanteil und mittelintensive Übung für den vorderen Deltaanteil; empfehlenswerte Komplexübung. • Etwa schulterbreiter Stand mit leicht gebeugten Knien oder Schrittstellung, Rumpfmuskulatur anspannen. • Heben der nahezu gestreckten, innenrotierten Arme geringfügig über die waagerechte Position, die Daumen zeigen nach unten (Innenrotation in der Schulter); anschließend kontrollierte Armrückführung nicht ganz bis zum Rumpf, da sonst die Spannung aufgegeben wird. • Bei einer Übungsausführung mit 90° gebeugten Armen muss der kürzere Lastarm durch ein schwereres Gewicht ausgeglichen werden. • Die Übung Arm-Seitheben kann auch in seitlicher Position am Kabelzug durchgeführt werden, wobei das Kabel von unten kommt.	• Aufgrund der vergleichbaren Bewegungsausführung mit der Übung Arm-Seitheben mit Kurzhanteln ist die Übungsvariante an der Maschine ähnlich effektiv. • Den Sitz in der Maschine so einrichten, dass die Drehachsen der Maschine und der Schultergelenke auf einer Höhe liegen. Die im Ellbogen gebeugten Arme drücken gegen die seitlichen Polster, und die Rumpfmuskulatur wird angespannt. • Beide Arme gegen den Widerstand der Maschine seitlich nach oben führen; anschließend kontrollierte Armrückführung nicht ganz bis zum Rumpf (Muskelspannung aufrechterhalten). • Der Rücken bleibt gerade, die Bewegung erfolgt ausschließlich in den Schultergelenken.

Die effektiven Übungen Reverse-Flys mit Innenrotation und Nackendrücken mit der Langhantel bzw. an der Maschine sind bei den Übungen für den hinteren bzw. vorderen Anteil des Deltamuskels detailliert beschrieben (s. S. 394 und 389).

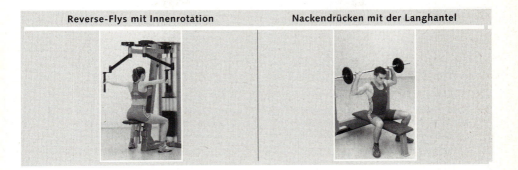

| Reverse-Flys mit Innenrotation | Nackendrücken mit der Langhantel |

Übungen für den Deltamuskel, hinterer Anteil

Wichtige Aspekte bei Übungen für den hinteren Anteil des Deltamuskels

1. Der hintere Anteil des Deltamuskels (M. deltoideus, pars spinalis) wird durch alle Reverse-Fly-Varianten trainiert.
2. Übungen für den hinteren Deltaanteil aktivieren auch immer den mittleren Anteil des Trapezius, die Rautenmuskeln und den geraden Rückenstrecker im Brustwirbelsäulenbereich.
3. Die Aktivierung des hinteren Deltaanteils ist nur bei einem Oberarm-Rumpf-Winkel von ca. 90° optimal. Wird der Oberarm an den Körper geführt, so nimmt die Aktivierung des hinteren Deltaanteils sowie des mittleren Trapeziusanteils und der Rautenmuskulatur ab, die des Latissimus zu.

Reverse-Flys mit Innenrotation an der Maschine	**Reverse-Flys liegend mit Kurzhanteln und Innenrotation**

• Top-Übung für den hinteren Anteil des Deltamuskels und effektive Übung für den mittleren Anteil. Gleichzeitig Top-Übung für den mittleren Trapeziusanteil und die Rautenmuskulatur. • Aufrechter Sitz in der Maschine, Oberarm-Rumpf-Winkel 90°. Die Oberarme drücken gegen das Polster, die Unterarme sind waagerecht angehoben (Innenrotation der Arme im Schultergelenk). • Die Oberarme maximal weit nach hinten führen. • Je kleiner der Oberarm-Rumpf-Winkel ist, d. h., je näher der Oberarm am Körper liegt, desto geringer ist die Aktivierung des hinteren Teils des Deltamuskels sowie des mittleren Teils des Trapezius und der Rautenmuskulatur, obwohl mehr Gewicht genommen werden kann. Das Gewicht wird dann verstärkt durch den breiten Rückenmuskel bewältigt. • Bei einer Übungsdurchführung mit gestreckten Armen erhöht sich die Aktivierung des Deltamuskels. • Wird die Übung an einer Maschine mit Handgriffen oder Griffstangen durchgeführt, so entsteht bei völliger Streckung der Arme eine erhebliche Belastung der Ellbogengelenke.	• Sehr effektive Übung für den hinteren Teil des Deltamuskels, für den mittleren Teil des Trapezius und für die Rautenmuskeln. • Bauchlage auf einer Flachbank, Kopf wird frei in Verlängerung der Rumpfes gehalten. Ein Bein oder beide Beine sind angezogen (das Becken ist somit aufgerichtet). • Der Oberarm-Rumpf-Winkel beträgt 90°, d. h., die Ellbogen zeigen nach außen. • Die Kurzhanteln maximal weit nach oben ziehen und anschließend kontrolliert wieder etwas absenken. • Werden die Oberarme enger an den Körper herangezogen, nimmt die Aktivierung der genannten Muskeln ab, die des breiten Rückenmuskels zu. • Bei Verwendung einer Schrägbank nimmt die Aktivierung des Muskels umso stärker ab, je steiler die Bank gestellt wird. • Bei einer hohen Flachbank kann die Übung auch mit einer Langhantel durchgeführt werden.

Die verschiedenen Reverse-Flys-Varianten sind detailliert im Abschn. 8.2 *Kapuzenmuskel und Rautenmuskeln* (s. S. 172) beschrieben.

10.3 Außen- und Innenrotatoren des Schultergelenks

Inhaltsübersicht

Aufgaben der Außen- und Innenrotatoren des Schultergelenks 396
Funktionell-anatomische Grundlagen 396
Funktionstabellen 398

EMG-gestützte Übungsrangliste 400
Rangliste der Übungen für die Außenrotatoren
des Schultergelenks (nur M. infraspinatus) 401
Kommentar zu der EMG-Rangliste 402
Vorteil isometrischer Muskelkontraktionen 402
Dynamische Außenrotationsübungen 403
Zusammenfassung der Ergebnisse (nur M. infraspinatus) 403
Die Top-Übungen 404

Übungen für das Training der Außen- und Innenrotatoren 405
Übungen für die Außenrotatoren 405
Übungen für die Innenrotatoren 410

Aufgaben der Außen- und Innenrotatoren des Schultergelenks

Funktionell-anatomische Grundlagen

An der Innen- und Außenrotation im Schultergelenk sind zahlreiche Muskeln beteiligt. Zu den Innenrotatoren gehören neben dem großen Brustmuskel, dem breiten Rückenmuskel und dem vorderen Teil des Deltamuskels auch der große Rundmuskel (M. teres major) und vor allem der Unterschulterblattmuskel (M. subscapularis), der als stärkster Innenrotator gilt und ca. 52 % der Kraft bei Innenrotationsbewegungen aufbringt (Weineck 1981). Zu den Außenrotatoren gehören der hintere Anteil des Deltamuskels, der kleine Rundmuskel (M. teres minor) sowie der Unter- und Obergrätenmuskel (M. infraspinatus und M. supraspinatus). Der stärkste Außenrotator ist der M. infraspinatus, der mit ca. 78 % (Weineck 1981) an der Kraftentwicklung bei der Außenrotation beteiligt ist.

Die Muskeln der **Rotatorenmanschette**, zu denen der M. supraspinatus, M. infraspinatus, M. teres minor und der M. subscapularis gehören, stabilisieren neben ihren diversen Bewegungsfunktionen den Oberarm im Schultergelenk. Diese Aufgabe ist sehr wichtig, da das Schultergelenk eine mangelnde knöcherne Führung und eine schlaffe, dünne Gelenkkapsel besitzt, die kaum durch Bänder verstärkt wird. Insofern muss die Stabilisierung vor allem über die Schultergelenkmuskulatur erfolgen. In der Bewegungsfunktion kommt den Rotatoren insbesondere beim Turnen, Schwimmen sowie bei allen Wurfsportarten und Rückschlagspielen eine besondere Bedeutung zu. So wird der Arm zum Beispiel bei wurfähnlichen Bewegungen (Schmetterschlag beim Badminton und Volleyball, Aufschlag beim Tennis) aus einer extremen Außenrotationsbewegung explosiv nach vorn in die Innenrotation gezogen. Dies bedeutet z. B. für den M. subscapularis, dass er in der Ausholbewegung gedehnt und anschließend maximal angespannt wird, um den Arm schnellkräftig nach innen zu drehen.

Die vier Muskeln der Rotatorenmanschette sind für Verschleiß und Verletzung besonders anfällig. Der M. supraspinatus zieht dabei unter dem Schulterdach hindurch, welches durch die Schulterhöhe (acromion), den Rabenschnabelfortsatz (hakenförmiger Vorsprung des Schulterblattes, processus coracoideus) und ein die beiden Strukturen verbindendes Band (ligamentum coracoacromiale) gebildet wird. Der Raum zwischen Oberarmkopf und Schulterdach ist jedoch sehr eng. Der Muskel ist in diesem Zwischenraum von zwei Schleimbeuteln umgeben. Verschleiß- oder verletzungsbedingte Veränderungen können erhebliche Beschwerden in der betroffenen Schulter hervorrufen. Besonders bekannt ist der «schmerzhafte Bogen» («painful arc»), wobei der Arm schmerzt, wenn er zwischen 60° und 120° abgespreizt (abduziert) wird. Ursache kann neben einer Schleimbeutelentzündung vor allem

Rotatorenmanschette

Außenrotation

Untergrätenmuskel (M. infraspinatus), Obergrätenmuskel (M. supraspinatus), Kleiner Rundungsmuskel (M. teres minor)

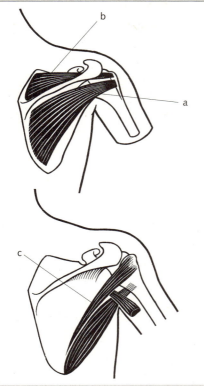

Ursprung:
- (a) **M. infraspinatus** – Schulterblatt unterhalb der Schulterblattgräte (fossa infraspinata scapulae)
- (b) **M. supraspinatus** – Schulterblatt oberhalb der Schulterblattgräte (fossa supraspinata scapulae)
- (c) **M. teres minor** – seitlicher Schulterblattrand (margo lateralis scapulae)

Ansatz:
- Die Muskeln setzen am großen Oberarmbeinhöcker des Oberarmknochens außen oben an (tuberculum majus)

Funktion:
- Außenrotation
- M. teres minor – Adduktion (Arm seitlich heranführen)
- M. supraspinatus – Abduktion (Arm seitlich abspreizen)

Innenrotation

Unterschulterblattmuskel (M. subscapularis)

Ursprung:
- Innenseite des Schulterblatts (scapula)

Ansatz:
- Kleinhöckerleiste am Oberarmknochen oben innen (tuberculum minus humeri)

Funktion:
- Innenrotation und je nach Faseranteil Abduktion und Adduktion

Abb. 29: Außen- und Innenrotatoren (modifiziert nach Rohen 1998)

auch eine schmerzhafte Veränderung der Sehne des M. supraspinatus sein. Eine verdickte Sehne, z. B. durch Entzündung oder Verkalkung, wird bei allen Bewegungen Schmerzen hervorrufen, bei denen sie unter dem Schulterdach eingezwängt wird, was in dem angegebenen Abspreizwinkel der Fall ist.

Interessanterweise wird ein Rotatorentraining im Kraftsport oder Bodybuilding häufig vernachlässigt, was vielleicht auch an fehlenden Kraftmaschinen für die entsprechende Muskulatur liegt. Im Hinblick auf ein Vorbeugen von Verletzungen und eine harmonische Kraftentwicklung ist jedoch ein gezieltes Krafttraining der Innen- und Außenrotatoren sowohl für Kraftsportler als auch für Athleten vieler Spielsportarten sinnvoll und empfehlenswert.

Funktionstabellen

Die Funktionstabelle zeigt, welchen Einfluss (Funktion) der Muskel bei Kraft- und Dehntraining auf die beteiligten Gelenke ausübt. Die Tabelle ermöglicht darüber hinaus die Ableitung der optimalen Kraft- und Dehnübung und eine fachliche Beurteilung (Funktionscheck) jeder Übung (vgl. Abschn. 6.2 *Muskelfunktionstabellen*).

Die beiden folgenden Funktionstabellen der so genannten Rotatorenmanschette zeigen den Einfluss der Innen- bzw. Außenrotatoren auf das Schultergelenk. Die Nebenfunktionen der beteiligten Muskeln sind ebenfalls berücksichtigt, auch wenn sie für das Training der Muskeln nur eine untergeordnete Rolle spielen.

AUSSENROTATOREN DES SCHULTERGELENKS
(M. TERES MINOR, M. INFRASPINATUS, M. SUPRASPINATUS)

Gelenk / Körperteil	Kräftigung	Dehnung
Schultergelenk	• Oberarm außenrotieren • Oberarm an den Körper ziehen (Adduktion, nur M. teres minor und M. infraspinatus, unterer Anteil) • Oberarm heben, abspreizen (Abduktion, nur M. supraspinatus und M. infraspinatus, oberer Anteil)	• Oberarm innenrotieren • Oberarm heben, abspreizen (Abduktion, nur M. teres minor und M. infraspinatus, unterer Anteil) • Oberarm an den Körper ziehen (Adduktion, nur M. supraspinatus und M. infraspinatus, oberer Anteil)
Muskel / Muskelanteil	**Optimale Kräftigungsübung**	**Optimale Dehnübung**
M. supraspinatus und M. infraspinatus, oberer Anteil	• Im Sitz, Oberkörper leicht nach vorn beugen. Oberarme waagerecht anheben; Winkel im Ellbogen 90° • Hanteln im Halbkreis vor-hoch heben (Oberarme außenrotieren)	• Oberarm innenrotieren und hinter den Körper drehen • Mit der Hand hinter dem Rücken möglichst hoch greifen; die Bewegung durch Zug mit der anderen Hand unterstützen
M. teres minor und M. infraspinatus, unterer Anteil	• Im Sitz oder Stand, Oberarm an den Körper ziehen, Winkel im Ellbogengelenk 90°, Kabelzug greifen • Handgriff nach außen ziehen (Oberarm außenrotieren)	• Rückenlage, Oberarm 90° abspreizen, Winkel im Ellbogengelenk 90° • Hand in Richtung Boden drücken (Oberarm innenrotieren)

Tab. 107: Funktionstabelle für die Außenrotatoren des Schultergelenks und Ableitung der optimalen Kräftigungs- und Dehnübung

INNENROTATOR DES SCHULTERGELENKS (M. SUBSCAPULARIS)

Gelenk/ Körperteil	Kräftigung	Dehnung
Schultergelenk	• Oberarm innenrotieren	• Oberarm außenrotieren
Muskel/ Muskelanteil	Optimale Kräftigungsübung	Optimale Dehnübung
M. subscapularis	• Im Sitz oder Stand, Oberarm an den Körper ziehen, Winkel im Ellbogengelenk 90°, Kabelzug greifen • Unterarm vor den Körper rotieren (Oberarm innenrotieren)	• Rückenlage auf einer Liege, der Ellbogen ragt seitlich über den Rand der Liege, Oberarm 90° abspreizen, Winkel im Ellbogengelenk 90° • Oberarm außenrotieren; Partner unterstützt gegebenenfalls die Dehnung

Tab. 108: Funktionstabelle für den wichtigsten Innenrotator des Schultergelenks und Ableitung der optimalen Kräftigungs- und Dehnübung

Da die Außenrotatoren die Gegenspieler (Antagonisten) der Innenrotatoren sind, entspricht die optimale Kräftigung der Außenrotatoren funktionell der optimalen Dehnung der Innenrotatoren und umgekehrt.

EMG-gestützte Übungsrangliste

Die EMG-gestützten Übungsanalysen ermöglichen es, verschiedene Kraftübungen für einen Muskel zu vergleichen und eine Übungsrangliste zu erstellen. Das vollständige Untersuchungsde-

sign ist in Abschn. 5.3 *Übungsranglisten für einzelne Muskelgruppen* dargestellt.

Es wird nur die Übungsrangliste für den Untergrätenmuskel (M. infraspinatus) aufgestellt, weil dieser Muskel den weitaus größten Anteil an der Kraftentwicklung bei der Außenrotation des Oberarms hat, während die Beiträge der ebenfalls beteiligten Muskeln, des kleinen Rundmuskels (M. teres minor) nur 12,5 % und des hinteren Anteils des Deltamuskels (M. deltoideus, pars spinalis) nur 9,4 % betragen (Weineck 1981).

Eine EMG-gestützte Rangliste für die Innenrotatoren des Schultergelenks kann nicht erstellt werden, weil der kräftigste Innenrotator, der Unterschulterblattmuskel (M. subscapularis), aufgrund seiner Lage unter dem Schulterblatt eine EMG-Messung mit Oberflächenelektroden nicht ermöglicht. Wir müssen uns deshalb bei der Innenrotation auf die Beschreibung der Übungen beschränken, ohne ihre Effektivität auf der Grundlage von Messergebnissen angeben zu können.

Rangliste der Übungen für die Außenrotatoren des Schultergelenks (nur M. infraspinatus)

Rang-platz	Abbildung	Bezeichnung	$\bar{x}$R	$\bar{x}$EMG
1		Außenrotation des Oberarms statisch im Stand, Oberarm waagerecht vor dem Körper («Der Türsteher»)	1,7	616
2		Außenrotation des Oberarms in Seitlage mit Kurzhantel	2,3	420
3		Außenrotation des Oberarms mit Kurzhantel, Oberkörper leicht vorgeneigt, Oberarm waagerecht auf einer Bank abgelegt	3,5	390

Rang- platz	Abbildung	Bezeichnung	x̄R	x̄EMG
4		Außenrotation des Oberarms im Sitz oder Stand am Kabelzug	3,53	371
5		Außenrotation der Oberarme mit Kurzhanteln	4,0	353

Tab. 109: EMG-gestützte Rangliste von Kraftübungen für den M. infraspinatus nach dem durchschnittlichen Rangplatz (x̄R) und der durchschnittlichen EMG-Aktivität in μV (x̄EMG); n = 10

Kommentar zu der EMG-Rangliste

Vorteil isometrischer Muskelkontraktionen

Die Übung «Der Türsteher», Außenrotation des Oberarms im Stand statisch, Oberarm waagerecht vor dem Körper, aktiviert den Untergrätenmuskel weitaus am intensivsten. Derselbe Sachverhalt zeigt sich auch bei den EMG-Messungen anderer Muskeln, bei denen ebenfalls Übungen mit isometrischer Kontraktion die höchsten Muskelspannungen erzielen. Die Vergleichbarkeit verschiedener Übungen für einen Mus-

kel beruht in unseren Untersuchungen auf der Wahl eines Gewichts, das maximal zwölf Wiederholungen zulässt. Bei statischen Übungen haben die Versuchspersonen den jeweiligen Muskel fünf Sekunden lang maximal angespannt. Daher ist der durchschnittliche EMG-Wert in diesem Fall höher als der einer dynamischen Übung mit einem Gewicht, das zwölf korrekte Wiederholungen ermöglicht. Bei den statischen Übungen mit maximalen isometrischen Kontraktionen kann durchaus von einer sehr hohen Trainingseffektivität ausgegangen werden. Allerdings muss bei statischen Übungen einschränkend berücksichtigt werden, dass keine dynamisch-koodinative Schulung erfolgt und sich der stärkste Kraftzuwachs in der Winkelstellung ergibt, in der das statische Training durchgeführt wurde.

Dynamische Außenrotationsübungen
Die **Außenrotation des Oberarms in Seitlage mit Kurzhanteln** (vgl. Tab. 109) erweist sich als die intensivste dynamische Übung für den M. infraspinatus. Bei der Verwendung von zwei Kurzhanteln ist sie eine hervorragende Kombinationsübung, mit der gleichzeitig die Innenrotatoren des unten liegenden Armes und die Außenrotatoren des oben liegenden Armes trainiert werden. Da die Außenrotatoren nur etwa 50 % der Kraft der Innenrotatoren entwickeln können (Weineck 1981), muss das Gewicht für die Innenrotation schwerer gewählt werden.

Die in der Rangliste folgenden Übungen **Außenrotation des Oberarms mit Kurzhantel, Oberarm abgelegt,** und die **Außenrotation des Oberarms im Stand am Kabelzug** aktivieren den Untergrätenmuskel mit etwa vergleichbarer Intensität. Beide Übungen sind ebenfalls Spezialübungen für die Außenrotatoren, die diese Muskelgruppe isoliert ansprechen und deren mittlere bis hohe Intensität sie durchaus zu empfehlenswerten Übungen macht. Ein beidarmig durchgeführtes Außenrotationstraining am Doppelkabelzug im Stand führt vermutlich aufgrund der labileren Standposition und der komplexeren Bewe-

gungstechnik zu einer deutlich geringeren Aktivierung als die einarmig durchgeführte Variante. Die Übung wurde daher nicht in die Rangliste (Tab. 109) von Kraftübungen für die Außenrotatoren aufgenommen.

Die letztplatzierte Übung **Frontheben mit Kurzhanteln und Außenrotation der Oberarme** ist eine Komplexübung. Der vordere Anteil des Deltamuskels wird durch das Heben des Armes kräftig aktiviert und die gleichzeitig durchgeführte Außenrotation des Oberarms stellt den Einsatz der Außenrotatoren sicher. Die Übung zeichnet sich durch die koordinative Komponente und den komplexen Muskeleinsatz aus.

Zusammenfassung der Ergebnisse (nur M. infraspinatus)

Um ein komplettes Training der Außenrotatoren sicherzustellen, ist es notwendig, mehrere Übungsgruppen zu berücksichtigen:

- Statische Halteübungen sowie dynamische Übungen; die statischen Übungen aktivieren die Außenrotatoren am stärksten.
- Isolationsübungen für die Außenrotatoren sowie Komplexübungen mit Einbeziehung anderer Muskelgruppen.
- Verschiedene Ausgangsstellungen und Bewegungsmuster: Oberarm am Körper angelegt, Oberarm 90° vom Rumpf abgespreizt, Zug des Armes von unten vor dem Körper mit Außenrotation in die Hochhalte.

Die Top-Übungen

Top-Übungen für den Untergrätenmuskel (M. infraspinatus)

«Der Türsteher»
Die statische Übung aktiviert die Außenrotatoren des Schultergelenks mit Abstand am intensivsten, wenn sie mit maximaler isometrischer Muskelkontraktion ausgeführt wird.

Außenrotation des Oberarms in Seitlage mit Kurzhantel
Eine sehr intensive dynamische Übung, mit der gleichzeitig die Innenrotatoren des anderen Armes trainiert werden können, wenn eine zweite, schwerere Hantel hinzugenommen wird.

«Der beidarmige Gruß»
Diese Übung mit Kurzhanteln erlaubt das isolierte Training der Außenrotatoren beider Schultergelenke gleichzeitig.

Außenrotation des Oberarmes im Liegen am Kabelzug
In Kontrollmessungen hat sich diese Übung als hochintensive Trainingsvariante herausgestellt.

Übungen für das Training der Außen- und Innenrotatoren

Die Übungen für die Rotatoren werden unter funktionellen Gesichtspunkten in zwei Gruppen eingeteilt: Übungen für die Außenrotatoren und Übungen für die Innenrotatoren. Jeder Übungsgruppe werden zunächst gemeinsame Aspekte vorangestellt, bevor die einzelnen Übungen detailliert beschrieben werden.

Übungen für die Außenrotatoren

Wichtige Aspekte bei Übungen für die Außenrotatoren

1. Statische Übungsausführungen weisen die stärkste Aktivierung auf. Wie immer bei statischen Übungen ist allerdings hiermit keine koordinative Schulung verbunden, die Dosierung von Belastungsdauer und -intensität ist schwierig, und der stärkste Kraftzuwachs ergibt sich in der trainierten Winkelstellung.
2. Bei den dynamischen Übungen lassen sich Isolations- und Komplexübungen unterscheiden. So sind beidarmige Züge in die Außenrotation im Stand am Doppelkabelzug (Komplexübung) koordinativ sehr anspruchsvoll und bedürfen einer vorherigen Technikschulung, wohingegen die Außenrotation des Oberarms mit Kurzhantel und abgelegtem Oberarm auf einer Bank (Isolationsübung) technisch einfach ist und eine gute Dosierungsmöglichkeit bietet.

«Der Türsteher» mit Außenrotation

- Top-Übung für die Außenrotatoren im Schultergelenk.
- Seitlicher, etwa schulterbreiter Stand an einer Wand oder einem unüberwindlichen Widerstand; der Oberarm ist waagerecht vor dem Körper; das Ellbogengelenk ist ca. 90° gebeugt.
- Die Rumpfmuskulatur zur besseren Stabilisierung des Körpers anspannen und maximalen Druck mit der Armaußenseite gegen die Wand (den Widerstand) ausüben.
- Statische Übung mit Pressatmungsgefahr – regelmäßig atmen!

Außen- und Innenrotation der Oberarme in Seitlage mit Kurzhanteln

- Effektive dynamische Übung für die Außen- und Innenrotatoren.
- Seitlage mit leicht angezogenen Beinen am Boden oder auf einer breiten Bank, beide Arme sind 90° gebeugt; der Ellbogen des unteren Armes liegt frei und eng am Körper, der Ellbogen des oberen Armes wird an der Körperseite fixiert.
- Rumpfmuskulatur anspannen und Hanteln mit fixierten Handgelenken nach oben führen, bis sie Richtung Decke zeigen, die Oberarme bleiben am Körper fixiert.
- Die Übung kann entweder nur für die Außenrotatoren durchgeführt oder mit einem Training der Innenrotatoren kombiniert werden.
- Der obere Arm führt die Außenrotation durch, der untere Arm die Innenrotation. Da die Innenrotatoren deutlich stärker sind als die Außenrotatoren, muss die Hantel für den unten liegenden Arm schwerer gewählt werden als für den oben liegenden Arm. Die Übung in seitlicher Lage auf einer Bank ist von der Stabilisation des Gleichgewichts schwieriger als auf dem Boden, dafür kann das Gewicht des unteren Armes etwas unter Bankniveau abgesenkt werden, sodass die Bewegungsamplitude hierbei für die Innenrotation größer wird.

Außenrotation des Oberarms mit Kurzhantel auf der Bank	Außenrotation der Oberarme im Stand mit Kurzhanteln

• Effektive Kurzhantelübung für die Außenrotatoren, aber etwas weniger intensiv als die Übung mit Kurzhantel in Seitlage. • Sitz an einer Bank, Oberkörper leicht vorgeneigt. • Kurzhantel mit stabilisiertem Handgelenk im Ristgriff fassen, der Arm ist im Ellbogengelenk 90° gebeugt; Ellbogen und innenrotierten Oberarm auf dem Bankpolster auflegen. Der Handrücken zeigt nach oben. • Drehen des Oberarmes in die Außenrotation, sodass der Unterarm am Bewegungsende schräg nach oben zeigt (nicht ganz senkrecht, sonst fällt die Muskelspannung stark ab); anschließend wieder kontrolliertes stark bremsendes Absenken der Hantel.	• Die Übung ist aufgrund der fehlenden Armstabilisation weniger effektiv als die einarmige Variante mit abgelegtem Oberarm. • Etwa schulterbreiter, paralleler Stand mit leicht gebeugten Knien, der Rumpf ist etwas vorgeneigt, der Rücken ist gerade. • Die Hände befinden sich mit den Kurzhanteln in Hüft- bzw. Oberschenkelhöhe, die Handrücken zeigen nach vorn (Ristgriff), die Handgelenke sind fixiert. • Die Rumpfmuskulatur anspannen und Arme mit Drehung in die Außenrotation bis zur Hände-hoch-Stellung nach oben führen. Die Handflächen zeigen am Bewegungsende nach vorn, der Winkel im Ellbogengelenk beträgt ca. 90°; anschließend kontrolliertes bremsendes Zurückführen der Arme in die Ausgangsstellung.

«Der beidarmige Gruß»

- Aufgrund des langen Hebelarms vermutlich sehr effektive Übung für die Außenrotatoren. Durch die Ausgangsposition mit waagerecht angehobenen Oberarmen wird auch der mittlere Anteil des Deltamuskels statisch aktiviert.
- Sitz auf einer Bank, der Rumpf ist leicht vorgebeugt, der Rücken gerade.
- Der Winkel zwischen Oberarm und Rumpf sowie im Ellbogengelenk beträgt jeweils ca. 90°, die Unterarme zeigen schräg nach unten.
- Rumpfmuskulatur anspannen und isolierte Außenrotationsbewegung durchführen, wobei die Unterarme in der Endstellung der Bewegung schräg nach oben zeigen.

Außenrotation des Oberarms im Liegen am Kabelzug

- Sehr effektive Übung für die Außenrotatoren.
- Rückenlage mit angewinkelten Beinen, Füße zeigen zum Kabelzug.
- Oberarm und wenn möglich Unterarm des Trainingsarms liegen auf dem Boden, die Hand zeigt zum Kabelzug, der Handrücken ist oben; Oberarm-Rumpf-Winkel und Ellbogenwinkel jeweils ca. 90°.
- Rumpfmuskulatur anspannen, Griff mit stabilisiertem Handgelenk fassen und Oberarm außenrotieren; der Unterarm führt eine Viertelkreisbewegung durch und zeigt am Bewegungsende nach hinten. Der Oberarm bleibt die ganze Zeit in seiner Position auf dem Boden.
- Anschließend kontrollierte, bremsende Rückführung der Arme in die Ausgangsstellung.
- Die Übung kann auch beidarmig durchgeführt werden.

Außenrotation des Oberarms am Kabelzug	Außenrotation der Oberarme im Stand am Doppelkabelzug

• Ähnlich effektive Übung wie die Außenrotation des Oberarms mit Kurzhantel und abgelegtem Arm. • Seitliche Stellung am Kabelzug, der Zuggriff ist unten eingehängt, die Innenhand stabilisiert den Körper. • Griff mit der Außenhand fassen; der Ellbogen ist um 90° gebeugt, wobei der Unterarm in Hüfthöhe vor dem Körper liegt. Der Handrücken zeigt nach vorn. • Handgelenk fixieren, Rumpfmuskulatur anspannen und eine Außenrotation des Oberarms gegen den Zugwiderstand durchführen, d. h., der Unterarm führt eine Viertelkreisbewegung durch, der Handrücken zeigt nach außen; anschließend kontrollierte, bremsende Rückführung des Armes in die Ausgangsstellung.	• Die Übung ist technisch anspruchsvoll; aufgrund der fehlenden Fixation ist sie weniger effektiv als die einarmig ausgeführte Variante. • Etwa schulterbreite, parallele Fußstellung oder Schrittstellung mit leicht gebeugten Knien. • Griffe unten über Kreuz fassen, Handrücken zeigen nach vorn; Rumpfmuskulatur anspannen und die Arme gegen den Widerstand in die Hände-hoch-Position ziehen, sodass die Handflächen am Bewegungsendpunkt nach vorn zeigen, der Ellbogenwinkel beträgt ca. 90°. • Anschließend kontrollierte, bremsende Rückführung der Arme in die Ausgangsstellung.

Übungen für die Innenrotatoren

Wichtige Aspekte bei Übungen für die Innenrotatoren

1. Für die Innenrotatoren konnte keine EMG-Rangliste erstellt werden, da der kräftigste Innenrotator, der Unterschulterblattmuskel (M. subscapularis), aufgrund seiner Lage unter dem Schulterblatt aus messtechnischen Gründen mit einem EMG mit Oberflächenelektroden nicht erfasst werden konnte. Insofern ist keine abschließende Bewertung, sondern nur eine Beschreibung der Übungen möglich.
2. Bezogen auf die Arbeitsweise des Muskels, statisch oder dynamisch, bzw. die Übungsstruktur, Isolations- bzw. Komplexübungen, dürften die gleichen Aussagen gelten wie bei den Außenrotatoren.

«Der Türsteher» mit Innenrotation	Innenrotation des Oberarms mit Kurzhantel

• Frontaler, etwa schulterbreiter Stand bzw. Schrittstellung vor einem unüberwindlichen Widerstand; der Arm ist im Ellbogen um 90° gebeugt. Der Oberarm liegt waagerecht vor dem Körper. • Die Rumpfmuskulatur zur besseren Stabilisation des Körpers anspannen und maximalen Druck mit der Arminnenseite gegen den Widerstand ausüben. • Statische Übung mit Pressatmungsgefahr – regelmäßig atmen!	• Rückenlage am Boden oder auf einer breiten, negativ geneigten Bank; Arm im Ellbogen 90° beugen und den aufgelegten Oberarm 90° abspreizen. Der Unterarm ragt über den Rand der Bank hinaus. • Kurzhantel im Ristgriff fassen und den Oberarm außenrotieren, sodass die Handflächen in der Ausgangsstellung nach oben zeigen. • Innenrotation des Oberarms, bis der Unterarm fast senkrecht nach oben zeigt (nicht ganz senkrecht, sonst fällt die Spannung deutlich ab); anschließend kontrolliertes, bremsendes Absenken der Hantel.

Innenrotation des Oberarms am Kabelzug	Innenrotation des Oberarms im Liegen am Kabelzug

• Seitliche Stellung am Kabelzug; das Kabel verläuft waagerecht. • Den Griff mit der kabelzugnahen Hand fassen, der Ellbogen ist um 90° gebeugt; der Oberarm ist in der Ausgangsstellung außenrotiert. • Handgelenk fixieren, Rumpfmuskulatur anspannen und eine Innenrotation des Oberarms gegen den Zugwiderstand durchführen, d. h., der Unterarm führt eine Halbkreisbewegung durch. Am Bewegungsende liegt der Unterarm parallel vor dem Rumpf, der Handrücken zeigt nach vorn. • Anschließend kontrollierte, bremsende Rückführung des Arms in die Ausgangsstellung.	• Rückenlage mit angewinkelten Beinen, Kopf zeigt zum Kabelzug. • Der Oberarm des Trainingsarms liegt um 90° abgespreizt auf dem Boden, der Ellbogenwinkel beträgt ebenfalls um ca. 90°. Der außenrotierte Unterarm zeigt Richtung Kabelzug und liegt – wenn die Beweglichkeit es zulässt – auf dem Boden auf. • Griff mit stabilisiertem Handgelenk fassen, Bauch- und Rumpfmuskulatur anspannen. • Oberarm innenrotieren; der Unterarm führt eine Halbkreisbewegung durch und zeigt in der Endstellung zu den Füßen. Der Handrücken ist oben. Der Oberarm bleibt während der gesamten Bewegung in seiner Position auf dem Boden. • Anschließend kontrollierte, bremsende Rückführung des Arms in die Ausgangsstellung. • Die Übung kann auch beidarmig durchgeführt werden.

Die Übung Außen- und Innenrotation der Oberarme in Seitlage mit Kurzhanteln ist bei den Übungen für die Außenrotatoren detailliert beschrieben.

10.4 Dreiköpfiger Oberarmmuskel (M. triceps brachii)

Inhaltsübersicht

Aufgaben des dreiköpfigen Oberarmmuskels 413
Funktionell-anatomische Grundlagen 413
Funktionstabelle 413
EMG-gestützte Übungsranglisten 415
Rangliste der Übungen mit Zusatzgewicht für den dreiköpfigen Oberarmmuskel, seitlicher Anteil 415
Rangliste der Übungen ohne Zusatzgewicht für den dreiköpfigen Oberarmmuskel, seitlicher Anteil 417
Rangliste der Übungen mit Zusatzgewicht für den dreiköpfigen Oberarmmuskel, langer Kopf 418
Rangliste der Übungen ohne Zusatzgewicht für den dreiköpfigen Oberarmmuskel, langer Kopf 419

Kommentar zu den EMG-Ranglisten 420
Unterschiede bei den Übungen für die eingelenkigen und zweigelenkigen Anteile des dreiköpfigen Oberarmmuskels 420
Trizepsdrücken beidarmig am Kabelzug 421
Trizepsdrücken einarmig mit Retroversion des Oberarms 422
Trizepsdrücken im Liegen mit SZ-Hantel 423
Trizepsdrücken einarmig über Kopf mit Kurzhantel 423
Varianten des Bankdrückens 423
Stützbeugen (Dips) 426
Liegestütz 427
Zusammenfassung der Ergebnisse 428
Die Top-Übungen 428

Übungen für das Training des dreiköpfigen Oberarmmuskels 430
Übungen für die eingelenkigen Anteile 430
Übungen für den zweigelenkigen Anteil 434
Komplexübungen für die eingelenkigen und zweigelenkigen Anteile 436

Aufgaben des dreiköpfigen Oberarmmuskels

Funktionell-anatomische Grundlagen

Aufgrund seiner Hauptfunktion als einziger Strecker im Ellbogengelenk und seiner Lage auf der Oberarmrückseite kommt dem Trizeps sowohl bei zahlreichen Sportarten wie z. B. Wurf- und Rückschlagsportarten, Boxen, Turnen oder Kraftsport als auch bei der Körperformung eine große Bedeutung zu. Der Trizeps setzt sich aus drei Muskelanteilen zusammen: dem langen Kopf, der als zweigelenkiger Muskelstrang über das Schulter- und Ellbogengelenk zieht, sowie dem inneren und äußeren kurzen Kopf, die nur das Ellbogengelenk strecken.

Funktionstabelle

Die Funktionstabelle zeigt, welchen Einfluss (Funktion) der Muskel bei Kraft- und Dehntraining auf die beteiligten Gelenke ausübt. Die Tabelle ermöglicht darüber hinaus die Ableitung der optimalen Kraft- und Dehnübung und eine fachliche Beurteilung (Funktionscheck) jeder Übung (vgl. Abschn. 6.2 *Muskelfunktionstabellen*).

Die Funktionstabelle für den Trizeps zeigt den Einfluss aller drei Muskelanteile auf das Ellbogengelenk und die zusätzliche Wirkung des zweigelenkigen, langen Trizepskopfes auf das Schultergelenk. Die notwendige Unterscheidung von zwei eingelenkigen und einem zweigelenkigen Muskelanteil ergibt zwei optimale Kräftigungsübungen.

Dreiköpfiger Oberarmmuskel (M. triceps brachii)

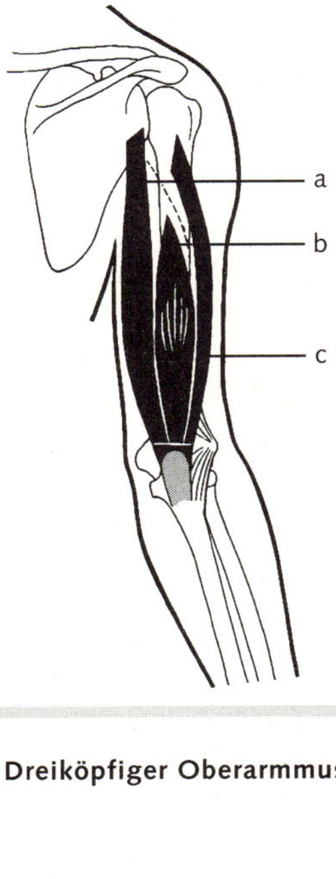

Ursprung:
- **Langer Kopf** (caput longum, a) – Höckerchen unterhalb der Schultergelenkpfanne am Schulterblatt (tuberculum infraglenoidale scapulae)
- **Kurze Köpfe** (caput mediale, b, und laterale, c) – Hinterfläche des Oberarmknochens

Ansatz:
- Ellbogen (olecranon)

Funktion:
- Streckung im Ellbogengelenk (Extension)
- Nur caput longum – den Arm an den Körper ziehen (Adduktion) und nach hinten führen (Retroversion)

Abb. 30: Dreiköpfiger Oberarmmuskel (modifiziert nach Rohen 1998)

DREIKÖPFIGER OBERARMMUSKEL (M. TRICEPS BRACHII)

Gelenk/ Körperteil	Kräftigung	Dehnung
Ellbogengelenk	• Streckung	• Beugung
Schultergelenk	Nur langer Trizepskopf (caput longum) • Den Oberarm an den Körper heranziehen (Adduktion) • Den Oberarm nach hinten führen (Retroversion)	Nur langer Trizepskopf (caput longum) • Den Oberarm abspreizen (Abduktion) • Den Oberarm nach vorn heben (Anteversion)

Muskel/ Muskelanteil	Optimale Kräftigungsübung	Optimale Dehnübung
Mittlerer und seitlicher Trizepskopf (caput mediale und laterale)	Trizepsdrücken am Kabelzug • Oberarme senkrecht am Körper fixieren • Unterarme gegen den Widerstand strecken	• Das Beugen des Ellbogengelenks allein erzeugt keine spürbare Trizepsdehnung
Langer Trizepskopf (caput longum)	Trizeps-Kickback mit Retroversion • Den Oberkörper nach vorn neigen • Den Oberarm maximal nach hinten-oben anheben, an den Körper heranziehen und fixieren • Das Ellbogengelenk strecken mit Kurzhantel	 • Den Arm anheben, sodass der Oberarm am bzw. hinter dem Kopf liegt (Abduktion und Anteversion) • Das Ellbogengelenk maximal beugen • Mit der freien Hand durch Zug am Oberarm die Dehnung verstärken

Tab. 110: Funktionstabelle für den M. triceps brachii und Ableitung der optimalen Kräftigungs- und Dehnübungen

Der Gegenspieler (Antagonist) des Trizeps ist, bezogen auf die Hauptfunktion, der Bizeps. Es ist die Hauptfunktion des Trizeps, das Ellbogengelenk zu strecken, und die Hauptfunktion des Bizeps, das Ellbogengelenk zu beugen.

EMG-gestützte Übungsranglisten

Die EMG-gestützten Übungsanalysen ermöglichen es, verschiedene Kraftübungen für einen Muskel zu vergleichen und eine Übungsrangliste zu erstellen. Das vollständige Untersuchungsdesign ist in Abschn. 5.3 *Übungsranglisten für einzelne Muskelgruppen* dargestellt.

Die funktionellen Unterschiede zwischen den beiden eingelenkigen und dem zweigelenkigen Anteil des Trizeps machen die Aufstellung von zwei verschiedenen Übungsranglisten erforderlich. Da zusätzlich die Übungen mit Zusatzgewichten von den Übungen mit dem eigenen Körpergewicht getrennt aufgelistet werden müssen, ergeben sich insgesamt vier Übungsranglisten. Die Zusatzgewichte wurden jeweils so gewählt, dass maximal 12 Wiederholungen möglich waren. Dadurch wird eine Vergleichbarkeit verschiedener Übungen erreicht. Die Intensität der Übungen ohne Zusatzgewichte wird entscheidend vom Körpergewicht und von der muskulären Leistungsfähigkeit des Trainierenden bestimmt. Die beiden Übungsgruppen sind deshalb nicht direkt vergleichbar.

Rangliste der Übungen mit Zusatzgewicht für den dreiköpfigen Oberarmmuskel, seitlicher Anteil

Rang-platz	Abbildung	Bezeichnung	$\bar{x}$R	$\bar{x}$EMG
1		Trizepsdrücken beidarmig am Kabelzug	1,7	809
2		Trizepsdrücken im Liegen mit SZ-Hantel	2,3	754

Rang-platz	Abbildung	Bezeichnung	$\bar{x}$R	$\bar{x}$EMG
3		Bankdrücken im Liegen, Absenken der Langhantel zum Hals	3,1	616
4		Trizepsdrücken einarmig mit Kurzhantel vorgebeugt (Trizeps-Kickback)	3,8	564
5		Trizepsdrücken einarmig über Kopf mit Kurzhantel	4,1	559

Tab. 111: EMG-gestützte Rangliste von Kraftübungen mit wählbarer Zusatzlast für den seitlichen Trizepsanteil nach dem durchschnittlichen Rangplatz ($\bar{x}$R) und der durchschnittlichen EMG-Aktivität in μV ($\bar{x}$EMG); n = 10

Rangliste der Übungen ohne Zusatzgewicht für den dreiköpfigen Oberarmmuskel, seitlicher Teil

Rang-platz	Abbildung	Bezeichnung	x̄R	x̄EMG
1		Liegestütz rücklings zwischen zwei Bänken	1,4	700
2		Stützbeugen (Dips) nicht tief	2,1	523
3		Liegestütz	2,5	444

Tab. 112: EMG-gestützte Rangliste von Kraftübungen mit dem eigenen Körpergewicht nach dem durchschnittlichen Rangplatz (x̄R) und der durchschnittlichen EMG-Aktivität in µV (x̄EMG); n = 10

Rangliste der Übungen mit Zusatzgewicht für den dreiköpfigen Oberarmmuskel, langer Kopf

Rang-platz	Abbildung	Bezeichnung	$\bar{x}$R	$\bar{x}$EMG
1		Trizepsdrücken einarmig mit Kurzhantel vorgebeugt mit Retroversion des Oberarms (Trizeps-Kickback mit Retroversion)	1,6	705
2		Nackendrücken mit der Langhantel	3,0	530
3		Trizepsdrücken einarmig mit Kurzhantel vorgebeugt (Trizeps-Kickback)	3,4	520
4		Trizepsdrücken einarmig über Kopf mit Kurzhantel	3,4	515

Rang-platz	Abbildung	Bezeichnung	x̄R	x̄EMG
5		Trizepsdrücken im Sitz mit SZ-Hantel	3,6	532

Tab. 113: EMG-gestützte Rangliste von Kraftübungen mit dem eigenen Körpergewicht für den langen Trizepskopf nach dem durchschnittlichen Rangplatz (x̄R) und der durchschnittlichen EMG-Aktivität in µV (x̄EMG); n = 10

Rangliste der Übungen ohne Zusatzgewicht für den dreiköpfigen Oberarmmuskel, langer Kopf

Rang-platz	Abbildung	Bezeichnung	x̄R	x̄EMG
1		Stützbeugen (Dips) nicht tief	1,5	501
2		Liegestütz	1,5	485

Tab. 114: EMG-gestützte Rangliste von Kraftübungen mit dem eigenen Körpergewicht für den langen Trizepskopf nach dem durchschnittlichen Rangplatz (x̄R) und der durchschnittlichen EMG-Aktivität in µV (x̄EMG); n = 10

Kommentar zu den EMG-Ranglisten

Unterschiede bei den Übungen für die eingelenkigen und zweigelenkigen Anteile des dreiköpfigen Oberarmmuskels

Bei der Interpretation der Messdaten des seitlichen Trizepskopfes (caput laterale) ist zu berücksichtigen, dass aufgrund der verwendeten Oberflächenelektroden möglicherweise elektrische Signale des darunter liegenden mittleren Trizepskopfes (caput mediale) miterfasst werden. Die Berücksichtigung der Zweigelenkigkeit des langen Trizepskopfes mit der Retroversion und Adduktion im Schultergelenk als Nebenfunktionen ist beim Trizepstraining von großer Bedeutung. Mehrere Übungen, die sich für die eingelenkigen Anteile des M. triceps brachii in unseren EMG-Messungen als gut geeignet erwiesen haben, aktivieren den zweigelenkigen langen Trizepskopf nur sehr wenig und sind für ein effektives Training dieses Muskelanteils ungeeignet und umgekehrt (vgl. Tab. 115).

M. TRICEPS BRACHII – VERGLEICH DER EFFEKTIVITÄT VERSCHIEDENER ÜBUNGEN FÜR DIE EIN- UND ZWEIGELENKIGEN ANTEILE

Übung	Seitlicher Trizepskopf (caput laterale)		Langer Trizepskopf (caput longum)	
	$\bar{x}$EMG	Bewertung	$\bar{x}$EMG	Bewertung
Trizepsdrücken beidarmig am Kabelzug	809	**Übung Nr. 1 höchste Intensität**	391	**geringe Intensität und Effektivität**
Liegestütz rücklings zwischen zwei Bänken	700	hohe Intensität (je nach Körpergewicht und Kraftvermögen)	427	mittlere Intensität
Nackendrücken mit der Langhantel	320	sehr geringe Intensität und Effektivität	530	mittlere bis hohe Intensität
Trizepsdrücken mit Kurzhantel vorgebeugt mit Retroversion des Oberarms	346	**sehr geringe Intensität und Effektivität**	705	**Übung Nr. 1 höchste Intensität**

Tab. 115: **Vergleich der Effektivität** von 5 Übungen für den **seitlichen und den langen Muskelkopf des M. triceps brachii** nach dem durchschnittlichen Rangplatz ($\bar{x}$R) und der durchschnittlichen EMG-Aktivität in μV ($\bar{x}$EMG); n = 10

Die effektivste Übung für den seitlichen Trizepsanteil (caput laterale) ist das beidarmige Trizepsdrücken am Kabelzug (809 V), das gleichzeitig die Übung mit der geringsten Muskelaktivierung des langen Trizepskopfes (caput longum) mit 391 µV ist und damit als Trainingsübung für diesen Muskelanteil nicht in Frage kommt. Ähnliches gilt für die Übung Liegestütz rücklings zwischen zwei Bänken. Für die Übungen Nackendrücken und Trizepsdrücken mit Retroversion gilt der umgekehrte Sachverhalt: Sie sind hocheffektiv für den langen zweigelenkigen Trizepskopf und nicht empfehlenswert für den seitlichen eingelenkigen Anteil des Trizeps.

Für ein komplettes Trizepstraining sind folglich zwei unterschiedliche Übungsgruppen notwendig: zum einen die traditionellen Trizepsübungen, bei denen hohe Gewichte bewältigt werden und die in der Regel für den Masseaufbau eingesetzt werden; zum anderen die bisher häufig vernachlässigten, für viele Trainierende sogar unbekannten Übungen für den zweigelenkigen langen Trizepskopf «mit Retroversion», bei denen zwar viel geringere Gewichte bewältigt werden, die aber aufgrund ihrer spezifischen hohen Muskelspannungen für das caput longum eine unverzichtbare Ergänzung eines kompletten Trizepstrainings darstellen. Eine Analyse der EMG-Ergebnisse zeigt, dass es noch eine dritte Gruppe von Trizepsübungen gibt, die für die eingelenkigen und zweigelenkigen Anteile in etwa gleichermaßen intensiv sind, ohne jedoch für einen der beiden

Anteile Spitzenwerte zu erreichen. Hierzu gehören die Übungen Trizepsdrücken mit Kurzhantel vorgebeugt (Trizeps-Kickback ohne Retroversion), Trizepsdrücken mit Kurzhantel über Kopf, Stützbeugen (Dips) und Bankdrücken mit weiter und enger Griffhaltung.

Trizepsdrücken beidarmig am Kabelzug

Diese traditionelle Trizepsübung wird im Training zu Recht am häufigsten eingesetzt. Sie ist mit großem Vorsprung die intensivste Übung für den seitlichen Trizepskopf. Cornacchia et. al. (1999 a) berichten über ihre Untersuchung für den seitlichen Trizepsanteil mit fünf Athleten, bei der das Trizepsdrücken am Kabelzug mit einer gewinkelten Stange und Drehung (Drehmanschette auf dem Handgriff) die intensivste Variante war, gefolgt von den Ausführungen mit einer gewinkelten und einer geraden Stange. In eigenen Kontrollmessungen konnten wir dieses Ergebnis bestätigen; die Unterschiede beider Griffvarianten sind jedoch gering.

In der Trainingspraxis wird beim Trizepsdrücken die Ausgangsstellung häufig etwas vom Kabelzug entfernt gewählt, sodass das Kabel leicht schräg verläuft. Messungen ergaben, dass sich das Trainingsgewicht und damit die Muskelspannung aller Trizepsanteile umso stärker verringerte, je schräger das Kabel verlief. Die effektivste Form ist eine Übungsausführung mit senkrechtem Kabelverlauf, bei einem Stand möglichst nahe am Gerät.

DREIKÖPFIGER OBERARMMUSKEL **421**

Trizepsdrücken einarmig mit Retroversion des Oberarms

Die Übung Nr. 1 für den langen Trizepskopf, das einarmige Trizepsdrücken vorgebeut mit Kurzhantel und Nach-hinten-oben-Führen des Oberarms (Retroversion) – auch als Trizeps-Kickback mit Retroversion bezeichnet – kann auf verschiedene Weise ausgeführt werden (Tab. 116).

M. TRIZEPS BRACHII, CAPUT LONGUM – VARIANTEN DER ÜBUNGEN TRIZEPSDRÜCKEN EINARMIG VORGEBEUGT MIT KURZHANTEL (TRIZEPS-KICKBACK)

Rang-platz	Abbildung	Variation der Retroversion	$\bar{x}$R	$\bar{x}$EMG	Diff. [%]
1		Oberarm nach hinten-oben führen (Retroversion) und fixieren, Ellbogengelenk strecken	1,0	705	0
2		Oberarm bei jeder Wiederholung nach hinten-oben führen (Retroversion) und gleichzeitig das Ellbogengelenk strecken	2,3	564	−20
3		Oberarm am Körper fixieren (ohne Retroversion), Ellbogengelenk strecken	2,7	520	−26

Tab. 116: Vergleich von Ausführungsvarianten der Übung Trizepsdrücken vorgebeugt mit Kurzhantel mit **Variation der Rückführung des Oberarms (Retroversion)** nach dem durchschnittlichen Rangplatz ($\bar{x}$R) und der durchschnittlichen EMG-Aktivität in µV ($\bar{x}$EMG); n = 10

Die Übungsvariante mit fixierter hoher Retroversionsstellung und Adduktion des Oberarms (isometrische Muskelspannung) erwies sich als wesentlich intensiver als die Variante mit dynamischer Retroversion des Oberarms bei gleichzeitiger Ellbogengelenkstreckung. Bei der effektiveren Ausführung wird die Muskelkontraktion, die durch die Ellbogengelenkstreckung erzeugt wird, auf den bereits isometrisch stark kontrahierten Muskel aufgeschaltet, was zu einer wesentlich höheren Gesamtaktivierung des Muskels führt als die gleichzeitige, flüssige Verbindung der Retroversion im Schultergelenk mit der Streckung im Ellbogengelenk. Die traditionelle Übung Trizepsdrücken ohne Retroversion des Oberarms erreicht durchschnittlich 520 µV und liegt damit nur 44 µV unter der Variante mit der flüssigen Koppelung beider Bewegungen, weil auch hier eine gewisse isometrische Retroversionsspannung aufgebaut werden muss, damit das Gewicht der Kurzhantel den Oberarm nicht nach unten zieht.

Trizepsdrücken im Liegen mit SZ-Hantel

Die Übung aktiviert sowohl die eingelenkigen als auch den langen zweigelenkigen Trizepskopf intensiv und nimmt bei einer Gesamtrangliste, bei der die Werte für die beiden gemessenen Anteile des Trizeps summiert werden, den ersten Platz ein. Sie erweist sich also als die beste Komplexübung für alle drei Trizepsköpfe.

Trizepsdrücken einarmig über Kopf mit Kurzhantel

Die Übung aktiviert den zweigelenkigen Trizepsanteil (caput longum) und die eingelenkigen Anteile (caput mediale, caput laterale) gleichermaßen gut, wenn auch keine Spitzenwerte erreicht werden. Das einarmige Trizepsdrücken über Kopf mit Kurzhantel ist eine empfehlenswerte Komplexübung für den gesamten Trizepsmuskel. Cornacchia et. al. (1999 c) ermittelten für die neutrale Hammergriffvariante die höchste Muskelaktivität, dicht gefolgt von der Ausführung mit Unterarmdrehung in die Pronation und dem Trizepsdrücken mit Pronationsgriff (der Handrücken zeigt bei über Kopf gestrecktem Arm nach vorn).

Varianten des Bankdrückens

Das Bankdrücken erzeugt nur eine mittlere Aktivierung des M. triceps brachii und ist deshalb keine ideale Trainingsübung für diesen Muskel. Durch Variation der Griffhaltung, des Absenkpunktes der Hantel und der Bankneigung wird versucht, die Effektivität des Bankdrückens für den Trizepsmuskel zu erhöhen (vgl. Tab. 117).

M. TRICEPS BRACHII, CAPUT LATERALE –
VARIANTEN DER ÜBUNG BANKDRÜCKEN

Rang-platz	Abbildung	Varianten Bankdrücken	x̄R	x̄EMG	Diff. [%]
1		Enger Griff, Hantel auf den Hals absenken	1,2	616	0
2		Enger Griff, Hantel auf die Brust absenken	2,6	460	−25
3		Breiter Griff, Hantel auf die Brust absenken	2,8	466	−24
4		Breiter Griff, Schräg-bank positiv, 20°	4,0	367	−40

Rang-platz	Abbildung	Varianten Bankdrücken	$\bar{x}R$	$\bar{x}EMG$	Diff. [%]
5		Breiter Griff, Schräg-bank positiv, 45°	4,4	309	−49

Tab. 117: Vergleich von Varianten der Übung Bankdrücken für den seitlichen Anteil des dreiköpfigen Oberarmmuskels mit **Variation der Griffbreite und der Banknei-gung** nach dem durchschnittlichen Rangplatz ($\bar{x}R$) und der durchschnittlichen EMG-Aktivität in µV ($\bar{x}EMG$); n = 10

Die Übungsausführung des Bank-drückens mit engem Griff und dem Absenken der Hantel auf den Hals ist die effektivste Variante. Diese sehr spezielle Ausführung kann eigentlich nicht mehr als Bankdrücken bezeichnet werden, sondern wird zum Trizepsdrücken vor dem Kopf im Liegen mit der Langhantel. Sie ist dennoch nicht so intensiv wie das Trizepsdrücken liegend mit SZ-Hantel und deshalb wenig sinnvoll.

Überraschenderweise ist es für die Trizepsaktivierung unerheblich, ob das normale Bankdrücken mit Absenken der Hantel auf die Brust mit engem oder weitem Griff durchgeführt wird. Bei der Übungsvariante mit weitem Griff kön-nen höhere Gewichte bewältigt werden, sodass das höhere Gewicht den Vorteil eines engen Griffs ausgleicht.

Beim positiven Schrägbankdrücken nimmt das bewältigbare Gewicht umso stärker ab, je steiler die Bank aufgerich-tet wird. Dementsprechend verringert sich die Trizepsaktivierung. Umgekehrt verhält es sich beim negativen Schräg-bankdrücken, welches höhere Gewichte ermöglicht und folglich eine höhere In-tensität für den M. triceps ergibt (Cor-nacchia et al. 1999 b).

- Alle Varianten des Bankdrückens gehören zu den nicht sehr effektiven Tri-zepsübungen.
- Der Bankwinkel ist von Bedeutung: Die negative Schrägbank bringt Vorteile, da mehr Gewicht bewältigt werden kann.
- Der Absenkpunkt der Hantel ist von Bedeutung: Es ist vorteilhaft, die Hantel in Richtung Hals abzusenken.
- Die Griffbreite hat, bei Ausgleich des Gewichts, keine große Bedeutung.

DREIKÖPFIGER OBERARMMUSKEL   425

Stützbeugen (Dips)

Diese Übung zählt zu den hochwirksamen Komplexübungen mit dem eigenen Körpergewicht für den großen Brustmuskel, den unteren Teil des Trapezius und den gesamten Trizeps. Die Intensität der Übung hängt dabei wie bei allen Übungen ohne abstufbare Zusatzgewichte vom Körpergewicht und der muskulären Leistungsfähigkeit des Trainierenden ab.

Bei der Übung Stützbeugen (Dips) waren Fragen nach der Effektivität der Ausführungsvarianten «tiefes Beugen der Arme» gegen «nicht tiefes Beugen der Arme» sowie «Oberarmführung eng am Körper» gegen «Oberarm vom Körper abgespreizt» zu klären (vgl. Tab 118).

M. TRICEPS BRACHII, CAPUT LATERALE UND CAPUT LONGUM – ÜBUNG STÜTZBEUGEN (DIPS)

Rang-platz	Abbildung	Ausführungsvarianten	x̄R	x̄EMG	Diff. [%]
1		nicht tief (Ellbogenwinkel 90°) Oberarme 80° abgespreizt	1,5	993	0
2		nicht tief (Ellbogenwinkel 90°) Oberarme am Körper	1,6	1024	+3
3		tief Oberarme am Körper	2,9	870	−12

Tab. 118: Vergleich von Ausführungsvarianten der Übung Stützbeugen (Dips) mit **Variation der Beugetiefe und der Stellung der Oberarme** nach dem durchschnittlichen Rangplatz (x̄R) und der durchschnittlichen EMG-Aktivität in µV (x̄EMG); n = 10

Die «nicht tiefe» Variante des Stützbeugens, bei der die Ellbogengelenke nur bis zu einem Winkel von 90° gebeugt werden, aktiviert den Trizeps stärker als ein maximal tiefes Armbeugen. Der Grund für dieses überraschende Ergebnis liegt darin, dass im tiefsten Punkt des Stützbeugens das Körpergewicht vorwiegend von den Bändern und der Kapsel des Schultergelenks gehalten wird und nicht mehr von der Muskulatur, deren aktive Spannung sich deutlich verringert. Das maximal tiefe Beugen der Arme und das «Hängen» im Band- und Kapselapparat des Schultergelenks ist zudem aus orthopädischer Sicht ungünstig, da es zu Überlastungsbeschwerden führen kann. Bei nicht tiefem Beugen der Arme muss das Körpergewicht während des gesamten Bewegungsablaufs durch aktive Muskelspannung gehalten werden, was die Muskelaktivierung und damit die Trainingseffektivität erhöht. Darüber hinaus kann bei einem Training an Stützbeugemaschinen bei einem großen Ellbogenwinkel wesentlich mehr Gewicht bewältigt werden als in kleineren Winkelstellungen, sodass die Aktivierung zunimmt.

Der Vergleich der Oberarmführungen eng am Körper oder abgespreizt (der Winkel zwischen dem Rumpf und dem Oberarm betrug 80°) zeigt, dass die Oberarmführung keinen wesentlichen Einfluss auf die Trizepsaktivität hat. Deshalb können beide Varianten alternativ eingesetzt werden.

Der sehr effektive **Liegestütz rücklings zwischen zwei Bänken** ist ebenfalls eine Variante des Stützbeugens und darf nicht als eine Ausführungsalternative des normalen Liegestütz vorlings betrachtet werden. Der Liegestütz rücklings führt mit großem Abstand die Rangliste der Übungen ohne Zusatzgewichte für den seitlichen Trizepskopf an (vgl. Tab. 112, S. 417).

- Liegestütz rücklings zwischen zwei Bänken ist die intensivste Variante der Stützbeugeübungen ohne Zusatzgewichte.
- Die nicht tiefe Ausführung des Stützbeugens ist effektiver als die tiefe Variante der Dips.
- Die Oberarmführung hat keinen wesentlichen Einfluss auf die Muskelaktivierung des M. triceps.

Liegestütz

Der lange Trizepskopf wird durch die Übung Liegestütz ebenso intensiv erfasst wie durch das nicht tiefe Stützbeugen (vgl. Tab. 114), wohingegen die Aktivität des seitlichen Trizepsanteils leicht abfällt. Insgesamt erweist sich der Liegestütz durchaus als eine brauchbare Heimtrainingsübung, vor allem für weniger trainierte Personen. Die Oberarmführung eng am Körper mit gerade nach vorn zeigenden Fingern ergibt eine geringfügig intensivere Trizepsaktivierung als die Übungsausführung mit ca. 80° abgespreizten Oberarmen und leicht nach innen zeigenden Fingern.

DREIKÖPFIGER OBERARMMUSKEL 427

Zusammenfassung der Ergebnisse

- Ein komplettes Training erfordert gesonderte Übungen für die eingelenkigen und zweigelenkigen Trizepsanteile.
- Die Übung beidarmiges Trizepsdrücken am Kabelzug mit senkrecht laufendem Kabel aktiviert die eingelenkigen Trizepsanteile (caput laterale und mediale) deutlich am stärksten und ist die wichtigste Trizepsübung.
- Die Übung Trizepsdrücken einarmig vorgebeugt mit statischem Halten des zurückgeführten Oberarms (Retro-

version und Adduktion) ist die Top-Übung für den zweigelenkigen Trizepsanteil (caput longum).
- Die Übung Trizepsdrücken liegend mit SZ-Hantel hat sich als die beste Komplexübung für alle drei Trizepsköpfe erwiesen.
- Bei den Übungen mit dem eigenen Körpergewicht ist der Liegestütz rücklings die effektivste Übung für die eingelenkigen Trizepsanteile und das Stützbeugen (Dips) mit nicht tiefer Ausführung sowie der Liegestütz vorlings für den gesamten Muskel.

Die Top-Übungen

Top-Übungen für den dreiköpfigen Oberarmmuskel (M. triceps brachii)
Seitlicher Trizepskopf (caput laterale)

1

Trizepsdrücken am Kabelzug
Die Übung aktiviert den seitlichen Trizepskopf u. a. deshalb am stärksten, weil ein hohes Gewicht bewältigt werden kann.

2

Trizepsdrücken liegend mit SZ-Hantel
Die hohe Aktivierung des seitlichen und eine mittlere Aktivierung des langen Trizepskopfes machen diese Übung zur besten Komplexübung für den gesamten Trizeps.

Top-Übungen für den dreiköpfigen Oberarmmuskel (M. triceps brachii)
Seitlicher Trizepskopf (caput laterale)

3

Liegestütz rücklings zwischen zwei Bänken
Bei dieser Variante des Stützbeugens (Dips) bestimmen das Körpergewicht und die muskuläre Leistungsfähigkeit die Intensität dieser für die meisten Trainierenden hochintensiven Übung. Sie nimmt auch in der Gesamtrangliste einen Spitzenplatz ein. Vorsicht: Problem Schultergelenk, Körper nicht zu tief absenken.

4

Stützbeugen (Dips) nicht tief
Aufgrund der hohen Aktivierung des großen Brustmuskels und des unteren Anteils des Trapezius sowie einer mittleren Intensität des Trizeps (körpergewichtsabhängig) ist die Übung eine hervorragende Komplexübung. Die Ausführung «nicht tief» ist effektiver als die Variante «tief» und reduziert die Gefahr einer Verletzung oder Überbelastung im Schultergelenk.

Langer Trizepskopf (caput longum)

5

Trizepsdrücken einarmig vorgebeugt mit Kurzhantel und mit Retroversion des Oberarms (Trizeps-Kickback mit Retroversion)
Die Übung ist konkurrenzlos die Nr. 1, vor allem wenn der Oberarm zunächst hinten-oben (Retroversion) und am Körper (Adduktion) fixiert wird und die Ellbogenstreckung aus dieser Ausgangsstellung erfolgt.

Übungen für das Training des dreiköpfigen Oberarmmuskels

Unsere EMG-Untersuchungen haben gezeigt, dass sich die einzelnen Teile des Trizeps nicht mit einer Übung optimal trainieren lassen. Die Übungen für den Trizeps werden daher unter anatomisch-funktionellen Gesichtspunkten in drei Gruppen eingeteilt: Übungen für die eingelenkigen Trizepsanteile, Übungen für den zweigelenkigen Trizepsanteil (caput longum) und Komplexübungen für die eingelenkigen und zweigelenkigen Anteile des Trizeps. Jeder Übungsgruppe werden zunächst gemeinsame Aspekte vorangestellt, bevor die einzelnen Übungen detailliert beschrieben werden.

Übungen für die eingelenkigen Anteile

Wichtige Aspekte bei Übungen für die eingelenkigen Trizepsanteile

1. Das Training der eingelenkigen Anteile des Trizeps erfolgt nur durch die Streckung im Ellbogengelenk. Dadurch können in der Regel wesentlich stabilere Ausgangsstellungen und höhere Gewichte gewählt werden als bei Übungen für den zweigelenkigen langen Kopf.
2. Für eine optimale Kraftübertragung muss bei allen Übungen die Rumpfmuskulatur angespannt und die Handgelenke müssen stabilisiert werden.

Trizepsdrücken an der Maschine

- Effektive Übung für den lateralen und medialen Kopf des Trizeps.
- Unterarme auf die Polsterung legen, Sitz- und Armposition so einrichten, dass das Ellbogengelenk mit dem Drehpunkt des Maschinenhebels auf einer Achse liegt.
- Griffe im Rist- oder Hammergriff fassen (Handrücken zeigt nach oben oder außen) und Handgelenke aktiv stabilisieren.
- Kontrolliertes Strecken und Beugen der Arme.

Trizepsdrücken beidarmig am Kabelzug

- Da bei dieser Übung vergleichsweise sehr viel Gewicht bewältigt werden kann, ist sie die Übung Nr. 1 für die eingelenkigen Trizepsköpfe. Der zweigelenkige lange Kopf wird hingegen nur gering aktiviert, da die hierbei wichtige Armrückführbewegung (Retroversion) fehlt.
- Etwa schulterbreiter Stand oder Schrittstellung mit leicht gebeugten Knien möglichst nah vor dem Kabelzug, sodass bei der Übungsdurchführung ein senkrechter Kabelverlauf gewährleistet ist. Je weiter der Stand vom Kabelzug weg ist, desto mehr wird bei der Bewegung der breite Rückenmuskel eingesetzt und desto geringer wird die Aktivierung des Trizeps. Es gelingt dann nur schwer, die Ellbogen zu fixieren, sodass die Oberarme bei der Beugung häufig etwas vor den Körper gezogen werden.
- Kabelzugstange hüftbreit im Ristgriff (Handrücken zeigt nach oben) fassen, Handgelenke stabilisieren und Rumpfmuskulatur anspannen; Oberkörper gegebenenfalls etwas vorbeugen und Ellbogen am Körper fixieren. Strecken und Beugen der Arme im Wechsel. Bei guter Fixation der Handgelenke kann die Ellbogenbeugung bei der Bewegungsausführung kleiner als 90° sein.
- Die Verwendung einer gewinkelten Stange ergibt möglicherweise einen geringeren Vorteil. Griffseile ermöglichen im Vergleich zur Griffstange zusätzlich zur Ellbogenstreckung eine geringe Rückführung der Oberarme (Retroversion), was die Aktivität des langen Kopfes etwas erhöhen dürfte. Viele Trainierende wählen bei dieser Variante als Ausgangsstellung den Kniestand, um eine Schaukelbewegung zu vermeiden.
- Die Durchführung der Bewegung im Kammgriff (Handfläche zeigt nach oben) führt dazu, dass jetzt weniger Gewicht verwendet werden kann, da die Handextensoren nicht so stark stabilisieren können wie die Handflexoren im Ristgriff. Die Übung ist daher im Kammgriff deutlich weniger effektiv und wenig sinnvoll, da damit auch keine anderen Anteile des Trizeps aktiviert werden, denn der Trizeps ist an der Supination bzw. Pronation im Unterarm nicht beteiligt.
- Die Übung kann auch mit einem Einzelgriff einarmig durchgeführt werden, wobei der freie Arm den Körper am Kabelzug fixiert.

Trizepsdrücken im Liegen mit SZ-Hantel

- Intensive Übung für die eingelenkigen Trizepsköpfe und gleichzeitig beste Komplexübung für die gemeinsame Aktivierung aller drei Trizepsköpfe.
- Rückenlage auf einer Flachbank, Beine werden an den Bauch gezogen oder Füße erhöht abgestellt (Ausgleich der Lendenlordose).
- Rumpfmuskulatur anspannen, SZ-Stange mit fixierten Handgelenken hinter den Kopf führen, sodass die Oberarme etwas hinter der Senkrechten sind.
- Beugen und Strecken der Ellbogen, wobei die Ellbogen nach vorn zeigen; die Oberarme bleiben in ihrer Position und werden nicht nach vorn geführt.
- Wird die Übung mit Langhantel oder einer Kurzhantel beidarmig durchgeführt, so muss die Hantel ca. 30° hinter den Kopf geführt werden, da sonst kein tiefes Absenken des Gewichts möglich ist, weil die Hantel frühzeitig den Kopf berührt. Neben der Ellbogenstreckung werden die nach hinten-oben zeigenden Oberarme bis annähernd zur Senkrechten nach vorn geführt (nicht ganz bis zur Senkrechten, weil sonst die Retroversionsfunktion gegen die Schwerkraft entfällt).
- Bei leicht negativer Bankstellung (Kopf liegt weiter unten) dürfte sich die Aktivierung des langen Trizepskopfes erhöhen, da der Hebelarm jetzt länger wird.

Bankdrücken im Liegen mit Absenken der Langhantel zum Hals

- Die Übung ist deutlich weniger intensiv als das Trizepsdrücken am Kabelzug bzw. das Trizepsdrücken im Liegen mit SZ-Hantel und deshalb weniger sinnvoll.
- Rückenlage auf einer Flachbank, Beine werden zum Ausgleich der Lendenlordose an den Bauch gezogen bzw. erhöht aufgestellt.
- Herausheben der Hantelstange mit engem Griff und Absenken zum Hals (nicht wie beim Bankdrücken zur Brust); anschließend die Langhantel nach oben drücken.
- Bei dieser Übungsausführung handelt es sich eigentlich nicht mehr um Bankdrücken, sondern vielmehr um Trizepsdrücken vor dem Kopf im Liegen mit der Langhantel.
- Das traditionelle Bankdrücken ist für den Trizeps nur mittelintensiv, selbst dann, wenn es mit engem Griff durchgeführt wird. Der Vorteil eines engen Griffes wird durch den Nachteil eines geringeren bewältigbaren Gewichtes wieder ausgeglichen.

Liegestütz rücklings zwischen zwei Bänken

- Effektivste Übung ohne Gerät für die kurzen Trizepsköpfe.
- Stütz rücklings auf den Handballen zwischen zwei Bänken (oder an der Kante einer Bank). Die Fersen werden auf eine zweite Bank gestellt.
- Den Rumpf kontrolliert bis maximal 90° Ellbogenwinkel absenken (Arme beugen) und anschließend die Ellbogen wieder strecken.
- Es besteht eine hohe Belastung der vorderen Schultergelenkstrukturen. Die Übung sollte zumindest im gesundheitsorientierten Fitnesstraining – wenn überhaupt – nur mit kleiner Bewegungsamplitude im Bereich der annähernd gestreckten Ellbogengelenke durchgeführt werden. Ein tiefes Absenken mit einem Ellbogenwinkel kleiner als 90° erhöht die Schultergelenkbelastung zusätzlich, ohne dass der Vorteil einer höheren Aktivierung gegeben ist. In tiefen Winkelstellungen lässt die Aktivierung sogar nach, weil ein Teil des Gewichts jetzt auf den passiven Strukturen des Schultergelenks lastet.
- Die Übung ist eher eine Variante des Stützbeugens als eine Liegestützübung.

Übungen für den zweigelenkigen Anteil

Wichtige Aspekte bei Übungen für den zweigelenkigen Trizepsanteil

Bei den Übungen für den langen Trizepskopf (caput longum) ist außer der Ellbogenstreckung eine maximale Retroversion und Adduktion des Oberarms besonders wichtig. Die höchste Aktivierung wird erreicht, wenn der Oberarm in maximaler Retroversion und Adduktion während der Übung statisch fixiert wird und nur eine Beugung und Streckung im Ellbogengelenk erfolgt.

Trizepsdrücken einarmig vorgebeugt mit Retroversion des Oberarms

- Effektivste Übung für den langen Trizepskopf, da neben der Streckung im Ellbogen zusätzlich die beiden Funktionen des langen Kopfes im Schultergelenk, die Retroversion und Adduktion, statisch trainiert werden.
- Einbein-Kniestand auf einer Bank mit schräg gestellter Lehne. Der Arm der gleichen Seite stützt zur Stabilisation an der Lehne ab oder umfasst die Lehne.
- Kurzhantel fassen und Oberarm des Trainingsarmes maximal nach hinten führen (maximale Retroversion). Oberkörper so weit nach vorn legen, dass sich der maximal zurückgeführte Arm in horizontaler Lage (parallel zum Boden) befindet. In dieser Position kann mit dem längsten Hebelarm und der höchsten Aktivierung trainiert werden. Zusätzlich wird der Arm maximal an den Körper herangeführt (Adduktion).
- Handgelenk aktiv stabilisieren und Ellbogengelenk kontrolliert strecken und beugen, ohne dass sich die Lage des Oberarms verändert.
- Es tritt ein deutlicher Aktivierungsverlust für den langen Trizepskopf auf, wenn der Oberarm nicht in maximaler Retroversion gehalten, sondern gleichzeitig mit der Ellbogenstreckung zurückgeführt bzw. lediglich am Oberkörper ohne Retroversion fixiert wird (Trizepsdrücken mit Kurzhantel vorgebeugt). Die letztgenannte Übungsvariante besitzt eine gute Komplexwirkung für alle Teile des Trizeps, da ein höheres Hantelgewicht gewählt werden kann, die statische Anspannung des langen Trizepskopfes aber trotzdem gegeben ist.

Trizepsdrücken einarmig vorgebeugt am Kabelzug mit Retroversion des Oberarms

- Effektive Übung für den langen Kopf des Trizeps, da neben der Streckung im Ellbogen zusätzlich die beiden Funktionen des langen Kopfes im Schultergelenk, die Retroversion und Adduktion, statisch angesprochen werden.
- Zuggriff in Oberarmhöhe einrichten, der freie Arm unterstützt die Fixation des Körpers. Oberarm maximal weit nach hinten führen (Retroversion) und maximal an den Körper heranziehen (Adduktion). Der Oberkörper ist so weit nach vorne geneigt, dass sich der Oberarm (bei maximaler Rückführung) in horizontaler Lage parallel zum Boden befindet. In dieser Position kann mit dem längsten Hebelarm und der höchsten Aktivierung trainiert werden.
- Handgelenk aktiv stabilisieren und Ellbogengelenk gegen Widerstand kontrolliert strecken und beugen. Der Oberarm bleibt dabei die ganze Zeit in maximaler Retroversion horizontal zum Boden fixiert.
- Bei nicht verstellbarem Kabelzug wird der Zuggriff unten eingehängt.

Nackendrücken mit der Langhantel

- Die Übung ist effektiv für den langen Trizepskopf sowie den oberen Trapeziusanteil und hocheffektiv für die vorderen und mittleren Anteile des Deltamuskels.
- Aufrechte Sitzposition, Langhantel etwa schulterbreit im Ristgriff fassen, Ellbogen zeigen nach unten, Handgelenke sind stabilisiert.
- Rumpfmuskulatur anspannen, das Gewicht nach oben ausstoßen und anschließend kontrolliert nicht tiefer als Schulterhöhe absenken.
- Variation der Übungsausführung mit Kurzhanteln oder an der Multipresse.

Komplexübungen für die eingelenkigen und zweigelenkigen Anteile

Wichtige Aspekte bei Komplexübungen für alle drei Trizepsanteile

1. Komplexübungen aktivieren sowohl die eingelenkigen als auch die zweigelenkigen Anteile des Trizeps gleichermaßen gut, ohne jedoch die Top-Übung für einen der beiden Anteile zu sein.

2. Die beste Komplexübung ist das Trizepsdrücken im Liegen mit SZ-Hantel.

3. Die zahlreichen Übungsvariationen des Stützbeugens (Dips) gehören zu den Komplexübungen. Bei der Bewegungsausführung gilt generell, dass ein zu kleiner Ellbogenwinkel (kleiner als 90°) vermieden werden sollte. Einerseits erhöht sich dadurch die ohnehin schon intensive Belastung der Schultergelenkstrukturen, andererseits bringt es keinen Effektivitätsgewinn. In kleinen Ellbogenwinkelstellungen lässt die Aktivierung sogar nach, und ein Teil des Gewichts lastet auf den passiven Strukturen des Schultergelenks. Im Gesundheitssport sollten Stützbeugeübungen – wenn überhaupt – nur mit kleiner Bewegungsamplitude im Bereich des annähernd gestreckten Ellbogengelenks durchgeführt werden. Neben einer geringeren Schultergelenkbelastung kann bei großem Ellbogenwinkel wesentlich mehr Gewicht bewältigt werden als bei kleineren Winkeln, sodass sich zudem die Aktivierung erhöht. Es ist unerheblich, ob die Oberarmführung eng am Körper oder abgespreizt erfolgt. Die Dips aktivieren neben dem Trizeps zusätzlich den großen Brustmuskel (vor allem den unteren Teil) und den unteren Teil des Trapezius.

Stützbeugen an der Dips-Maschine	Stützbeugen an der Trizeps-Maschine

Dips-Klimmzug-Maschine	Dips am Boden	Stützbeugen mit dem eigenen Körpergewicht (Dips)

- Dips-Varianten sind intensive Komplexübungen für alle drei Trizepsanteile sowie die unteren Anteile des großen Brustmuskels und des Trapezius.
- Je nach Dips-Maschine werden die Beine mit dem Beinpolster fixiert, der Rücken ist gerade.
- Stabilisierung des Körpers durch Anspannen der Rumpfmuskulatur und Fassen der Haltegriffe, Handgelenke stabilisieren.
- Beide Griffstangen bis fast zur vollständigen Streckung der Ellbogengelenke nach unten drücken, in der Gegenbewegung das Ellbogengelenk nur maximal 90° beugen. Bei tieferem Winkel erhöht sich die Schultergelenkbelastung, und zudem nimmt die Aktivierung des Trizeps ab.
- Dips können auch ohne Gerät am Boden durchgeführt werden.

Trizepsdrücken einarmig im Sitz oder Stand mit Kurzhantel

- Mittlere Aktivierung des gesamten Trizeps.
- Sitz mit geradem Rücken oder Stand, Rumpfmuskulatur anspannen.
- Handgelenk fixieren und Kurzhantel in den Nacken führen, der Ellbogen zeigt nach vorn oben.
- Der freie Arm kann zur Stabilisierung vor der Brust gehalten werden, wobei die Hand den Oberarm des Trainingsarms von unten unterstützt. Alternativ kann der freie Arm auch hinter den Kopf geführt werden, wobei die Hand gleichfalls den Oberarm des Trainingsarms abstützt.
- Der Trainingsarm bleibt während der Übungsausführung in dieser Position. Kontrolliertes Strecken und Beugen des Armes. In der Beugestellung darf die Muskelspannung nicht aufgegeben werden («Gewicht darf nicht in die Bänder sacken»), was zu Ellbogenbeschwerden führen kann.
- Die höchste Aktivierung erfolgt in der Hammergriffvariante, gefolgt von der Ausführung mit Unterarmdrehung in die Pronation.
- Die Übung kann auch beidhändig mit einer entsprechend schwereren Kurzhantel durchgeführt werden.
- In der Trainingspraxis treten bei dieser Übung bisweilen Schmerzen im Deltamuskel bzw. in der Schulter auf.

Trizepsdrücken über Kopf mit SZ-Hantel

- Da der Bewegungsablauf dem Trizepsdrücken einarmig über Kopf mit Kurzhantel ähnelt, dürfte auch diese Übung die eingelenkigen und zweigelenkigen Anteile des Trizeps gleichermaßen mit mittlerer Intensität aktivieren.
- Sitz oder Stand, Hände fassen die SZ-Hantel über dem Kopf, Ellbogen zeigen nach oben.
- Rumpfmuskulatur stabilisieren und Arme kontrolliert strecken und beugen.

Die Übung Trizepsdrücken liegend mit SZ-Hantel als beste Komplexübung wurde bereits auf Seite 432 detailliert dargestellt und die Übung Trizepsdrücken einarmig mit Kurzhantel vorgebeugt ohne Retroversion des Armes auf den Seiten 422/423. Der Liegestütz mit seinen Varianten als effektive Heimtrainingsübung findet sich im Abschn. 10.1 *Großer Brustmuskel*.

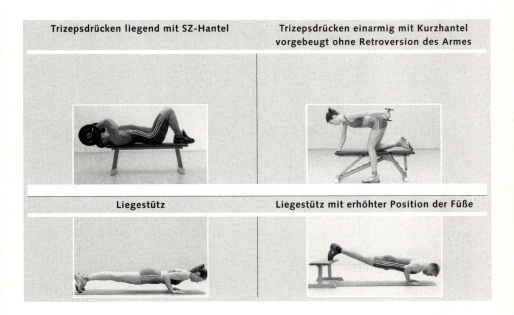

Trizepsdrücken liegend mit SZ-Hantel

Trizepsdrücken einarmig mit Kurzhantel vorgebeugt ohne Retroversion des Armes

Liegestütz

Liegestütz mit erhöhter Position der Füße

10.5 Zweiköpfiger Oberarmmuskel (M. biceps brachii)

Inhaltsübersicht

Aufgaben des zweiköpfigen Oberarmmuskels 441
Funktionell-anatomische Grundlagen 441
Funktionstabelle 442

EMG-gestützte Übungsrangliste 444
Rangliste der Übungen für den zweiköpfigen Oberarmmuskel 444

Kommentar zu der EMG-Rangliste 445
Diskussion der Übungen 445
Unterschiede zwischen den beiden Anteilen des Bizeps 449
Zusammenfassung der Ergebnisse 449
Die Top-Übungen 450

Übungen für das Training des zweiköpfigen Oberarmmuskels 451
Wichtige Hinweise zum Training 451
Übungen mit Kurz- oder Langhantel 452
Übungen am Kabelzug 455
Übungen an Maschinen 456

Aufgaben des zweiköpfigen Oberarmmuskels

Funktionell-anatomische Grundlagen

Kein anderer Muskel wird so eng mit Kraft und Athletik in Verbindung gebracht wie der Bizeps. Der an der Oberarmvorderseite gelegene M. biceps brachii wölbt sich bei Kontraktion deutlich sichtbar unter der Haut. Aufgrund seiner Lage wirkt er als zweigelenkiger Muskel auf das Schulter- und Ellbogengelenk. Seine Hauptfunktion – die Beugung im Ellbogengelenk – wird durch zwei weitere Muskeln unterstützt, den Oberarmspeichenmuskel (M. brachioradialis) und den Armbeuger (M. brachialis). Je nach Handstellung sind die einzelnen Muskeln an der Armbeugefunktion unterschiedlich beteiligt. Der M. biceps brachii entwickelt seine

---

Zweiköpfiger Oberarmmuskel (M. biceps brachii)

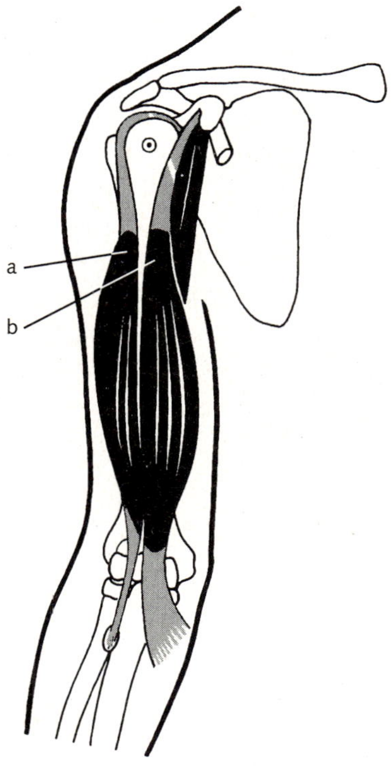

Ursprung:
- (a) Langer Kopf (caput longum) – Oberrand der Schultergelenkpfanne am Schulterblatt (tuberculum supraglenoidale scapulae)
- (b) Kurzer Kopf (caput breve) – Rabenschnabelfortsatz (processus coracoideus)

Ansatz:
- Knöcherne Rauigkeit an der Speiche (tuberositas radii)

Funktion:
- Beugung im Ellbogengelenk
- Supination (Handfläche nach oben drehen)
- Caput longum – Arm vom Körper abspreizen (Abduktion) und Innenrotation
- Caput breve – Arm an den Körper heranziehen (Adduktion) und Arm nach vorn bringen (Anteversion)

Abb. 31: Zweiköpfiger Oberarmmuskel (modifiziert nach Rohen 1998)

höchste Kraft im Supinations- oder Kammgriff (z. B. Bizeps-Curl – Handinnenfläche zeigt nach oben oder Daumen zeigt nach oben). Dies liegt daran, dass seine Ansatzsehne in Supinationsstellung entrollt ist. Mit zunehmender Drehung in die Pronationsposition (Handrücken zeigt zunehmend nach oben) wickelt sich die Bizepssehne immer mehr um die Speiche (Radius, einer der beiden Unterarmknochen), wodurch schlechtere biomechanische Bedingungen für die Entwicklung der Muskelkraft gegeben sind. Daher kann der Bizeps in Pronationsstellung (Pronations- oder Ristgriff – z. B. Bizeps-Curl – Handrücken zeigt nach oben) keine großen Kräfte entwickeln, sodass beim Beugen des Ellbogengelenks in dieser Position verstärkt der M. brachialis und der M. brachioradialis aktiv sind.

Funktionstabelle

Die Funktionstabelle zeigt, welchen Einfluss (Funktion) der Muskel bei Kraft- und Dehntraining auf die beteiligten Gelenke ausübt. Die Tabelle ermöglicht darüber hinaus die Ableitung der optimalen Kraft- und Dehnübung und eine fachliche Beurteilung (Funktionscheck) jeder Übung (vgl. Abschn. 6.2 *Muskelfunktionstabellen*).

Der M. biceps brachii ist ein zweigelenkiger Muskel, dessen beide Anteile (Bizepsköpfe, lat. caput) sich in ihren Nebenfunktionen z. T. deutlich unterscheiden. Aus diesem Grund müssen wir in der folgenden Funktionstabelle zwischen dem langen und dem kurzen Bizepskopf unterscheiden.

Der Gegenspieler (Antagonist) des zweiköpfigen Oberarmmuskels (M. biceps brachii) ist der dreiköpfige Oberarmmuskel (M. triceps brachii). Das Beugen des Ellbogengelenks ist die Hauptfunktion des Bizeps. Das Strecken des Ellbogengelenks ist die Hauptfunktion des Trizeps.

Die Nebenfunktionen der beiden Bizepsköpfe auf das Schultergelenk werden von verschiedenen Anatomie-Fachautoren z. T. unterschiedlich gesehen; sie sind so genannte schwache Nebenfunktionen, die für das Krafttraining des Bizeps vernachlässigt werden können oder nur eine sehr untergeordnete Rolle spielen.

ZWEIKÖPFIGER OBERARMMUSKEL (M. BICEPS BRACHII)

Gelenk / Körperteil	Kräftigung	Dehnung
Ellbogengelenk	• Beugung • Drehung des Unterarms, sodass die Handfläche nach oben zeigt (Supination)	• Streckung • Drehung des Unterarms, sodass der Handrücken nach oben zeigt (Pronation)
Schultergelenk	• **Langer Bizepskopf** – Oberarm vom Körper abspreizen (Abduktion) und nach innen drehen (Innenrotation) • **Kurzer Bizepskopf** – Oberarm an den Körper heranziehen (Adduktion) und vor-hoch heben (Anteversion)	• **Langer Bizepskopf** – Oberarm an den Körper heranziehen (Adduktion) und nach außen drehen (Außenrotation) • **Kurzer Bizepskopf** – Oberarm vom Körper abspreizen (Abduktion) und hinter den Körper ziehen (Retroversion)

Muskel / Muskelanteil	Optimale Kräftigungsübung	Optimale Dehnübung
Langer Bizepskopf (caput longum)	Konzentrations-Curl • Das Stützbein weit abspreizen • Den Oberarm vom Körper abspreizen, innenrotieren und kurz oberhalb des Knies gegen den Oberschenkel stützen	• Im Gegensatz zum kurzen Bizepskopf ist eine isolierte Dehnung des langen Bizepskopfes und ein deutlich spürbarer Dehnreiz durch eine Umkehr der Kontraktionsfunktionen nicht erreichbar.
Kurzer Bizepskopf (caput breve)	Eine Kräftigungsübung mit Vor-hoch-Heben des Oberarms (Anteversion) erbrachte keinen messbaren Vorteil und wird deshalb nicht empfohlen.	 • Ellbogengelenk strecken • Unterarm pronieren (Handrücken zeigt nach oben) • Oberarm abspreizen (Abduktion) und rück-hoch ziehen (Retroversion)

Tab. 119: Funktionstabelle für den zweiköpfigen Oberarmmuskel und Ableitung der optimalen Kräftigungs- und Dehnübungen

EMG-gestützte Übungsrangliste

Die EMG-gestützten Übungsanalysen ermöglichen es, verschiedene Kraftübungen für einen Muskel zu vergleichen und eine Übungsrangliste zu erstellen. Das vollständige Untersuchungsdesign ist in Abschn. 5.3 *Übungsranglisten für einzelne Muskelgruppen* dargestellt.

Es wird nur eine EMG-Übungsrangliste erstellt, weil sich die beiden getrennten Rangfolgen der Übungen für den langen und den kurzen Bizepskopf nur unwesentlich unterscheiden. Die in der Rangliste angegebenen EMG-Werte sind Mittelwerte der Ergebnisse beider Bizepsanteile.

Rangliste der Übungen für den zweiköpfigen Oberarmmuskel

Rang-platz	Abbildung	Bezeichnung	x̄R	x̄EMG
1		Negativer Konzentrations-Curl im Sitz mit supra-maximalem Gewicht	1,7	1040
2		Konzentrations-Curl im Sitz mit Supination des Unterarms	3,4	763
3		Scott-Curl	3,5	738

444 BRUST-, SCHULTER-, ARMMUSKULATUR

Rang-platz	Abbildung	Bezeichnung	x̄R	x̄EMG
4		Bizeps-Curl am Kabelzug beidarmig im Stand	3,5	730
5		Bizeps-Curl im Stand mit der Langhantel, breiter Supinationsgriff	4,4	690
6		Bizeps-Curl mit Kurzhantel und abgelegtem Arm auf der 60° geneigten Schrägbank, Supinationsgriff	4,8	686

Tab. 120: EMG-gestützte Rangliste von Übungen für den zweiköpfigen Oberarmmuskel nach dem durchschnittlichen Rangplatz (x̄R) und der durchschnittlichen EMG-Aktivität in µV (x̄EMG); n = 10

Kommentar zu der EMG-Rangliste

Diskussion der Übungen

Alle Bizeps-Curl-Übungen sind für den Bizeps empfehlenswerte Übungen, deren Effektivität in der Regel höher ist als die von Komplexübungen wie Rudern, Latissimus-Ziehen oder Klimmziehen.

Der überragende Einfluss des bewäl-tigten Gewichts wird bei der unange-fochtenen Übung Nr. 1 der EMG-Rang-liste deutlich, dem **negativen Konzen-trations-Curl mit supramaximalem Ge-wicht.** Das Heben des Gewichts (Beugen des Armes), das 20 – 30 % schwerer als das maximale Gewicht ist, wird durch den freien Arm unterstützt. Das Senken des Gewichts erfolgt ohne Unterstützung einarmig, indem die schwere Kurzhantel kontrolliert bremsend gesenkt wird. Das so genannte negative Training erzeugt aufgrund der supramaximalen Lasten beim Krafttraining für alle Muskelgruppen die höchsten Spannungen. Im gesundheitsorientierten Fitnesstraining ist das negative, exzentrische Training nicht zu empfehlen, weil die sehr hohen Gewichte und die extrem hohen Muskelspannungen ein erhebliches Verletzungsrisiko darstellen und starken Muskelkater erzeugen. Der Kraft- bzw. Leistungssport kann bei ausgewählten Muskelgruppen und Übungen für kurze Trainingsperioden die hohe Effektivität dieser Methode durchaus sinnvoll nutzen.

Abgesehen von der Sonderform der negativen Bizeps-Curls führt der normale **Konzentrations-Curl sitzend mit Supination des Unterarms** eine Gruppe von Übungen mit vergleichbarer Muskelaktivierung an, zu denen der Scott-Curl und der Bizeps-Curl am Kabelzug gehören. Von besonderer Bedeutung bei der Ausführung des Konzentrations-Curls sind neben der guten Fixierung des Oberarms an der Innenseite des Oberschenkels die **Stellungen und Bewegungen des Unterarms**, weil die Supination des Unterarms (Handfläche wird nach oben gedreht) neben der Ellbogenbeugung die zweite wichtige Hauptfunktion des Bizepsmuskels darstellt. Ein Vergleich von vier Übungsvarianten klärt den Einfluss verschiedener Unterarmstellungen (vgl. Tab. 121).

Der Vergleich des Konzentrations-Curls mit unterschiedlichen Unterarmstellungen zeigt, dass es unerheblich ist, ob die Handfläche während der gesamten Curlbewegung nach oben (supiniert) oder zum Körper (Hammergriff, Daumen nach oben) zeigt oder ob der Unterarm erst während der Beugung des Ellbogengelenks aus der Hammergriffposition in die Supinationsstellung gedreht wird. Überraschend ist dabei das gute Abschneiden der Hammergriffvariante, die häufig für das Training des M. brachioradialis favorisiert und nicht als optimale Bizepsübung angesehen wird. Offensichtlich ist der Ansatz des Bizeps an der Speiche (radius) für die Bizepssehne beim Hammergriff noch frei zugänglich, während sich der Umwicklungseffekt um die Speiche erst bei einer Pronation des Unterarms (Handinnenfläche zeigt nach unten) massiv leistungsmindernd auswirkt. Deshalb verringert der Konzentrations-Curl in Pronationsstellung des Unterarms den Bizepseinsatz erheblich.

Die Übung **Scott-Curl**, die ihren Namen dem bekannten Bodybuilder Larry Scott verdankt, zeichnet sich durch eine besonders gute Fixierung der Oberarme auf der geneigten Auflagefläche der Scott-Bank aus. Die stabile Auflage der Oberarme ermöglicht die Bewältigung schwerer Gewichte und stellt so die gute Platzierung dieser Übung in der Spitzengruppe der Bizepsübungen sicher.

Auch mit dem **Bizeps-Curl am Kabelzug** beidarmig im Stand kann der Bizeps ebenso intensiv aktiviert werden wie mit Konzentrations- und Scott-Curls,

446 BRUST-, SCHULTER-, ARMMUSKULATUR

ZWEIKÖPFIGER OBERARMMUSKEL (M. BICEPS BRACHII) – ÜBUNG KONZENTRATIONS-CURL IM SITZ

Rang-platz	Abbildung	Position und Bewegung des Unterarms	x̄R	x̄EMG	Diff. [%]
1		Supiniert (Handfläche nach oben)	1,9	763	0
2		Hammergriff (Daumen zeigt nach oben)	2,0	766	0
3		Gedreht (Handfläche wird nach oben gedreht)	2,1	713	−6,5
4		Proniert (Handrücken zeigt nach oben)	4,0	295	−61

Tab. 121: EMG-Vergleich von vier Varianten der Übung Konzentrations-Curl im Sitz mit **Variation der Unterarmstellung** nach dem durchschnittlichen Rangplatz (x̄R) und der durchschnittlichen EMG-Aktivität in μV (x̄EMG); n = 10

sodass diese Übung jederzeit als wirksame Alternative empfohlen werden kann.

Der **Bizeps-Curl mit der Langhantel** im Stand ist eine der klassischen, häufig eingesetzten Bizepsübungen, die sich direkt an die Spitzenübungen anschließt und einen nur sehr geringen Abfall der Muskelaktivierung aufweist, sodass sie nach wie vor als wirksame Übung für

das Bizepstraining angesehen werden kann. Von besonderem Interesse ist bei dieser Übung der Einfluss der Griffbreite (vgl. Tab. 122).

Es besteht kein wesentlicher Unterschied in der Aktivierung des Bizeps durch einen schulterbreiten oder einen um 20 cm breiteren Griff an der Langhantel. Ein sehr enger Griff wirkt sich je-

		ZWEIKÖPFIGER OBERARMMUSKEL – ÜBUNG BIZEPS-CURL MIT DER LANGHANTEL				
Rang-platz	Abbildung	Griffbreite	$\bar{x}R$	$\bar{x}EMG$	Diff. [%]
1		Schulterbreit	1,6	677	0
2		Breit 20 cm breiter als schulterbreit	1,8	690	+1,9
3		Eng 10 cm Handabstand	2,6	586	−13,4

Tab. 122: Vergleich von drei Varianten der Übung Bizeps-Curl mit der Langhantel mit **Variation der Griffbreite** nach dem durchschnittlichen Rangplatz ($\bar{x}R$) und der durchschnittlichen EMG-Aktivität in µV ($\bar{x}EMG$); n = 10

doch leistungsmindernd auf die Aktivierung des Bizeps aus.

Der Bizeps-Curl mit Kurzhantel und abgelegtem Arm steht zwar in der EMG-Rangliste erst auf dem 6. Platz, aber die Abstände der Muskelaktivierung sind so gering, dass alle gemessenen Curlvarianten als effektiv gelten können. Der Versuch, die Kurzhantel-Curls auf der Schrägbank mit einem leichten Anheben des Oberarms (Anteversion) zu verbinden, um die Nebenfunktion des kurzen Bizepskopfes zu betonen, hat eine Minderung der Muskelaktivierung ergeben, sodass diese Variante nicht empfehlenswert ist. Cornacchia et al. (1998) berichten, dass bei Kurzhantel-Curls auf der Schrägbank eine Betonung der Supination des Unterarms in der Form, dass die Kleinfingerkante höher als der Daumen liegt und der Oberarm sich vom Rumpf abspreizt, eine geringe zusätzliche Muskelaktivierung des Bizeps hervorruft.

Unterschiede zwischen den beiden Anteilen des Bizeps

Es wird nur eine EMG-Rangliste der Bizepsübungen dargestellt, weil die Unterschiede der beiden Bizepsköpfe (caput longum und caput breve) sehr gering sind. Eine Ausnahme stellt die Übung Klimmziehen dar, die sowohl mit Supinationsgriff (Kammgriff, Handfläche zeigt nach oben) als auch mit dem Pronationsgriff (Ristgriff, Handrücken zeigt nach oben) für den kurzen Bizepskopf deutlich intensiver ist als für den langen Bizepskopf. Erwartungsgemäß rangiert

der Klimmzug mit Kammgriff vor dem Klimmzug mit Ristgriff.

Zusammenfassung der Ergebnisse

- Fast alle speziellen Armbeugeübungen (Bizeps-Curls) aktivieren den Bizeps wirkungsvoll und können im Training alternativ eingesetzt werden.
- Exzentrische Curls mit supramaximalen Gewichten (120–130 % der Kmax) erzielen die höchste Muskelaktivität, gefolgt von Konzentrations-Curls und Scott-Curls.
- Curls mit Supinations- oder Hammergriff sowie die Ausführung mit Unterarmdrehung zeigen nur geringe Aktivitätsunterschiede. Curls mit proniertem Griff (Handrücken zeigt nach oben) sind für den Bizeps viel weniger effektiv und beanspruchen den M. brachialis und den M. brachioradialis stärker.
- Eine gute Stabilisierung des Oberarms, z. B. beim Scott-Curl und Konzentrations-Curl, bietet bessere Voraussetzungen für eine hohe Muskelaktivierung als Übungen mit geringeren Stabilisationsmöglichkeiten, z. B. Kurzhantelcurls im Stand.
- Die Nebenfunktionen der beiden Anteile des Bizeps (Abduktion und Innenrotation bzw. Adduktion und Anteversion) beeinflussen die Bizepsaktivität nur in geringem Maße und können beim Training weitgehend unberücksichtigt bleiben.
- Bei den Bizepsübungen zeigen sich keine nennenswerten Unterschiede

zwischen den beiden Anteilen des M. biceps brachii (caput breve und caput longum). Nur die Übung Klimmziehen aktiviert den kurzen Bizepskopf deutlich stärker als das caput longum.

- Komplexübungen wie Klimmziehen, Latissimus-Ziehen oder Rudern beanspruchen den Bizeps geringer und eignen sich kaum für ein gezieltes Bizepstraining.

Die Top-Übungen

	Top-Übungen für den M. biceps brachii
1 	**Negativer Konzentrations-Curl im Sitz** Diese Übung mit supramaximalem Gewicht ist mit großem Abstand die intensivste Bizepsübung. **Vorsicht:** Sehr hohe Belastung durch die große Last, sehr gutes Warm-up notwendig, Verletzungsgefahr, nur für Fortgeschrittene.
2 	**Konzentrations-Curl im Sitz** Mit Supinations- oder Hammergriff bzw. mit Drehung des Unterarms und Fixierung des Oberarms an der Innenseite des Oberschenkels.
3 	**Scott-Curl** Mit guter Fixierung der Oberarme auf der Schrägauflage der Scottbank.
4	**Bizeps-Curls am Kabelzug beidarmig im Stand** Die Übungen 2, 3 und 4 weisen eine ähnlich hohe Effektivität auf und sind alternativ einsetzbar.

Übungen für das Training des zweiköpfigen Oberarmmuskels

Wichtige Hinweise für das Training

1. An der Beugung des Ellbogengelenks sind vor allem der M. biceps brachii, der M. brachialis und der M. brachioradialis beteiligt. Das Ausmaß der Aktivierung für die einzelnen Muskeln ist dabei von der Handstellung abhängig. Alle im Folgenden vorgestellten Übungen können sowohl im Kammgriff (Supinationsgriff oder Untergriff, Handfläche zeigt nach oben), Hammergriff (Hand in Mittelstellung gedreht, sodass der Daumen oben liegt) als auch Ristgriff (Pronationsgriff oder Obergriff, Handrücken zeigt nach oben) durchgeführt werden. Bei Übungen mit Ristgriff wird der Widerstand in verstärktem Maße vom M. brachialis und M. brachioradialis bewältigt. Der Bizeps zeigt hingegen seine maximale Aktivierung im Kammgriff oder im Hammergriff. Bei den einzelnen Übungen wird nicht mehr explizit darauf hingewiesen, dass sie jeweils sowohl im Kamm-, Hammer- als auch Ristgriff durchgeführt werden können. Die Übungsbeschreibung bezieht sich auf die Kammgriffhaltung.

2. In der Bodybuildingpraxis wird häufig davon ausgegangen, dass bei extrem supinierter Unterarmstellung (zusätzliches starkes Hochziehen der Handkante der Kleinfingerseite im Kammgriff) vor allem der «Wölbungspeak» des Bizeps trainiert wird, während bei weniger supinierter Position die «Länge» des Bizeps angesprochen wird. Wissenschaftliche Ergebnisse liegen dazu nicht vor. Die genetischen Voraussetzungen spielen möglicherweise eine wichtige Rolle.

3. Ein schulterbreiter oder weiter Griff ist bei Curlbewegungen für den Bizeps vorteilhafter als ein enger Griff.

4. Ein isoliertes Training der einzelnen Bizepsanteile ist kaum möglich, da die Beachtung der Nebenfunktionen des Bizeps im Schultergelenk keine nennenswerten Unterschiede hervorruft.

5. In der Streckphase des Arms sollte das Ellbogengelenk nicht ganz durchgedrückt werden, da hierbei die Aktivierung abnimmt. Bei allen Übungen müssen die Handgelenke aktiv stabilisiert werden.

6. Im Folgenden werden effektive Übungen für die Ellbogenbeuger wie das enge Klimmziehen bzw. enge Lat-Ziehen nicht näher beschrieben, da sie beim breiten Rückenmuskel eingehend erläutert wurden. Ruderübungen haben hingegen vergleichsweise nur geringe Effekte auf die Ellbogenbeuger.

Übungen mit Kurz- oder Langhantel

Konzentrations-Curl im Sitz mit Kurzhantel

- Top-Übung für den Bizeps, wenn die Hantel im Kammgriff (Handfläche zeigt nach vorn) oder Hammergriff (Daumen und Zeigefinger zeigen nach oben) gehalten wird.
- Sitz auf einer Bank, wobei der freie Arm auf dem Oberschenkel der gleichen Seite aufgestützt wird, Rücken möglichst gerade halten.
- Der Trainingsarm liegt zur Stabilisierung mit der Rückseite des Oberarms an der Innenseite des weit nach außen gestellten Oberschenkels des gleichen Beines etwas oberhalb des Kniegelenks; der Unterarm zeigt zum anderen Bein (Innenrotation des Oberarms im Schultergelenk). Diese Ausgangsstellung berücksichtigt, dass in der Endphase der Bewegung bei der maximalen Beugung der Unterarm nahezu waagerecht vor dem Körper liegt, d. h. ein sehr langer Hebelarm gegeben ist. Nur in dieser Position ist eine maximale Beugung im Ellbogen und somit die Durchführung von Endkontraktionen sinnvoll.
- Viele Trainierende fixieren den Ellbogen auch in der Leistenbeuge. Bei dieser Übungsausführung sollte der Arm nicht maximal gebeugt werden, da hier die Spannung bei einem kleinen Ellbogenwinkel abfällt.
- Beim Absenken des Gewichts sollte das Ellbogengelenk nicht ganz gestreckt werden, da in der Endphase die Aktivierung des Muskels absinkt.
- Eine Drehung während der Übungsausführung aus der Pronationsstellung (Handrücken zeigt nach oben) in die Supinationsstellung erbringt keinen Vorteil, da im ersten Teil der Bewegung bis zum Hammergriff der Bizeps aufgrund der Aufwicklung seiner Sehne um die Speiche weniger aktiviert werden kann.
- Die Verwendung supramaximaler Lasten (negativer Konzentrations-Curl) erhöht die Aktivierung deutlich, ist jedoch aufgrund der hohen Belastung einem Leistungstraining vorbehalten.

Die Übungen für die Ellbogenbeuger werden aufgrund übungsspezifischer Gesichtspunkte in drei Gruppen eingeteilt: Übungen mit Kurz- und Langhantel, Übungen am Kabelzug und Übungen an Bizepsmaschinen.

Bizeps-Curl mit abgelegtem Arm auf einer Schrägbank

Bizeps-Curl mit zwei Kurzhanteln im Sitz oder Stand

• Aufgrund der stabilen Auflagefläche für den Arm kann ein hohes Gewicht bewältigt werden, was zu einer starken Aktivierung des Bizeps führt; sie ist jedoch geringer als beim Konzentrations-Curl.
• Sitz auf einer Bank oder Stand hinter einer Schrägbank; den Trainingsarm auf dem Polster der relativ steil gestellten Schrägbank ablegen.
• Ellbogen beugen und strecken, wobei keine maximale Beugung des Ellbogengelenks durchgeführt werden sollte. Je weiter der Unterarm nach oben zeigt, desto mehr fällt die Bizepsaktivität ab, da sich der Lastarm verkürzt. Beim Absenken der Hantel sollte der Arm nicht ganz durchgestreckt werden.

• Hohe Aktivierung des Bizeps, aber geringer als beim Konzentrations-Curl.
• Aufrechter Sitz oder etwa schulterbreiter Stand bzw. Schrittstellung; der Rücken liegt mit zurückgezogenen Schultern gerade an der Banklehne.
• Rumpfmuskulatur anspannen, Beugen und Strecken im Ellbogengelenk entweder links und rechts alternierend oder gleichzeitig; die Arme weder maximal beugen noch ganz durchstrecken.
• Da das Widerlager für den Oberarm fehlt, muss der Oberarm aktiv stabilisiert werden. Es kann in der Regel nicht so viel Gewicht genommen werden wie beim einarmigen Bizeps-Curl mit abgelegtem Arm auf einer Bank bzw. beim Konzentrations-Curl. Dadurch ist die Aktivierung des Bizeps geringer. Zudem wird die Übung häufig mit Schwung durchgeführt.
• Wenn die Arme etwas vor dem Körper gehalten werden, wird auch die Anteversionsfunktion des Bizeps (Arm nach vorn führen) angesprochen, da der Oberarm gegen die Schwerkraft etwas angehoben gehalten werden muss. Dabei wird auch der vordere Teil des Deltamuskels aktiviert.
• Die Ausführung der Übung auf einer Schrägbank führt in der Ausgangsstellung zu einer Vordehnung des kurzen Bizepskopfes; eine höhere Muskelaktivierung ist dadurch jedoch nicht zu erreichen.

Beidarmiger Bizeps-Curl mit Langhantel oder SZ-Stange im Sitz mit abgestützten Armen (Scott-Curl)	Beidarmiger Bizeps-Curl mit Langhantel im Stand

• Aufgrund der stabilen Auflagefläche für die Oberarme kann ein schweres Gewicht bewältigt werden, was diese Übung zu einer hochintensiven Variante macht.
• Sitz auf einer Bank mit möglichst geradem Rücken; die Oberarme liegen vor dem Körper auf dem dafür vorgesehenen Polster.
• Schulterbreiter oder etwas breiterer Griff an der Langhantel (oder Verwendung einer SZ-Stange).
• Beugen und Strecken der Arme, wobei in der Streckphase die Arme nicht ganz durchgedrückt werden und in der Beugephase nicht maximal angebeugt werden. Je mehr der Unterarm mit zunehmender Beugung über die Waagerechte angehoben wird, desto mehr nimmt die Bizepsaktivität ab, da sich der Lastarm verkürzt. Die Bewegungsamplitude für den hochwirksamen Bereich ist also sehr klein.

• Sehr effektive Übungsvariante, wobei auch die Anteversionsfunktion angesprochen wird. Allerdings ist die Aktivierung vermutlich aufgrund der fehlenden Stabilisation etwas geringer als beim Scott-Curl.
• Etwa schulterbreiter Stand oder Schrittstellung mit leicht gebeugten Knien; schulterbreiter oder etwas breiterer Griff. Ein enger Griff führt zu einer etwas geringeren Aktivierung des Bizeps.
• Die Rumpfmuskulatur anspannen und ohne Schwungbewegung das Ellbogengelenk beugen und strecken. Da viele Trainierende mit zunehmender Ermüdung am Ende des Satzes geneigt sind, die letzten Wiederholungen mit einer Schaukel-Schwungbewegung durchzuführen (ggf. negativer Zug ins Hohlkreuz), wird empfohlen, sich bei dieser Übung mit dem Rücken gerade an eine Wand zu stellen.
• Der vordere Teil des Deltamuskels und die Brustmuskulatur werden bei dieser Übung zusätzlich aktiviert.

Übungen am Kabelzug

Beidarmiger Bizeps-Curl am Kabelzug im Stand	Einarmiger Bizeps-Curl mit abgelegtem Arm am Kabelzug

• Sehr effektive Übungsalternative für den Bizeps. Die Aktivierung ist genauso hoch wie beim Scott-Curl. Aufgrund der Bewegungsausführung muss auch eine Anteversionskraft (Zug nach vorn) aufgebracht werden, die eine zusätzliche statische Anspannung des Bizeps bewirkt. • Schulterbreiter Stand oder Schrittstellung mit leicht gebeugten Knien vor dem Kabelzuggerät. • Griffstange mit geradem Rücken vom Boden heben; die Rumpfmuskulatur wird angespannt und die Handgelenke aktiv stabilisiert. • Beugen und Strecken der Arme mit geradem Rücken ohne Schwung- oder Schaukelbewegung. • Die Übung kann auch einarmig durchgeführt werden. Bei dieser Variante erfolgt eine Stabilisierung durch die freie Hand am Kabelzuggerät.	• Effektive Übung, da der Trainingsarm sehr gut fixiert ist und daher mit hohen Widerständen trainiert werden kann. • Tiefe Schrittstellung mit geradem Rücken hinter einer Schrägbank; den ganzen Oberarm auf dem Polster ablegen, die Rumpfmuskulatur anspannen. • Zuggriff fassen und im Ellbogengelenk beugen und strecken, wobei zur Vermeidung von Aktivierungsverlusten kein völliges Durchstrecken im Ellbogengelenk erfolgen sollte. Am Kabelzug ist eine maximale Beugung des Armes sinnvoll, weil der Zug der Maschine in allen Bewegungsphasen wirksam ist.

Übungen an Maschinen

Bizeps-Curl an einer mehrgelenkigen Maschine

- Sitz in der Maschine, die Füße stützen auf dem Fußbrett ab, der Rücken liegt auf dem Polster auf. Die Unterarme gegen das Unterarmpolster drücken und die Rumpfmuskulatur anspannen.
- Die Arme nach vorn führen (Anteversion) und gleichzeitig im Ellbogengelenk beugen; die Arme können auch alternierend links und rechts nach vorn geführt werden.
- Mit dieser Maschine können zwei Funktionen des Bizeps, das Nach-vorn-Führen des Armes (kurzer Kopf) und die Ellbogenbeugung (beide Köpfe), dynamisch trainiert werden. Aufgrund der labilen Konstruktion und der koordinativ anspruchsvollen Bewegung kann aber nicht so viel Gewicht wie z. B. beim Scott-Curl bewältigt werden, sodass der positive Effekt möglicherweise wieder etwas abgeschwächt wird.

Beidarmiger Bizeps-Curl an einer Scott-Curl-Maschine

- Effektive Curlvariante durch eine gute Körper- und Armfixation,
- Den Sitz in der Scott-Curl-Maschine so einstellen, dass die Knie tiefer sind als die Hüfte; die Brust sowie die ganze Oberarmrückseite liegt auf dem hierfür vorgesehenen Polster; der Rücken ist gerade.
- Sitzposition so einrichten, dass die Drehachsen des Geräts und die Ellbogengelenke auf einer Linie liegen. Griffhebel fassen und Rumpfmuskulatur anspannen.
- Arme beugen und strecken, wobei in der Beugephase maximal angebeugt werden kann, da der Gewichtszug in allen Bewegungsphasen wirksam ist.
- Die meisten Maschinen lassen sowohl einen beidarmigen als auch einen einarmigen Curl zu.

Die Top-Übungen im Überblick

Die Übungen, die in unseren EMG-Messungen die Muskeln am stärksten aktiviert haben und die deshalb die effektivsten Übungen sind, werden im Folgenden zusammenfassend dargestellt. Die Zusammenstellung soll die Erstellung von Trainingsprogrammen für Fortgeschrittene und Leistungssportler erleichtern. Es werden zwei Übersichten dargestellt, die Top-Übungen mit Gerät für das Training mit Hanteln und Maschinen und die Top-Übungen ohne Gerät für das Gruppen- und Heimtraining.

Es wird nochmals darauf hingewiesen, dass die Top-Übungen nicht automatisch für jedermann auch die empfohlenen Trainingsübungen sind. Die hochintensiven Übungen sind nur für Fortgeschrittene mit längerer Trainingserfahrung ohne körperliche Einschränkungen geeignet. So macht es beispielsweise für leistungsschwache Anfänger keinen Sinn, die Top-Übung für die gerade Bauchmuskulatur, den Crunch mit nach hinten gestreckten Armen, durchzuführen, da sie möglicherweise keine korrekte Wiederholung bewältigen können. Für Anfänger mit Rückenbeschwerden ist die Übung Beinrückheben kombiniert mit Beinbeugen nicht sinnvoll, da die Belastung und die Anspannung des unteren Rückens hierbei sehr hoch sind, was Beschwerden gegebenenfalls verstärken kann. Die Übungsauswahl richtet sich also grundsätzlich immer nach dem Trainingsziel, dem Trainingszustand und der Belastungsverträglichkeit des Einzelnen.

11.1 Die Top-Übungen mit Gerät

Bauch- und Rückenmuskulatur

Gerader Bauchmuskel	Schräge Bauchmuskulatur
Beineheben im Unterarmstütz am Gerät (diskussionswürdige Übung)	Rumpfseitheben am Gerät

Rückenstrecker, unterer Anteil	Breiter Rückenmuskel
Beinrückheben kombiniert mit Beinbeugen an der Leg-Curl-Maschine	Lat-Ziehen mit engem Kammgriff, Ausgangsstellung 135° (Alternative: Klimmziehen zum Nacken mit weitem Griff)

Kapuzenmuskel (Trapezius), absteigender Anteil

Schulterheben, Schulterkreisen mit Kurzhanteln

Kapuzenmuskel (Trapezius), quer verlaufender Anteil

Reverse-Flys an Maschinen, Oberarme innenrotiert und 90° abgespreizt

Kapuzenmuskel (Trapezius), unterer, aufsteigender Anteil

Reverse-Flys an Maschinen, Oberarme außenrotiert und über 90° abgespreizt

Brust-, Schulter- und Armmuskulatur

Großer Brustmuskel	Deltamuskel, vorderer Anteil
Bankdrücken auf der negativ geneigten Schrägbank	Frontdrücken mit der Langhantel

Deltamuskel, mittlerer Anteil	Deltamuskel, hinterer Anteil
Arm-Seitheben mit Kurzhanteln	Reverse-Fly mit Innenrotation an Maschinen

Zweiköpfiger Oberarmmuskel (Bizeps)	Dreiköpfiger Oberarmmuskel (Trizeps), seitlicher und mittlerer Anteil
Konzentrations-Curl	Trizepsdrücken am Kabelzug

Dreiköpfiger Oberarmmuskel (Trizeps), langer Kopf

Trizepsdrücken einarmig vorgebeugt mit Kurzhantel in Retroversionsstellung

DIE TOP-ÜBUNGEN MIT GERÄT   461

Gesäß- und Beinmuskulatur

Vierköpfiger Oberschenkelmuskel	Gerader Schenkelmuskel
Horizontales Beinpressen, tiefer Kniewinkel	Leg-Kick mit statischer Hüftgelenk-beugung

Großer Gesäßmuskel	Muskulatur der Oberschenkelrückseite
Beinrückheben gegen Widerstand mit fast gestreckten Beinen	Beinbeugung an der Maschine mit Abheben der Oberschenkel

Schenkelanzieher (Adduktoren)

Beine schließen an der Adduktorenmaschine

Schenkelabspreizer (Abduktoren)

Beine spreizen an der Abduktorenmaschine

Wadenmuskulatur

Fersenheben mit 90° vorgebeugtem Oberkörper

11.2 Die Top-Übungen ohne Gerät

Bauch- und Rückenmuskulatur

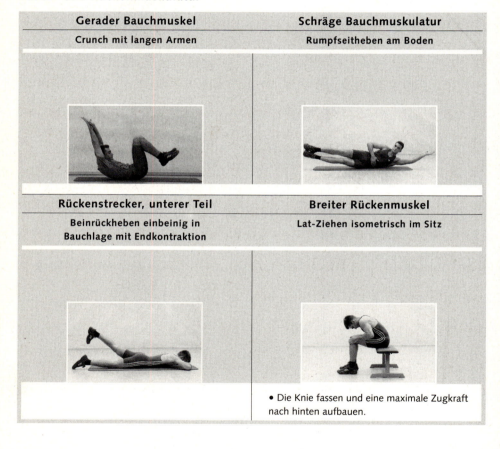

Gerader Bauchmuskel	Schräge Bauchmuskulatur
Crunch mit langen Armen	Rumpfseitheben am Boden

Rückenstrecker, unterer Teil	Breiter Rückenmuskel
Beinrückheben einbeinig in Bauchlage mit Endkontraktion	Lat-Ziehen isometrisch im Sitz

- Die Knie fassen und eine maximale Zugkraft nach hinten aufbauen.

Kapuzenmuskel (Trapezius), absteigender Anteil

Schulterheben statisch im Sitz auf der Bank

- Die Sitzfläche fassen und die Schultern maximal nach oben ziehen.

Kapuzenmuskel (Trapezius), quer verlaufender Anteil

Reverse-Flys am Boden, Oberarme innenrotiert und 90° abgespreizt

Kapuzenmuskel (Trapezius), aufsteigender Anteil

Arme heben mit Außenrotation in Bauchlage

Brust-, Schulter- und Armmuskulatur

Großer Brustmuskel	Deltamuskel, vorderer Anteil
Liegestütz	Liegestütz
Deltamuskel, mittlerer Anteil	**Deltamuskel, hinterer Anteil**
Arm-Seitheben mit Innenrotation statisch im Sitz	Reverse-Flys am Boden, Oberarme innenrotiert und 90° abgespreizt

Zweiköpfiger Oberarmmuskel (Bizeps)	Dreiköpfiger Oberarmmuskel (Trizeps), seitlicher und mittlerer Kopf
Konzentrations-Curl statisch	Stützbeugen (Dips) nicht tief am Boden

- Den Oberarm an der Innenseite des Oberschenkels fixieren und mit der Hand unter den Oberschenkel des anderen Beins fassen.
- Eine maximale Beugekraft gegen den unüberwindlichen Widerstand entwickeln.

Dreiköpfiger Oberarmmuskel (Trizeps), langer Kopf

Liegestütz

DIE TOP-ÜBUNGEN OHNE GERÄT 467

Gesäß- und Beinmuskulatur

Vierköpfiger Oberschenkelmuskel	Gerader Schenkelmuskel
Einbeinkniebeuge tief	Einbeinkniebeuge tief

Großer Gesäßmuskel	Muskulatur der Oberschenkelrückseite
Beinrückheben einbeinig auf der Bank mit Endkontraktionen	Beckenlift (mit Fersenzug)

Adduktoren	Abduktoren
Unterarmklemme	Bein abspreizen im Sitz am Boden; Callanetic-Variante oder seitlicher Unterarmstütz

Wadenmuskulatur

Fersenheben einbeinig im Stand

Anhang

12.1 Literatur

Appell, H.-J. / Stang-Voss, C.: Funktionelle Anatomie. München 1986.

Berthold, F. / Thierbach, P.: Zur Belastbarkeit des Halte- und Bewegungsapparats aus sportmedizinischer Sicht. In: Medizin und Sport 21 (1981) 6, 165–171.

Biedert, R.: Postoperative Belastbarkeit des Bewegungsapparates. In: von Ow, D. / Hüni, G.: Muskuläre Rehabilitation 1987[3], 18–27.

Boeckh-Behrens, W.-U. / Buskies, W.: Gesundheitsorientiertes Fitnesstraining. Fitnessgrundlagen – Krafttraining – Beweglichkeitstraining. Band 1. Lüneburg 1998[4].

Boeckh-Behrens, W.-U. / Buskies, W.: Gesundheitsorientiertes Fitnesstraining. Rückentraining – Knietraining – Alterssport. Band 3. Lüneburg 1998[3].

Bompa, T. / Mciroy, B.: EMG-Analyse – eine wissenschaftliche Betrachtung ausgewählter Übungen für den Vastus lateralis. In: Sportrevue 36 (1998) 9, 18–19.

Bompa, T. / Visconti, L.: EMG-Analyse – eine wissenschaftliche Betrachtung von Kniebeugen mit Hüftgürtel, Teil 1. In: Sportrevue 37 (1999) 8, 24–25.

Bönibg, D.: Muskelkater – eine Übersicht über physiologische und morphologische Forschungsergebnisse. In: Rieckert, H. (Hrsg.): Sportmedizin – Kursbestimmung. Berlin / Heidelberg / New York 1987, 25–28.

Borg, G.: Perceived Exertion: a note on «history» and methods. In: Medicine and Science in Sports 5 (1973) 2, 90–93.

Brandi, W.: Die retropatellaren Kniegelenksschäden: Pathogenese, pathologische Anatomie, Klinik, Therapie und Begutachtung. Bern / Stuttgart / Wien 1982.

Brehm, W. / Eberhardt, J.: Dropout und Bindung im Fitness-Studio. In: Sportwissenschaft 25 (1995) 2, 174–186.

Bringmann, W.: Die Bedeutung von Kraftfähigkeiten für Gesundheit und Leistungsfähigkeit. In: Medizin und Sport 24 (1984) 4, 97–100.

Brown, R. D. / Harrison, J. M.: The Effects of Strength Training Program on the Strength and Self-Concept of Two Female Age Groups. In: Research Quarterly For Exercise and Sport 57 (1986) 4, 315–320.

Bührle, M.: Maximalkraft – Schnellkraft – Reaktivkraft. In: Sportwissenschaft 19 (1989), 311–325.

Bührle, M. / Schmidtbleicher, D. / Ressel, H.: Die spezielle Diagnose der einzelnen Kraftkomponenten im Hochleistungssport. In: Leistungssport (1983) 3, 11–16.

Buskies, W.: Sanftes Krafttraining – unter besonderer Berücksichtigung des subjektiven Belastungsempfindens. Köln 1999.

Buskies, W. / Boeckh-Behrens, W.-U.: Gesundheitsorientiertes Fitnesstraining. Band 2. Lüneburg 1998[3].

Buskies, W. / Boeckh-Behrens, W.-U.: Probleme bei der Steuerung der Trainingsintensität im Krafttraining auf der Basis von Maximalkrafttests. In: Leistungssport 29 (1999) 3, 4–8.

Buskies, W. / Boeckh-Behrens, W.-U. / Zieschang, K.: Möglichkeiten der Intensitätssteuerung im gesundheitsorientierten Krafttraining. In: Sportwissenschaft 26 (1996) 2, 170–183.

Carpinelli, R. N. / Otto, R. M.: Strength Training – Single Versus Multiple Sets. In: Sports Med. (1998) 2, 73–84.

Charette, S. / McEvoy, L. / Pyka, G. / Snow-Harter, C. / Guido, D. / Wishell, R. / Marcus, R.: Muscle hypertrophy response to resistance training in older women. In: Journal of Applied Physiology 70 (1991), 1912–1916.

Conway, J. M. / Norris, K. H.: Noninvasive body composition in humans by near-infrared interactance. In: Ellis, K. J. / Yasumura, S. / Morgan, W. D. (Hrsg.): In vivo body composition studies. London 1987, 163–170.

Cornacchia, L. / Bompa, T. / Visconti, L.: EMG-Analysen eine wissenschaftliche Betrachtung ausgewählter Kurzhantel-Variationen. In: Sportrevue 36 (1998) 2, 42–44.

Cornacchia, L. / Bompa, T. / McIlroy, B.: EMG-Analysen – eine wissenschaftliche Betrachtung ausgewählter Übungen für den Vastus medialis. In: Sportrevue 36 (1998) 8, 14–15.

Cornacchia, L. / Bompa, T. / Visconti, L.: EMG-Analysen – eine wissenschaftliche Betrachtung ausgewählter Trizepsübungen, Teil 1. In: Sportrevue 37 (1999 a) 1, 16–18.

Cornacchia, L. / Bompa, T. / Visconti, L.: EMG-Analysen – eine wissenschaftliche Betrachtung ausgewählter Trizepsübungen, Teil 2. In: Sportrevue 37 (1999 b) 2, 116–118.

Cornacchia, L. / Bompa, T. / Visconti, L.: EMG-Analysen – eine wissenschaftliche Betrachtung ausgewählter Trizepsübungen, Teil 3. In: Sportrevue 37 (1999 c) 3, 40–41.

Cornacchia, L. / Bompa, T. / Visconti, L.: EMG-Analysen – eine wissenschaftliche Betrachtung von Kniebeugen mit Hüftgürtel, Teil 2. In: Sportrevue 37 (1999 d) 9, 14–15.

Cornacchia, L. / McIlroy, B.: EMG-Analysen – eine wissenschaftliche Betrachtung ausgewählter Übungen für den Rectus femoris. In: Sportrevue 36 (1998) 10, 80–81.

Cornacchia, L. / Volpe, C.: EMG-Analyse – eine wissenschaftliche Betrachtung ausgewählter Beinbizepsübungen. In: Sportrevue 36 (1998) 2, 62–63.

Craig, B. M / Everhart, J. / Brown, R.: The Influence of High-Resistance Training on Glucose Tolerance in Young and Elderly Subjects. In: Mechanisms of Aging and Development 49 (1989) 147–157.

Debus-Thiede, G.: Die weibliche Harninkontinenz – Differentialdiagnostik – Therapiemöglichkeiten. In: Krankengymnastik 46 (1994) 3, 325–328

Deutsche Gesellschaft für Prävention und Rehabilitation (DGPR): Der Herzpatient im Fitness-Studio. In: Deutsche Zeitschrift für Sportmedizin 45 (1994) 7/8, 321–322.

Durnin, J. V. G. A. / Womserley, J.: Body fat assessed from total body density and its estimation from skinfold thickness: Measures on 481 men and women aged form 16 to 72 years. In: British Journal of Nutrition 32 (1974), 77–97.

Ehrsam, R. / Zahner, L.: Kraft und Krafttraining im Alter. In: Denk, H. (Hrsg.): Alterssport. Schorndorf 1996, 191–211.

Eisele, R. / Reer, R. / Rohr, B. / Jerosch, J. / Simon, G.: Auswirkungen eines niedrig dosierten Krafttrainings (25 % der Maximalkraft) auf die muskuläre und kardiozirkulatorische Leistungsfähigkeit. In: Kindermann, W. / Schwarz, L. (Hrsg.): Bewegung und Sport – eine Herausforderung für die Medizin. 34. Deutscher Sportärztekongress. Wehr 1995, 45.

Fiatarone, M. A. / O'Neill, E. F. / Ryan, N. D. / Clements, K./Solares, G. R./Nelson, M./Roberts, S. B./Kehayias, J. J./Lipsitz, L. A./Evans, W. J.: Exercise training and nutritional supplementation for physical prailty in very elderly people. In: The New England Journal of Medicine 330 (1994) 25, 1769–1775.

Fleck, S. J./Kraemer, W. J.: Designing Resistance Training Programs. 1987.

Fleck, S. J.: Kardiovaskuläre Reaktionen und Adaptationen während Kraftbelastungen. In: Komi, P. V. (Hrsg.): Kraft und Schnellkraft im Sport. Köln 1994, 302–311.

Garbe, G.: Die Wertigkeit des Muskeltrainings im Gesundheitssport. In: Sporttherapie in Theorie und Praxis 3 (1987) 1, 6 und 2, 5–6.

Gehrke, T.: Sportanatomie. Reinbek 1999.

Graff, K.-H./Prager, G.: Der «Kreuzschmerz» des Leistungssportlers. In: Leistungssport 16 (1986) 4, 14–22.

Grimby, G.: Orthopädische Aspekte des Krafttrainings. In: Komi, P. V. (Hrsg.): Kraft und Schnellkraft im Sport. Köln 1994, 333–349.

Güllich, A./Schmidtbleicher, D.: Struktur der Kraftfähigkeiten und ihrer Trainingsmethoden. In: Deutsche Zeitschrift für Sportmedizin 50 (1999) 7 und 8, 223–234.

Haslam, D. R. S./McCartney, N./McKelvie, R. S./MacDougall, J. D.: Direct Measurements of Arterial Blood Pressure During Formal Weightlifting in Cardiac Patients. In: Journal of Cardiopulmonary Rehabilitation 8 (1988), 213–225.

Hettinger; T.: Sportmedizinische Probleme der «Kraftleistung» der Frau. In: Prokop, L. (Hrsg.): Frauensportmedizin. Wien 1988, 145–159.

Hill, D. W./Collins, M./Cureton, A./De Mello, J.: Blood Pressure Response After Weight Training Exercise. In: Journal of Applied Sport Science Research 3 (1989) 2, 44–47.

Hollmann, W./Hettinger, Th.: Sportmedizin.

Arbeits- und Trainingsgrundlagen. Stuttgart/New York 1990[3].

Hollmann, W./Rost, R./Dufaux, B./Liesen, H.: Prävention und Rehabilitation von Herz-Kreislauf-Krankheiten durch körperliches Training. Stuttgart 1983.

Horrigan, J. M.: Schulterprobleme am Butterfly-Gerät. In: Sportrevue 1 (1996), 146–147.

Israel, S.: Die Auswirkungen eines Krafttrainings in Abhängigkeit von Lebensalter und Gesundheitszustand. In: Komi, P. V. (Hrsg.): Kraft und Schnellkraft im Sport. Köln 1994, 315–323.

Johnston; B.: The Rep – die Wiederholung. In: Sportrevue (1999) 11, 42–49.

Kempf, H.-D.: Die Sitzschule. Reinbek bei Hamburg 1994.

Kindermann, W.: Die Wirkung verschiedener Sportarten auf das Herz-Kreislauf-System und den Stoffwechsel. In: Therapiewoche 27 (1977) 50, 9091–9105.

Kindermann, W.: Hochdruck – Ausdauer- und/oder Krafttraining. In: Herz, Sport & Gesundheit 8 (1991) 6, 16.

Kindermann, W./Rost, R.: Hypertonie und Sport. München 1991.

Knebel, K.-P.: Funktionsgymnastik. Reinbek bei Hamburg 1987[2].

Koch, R.: Der untere Rücken. In: Sportrevue 36 (1998) 6–9.

Krämer, H.-J./Ulmer, H.-V.: Reference values for body fat content as a measurement for desirable body fat content. In: Ernährungswissenschaft 23 (1984), 1.

MacDougall, J. D./Tuxen, D./Sale, D. G./Moroz, J. R./Sutton, J. R.: Arterial blood pressure response to heavy resistance exercise. In: Journal of Applied Physiology 58 (1985) 3, 785–790.

Miller, J. P./Pratley, R. E./Goldberg, A. P./Gordon, R./Rubin, M./Treuth, M. S./Ryan, A. S./Hurley, B. F.: Strength training increases insulin action in healthy 50- to 65 year-old men. In: Journal of Applied Physiology 77 (1994) 3, 1122–1127.

Müller, W.: Das Knie: Form, Funktion und ligamentäre Wiederherstellungschirugie. Berlin/Heidelberg/New York 1982.

Netter, F. H.: Atlas der Anatomie des Menschen. Basel 1994.

Nisell, R./Ekholm, J.: Joint load during the parallel squat in powerlifting and force analysis of in vivo bilateral quadriceps tendon rupture. In: Scand. Journal of Sport Science, 8 (1986) 2, 63–70.

Philipp, M.: Einsatz-Training versus Mehrsatz-Training. In: Leistungssport 29 (1999) 4, 27–34.

Platen, P./Damm, F./Marx, K.: Sport und Osteoporose. In: Deutsche Zeitschrift für Sportmedizin 46 (1995) 5, 267–269.

Riedel, H.: Sonographisch ermittelter Muskelquerschnitt des M. iliopsoas und Mineralgehalt (BMI) der LWS bei Frauen unterschiedlichen Alters. In: Liesen, H./Weiß, M./Baum, M. (Hrsg.): Regulations- und Repairmechanismen. Köln 1994, 694–697.

Rohen, J. W.: Funktionelle Anatomie des Menschen. Stuttgart/New York 1977.

Rost, R.: Herz und Sport. Beiträge zur Sportmedizin. Band 22. Erlangen 1984.

Rost, R.: Hochdruck und Sport. In: Sport und Gesundheit 2 (1985) 2, 40–41, und 3, 31–33.

Rost, R.: Krafttraining bei Herz-Kreislauf-Erkrankungen. In: Sporttherapie in Theorie und Praxis 5 (1989) 2, 9–12.

Rost, R.: Sport- und Bewegungstherapie bei inneren Krankheiten. Köln 1991.

Schlumberger, A./Schmidtbleicher, D.: Einsatz-Training als trainingsmethodische Alternative – Möglichkeiten und Grenzen. In: Leistungssport 29 (1999) 3, 9–11.

Schmidt, H.: Orthopädische Grundlagen für sportliches Üben und Trainieren. Leipzig 1988[2].

Schmidtbleicher, D.: Motorische Beanspruchungsform Kraft. In: Deutsche Zeitschrift für Sportmedizin 38 (1987) 9, 356–377.

Schmidtbleicher, D.: Zum Problem der Definition des Begriffs Kraftausdauer. In: Carl, K. (Hrsg.): Kraftausdauertraining – Dokumentation eines Hearings des BISP. Köln 1989, 10–30.

Schmidtbleicher, D.: Grundlagen des Krafttrainings. In: Beuker, F. (Hrsg.): Fitness-Heute. Standortbestimmungen aus Wissenschaft und Praxis. Erkrath 1993, 72–78

Schöner, I./Liesen, H./Mader, A./Hollmann, W.: Der Einfluss aktiver Erholung unterschiedlicher Intensität auf die Laktateliminationsgeschwindigkeit nach anaeroben Tests bei Radamateuren. In: Heck, H./Hollmann, W./Liesen, H./Rost, R. (Hrsg.): Sport: Leistung und Gesundheit. Deutscher Sportärztekongress 1982. Köln 1983, 87–92.

Stone, M. H./Fleck, S. J./Triplett, N. R./Kraemer, W. J.: Health and Performance Related Potential of Resistance Training. Sports Medicine 11 (1991), 210–231.

Stone, M. H.: Anpassungserscheinungen unter einem Krafttraining im Bereich von Bindegewebe und Knochen. In: Komi, P. V. (Hrsg.): Kraft und Schnellkraft im Sport. Köln 1994, 277–289.

Trimmeter, B. V.: Messen ist Wissen. Noordwijkerhout o. J.

Tucker, L. A.: Strength Training and Hypercholesterolemia in 4023 Men. In: Research Quarterly for Exercise and Sport 65 (1994), 54–55.

Ward, G. M./Johnson, J. E./Stager, J.: Body Composition: methods of estimation and effect on performance. In: Chinics in Sports Med. 3 (1984) 3, 705–722.

Wechsler, J. G.: Körperfettanteil und Körperfettverteilung – Risikofaktoren im Stoffwechsel- und KHK-Bereich. Referat anlässlich des Fachpressegespräches: Body composition analysis – Monitoring von Körperfettanteil und Körperfettverteilung mittels «infrared interactance». FUTREX™5000 (1989), o. S.

Weider, J.: Bodybuilding. München 1991.

Weineck, J.: Sportanatomie. Erlangen 1981.

Weineck, J.: Sportbiologie. Balingen 1994[4].

Weitl, M.: Möglichkeiten und Grenzen subjektiver Belastungssteuerung im gesundheitsorientierten Ausdauertraining. Hamburg 1999.

Wiemann, K. / Klee, A. / Startmann, M.: Filamentäre Quellen der Muskel-Ruhespannung und die Behandlung muskulärer Dysbalancen. In: Deutsche Zeitschrift für Sportmedizin 49 (1998) 4, 111–116.

Wirhed, R.: Sport – Anatomie und Bewegungslehre. Stuttgart / New York 1984.

Zapf, J. / Schönharl, K. / Plato, J. / Buskies, W. / Schmidt, W.: Der Energieumsatz eines moderaten Krafttrainings bei Frauen. In: Deutsche Zeitschrift für Sportmedizin. Sonderheft 50 (1999), 71.

Zimmermann, K.: Zur Bedeutung des Krafttrainings für Gesundheit und physiologische Leistungsfähigkeit. In: Theorie und Praxis der Körperkultur 37 (1988) 2, 123–128.

Zimmermann, K.: Ausgewählte Aspekte der Gestaltung des gesundheitsorientierten Krafttrainings. In: Theorie und Praxis der Körperkultur 38 (1989) 3, 185–191.

12.2 Abbildungsnachweis

Abb. 14a–e, 17, 18, 19, 20, 22, 23, 24 oben, 25, 26, 28, 29, 30, 31: Rohen, J. W.: Funktionelle Anatomie des Menschen. 9. Auflage. Stuttgart, New York: Schattauer 1998

Abb. 15: Wirhed, R., Harpoon Publications AB, Örebro, Schweden 1984

Abb. 16: Appell, H.-J. / Stang-Voss, C.: Funktionelle Anatomie. 3. Auflage Berlin/Heidelberg: Springer Verlag 1996

Abb. 21, 24 unten, 27: Illustrationen von Stefanie Kleinschmidt (in: Gehrke, T.: Sportanatomie. Reinbek: rororo 19449, 1999)

12.3 Sachwortverzeichnis

Abduktoren 312
– dynamische Übungen 323
– statische Übungen 327
Absolutkraft 35
Adaptation 26, 29
Adduktoren 296
– Kniebeugeübungen 311
– Übungen an Maschinen 308
– Übungen ohne Geräte 310
Alter und Kraft 9, 17
Arthrose 12, 14
Atmung 42
Aufwärmen 51, 73
Aufwärmsätze 80
Ausdauer 74
Ausführungsgeschwindigkeit 105
Außenrotatoren des Schultergelenks 395
– Trainingsaspekte 405
Autonome Reserve 35
Bauchmuskulatur 119
– Atmung 142
– Beschwerden unterer Rücken 141
– diskussionswürdige Übungen 135, 137, 142
– Grundpositionen Crunch 139
– Intensitätsvariation Crunch 140
– Nackenbeschwerden 141
– oberer / unterer Anteil 135
– Übungsführung gerade oder gedreht 136
– Zielgruppenspezifik 136
Beckenboden 16
Beckenposition 112, 154
Beckenstatik 14
Belastung und Erholung 27, 46
Belastungsdauer 26
Belastungsdichte 33
Belastungsintensität 30, 31, 40, 66, 114
Belastungsnormative 31

Belastungsumfang 31, 33, 71
Belastungsvariation 29
Bewegungsgeschwindigkeit 42
Bizeps (M. biceps brachii) 440
– Trainingsaspekte 451
– Unterschiedliche Muskelanteile 449
Blutdruck 19, 52, 86
Bodybuildingprinzipien 22, 56, 64, 65, 113
Breiter Rückenmuskel (M. latissimus dorsi) 199
– Klimmzugvarianten 206, 212
– Oberarm-Rumpf-Winkel 207
– Ruderübungen 215
Brustmuskulatur (M. pectoralis major) 347
– Bankdrücken 352
– Bankneigung 355
– Dips 362
– Druckübungen 367
– Flys mit Kurzhanteln 360, 371
– Kabelziehen über Kreuz 358
– Liegestütz 363
– Schultergelenksverletzungen 356
Cholesterin 19
Cool-down 28, 73
Dehnung 76
Dehnungsreflex 23, 24,
Dehnungs-Verkürzungs-Zyklus 23, 37, 39, 44
Deltamuskel (M. deltoideus) 374
– Trainingsaspekte vorderer Anteil 389
– Trainingsaspekte mittlerer Anteil 392
– Trainingsaspekte hinterer Anteil 393
Dimension der Kraft 37, 40, 41, 44
Eingelenkige Muskeln 112
Einsatztraining 71
Elastizitätskräfte 23
Elektromyographische Messung (EMG) 92
EMG-Übungsrangliste 94
Endkontraktion 102

Energiebereitstellung 88
Ermüdungswiderstandsfähigkeit 37, 39, 40
Explosivkraft 34, 37
Fitness-Krafttraining 43
Frequenzierung 38
Gesäßmuskel (M. glutaeus maximus) 217
– Beckenlift 236
– Beinrückhebeübungen 231
– Kniebeugeübungen 237
– Übungen an Glutaeus-Maschinen 235
Hebelarm 111
Herzfrequenz 52, 87
Herz-Kreislauf- und Krafttraining 18, 52
Hohlrücken (Hohlkreuz) 14, 137, 160, 165
Hypertrophie 26, 36, 38, 40, 46, 47, 98
Inkontinenz 16
Innenrotatoren des Schultergelenks 395
– Trainingsaspekte 410
Intramuskuläre Koordination 36, 40
Kapuzenmuskel (M. trapezius) 171
– Komplexübungen / Spezialübungen 181
– Trainingsaspekte oberer Anteil 190
– Trainingsaspekte mittlerer Anteil 191
– Trainingsaspekte unterer Anteil 197
Kniegelenk 14
Kontraktionsformen 21
– dynamisch 21
– exzentrisch 21, 22, 83
– exzentrisch – konzentrisch 21, 23
– konzentrisch 21
– statisch 21
Körperfett 19, 20, 46, 49
Körperformung 20, 38, 49
Körpergewicht 20
Körperumfänge 20, 49
Kraftausdauer 34, 36, 37, 41, 44, 46, 47, 49, 50, 115
Kraftdefizit 35
Kraftfähigkeiten 34
Laktat 40, 51, 88
Lendenlordose 14, 137, 160, 165
M. biceps brachii vgl. Bizeps
M. deltoideus vgl. Deltamuskel

M. erector spinae vgl. Rückenstrecker
M. gastrocnemius vgl. Wadenmuskulatur
M. glutaeus maximus vgl. Gesäßmuskel
M. glutaeus medius vgl. Abduktoren
M. glutaeus minimus vgl. Abduktoren
M. latissimus dorsi vgl. Breiter Rückenmuskel
M. obliquus externus abdominis vgl. Bauchmus-
    kulatur
M. obliquus internus abdominis vgl. Bauchmus-
    kulatur
M. pectoralis major vgl. Brustmuskulatur
M. quadriceps femoris vgl. Oberschenkelvorder-
    seite
M. rectus abdominis vgl. Bauchmuskulatur
M. soleus vgl. Wadenmuskulatur
M. trapezius vgl. Kapuzenmuskel
M. triceps brachii vgl. Trizeps
Mm. ischiocrurales vgl. Oberschenkelrückseite
Maximalkraft 27, 34, 38, 40, 44, 46, 47, 49, 50, 67,
    116
Mehrgelenkige Muskeln 112
Methodenpyramide 41, 43
Mikrotraumen 26
Milchsäure 40, 51, 88
Motorische Einheit 39
Muskelaufbau 26, 46, 47
Muskelfasertypen 24, 39
Muskelkater 22, 42, 83
Muskelmasse 36, 38, 98
Muskelqualität 40
Muskelquantität 37, 38, 40, 44
Muskelquerschnitt 34
Muskelspindelreflex 23, 24
Muskuläre Dysbalancen 13, 15
Neuromuskuläres Training 36
Oberschenkelrückseite (Mm. ischiocrurales) 271
– Ausführungsoptimierung 279
– Beckenlift 280
– Beinbeugeübungen an Maschinen 291
– Leg-Curl an Maschinen 274
– Übungen mit Mehrfachfunktionen 286
– Übungen nur mit Hüftstreckfunktion 294

Oberschenkelvorderseite (M. quadriceps femoris) 238
– Äußerer Schenkelmuskel (M. vastus lateralis) 254
– Fußstellung bei Kniebeugeübungen 256
– Gerader Schenkelmuskel (M. rectus femoris) 249
– Hüftgelenkwinkel 249
– Innerer Schenkelmuskel (M. vastus medialis) 254
– Kniebeugen, Kreuzheben, Beinpressen 259
– Übungen an Maschinen 261
– Übungen mit der Langhantel 265
– Übungen ohne Geräte 268
One repetition maximum 29, 61
Orthopädische Risiken 81
Osteoporose 15
Pressatmung 47, 53, 85
Progressive Belastungssteigerung 28
Reaktive Spannungsfähigkeit 37, 39, 44
Reaktivkraft 23, 34, 37, 41, 44
Regeneration 28
Rekrutierung 38, 39
RPE-Skala 32, 75
Rundrücken 13
Rückenbeschwerden 11, 137, 161
Rückenstrecker (M. erector spinae) 152
– Beinrück- und Rumpfhebeübungen 165
– Kniebeugeübungen 169
– Lendenlordose 160, 165
– Rückenbeschwerden 161
– Stabilisierung 161
– Zielgruppenspezifik 161
Sanftes Krafttraining 32, 46, 48, 89
Schnelle Kontraktionsfähigkeit 37, 38, 44
Schnellkraft 34, 37, 40, 44
Split-System 28, 62
Startkraft 37
Statisches Krafttraining 47, 109
Stretching 76
Subjektives Belastungsempfinden 27, 31, 32, 75
Superkompensation 25

Supramaximale Widerstände 111
Synchronisation 38
Teilbewegungen 100, 104
Trainingshäufigkeit 34, 48
Trainingsintensität 30, 31, 40, 66, 114
Trainingsmethoden 21, 34, 41, 43, 44, 45, 56
Trainingsplan 42
Trainingsprinzipien 25
Trainingsumfang 30, 33
Trizeps (M. triceps brachii) 412
– Dips 426
– Komplexübungen 436
– Liegestütz 427
– Trizepsdrücken am Kabelzug 421
– Trizeps-Kickback 422
– Übungen für die eingelenkigen Anteile 430
– Übungen für die zweigelenkigen Anteile 434
Vierköpfiger Oberschenkelmuskel vgl. Oberschenkelvorderseite
Vordehnung 99
Wadenmuskulatur (M. gastrocnemius, M. soleus) 329
– Einfluss der Fußstellungen 337
– Hinweise zum Training 341
– Unterschiede zwischen den Wadenmuskeln 336
– Zweigelenkigkeit des Zwillingswadenmuskels 336
Warm-up 51, 73
Willkürliche Aktivierungsfähigkeit 37, 38, 44
Wirbelsäule 3, 11

12.4 Die Autoren

Wend-Uwe Boeckh-Behrens, Jahrgang 1943, Akademischer Direktor am Institut für Sportwissenschaft der Universität Bayreuth, studierte Sport und Französisch an den Universitäten Würzburg und Besançon (Frankreich). Seit 1972 ist er Dozent für Sportwissenschaft an den Universitäten Würzburg und Bayreuth (seit 1975). Sein Interesse gilt vor allem der Trainingslehre, dem Bereich Gesundheit und Fitness und der Sportart Badminton, in der er sich als erfolgreicher Leistungssportler, Ausbilder von Trainern und Verbandsfunktionär engagiert hat. Mit Weitblick baute er bereits 1983 eine Ausbildung in Gesundheit und Fitness an der Universität Bayreuth auf, die heute bis zum European Master Degree in Health and Fitness führt. Den Schwerpunkt seiner Forschungstätigkeit bildet seit zwei Jahrzehnten das Krafttraining, wo er sich zunächst der Strukturierung der Trainingsmethoden gewidmet hat. Seit 1993 arbeitet er an der Optimierung des Fitnesskrafttrainings mit Hilfe von elektromyographischen Messungen. Boeckh-Behrens ist ein anerkannter Ausbildungsexperte von Fitnesstrainern und erfolgreicher Autor zahlreicher Veröffentlichungen.

Wolfgang Buskies, PD, Dr. sportwiss., Dr. phil. habil., Jahrgang 1956, studierte Sportwissenschaft an der Deutschen Sporthochschule Köln und Biologie an der Universität zu Köln. Im Anschluss an sein Studium und eine einjährige krankengymnastische Ausbildung promovierte er 1987 an der Deutschen Sporthochschule Köln mit den Fächern Trainings- und Bewegungslehre sowie Sportmedizin zum Dr. sportwiss., 1998 erfolgte die Habilitation zum Dr. phil. habil. in Sportwissenschaft an der Universität Bayreuth. Seit 1987 ist er Dozent am Institut für Sportwissenschaft der Universität Bayreuth mit den Ausbildungs- und Forschungsschwerpunkten Gesundheit und Fitness, Trainings- und Bewegungslehre sowie Sportmedizin. Zusätzlich ist er seit vielen Jahren Referent in der Fitnesstrainer-Ausbildung, im Bayerischen Landessportverband und in der Rückenschulleiterausbildung. Als ehemaliger Leistungssportler in der Leichtathletik und aufgrund seiner langjährigen Trainertätigkeit in diesem Bereich ist er auch Fachmann in Fragen des leistungssportlichen Trainings. Er ist Verfasser zahlreicher Publikationen zu sportwissenschaftlichen Fragestellungen, vor allem im Krafttraining.

Thera-Band®
System Of Progressive Resistance™

Krafttraining mit den original
Thera-Band® Produkten aus den USA:

Thera-Band® Übungsbänder
in 8 farbcodierten Widerstandswerten

Thera-Band® Bodytrainer-Tubing
in 4 farbcodierten Widerstandswerten
mit Griffen

Thera-Band® Gymnastikmatten
und Gymnastikbälle

Thera-Band® Zubehör, Literatur,
Videos und Software

Übungsbänder

Gymnastikbälle

Tubing

Zubehör (z.B.: Türanker, Türgriffe)

Ludwig Artzt GmbH
D-65589 Hadamar
Mainzer Landstraße 19
Fax 0 64 33/ 91 65 65
Telefon 0 64 33/ 91 65 0

www.gym80.de

Wiesmannstraße 46 · 45881 Gelsenkirchen · Fon 0209/970640